21世纪法学系列教材

法学基础理论系列

法律方法论

陈金钊　主编

图书在版编目(CIP)数据

法律方法论/陈金钊主编.—北京:北京大学出版社,2013.3
(21世纪法学系列教材)
ISBN 978-7-301-22102-0

Ⅰ.①法… Ⅱ.①陈… Ⅲ.①法律-方法论-高等学校-教材 Ⅳ.①D90-03

中国版本图书馆CIP数据核字(2013)第026668号

书　　　名:法律方法论
著作责任者:陈金钊　主编
责 任 编 辑:邓丽华
标 准 书 号:ISBN 978-7-301-22102-0/D·3268
出 版 发 行:北京大学出版社
地　　　址:北京市海淀区成府路205号　100871
网　　　址:http://www.pup.cn
新 浪 微 博:@北京大学出版社
电 子 信 箱:law@pup.pku.edu.cn
电　　　话:邮购部62752015　发行部62750672　编辑部62752027
　　　　　　出版部62754962
印 刷 者:北京虎彩文化传播有限公司
经 销 者:新华书店
　　　　　730毫米×980毫米　16开本　20.75印张　395千字
　　　　　2013年3月第1版　2022年5月第6次印刷
定　　价:37.00元

未经许可,不得以任何方式复制或抄袭本书之部分或全部内容。
版权所有,侵权必究
举报电话:010-62752024　电子信箱:fd@pup.pku.edu.cn

前 言

从研究现状看,我国学界对法律方法论的论述,基本以引介评价西方的理论为主。最近虽然已经萌生了自主、自觉的方法论意识,把法律方法论研究的中国化提上了议事日程,但是引介、融贯西方理论的研究还会持续一段时间。在我国的法律方法论研究刚刚起步的时候,由中国学者编写此类课程的教材还比较困难,而直接援用西方的教材又不切合中国人的思维特点,也不符合中国法治建设的实际。作为某一学科的教材,应该把学界较为成熟的观点介绍给学生,把一些有争论的观点留到课堂上讲解。但目前,关于法律方法论,什么是成熟的观点还很难确定,这不仅因为法律方法需要更长时间的探索,而且还需要司法实践和法治逻辑的双重检验。然而,中国的法治建设、司法实践需要法律方法,卓越法律人才的培养离不开法律方法论。法学教育的培养目标需要我们把法律方法论作为独立的课程认真进行开发研究。法律方法论是一个以培养法律思维能力、把握法律技术为目的的,带有某种程度艺术成分的综合学科,是我国目前的法理学所不能代替的课程,除非法理学教材也以法律方法为主要内容,以训练和提升法律思维水平为基本目标。就目前来看,法理学的学科范围过于宽泛,负载了太多的政治、道德、社会责任,而且我国的法理学者大多缺乏规范法学或教义法学的训练,缺乏对法律方法论的自觉意识,所以法理学的教学不能代替法律方法论的训练。

教材不是经典,而是一个供教师和学生进一步探讨的文本。对学生一定要讲清楚这一点,千万不要以为教材里说的都是对的。教材只是法律思维训练的文本部分,既不能代替教师的讲解,也不能代替学生的思考。这不仅是因为教材的编写要给教师留下讲课的空间,而且也要给学生留下进一步充实、想象和批判的空间。讲课过程中的再创造,对教师授课提出了更高的要求。编一本针对中国学生和教师的《法律方法论》教材实际上无前例可循。当然,这也不意味着我们所编的这本教材完全是创造。在本教材中,我们只是提出了法律思维是法学教育的主要目标,只是本着法治需要法律方法,司法需要法律技能,法学教育需要法律方法的训练而编写。由于受篇幅所限,该教材还只是以叙述理论为主,案例的说明只有靠授课教师们自己添加。另外,法律方法论作为一门独立的课程开设才刚刚起步,教材的编写也没有更多的经验积累,缺点和错误在所难免绝不是套话,欢迎使用者提出具体意见,以便再版时修正。

该教材的编写由陈金钊担任主编,负责统稿。

参编人员基本情况和具体撰写分工如下(按编写章节排序):

陈金钊　山东大学威海法学院教授,博士,博士生导师,负责撰写导论、第一章一、二节、第二章一至二节。

焦宝乾　山东大学威海法学院教授,博士,博士生导师,负责撰写第一章第三节、第二章第四节、第六章第一、二节。

李　辉　北京理工大学法学院讲师,博士,负责撰写第二章第三节。

于晓青　浙江工业大学法学院副教授,博士,负责撰写第三章。

魏胜强　郑州大学法学院教授,博士,硕士生导师,负责撰写第四章第一、三节。

武　飞　山东大学威海法学院副教授,博士,负责撰写第四章第二节。

孙光宁　山东大学威海法学院讲师,博士,负责撰写第五章、第九章第二节。

王国龙　西北政法大学刑事法律学院副教授,博士,硕士生导师,负责撰写第六章第三节。

张传新　山东大学威海法学院教授、博士,硕士生导师,负责撰写第七章。

吴丙新　山东大学威海法学院教授,博士,硕士生导师,负责撰写第八章第一节。

杨建军　西北政法大学教授,博士,硕士生导师,负责撰写第八章第二节。

李　鑫　青岛科技大学法学院讲师,博士,负责撰写第八章第三节。

侯学勇　山东政法学院副教授,博士,负责撰写第九章第一节。

王瑞君　山东大学威海法学院教授,博士,硕士生导师,负责撰写第九章第三节。

张其山　山东大学威海法学院副教授,博士,硕士生导师,负责撰写第九章第四节。

目　录

导论　法律方法论的意义 ··· 1

第一章　法律思维是法律方法论的核心 ································· 8
第一节　法律思维的概念 ··· 8
第二节　法律方法与法律思维的关系 ································ 17
第三节　当代法律思维新取向 ··· 19

第二章　法律方法与法律方法论 ··· 27
第一节　法律方法的概念 ··· 27
第二节　法律方法论的研究对象 ······································ 37
第三节　运用法律方法的立场 ··· 43
第四节　法律方法论的历史发展 ······································ 56

第三章　法律发现 ·· 68
第一节　法律发现的概念和特征 ······································ 68
第二节　当代法律渊源的分类 ··· 75
第三节　法律发现的逻辑 ··· 86

第四章　法律解释 ·· 97
第一节　法律解释的概念 ··· 98
第二节　法律解释的原则 ··· 109
第三节　法律解释方法 ·· 128

第五章　法律论证 ·· 139
第一节　法律论证的概念 ··· 139
第二节　法律论证的基本方法 ··· 145
第三节　内部证成与外部证成 ··· 165

第六章　利益衡量 ·· 178
第一节　利益衡量的概念 ··· 178
第二节　利益衡量的理论 ··· 185
第三节　利益衡量方法的应用 ··· 190

第七章　法律推理 200
第一节　法律推理及其过程 200
第二节　法律推理的理论形态 211
第三节　形式推理与实质推理 217
第四节　法律推理的基本模式 222

第八章　法律要素的应用方法 238
第一节　法律概念及其应用 238
第二节　法律规范的适用 249
第三节　法律原则的理解与应用 260

第九章　法律分析方法 269
第一节　法律关系分析法 269
第二节　请求权基础分析法 284
第三节　犯罪构成分析法 291
第四节　证明责任分配法 303

导论　法律方法论的意义

提升法律思维水平是法学教育的目标之一,而高水平法律思维的标志之一就是掌握相当数量的法律方法,是各种各样的法律方法支撑着法律思维方式的存在。"法学院的目的是改变人,通过在法学院的经历使人们变成另一种样子……使他们对自己有一种全新的作为法律专业人士的概念,忠于法律职业的价值观,取得一种费解而神秘的被称为'法律人思维方式'的推理方法。"①通过大量研习法律方法,法科学生的法律思维水平就会得到提升。目前,教育部正在进行卓越法律人才培养方案的实施,要建立法律人才培养国家标准、改革法律人才培养模式、建设法学师资队伍、建设法学教育实践平台。其中,改革法律人才培养模式就需要强化法律思维与法律方法的训练,只有这样才能培养出卓越法律人才。法学或法律是一门实践技艺,其中法律方法论包含了法律人集体的经验和智慧,是在经验基础上的理性表现形式。通过法律方法论的学习,能够使我们比较快地掌握法律论断和推理方法,把模糊的法律说清楚,把不确定的法律变得确定,使一般的法律变成具体的判决,既维护法治又智慧地解决社会的纠纷,化解社会矛盾,实现社会公平正义。法律方法论是提升人们理性思维能力和用法律解决问题之能力的必要训练。

一、法律方法论体系与教材框架

法律方法论既是一种关注司法实践的理论,又是十分关心法律人思维水平提升的学术。法学甚或法理学的实用品格在法律方法论中得到了充分的体现。随着我国法治逐步走向细腻,社会对法律方法论的需求会逐步增大。早期以灌输知识为主的法学教育,应该转向更加理性和有智慧的技能训练。法律方法论作为一种实践智慧和逻辑理性,在法学教育中应该占据重要的位置。近些年,虽然国内学者在法律方法论研究方面取得了很大成就,但至今还没有编出一部能够适用于我国法学本科教学的教材。这是因为到目前为止,我们对法律方法论体系还没有进行系统深入的研究。即使在国外,关于法律方法论体系的建构似乎也是众说纷纭。我们的研究发现了大量的法律方法,如,"客观目的探究、法律修正与正当违背;类比、法律补充、反向推论;法律论证、法律诠释等方法相继

---

① 〔美〕博西格诺等:《法律之门》,邓子滨译,华夏出版社2002年版,第416页。

被列入方法清单"①。从感知到的材料看,逻辑一致的法律方法体系有:(1) 建立在法律推理基础上的方法论体系,主要围绕着形式推理和实质推理展开体系性的论述;(2) 建立在法律解释方法基础上的法律方法体系,主要包括文义解释、体系解释、目的解释、社会学解释等方法;(3) 围绕着法律发现而展开的法律方法论体系。本书主要是围绕着法律渊源而展开法律方法论体系建构。其实,无论是哪一种法律方法论体系,其中都包含了法律解释、法律发现、法律论证、法律推理、利益衡量等方法。

"谁都知道方法的重要,但不是谁都认为方法论有什么重要的。教方法还能教,但教方法论谁都不知道该怎么教。教方法的书不少,教某个领域某种方法的具体步骤,相当不错,也很重要。但只是知识和技能之间,还没有到抽象点的能力,更谈不上鉴赏力。而现有的讨论方法论的书,其中虽有可称道者,但更有难以卒读的。"②各种具体的法律运作方法,实际上各个部门法学多少会涉及,但是较为系统的法律方法论教材在我国大陆还是凤毛麟角。因而本书的编写也是一种尝试。本书的编写以培养法律思维为基本目标,叙述了维护法治的基本立场,以法律发现方法为逻辑起点,以法律推理为终点,粗略构建了包括法律发现、法律解释、法律论证、利益衡量、法律推理等为主要方法的法律方法论体系。这个体系是一个开放与交叉的,以司法三段论为主要架构的法律方法论体系。只不过我们所说的三段论是一种前提开放的、可修正、可废止的三段论。在司法过程中法律效力具有一定程度的可废止性和可修正性,这就意味着法官针对个案的裁判不是依据现成法律,而是把法律作为修辞,根据具体的情景,权衡各方面要求而临事议定的。所有的法律方法的运用都是为建构法律推理大前提做准备的活动,而证据学等都是为法律推理的小前提做准备的活动。因而,所谓法律方法就是建构、确定法律推理大前提的思维形式。

法治的实现需要三段论式的法律推理。我们设想法律思维的基本属性是根据法律的思考,也即任何一个法律判断都应该是根据法律得出的。这就意味着,要想赋予事实以法律意义,首先就应该寻找法律根据——即法律发现或者法律检索。针对个案的法律发现,很可能会发现明确的、模糊的、多义的、单义的、矛盾的法律规定,甚至还有法律空白。这就需要法律解释、法律论证、利益衡量、法律推理等法律方法来确定个案的法律意义。在本书中,法律推理有两种含义:(1) 在法律解释、法律发现等方法的运用中都需要法律推理,这时候的法律推理是根据法律规定的推理,在各种法律方法中都有推理的身影。这种意义上的法律推理的前提是现成法律规范。(2) 由于法治要求所有的判断都应该是以法律

---

① 郑永流:《法律方法阶梯》,北京大学出版社2008年版,第21页。
② 朱晓农:《方法:语言学的灵魂》,北京大学出版社2008年版,第322页。

作为依据的,但对于个案来说,作为裁判的理由不是现成的,而是根据法律构建的,在构建过程中,立法者所创建的法律是可修正可废止的,这就意味着包括法律推理在内的各种各样的法律方法都是为法治命题——法律推理的前提做准备的活动。所有的根据案件事实和各种法律渊源所建构的裁判理由——是某一个案件司法推理前提,法律裁判最终是根据这个裁判理由作出的。这是法律推理的第二种含义,即根据构建的法律进行法律推理。整个法治都应该是建立在这两种推理基础上的,在宏观思维模式上,案件结论都应是法律推理的结果。所以,很多学者把法治的过程也称为法律推理的过程。对一个人的思维过程来说,三段论并不能解决所有的问题,笛卡尔早就发现"在逻辑方面,三段论和大部分其他法则只能用来向别人说明已知的东西,……并不能求知未知的东西"①。好在,方法论也不止是三段论一种,在逻辑规则基础上人们已经发现很多的方法。逻辑学、修辞学和解释学等方法论中,逻辑构成了这些方法的基础,但逻辑已经成了基础性工具而不是唯一的方法。

本书的编写体例也贯彻了这一思想。在第一部分首先描述了与法治相适应的法律思维方式,认为学习法律方法论的基本目的就是形成和强化法律思维方式。在对法律思维的基本要素有所了解的情况下,对法律方法以及维护法治的基本立场进行了界定;接着就对具体的法律方法如法律发现、法律解释、法律论证、价值衡量、法律推理以及法律分析等方法进行了介绍。严格来说,本书的内容还属于宏观理论性的知识,还没有达到细腻法治对法律技能的要求,只能与现阶段的简陋法治相适应。虽然在一些章节附加了案例分析,但总的来说还属于宏观理论的传授,目的还在于培养法律思维方式,而不是办理案件的具体行动方案。但这些法律方法的基本规则、原理、技术以及经验技巧,是我们从事法律职业所必需的。有了这些内容,便可以在灵活运用的基础上,不断创新,培养出能适用于案件的实践智慧。

二、法律方法论的意义

法律方法产生于法治的需求,没有法治就不需要法律方法。这里所讲的方法是指以理性为特征的,主要运用法律逻辑与修辞、综合各种社会规范和社会情势的思维方法。我们的研究发现,只有这样的方法才是和法治相匹配的。对于那种不管人之死活、不管是否公正、不管社会关系的解决问题方法或技巧,我们不能称之为法律方法。这就意味着,我们所说的法律方法是维护法治的,是在坚持宪法和法律至上的基础上,追求社会公平正义的方法。从理论上看,法律方法要解决法治所需要的合法性、客观性、合理性和正当性等基本命题。从实践的角

---

① 〔法〕笛卡尔:《谈谈方法》,王太庆译,商务印书馆2009年版,第15页。

度看,法律方法要为法治的实现找到合乎上述要求的途径与方法。法律方法是实现法治的工具。然而我们必须看到,法律方法对法治的维护,不是建立在机械司法的基础上的,而是建立在"活"法的基础上的。这里的"活"法不是指那种植根于社会生活关系的"活"法,而是以各种法律形式为基本建筑材料,构建针对个案的法律——即在各种法律判断的基础上形成司法三段论的大前提。这里所谓"活"就是针对案件建构法律而不是机械地根据法律的推论。在方法论运用过程中,我们会发现"方法改变前提,前提改变结论,结论改变行为"[1]。这种改变也可以称之为构建,即把一般的法律构建成针对个案的法律,完成一般法律的具体化任务。在有些人看来,法律前提的构建既然改变了法律,那么立法者所设计的法治目标就难以实现了,但是法律方法的主要使命不是续造法律,而是设法把理想的法治变为现实的法治。

  法律方法论是维护法治的理论。司法要敢于拒绝舆论的过分要求,要敢于和权贵斗争,要敢于和邪恶较量,要能够摆脱无理的要求,总之要敢于奉行司法独立之精神,它所依靠的是什么?回答是在制度保障的基础上,还要有方法、有艺术。之所以这么强调是因为法律方法论在方法论前面加了限制词——法律,并且这里的"法律"不完全是指制定法规范,而是经过解释、论证、衡量等方法临事而构建的可靠前提。在这里作为法律推理的前提临事而构建,似乎冲破了法律规范的预先设定,但由于法律方法论充分地考虑了先前法律规范、程序以及法律原则,只是把一般的规范和个案进行了有机的结合,最多是把一般与个别放到了同等重要的位置,把一般的正义和个别正义实施了有机的结合,因而维护了法治的底线——在法律推理大前提的建构中,就对法官的任意与专横进行了限制,所以还是属于法治。只不过法律方法论视角下的法治已经不是机械法治,而是能够兼顾一般法律规范与个案事实特性、在一般正义和个案情景的结合中去实现的法治。在法律方法论中法治的实现不再机械,法治的原则不再是理想,而具有了现实可能性。法律方法论的运用,可以避免一些包揽诉讼的讼棍,根据一部法典把诉讼双方都说成有理,或者都说成有罪的问题。

  在中国社会主义法律体系基本建成以后,对法治的促进主要就不是依靠立法,而是要依靠司法过程为法治树立思维的典范。法律人的思维应该成为社会的主流思维方式。这意味着法治时代的思维应该更为讲究理性和逻辑。法律理性在三个领域是关键的:法律的获取、判决的证成、概念和体系的建构。[2] 法律方法既实现既有法律,又在个案中续造或者完善法律。"法律方法的发展历程清楚地反映了这种双重性。然而,不管是实现还是续造法律,只是在法律应用之

---

[1] 郑永流:《法律方法阶梯》,北京大学出版社2008年版,第22页。
[2] 参见舒国滢:《法哲学:立法与立场》,北京大学出版社2010年版,第52页。

中法律方法才有所作为。因此,法律方法就是应用法律的方法。"①现在,很多人对法律的学习存在误区,不少人在谈到法律学习的时候,往往说这是一门需要死记硬背的学科。但实际情况远不是如此,对理解法律的技能和应用法律的技能的把握也许才是最重要的。"很悲哀,在法学这个学科中,如果学生对法律知其然而不知其所以然,成功的记忆往往只能导致失败。"②

法律虽然对权利和权力作出了规定,但是仅仅依靠法律所授予的强力并不足以使人们的决策理性化。为了实现法治,必须在法律思维决策层面加上法律方法和法律思维的过滤。这一方面能够保证决策的合法性、正当性、客观性、合理性等,另一方面也能够限制任意或打着合法旗帜作出非法的举动。郑永流认为,法律方法之所以需要就是因为事实与规范不对称。因为规范是一般性的规定,就出现了规范与事实之间的五种情形:一是事实与规范相适应,不存在扩张与缩小的例外;二是规范与事实相对适应,但存在一定扩张或限缩以及自由裁量的例外;三是规范与事实不能相适应,即虽然有法律规定,但这种规定存在着需要变通的情况,如与法律价值发生冲突、与社会的本质相矛盾,或者事实本身不清楚,等等;四是事实缺乏规范标准,但由于"法律禁止法官在法律上沉默",法官不能因法律没有明文规定而拒绝审判案件,因而出现法律空缺;五是事实与法律在形式上相适应但实质上不适应。③ 其实,法律方法论不仅包括对司法过程借助方法的描述,还包括对待处理事实和法律本身的评价。这就是说法律方法论不仅是描述性的,而且也是评价性的,需要用法律作为修辞进行综合性描述。法律方法论所提供的概念、原理可以帮助法律人比较便捷、准确地描述司法过程,还可以用法律方法评价思维过程,像合法性、合理性和客观性的命题在很大程度上是需要借助方法论来实现和衡量的。"成功的法科学习取决于下述几种相异而互补技能之同时发展:优秀的语言技能;相关法律领域的知识;高水平的论证识别、构建与评价技能。"④

三、学习法律方法论的意义

法科学生学习法律方法论有重要意义,"工欲善其事,必先利其器"。法律不是简单的规范体系,法学也不是繁杂的知识系统,法律人一生都会在一个叫做法律思维或法律方法概念的包围下苦苦思索。也许未来的"法盲"是指那些知道法律的规定,但不掌握法律思维和法律方法、不知道如何运用法律的人。法律方法是指实现法治所需要运用的方式、手段或工具。法律方法的运用不仅决定

---

① 郑永流:《法律方法阶梯》,北京大学出版社2008年版,第21页。
② 〔英〕沙龙·汉森:《法律方法与法律推理》,李桂林译,武汉大学出版社2010年版,第1页。
③ 参见郑永流:《法律方法阶梯》,北京大学出版社2008年版,第13—16页。
④ 〔英〕沙龙·汉森:《法律方法与法律推理》,李桂林译,武汉大学出版社2010年版,第1页。

着法治的成败,而且还决定着试图成为法律人的职业生涯能否成功。所谓的卓越法律人才必定是对法律方法能够娴熟运用的人。法律方法虽然具有很重要的意义,但也不能将其绝对化。就像一则笑话讲的:一个醉汉在路灯下反复寻找丢失的钱包,仍然找不到,这时候有人问他:你能确定你的钱包丢这里了吗?他说不能确定,但接着说的话对我们理解法律方法的意义有重要启示。他说:这里有路灯啊。孤单单地讲法律方法,只能让人感觉到这是骗人,但纯粹的经验也不可能获得普遍的真理。经验与理性不是对立的,因而在学习法律方法论的时候,必须把理性与经验结合起来。不能从思想到思想,而应该从理性到经验,把一般的法律方法论和活生生的司法实践结合起来。学习法律方法论的目标是形成个体的法律思维方式。尽管方法论是重要的,被视为是法律人和法治事业的指路明灯,但是我们还是必须和具体的场景结合起来才能使其正确和恰当地发挥作用。

法律方法论是综合运用法律的理论,与一般的关于法律的知识与规范比较,它不仅关注法律本身,注重法律教义学阐释,而且还注意从法律外部观察研究法律,因而在一定程度上超越了法律文本,是一种对法律的整体性的解释。通过对法律方法论的学习我们可以获得对法律的立体认识,在获取体系性法律的知识的同时,搞清楚法律思维和运作的过程,全方位眺望法律,提高运用法律的能力。从法学是一门实用学科的角度看,对法律的运用能力的提高比对知识的把握更重要。当然,对法律知识的把握是具有法律运用能力的前提。司法实践所需要的法律远远超过课堂上所学的。法学教授和课本无法预料未来所有的情况,教授所能做的也只是提升学生的理解能力。法律方法论致力于培养学生的敏锐判断力、发现问题和解决问题的能力,以便在出现疑难问题的时候有解决问题的多种思路。法律方法论是法律运用的方法,如果你想在法律问题上成为一个成熟的思想者,那么最好的方式之一就是掌握法律方法。前不久法律方法论还是一个冷门,但最近关于法律方法论的知识、原理、技巧和智慧几乎在法学界遍地开花。

法律方法论的学习是提升法律思维水平的重要步骤。在法律人的各种各样的能力系统中,也许最重要的就是演绎推理的能力了。说它重要是因为演绎推理能力无法天然获得,必须经过后天的训练;法学教育至少是法律方法论训练,其重要任务是培养学生推理、论证以及论辩的能力。建立在逻辑基础上的法律方法论可以增强我们的反思能力。在这里,所谓反思就是运用逻辑的一些基本规则和法律方法论所揭示的一些原理、原则和规范反思我们所得出的法律判断。如果我们只注意学习法律知识、原理和教科书中对法律的解释,"那么,将来很可能是一个只会简单操作法律技术的人,而是不具有自我反思精神的法律学人"①。法律人不能满足于在体制内进行法律解释、评述和法律的续造,这样开展工作就会出现一种受限制的工作场域,也会养成僵化、呆板、褊狭、封闭的工作风格。② 实际上法律是社会关系中的法律,虽然法治要求我们主要运用法律手段解决问题,但法律手段不是孤立地运用法律条文,法律外的很多因素影响着我们对法律的理解、解释和运用。只是法律外因素进入司法是需要法律方法论作为铺垫的。法律方法论的学习使学生能够达到对法律的正确理解,"使他们能够忆起心里牢记的知识,然后运用规则、论证和语言之间相互关系的清晰理解,满怀信心地应用或者解释这些知识,为那些真实的或假想的问题寻求合理的解决方案"③。

【思考练习题】

1. 简论学习法律方法论的意义。
2. 如何学好法律方法论?
3. 如何建构法律方法论教材体系?

---

① 〔日〕星野英一:《民法的另一种学习方法》,冷罗生等译,法律出版社2008年版,第25页。
② 参见舒国滢《法哲学:立法与立场》,北京大学出版社2010年版,第42页。
③ 〔英〕沙龙·汉森:《法律方法与法律推理》,李桂林译,武汉大学出版社2010年版,第2页。

第一章 法律思维是法律方法论的核心

英美分析法学认为,法理学的首要任务是研究、阐明甚或评论、修正律师和法官"发现"法律结论的方法(例如法律推理、法律解释等"方法");其次才是思考实际体现在法律或应该成为我们法概念部分的本体论问题。① 这无疑是说,法理学的主要成分是法律方法论。法律方法论的最高层面或者说核心层面是法律思维方式,但从理论形态上,法律思维方式是一个宏大的概念,各种法律方法支撑一个人的法律思维水平。人们对法律方法掌握得越多,法律思维水平就越高,反之,不掌握法律方法就不可能有高质量的法律思维。这一点意味着法律思维与法律意识是不一样的,法律意识重在对法律的姿态,但法律思维则重在掌握法律知识、法学原理、规范体系等的基础上,理解、解释和应用法律,其中法律方法构成了法律思维的基础,而提升法律思维水平则是法律方法论训练的核心目标。

第一节 法律思维的概念

国外的有些法学著作,在谈到法律思维的时候往往说:法律思维就是像律师那样思考,或者说像法官那样思考。这种说法实际上是在讲:法律思维是一种职业思维——即法律人的思维。法律人的思维有什么特点呢?对此问题似乎也不好统一解说,因为作为主要法律人的律师和法官之间,思维方式还是有很大的区别。法官以公正、公平等作为最佳的形象;而律师除了按法律的要求追求公正外,还要为当事人利益服务。职业道德对法官和律师有不同的要求。以律师思维为例,细心、追求实据、缜密思考是其特质。一般认为律师性格较常人谨慎。"例如,企业经营者往往觉得律师提出咨询意见,'总是想最坏的情况','老说这不能做那不能做',这是因为多数律师须以法律为准绳。以律师处理若干非诉讼业务(比如为企业提供法律规划)为例,这样一种从外观上看起来'消极'的谨慎,其实负担了重要的且必要的'积极'目的与功能,亦即透过事先缜密的规划,将委托人可能面临的不确定性变为确定,以维护其利益。因此在律师身上,积极性的谨慎与稳健反而是较常出现的性格,甚至可以说,这种谨慎是律师的'必备

---

① See Brian Leiter, *Naturalizing Jurisprudence: Essays on American Legal Realism and Naturalism in Legal Philosophy*, Oxford: Oxford University Press, 2007, p. 84.

态度'。"①律师必须提前预知各种法律风险,而法官则恪守司法权的被动性,以端庄、严肃、不偏不倚地忠于法律与正义作为其形象。尽管都是法律思维,但不同的法律职业有不同的特点。

一、法律思维是"根据法律的思维"

关于法律思维,思想家们赋予其多种含义,但从法治的要求来看,法律思维的核心要义在于它是"根据法律的思维"。根据法律进行思维是法律思维的最根本属性,它意味着只要是被称为"法律思维"的思维方式,其思考问题的出发点和得出的结论都是有法律根据的。法律思维属于法眼观世界,赋予世界以法律色彩或意义。法律思维把世界都看成是法律笼罩下的世界,法律人就是运用法律观察、分析、描述以及解决问题等。由法律与思维组合而成的法律思维,标示着法律对思维过程的约束或者思维结论的限定。这种限定,一方面强化了法律对法律人思维的约束,另一方面也使得法律规范在思维中得到运用。法律显著的特征是对行为的规范,然而,这只是表面特征,因为只有人的思维接受法律的约束,才能转变为行为的规范。所以,法律思维是法律活动的核心层次。"一切法律思维活动,既要符合人类思维的一般规律,例如符合推理的一般规则,又要符合法律规则、法律原则和法律的基本精神。"②根据法律的思考主要强调了法律思维过程中的逻辑因素,即把演绎推理、类比推理的方法运用到思维过程中去。但这并不意味着,在法律思维过程中不讲辩证法,而只是说法律思维的根本属性,或者说其显著特征是根据法律的思考。

法律在思维中的运用,不仅赋予法律以生命,而且也在运用中完善发展法律。法学家们发现,单纯的根据法律的思考可能会出现所谓机械司法的问题,出现法律思维脱离社会关系的情形,于是法律社会学的解释方法、实质推理的方法、价值(利益)衡量的方法大量出现在司法过程中,甚至有极端者否定法律对思维决策者的控制。但不管人们对法律思维赋予多少种含义,法律思维的根本属性还是根据法律进行思考。前后逻辑的一致性、价值观念与法律规范等的融贯性、法律内部的体系性等都包含根据法律思考的成分。我们注意到,法律思维像其他思维形式一样具有时代性,但核心的骨架是按照法治的要求不应该发生变化。发生变化的主要是法律的内涵。这里的法律是指一种泛义法律,即作为法律思维之根据的法律,主要是指法律规范,但不局限于法律规范。除法律规范以外,还包括法律原则、法律概念、法学原理、法律方法、法律价值等。我们必须明确,概念、原则等的运用是有条件限制的,有法律规范的时候,我们就不能直接

---

① 陈长文、罗智强:《法律人,你为什么不争气?》,法律出版社2007年版,第16页。
② 葛洪义:《法律方法讲义》,中国人民大学出版社2009年版,第15页。

适用法律原则,法律原则是我们理解法律的重要因素,只是在没有法律规范的时候我们才直接根据法律原则进行思维。另外,也不能根据单独的概念生成规范,等等。因而,这里的法律大体上与法源的概念接近。当然,这样界定法律思维之根据的法律确实有些泛化了。但是它扩大了合法性的范围,克服了单一法律所造成的法律难以适应社会的情形。我们必须明确,制定法规范是法律的主要渊源,其他法律渊源的运用必须经过论证,只有这样才能保障最低意义上的法治——限制任意的目标得以实现。

二、法律思维方式的类型

对法律思维方式的类型可以进行多角度考察。本书描述了三种最基本的思维类型:涵摄思维、类型思维和反省思维,强调了形式逻辑规则在法律思维中的基础地位。而对于新近兴起的论证、论辩等强调一般与个别具有同等重要性的思维方式没有罗列其中。中国的法治处于起步阶段,首要的任务是树立法律的权威,需要在法律思维方式中强化以形式逻辑为基本方法的思维方式。

(一)涵摄思维模式

涵摄思维是建立在三段论的基础之上,主要运用演绎推理方式进行思维的模式。在根据法律进行思维的总前提下,将法律的一般性规定运用于所欲调整的具体情况。在对事实的解释过程中,依据法律规则或合同的约定作为大前提进行直接的推理。在传统的涵摄模式中,假定法律隐含了调整事实所需共性条件,法律人的任务就是从个案事实中抽象出共性,然后把其涵盖在法律的共性之下进行推理,就可得出法律结论。涵摄思维的经典模式就是形式逻辑中的三段论运用。这种思维方式在维护法治方面起了很重要的作用,但由于对其运用的僵化,近百年来受到了学界的无情攻击。其中最主要的理由有:(1)从逻辑上看,法律——主要是制定法,作为推理的大前提在与事实遭遇的时候,会出现模糊性、不确定性、不周延性;(2)从法律与社会的关系上看,稳定性的法律不能适应不断变化的社会现实,即法律的进步赶不上社会的变化的步伐;(3)从语言学的角度看,法律语言的概括性虽然很高,但所能概括出来的规范与原则,面对丰富多彩的事实,常常捉襟见肘,只能涵摄进部分内容,而无法与活生生的案件对接。因而,以三段论为主要思维形式的涵摄思维,一直被各种各样的法学理论所批判。

涵摄思维虽然有这样那样的缺陷,但它仍然是法律思维最基本的形式。我们的研究者在批判和反思三段论的时候,过度地夸大了疑难案件的数量,过度地贬抑了三段论的作用。当然,早期的有些法学家对三段论的过度褒扬也是存在问题的。实际上三段论像其他任何方法一样也只能解决典型的案件,不可能解决所有的问题。我们主张法律思维的主线仍然是根据法律的思维,也是奠基于这一判断。涵摄思维既不像早期思想家吹嘘的那样万能,也不像有的法学家贬抑的那样一无是处。它就是一个普通或常用的思维方式。涵摄式思维方式是一种笼统的说法,三段论只是它的特征之一,三段论的运用并不排除其他的思维方法的运用,甚至还必须和其他方法结合起来,以避免解释结果的荒唐。对三段论思维模式的机械运用,会出现人们接受不了的结果。

【案例分析】

有一位美国北卡的律师买了一盒极为稀有且昂贵的雪茄,同时还为其购买了火险。接着在一段时间内,他把这盒烟抽完了。随之对保险公司提出了赔偿的要求。在申请理赔书中,该律师说雪茄在"一连串的小火"中受损。保险公司不愿意赔偿,理由是:此人是以正常的方式抽完了雪茄。结果,该律师就把保险公司告上了法院,最后居然还赢了这场官司。法官在判决时表示:一方面他同意保险公司不予理赔的说法,认为此项申诉非常荒唐;但从另一方面必须考虑到,该律师手上有保险公司同意承保的保单,证明保险公司保证赔偿任何火险,且保险单中没有指出何种火不在保险范围内。因此保险公司必须赔偿 1.5 万美元。面对法院的判决,保险公司决定,与其忍受漫长昂贵的上诉过程,不如接受该判决。但在律师兑现支票后,保险公司马上报警逮捕该律师。罪名是涉嫌 24 次纵火案!由于律师自己先前的申诉和证词,这名律师以"蓄意烧毁已投保之财产"的罪名被定罪,要入狱服刑 24 个月,并处罚金 2.4 万美元。①

这不一定是真实的案例。假如这是真实的判例,我们可以发现,这里面有两个关键的细节是对三段论式的涵摄思维的嘲讽。一是法官对保险合同中"火险"的认定。虽然保险单中没有具体明确什么种类的火险,但当事人自己抽烟时所点燃之火,肯定不应该包括在其中。这不符合日常生活的事理。只是从直观的推论上看,自己点燃用于抽烟之火,也可以涵摄在火险的种类之中。这种判断只有逻辑依据而没有生活的根基。二是对这位"聪明"律师的定罪,法官把吸烟的行为定为"蓄意烧毁已投保之财产"的行为。这在逻辑涵摄关系上看也没有什么问题,不过与香烟的用途相比较就显得有些荒唐。三段论的难题不在于这一思维形式有什么问题,三段论的正确性到现在为止也没有人能够推翻。关键的问题可能在于事实的类型概括能否和法律命题衔接。"三段论对演绎推理进行了很好的说明,如 A 类型的情况有规则 X 规范;本案的实际情况属于 X 支配。在法律演绎推理中,困难在于如何定义或界定案件的类型或种类,如何陈述 X 规则以及判断某一案件是属于 A 类还是属于其他类(是一个确定评价事实的

---

① 陈长文、罗智强:《法律人,你为什么不争气?》,法律出版社 2007 年版,第 32—33 页。

问题)。极有可能存在几个竞争性的大前提。但前提可能是制定法规定的命题或者是先例中的判决依据,或一个一般性的命题从几个先例的判决中的判决依据中被归纳出来,或者权威性著作的叙述中进行归纳。"①另外,对作为大前提的法律的认识,这不是法律思维能解决的问题。立法学可能是一个更为复杂的问题。法律规范本身正确与否,是与政治学、伦理学、社会学、经济学等联系密切的,不属于法律解释能够解决的问题。但是新兴起的法律论证理论,为解决大前提是否具有正当性的问题,提出了许多的方法设计,试图在论证中完善大前提与事实类型的关系。这是对涵摄理论最好的修正。它在一定程度上,排除了把法律条文直接作为推理的大前提的机械性。

(二) 类型思维

涵摄思维把法律看成是一个涵盖能力极强的规范体系。在法律所涵盖的范围内,运用演绎推理方法就能调整众多的事物,解决许多的纠纷。但是人们后来发现,涵摄理论实际上能够涵摄的事物和行为极其有限。事物的多样性和复杂性每每和涵摄作对,几乎对每一个规范都可轻易地找出例外,发现其模糊和不周延的地方。于是就有学者提出另外一种思维方法表征法律思维。这就是法律思维是一种类型思维的观点。

类型思维运用的是类比推理的方法。在理解类型思维方式的时候,我们应注意到,法律是关于事物和行为的共性规定,是抽象的概括表达。对这种概括的表达,我们经常将其称为法律规范,即规范人的思维进而达其行为。在法律和事实之间,我们常用法律涵摄事实来表示,但正如上述分析的,规范性的法律涵摄不了事实全部,规范和事实是两种不同的事物,讲两者有涵摄关系,单从纯逻辑的角度说不通。因此,考夫曼等人对法律规范重新认识,认为法律的概念也好,规范和原则也好,实际上都是对事物和行为的类型性表述。只不过按照魏因贝格尔的说法,事实可以分为法律中的事实与生活中的事实两种。既然法律也是一种事实,那么法律和事实之间就有了同质性,具有了可比性。法律思维就是拿着法律中的事实和生活中的事实进行比照,然后根据法律中的事实阐发生活中事实的法律意义。所以很多法学家认为,法律思维是一种类比思维。这也就意味着,类推是一个不"死"的概念,并没有随着刑法适用禁止类推而走向死亡。类型思维也称为类比思维,是拿法律中的事实和生活中的事实进行比照得出法律结论。考夫曼说:"法律思维,本质上是类推思维,是从事物本质产生的思维。"②类型思维和涵摄思维一致的地方就在于:思维的难点不在于法律中的类型,那已是现成的概括好的模式,关键是对生活事实如何进行归类。生活中的事

---

① 〔英〕沃克:《牛津法律大辞典》,李双元等译,法律出版社 2003 年版,第 942—943 页。
② 〔德〕考夫曼:《类推于事物的本质》,吴从周译,学林文化事业有限公司 1999 年版,第 129 页。

实相当复杂,如果归类不当就不会产生恰当的法律意义,但完全按照法律进行类型化处理,可能又不一定能行得通。因为,法律中的类型毕竟有限,因而就需要法律人高度的抽象和归类能力。此处最能显示法律人的思维水平。法律推理最主要的不在于推理过程,而在于建构类型之间的逻辑有效关系,即在大小前提之间建立恰当的对应关系。

(三) 反省思维

法律思维是一种以形式逻辑为主要工具的思维形式。但形式逻辑的方法只是思维的理论指导。许多法律人运用形式逻辑的方法,似乎是一个不自觉的过程,因而我们认为,法律思维并不等同于形式逻辑的运用,而是一个糅合了诸多因素的复杂过程。在法律思维中最重要的因素是法律、法律事实、法律文化等。其中法律对思维判断的影响最大,因此我们也把法律修辞视为重要的法律思维方式。我们说法律思维的逻辑基础是形式逻辑,仅仅是说法律人在理解法律的时候,会自觉或不自觉地使用形式逻辑所提供的演绎和归纳等方法。把法律思维和形式逻辑联系起来最重要的意义不是用形式逻辑作为思维的指南,而是作为一种反省的工具。美国大法官亚狄瑟在其《法律的逻辑》一书中,把法律思维说成是反省性思维。其反省的基本方式就是运用形式逻辑的规则对法律判断进行反思。现在有许多学者认为,在法律解释的问题上只有不同答案,没有正确或者说是错误答案。这种说法如果放到历史长河中或者放到社会学中考察可能是有一定的道理,但如果放到逻辑学中肯定是有问题的。因为依逻辑规则作为标准进行衡量的话,无疑是有正确或者错误答案的。在法律思维过程中形式逻辑的规则是检验思维正确或错误的工具。"法律推理比其他任何法律程序都更需要仔细推敲。在形成论证或说服的过程中,法律是诉状与法院判决的核心,也是证成的本质。""要充分评估一个法律论证当中的推理,我们必须去除无关的细节与赘词。我们必须将论证缩减到三段论的组成。别管那些言之无物的答辩状或判决意见,只要把注意力放到三段论法本身,很少人能做到这样。律师和法官都写得和说得太多,他们的论证都充满了说明性的句子,而这些并不是我们论证的必要命题,他们的植入是为了说服读者在争论不休的情况下接受该论证。不过论证最终还是由三段论法决定其成立或不成立。"[①]逻辑思维的规则是我们进行法律判断的基本工具或者标准。形成法律思维离不开形式逻辑对我们思维的训练。法律方法主要是指逻辑思维规则、解释规则和修辞论辩规则的运用。

三、法律思维的特征

法律思维的特征是法学家们经常研究的问题之一。很多法学家在没有对法

---

① 〔美〕亚狄瑟:《法律的逻辑》,唐伟欣译,台湾商周出版社2005年版,第94、95页。

律思维的本质进行研究的时候,都对法律思维的特征进行了描述。之所以出现这种情况,是因为不仅我国的法律方法论不成熟,而且法治建设也处在初级阶段,法学家们还没有机会展开从现象到本质的抽象,因而只好从特征的角度解释法律思维的属性。有学者认为法律思维的范围比法律方法更为宽泛,与狭义法学结合有十个特点:合法律性优于合道德性;普遍性优于特殊性;复杂优于简约;形式优于实质;程序优于实体;严谨优于标新;谨慎超于自信;论证优于结论;逻辑优于修辞;推理优于描述。① 还有其他教授从另外的角度展示法律思维的特征。我们发现无论从哪个角度展开论述,如下几个特征似乎不可缺少:

(一)法律思维是一种运用法律语词的思维形式

法律有多种存在方式,立法者向社会输入的是文本性的法律。这种法律不会自动在社会中产生作用,需要人们在思维中运用法律。法律最基本的单位是法律语词。所以从解释学的角度看,法律思维就是把法律语词中的所指运用到具体的思维过程中去,使法律语词产生意义。法律思维与其他的思维一样都是运用语言来思考,但是法律思维之特殊性在于它是运用法律语词、概念所进行的思维。这一过程我们也可称之为法律修辞——那种把法律作为修辞的思维方式。当然,强调修辞在思维过程中的作用,并不是要忽视逻辑的作用。实际上在法律思维过程中,对于体系性、规范性法律我们必须运用逻辑保持其意义的安全性。但是我们必须注意的是,这种纯粹的逻辑推理并不能把生动的案件表述清楚,有时简单的推理的说服力是有限的,为了把案件说得更加清楚,增大对当事人和其他人的说服力,我们还必须在法律思维中引进增加正义的法律修辞。

(二)法律思维是一种以简单应对复杂的思维过程

法律思维以法律的存在为前提,规范性的法律是立法者对复杂世界的高度抽象,把复杂的世界概括为规范的世界,然后,以此作为思维的前提,思考世界万物的法律意义。法律思维者的任务有二:一是把形式逻辑的演绎和类比方法作为基本的思维方法,涵盖事实的意义,这实际上是在恪守法律语义的情形下,释放法律的固有意义。二是在思维过程中解释法律、完善立法者没有穷尽表达的隐含意义,是把法律语言变成法律言语,说出立法者没有穷尽的事项。这其中的第一个任务其实就是把典型的法律复杂事物简单化的思维形式,运用的也是最简单的逻辑规则。法治事业的大部分都是用这种形式完成的。第二个任务似乎是复杂了一些,使得法律思维多少带有立法者的色彩,但这是克服机械司法所必须采用的措施。在法治的历史上因为法律思维的简单化,三段论式的法律思维被讥讽为机械司法,对法治事业造成了很大的负面影响。值得注意的是,对法律问题简单化处理确实存在问题,但是过度复杂化会使法治走向死胡同。我们认

---

① 参见郑永流:《法律方法阶梯》,北京大学出版社2008年版,第32—34页。

为,建立在形式逻辑基础上的推论方法能够解决大部分案件。需要续造法律的只是一部分案件。我们相信,尽管科学研究拒绝简化方法,但是法律思维不是进行科学研究,基本上可以说是以简单规则应对复杂社会的思维方式。但我们时刻要警惕在法律思维过程中的简单化倾向。"简单化就是对实体的分割和封闭,就是把它压缩成一个简单的成分,就是排除一切非线性的东西。"①

(三) 法律思维是一种趋于保守的思维形式

法律思维与政治思维不一样,并不是处处都要与时俱进。法治要保守社会所确认的现实秩序,维护传统法律价值。思维倾向的保守性构成了法律人思维的特征。这不仅是因为法治与保守主义相连,而且是因为法律要以经验的方式解决未来出现的社会问题。经验法则是法治的基本原则。多数法律人的思维都反对以革命的方式解决社会问题。法律思维的保守性源自于法律人必须遵守法律。但这绝不意味着法律思维要完全拘泥于法律的规定,保守性仅仅是法律职业和法律思维的主要特征,在很多情况下,如果社会关系和人们的价值观念发生了大的变化,法律人的思维也会逐步改变,但与其他的职业相比较,法律人思维的转变是缓慢的。"保守主义指的是一种可以从历史上和社会学上加以把握的连续性,它在一定的社会状态下产生,并在与生活史的直接联系中发展。"②保守的思维倾向是具有意义取向的行为。只要是改变根据法律思维所推导出来的结论,都必须进行充分的论证,如果理由不是很充分正当,一般的法律人都会恪守法治,维护传统法律价值与社会秩序。

(四) 法律思维是一种权利、义务思维

从方法论的角度看,法律思维不是一种独立的思维类型,而是在权利义务的规定、制度化程序约束下,在对抗性框架中构建、分析、论证的思考活动,核心是发现、分析和评价理由。③ 将法律思维与道德思维相比较,我们可以看到,道德思维倾向于对社会、他人作出奉献和牺牲,而法律思维是一种趋于利益的思维,强调权利义务一致,而主要是追逐利益,所以很多人认为,法律思维在本质上是一种利益思维。但是法律思维的利益性,与义务是联系在一起的,人们在法律思维过程中必须明确,为了维护自己的权利必须履行相应的义务。法治反对那种只享受权利而不履行义务的特殊公民的存在,反对把权利和权力绝对化。当然,法律思维中的权利义务,是相当细致的和具体的,要想形成法律思维必须熟悉权利的分类以及权利的各种救济措施。

(五) 法律思维是一种专业性的职业化思维

法律作为古老的专业学科,在法治时代已经职业化了,法律思维随之成为一

---

① 〔法〕埃德加·莫兰:《方法:天然之天性》,吴泓渺等译,北京大学出版社2002年版,第17页。
② 〔德〕卡尔·曼海姆:《保守主义》,李朝晖等译,译林出版社2002年版,第61页。
③ 武宏志:《美国语境中的"法律人思维"》,载《法学家》2009年第3期。

种职业化的思维。因而,像律师那样思考、像法官那样思考也就成了根据法律思考的代名词。美国法学家卢埃林给法学院新生所作的经典演讲中表达了这样的意思:第一年最艰辛的工作是要砍掉你的常识,将你的道德规范暂时麻醉。你对社会政策的看法、你的正义感——把这些与你稀里糊涂的思维伴随在一起的东西敲掉。你要获得精确地思维、冷酷地分析、在给定的材料的范围内工作以及熟练地操作法律机器的能力。而贯穿这个法律教育的目标是像律师那样思考,或者像法官那样思考。① 在我们看来,像法律人那样思考实际上是讲法律思维的职业性。这意味着法律职业与其他职业有不同的思维方式,带有显著的职业特点。法律职业的特点意味着法律人的思考特殊性之所在。带着有色法律眼镜,抛开高尚道德要求,敢于直言法律的意义,哪怕它与社会是相冲突的。法律职业思维中包含着一种被称为法律人精神的东西。

律师怎样进行法律思维呢?有人说,律师的工作就是撒谎或者扭曲真理。因为真理被说出来以前就是真理。把这句话套用到律师为当事人辩护身上,如果法官有判断力的话,那么有理就是有理,无理就是无理,律师的辩护是多余的。甚至,如果律师代表的当事人是无理的,那么他所作的辩护就会是"扭曲真理"。有人辩解说:"就算是真理被说出来以前就是真理,但在它没有被说出来以前,我们未必知道它的存在。人的判断如无足够的信息导引,确实很可能做出违背真理的错误选择,而这样的错误选择仅涉及个人利益,那也罢了,有时个人所做出的错误判断,却有可能影响其他无辜者的生命、财产或自由权利,那么社会就需要一个严格的程序,去帮助一些关键者(如审理法律案件的法官),降低他们做出错误判断的可能性。"② 和法官相比较,律师的思维存在更多的矛盾选择。比如,律师和法官一样应该忠诚于法律,但如此一来,如何使当事人信任律师?所以律师在忠于法律的时候,还必须以当事人的合法利益为中心进行思考。在许多情况下,律师不得不在忠于法律和当事人利益之间进行选择。而法官在一般情况下,只要忠于法律就行了。但在律师思维中,"律师对当事人的忠实义务,并不是要求律师颠倒黑白、让有罪变成无罪,而是要以当事人的利益为中心,在不违背诚实义务的情况下,为当事人争取最佳的法律待遇。"③ 律师思维的原则是当事人利益中心。法官法律思维的中心是法律旗帜下的正义和公平。法官和律师如何思维是一个重要的课题,远非在此简单地描述就能概括,在此我们只是开个头,目的仅在于提醒大家在学习过程中给予足够的重视。

---

① 转引自武宏志:《美国语境中的"法律人思维"》,载《法学家》2009 年第 3 期。
② 陈长文、罗智强:《法律人,你为什么不争气?》,法律出版社 2007 年版,第 20 页。
③ 同上书,第 39 页。

第二节 法律方法与法律思维的关系

法律思维实质上就是法律方法,这一判断从逻辑上看没有问题,甚至这两个概念在很多场合下是可以互换的。只是从法律方法论研究和法律思维训练的角度我们必须注意二者的区别。法律方法论中的法律方法主要是指较为具体的法律解释、法律推理、法律发现、价值衡量和法律论证方法,而法律思维则主要是指与道德、政治等思维方式不同的以法律语词、法律规范的运用为主的法律思维方式。法律思维涵盖的范围似乎宽于法律方法,在思维的层面似乎也"高于"法律方法,所有的法律方法都应该是法律思维,而众多的法律方法构成了法律思维的基础。

一、法律思维与法律方法比较是宏观的思维方式

法律的出现导致了法律思维的出现,从而使世界有了一种职业思维,这种思维的目的在于追求法治秩序。法律思维的出现使世界的关系网络又多了一重复杂关系,在各种自然关系和社会关系中多了法律关系。法律虽然从逻辑结构上是协调一致的,但从社会的角度看,法律实际上割断了与社会的关系,法律人眼中的关系是简单的,它把纷繁复杂的世界简单化了,丰富多彩的世界成了法律世界。法律调整本来就是用简单应对复杂。于是,在根据法律思维的模式下,法律与社会之间的复杂关系、法律与人的多种需求、法律与案件的细节出现了程度不同的脱节。法律在一定程度上"独立"了。法眼看世界成了法律人的职业病。在各种自然、社会复杂关系纽带中,又加上了人类的目的——合法的利益的追求,对公平正义的期盼,这使得本来就十分复杂的社会关系更加复杂。虽然人在自然、社会面前是无奈的,只能是被动适应,但法治的发展历史告诉我们,因为法律的加入使得人的主体性得到了张扬。这一切皆因为法律思维的引入。这不是对法律思维的抱怨,而是要指出法律思维的引入使社会关系简单化了——出现了法律世界与非法律世界的分野。

法律思维方式并不复杂,因为基于法律规范的指引和人们运用基本的逻辑的思考,一直引导着思维的走向。可问题在于,法律的简约虽然要舍弃与社会的纠缠,但它还要调整更为复杂的世界。一般性的法律与复杂世界脱节以后,还要回到复杂世界中去,需要在个案中还原复杂的世界。法律教育要培养、提升人的法律思维方式,用法眼看世界,但是,它又不能脱离开复杂的世界。该怎么办?一般的法律规范是脱离社会的抽象产物,根据这种一般法律的思考是法律思维方式,但问题在于这种法律思维方式的简单性不能解决案件本身的复杂性,不能使法律与案件、法律与社会之间出现融洽的关系,于是,法律方法的功能就浮出

水面。法律方法实际上就是在法律思维模式下,解决案件与法律之间的恰当关系。

二、法律方法是在法律思维方式包裹下的具体技术

在法律方法与法律思维的关系上,有多种不同的看法。有学者认为,就现有的研究旨趣来看,法律方法论涉及三个方面的问题:一是法律思维,其核心是法律职业者的思维方式训练及其特性研习;二是作为宪政体制下的一种分权方法,以一种制度性安排和运行的方式被实际运用;三是作为一种适用法律的具体方法被关切。① 这意味着法律方法论的研究离不开对法律思维的研究。因而有一种观点就认为,法律思维方式就是法律方法。从宏观的角度看,这种观点似乎没有错误。因为法律方法是法律思维基础上较为具体的方法。但是从较为微观的角度看,两者还是有区别的:法律思维是一种根据法律的思维,是法治所要求的思维方式。但法律方法则是在法律思维原则下解决具体问题的方法,它不仅要根据法律思考,还要根据案情、社会情势、正义的诉求等进行考虑。法律思维和法律方法虽然都是根据一般的法律面向案件事实的审视,但两者考虑的主要面向不同,法律思维主要考虑案件事实的法律意义,是一种定性研究,而法律方法主要考虑的是解决问题的方案。虽然法律方法也需要进行定性研究,但与法律思维相比较,则更多地考虑解决案件纠纷的细节问题。诸如,解决问题的法律技巧、程序法律里面很多法律技术、法官办案的智慧经验等都属于法律方法的内容,其中的很多技术、技巧并不一定与法律思维方式吻合,但能够达到法治的目的或者法律的目标,一般人也都认为这属于法律方法。法律方法包含了大量的经验与智慧,它没有法律思维那样对逻辑规则的固守。我们看到,很多的法律方法是超越一般法律规范的,如利益衡量、法律论证、目的解释、社会学解释、价值衡量,等等。可以说法律思维完全是基于演绎推理和类比推理方法的展开,但法律方法则包含了很多的非形式逻辑。

三、法律方法论的核心是法律思维,法律思维需要法律方法的支撑

法律方法论的核心是法律思维,有三个方面的含义:

一是法律方法论作为法学教育的一门课程,其核心任务是提升法律研习者的法律思维水平。各种各样的法律方法并不能代替法律人在个案中的思考,因为法律方法论尽管具有法学的实用品格,但它离具体的行动方案还有很大的距离,只是法律人思考法律问题的基本路径。这就意味着从法律方法到法律智慧,由法律智慧转变为解决问题的能力之间还有距离。值得注意的是,法律方法作

---

① 刘治斌:《法律方法论》,山东人民出版社2007年版,第4页。

为职业能力所必备的专业技术和经验,尽管只是解决案件纠纷的前见性知识,但没有法律思维试图用法律解决纠纷肯定会出现理解、解释和应用的错误。为了在理解、解释和应用法律中少出错误,在法学专业训练中必须重视法律方法的培养。

二是具体的法律方法都是围绕着法律思维展开的,所有的法律方法都是法律思维从不同角度以不同方式展开的。诸如法律推理基本可以说是根据法律的推理;法律解释也可以说是根据法律的解释;法律发现主要是指在制定法范围内寻找解决纠纷的依据。可以改变法律意义的价值衡量和法律论证方法,也只是发展、完善法律的方法。无论什么方法,都是在围绕着构建裁判法律依据而展开。可以这样说,高水平的法律思维主要表现在对法律深度与广度的理解能力上。这种能力主要表现为对法律语词的应用能力以及解决问题的应变能力。可以这么认为,法治社会的实现必须由法律思维来支撑,而对法律思维来说正是各种法律方法构建了较为完整细致的法律思维方式。

三是法律思维需要法律方法来支撑。法律思维只是向人们传达一种捍卫法治的姿态,在具体的思维走向上,围绕着法治的实现,法律方法论从语用学、解释学、社会学、伦理学等各个角度,运用解释、推理、发现、论证、衡量等方法展示对法律的理解。离开具体的方法,法律思维是空洞的,离开维护法治的法律思维,所谓的方法是盲目的。尽管法律方法延展了人们用法律解决社会问题的能力,拓宽了法律的视野,但并不能解决所有的社会问题,只能在一定意义上消解法律与社会之间的紧张关系。法律即使有了方法论也不会是万能的。

第三节 当代法律思维新取向

一般而言,法律思维或者法学思维是法学者在研究法律现象和思考法律问题时所持的立场、态度、观点、价值和方法。以特定法律秩序的实在法为起点去思考和解决具体问题的思维方式,是法律人与其他职业相区别的重要方面。人们谈论思维时,更多地使用的称谓往往是思维习惯、思维定式、思维形态、思维逻辑,有学者把这个意义上使用的思维通称为"思维方式"。相对于方法层面的思维来说,思维方式更具有文化层面的韵味。因此,法律思维方式与法律思维方法从此意义上应予界分。一般说来,法律思维方法具有比较明显的个体化倾向,而法律思维方式则偏重于集体的表达、记忆与选择。[①] 当代国外法律方法论研究中,出现了很多对传统法学思维观念的更新。当今法律方法论,尤其是法律论证理论的发展,对法律职业思维方式也产生了深刻影响,当今的法律思维发生了某

---

① 谌洪果:《法律思维:一种思维方式上的探讨》,载《法律科学》2003 年第 2 期。

种深刻的转变,形成了某些新取向。在此结合法律方法论的新发展,对此问题予以介绍。

一、主体际思维

近代哲学思维方式以主、客体二分为基本特征。基于这种特征的科学世界观把从现实生活中抽象出来的东西当作本质、真实,由此断然割裂了在生活中原本内在统一的主、客体关系。但这种主、客体二分的哲学思维方式已被当今哲学发展的主流所抛弃。"语言与世界以及命题与事态之间的关系取代了主客体关系。"[①]在此过程中,哈贝马斯的哲学理论最引人瞩目。哈贝马斯顺应语言学转向的潮流,建立起一种以语用学为前提的主体间性模式,从而使主体间性理论转化为"交往行为理论"。他希望用"交往理性"代替意识哲学以主体为取向的传统理性。在他看来,交往理性要求主体以语言为中介,进入互动状态。其中实际操作的交往行为,才能保证主体平等参与。因此,理解哈贝马斯"主体间性"的关键,就在于把握"交往"。

上述观点对法学具有十分重要的启发意义。其实,法律本身就是主体际关系的产物,需要贯彻"主体际思维"、合作思维的方法。[②] "法律的正确适用是一个主体间的过程。当我遵循一种我不能向任何人解释的标准,我就没有标准从错误的正确适用中把真正正确的适用区分开来。……因此,我们的对话就是一个使得我们互相注意我们的'默会标准'的机会,并且通过要求为之提供理由而挑战它们。这就是商谈理论的根本观念。"[③]受到这种商谈理论观念的影响,法律论证理论通过主体际思维取代主体性思维,进一步发展了法律方法论。由此,人们对裁判过程的理解,从原来的关注结果的静态性、单主体性转向了以对话为中介的动态性、多主体性。主体间的交涉沟通这个原本备受忽略的维度成为当今法律方法研究中的必要一环。在传统主、客体二分理论格局下,法律的意义被认为是独立自足地存在于规范性文本中。而在当今法律方法论中,法律的意义存在于主体跟对象的视线往返、主体和主体之间的充分论辩中。"据论证原则,理性的商谈产生于一个自由的论证共同体,在这一共同体中,所有的论证是允许的。其目标是通过合意建立主体间性。认识和承认处在彼此的交互作用中。"[④]传统上独白式的单一法律决定主体由此被论证理论上的复数主体所取代。

---

① 〔德〕于尔根·哈贝马斯:《后形而上学思想》,曹卫东、付德根译,译林出版社2001年版,第7页。
② 周永坤:《法理学——全球视野》,法律出版社2000年版,自序。
③ 〔德〕约亨·邦格:《法学方法论的新路径》,牧文译,载《清华法学》(第9辑),清华大学出版社2006年版,第48页。
④ 〔德〕考夫曼、哈斯默尔主编:《当代法哲学和法律理论导论》,郑永流译,法律出版社2002年版,第194页。

二、对话思维

近代以来,西方法学家曾经试图将法律当作一个自足的公理体系。法官由此通过单纯的逻辑推导即可得出裁判结论,法律议论基本上是被完全排除在法律决定者的思考与行动之外。与此相应的是一种实证主义的法观念:法律是某种以国家强制力为保障的规则或命令。在法律运作上,这种观点预设了一种自上而下的单一法律运行模式。

不过,随着20世纪社会民主化程度的加深,法律作为某种强制性规则的观点逐渐被淡化。相应地,法律的正当性、可接受性等观念日渐突出。在民主社会中,司法过程应成为平等主体间的文明讨论。现代司法过程的辩证方面是它最珍贵且典型的特征。[1] 近些年来,哈贝马斯、佩雷尔曼、图尔敏和阿列克西等人把法律看做是一种话语,并把这一观点摆到了法学舞台上最抢眼的位置。这一观点与协商性民主、多元政治、文化多元主义及法律论证等领域遥相呼应,改变了人们对民主、法治等一系列重大问题的看法,使单一的纵向的政治法律思维模式发生了重大变化,为多元的、平行式的、协商性的思维模式所替代。在此重大理论观念转变的情况下,有一种观点将法律视为一场由社会各界积极参与的"理性对话":要避免法律的专制,法律不能只是命令,而更应该是理性对话。"它是一种'对话'(Dialogue)乃是指法律是在各种不同观点及利益之间的交锋与辩论中不断获得产生、变更与发展;它是一种'理性'(Rational)对话乃是指这种对话在本质上是一种心平气和的说理过程,而不是通过暴力、压制、谩骂或以其他方式相互攻击来完成的。"[2]这种观点体现出对话或论辩从一定意义上已经被提升到法概念论的高度。这在当今的法学理论中具有很重要的意义。

这种通过对话解决问题的哲思方式在法律领域引致法律思维方法的深刻变革:在法律决定的形成中,原本备受压抑的对话、论辩因素的正当性得以彰显。"占据绝对优势的不是一个来自于系统中的形式的、逻辑推导(演绎),而是辩论的方法。事实上,绝大多数新的解释法律思维的学说认为法律思维是一个辩论性的,在正方和反方之间衡量的裁决理由模式。"[3]法律推理不能得出"放之四海而皆准"的必然结论,法律决定的妥当与否取决于当事人各方及其代理人自由地进行对抗性议论的程度。[4] 当然,实务中的法官出于各种复杂原因往往无法对每个案件出具具体的司法意见。尽管如此,法学依然需要依靠持久的批判性对话。对话思维不仅构成一种基本的法律论证思维,与之相关的对话方法(dia-

---

[1] 〔意〕皮罗·拉玛德雷:《程序与民主》,翟小波、刘刚译,高等教育出版社2005年版,第55页。
[2] 张千帆:《法律是一种理性对话》,载《北大法律评论》(第5卷·第1辑),法律出版社2003年版。
[3] 〔德〕N.霍恩:《法律科学与法哲学导论》,罗莉译,法律出版社2005年版,第145页。
[4] 季卫东:《法律职业的定位》,载《中国社会科学》1994年第3期。

logical approach)本身即构成一种基本的法律论证方法。在法律论证中,对话方法主要关系到论证的程序(procedure)。合理论辩程序的设定成为这里的关键。对此,学者们一般从理论上设置了一些理性论辩程序规则。另外,各国程序法对此也有一些规定。"有关民事诉讼程序运转的法律规定实际上是与对话规则和对于理性论证程序的要求相一致的。"① 这些均有助于保障对话或论辩在一个合理的程序框架下进行。

三、论证思维

传统的法律思维很大程度上是一种"证明(demonstration)思维",或者"推论思维"(Subsumtionsdenken)。这种思维的一般模式是:在预设的封闭法律体系中,法官通过严格的涵摄推理,即可找到适于个案的唯一正确的法律答案,并对此给出充足的法律理由。这种思维运用形式逻辑的方法,寻求法律命题及其推导系统的形式化,希望以此增强裁判的合法性与客观性。但是,"'单单根据在逻辑上推出正确结论的技艺,法官还根本'不可能'作出任何判决'"。② 因为法律思维并不追求"纯粹的知识",而是"实践的知识"。尤其是,传统法学思维所追求的"唯一正确的法律答案"被人认为几无可能:裁判什么时候是真正正确的,这永远也无法得到确切的回答。在法律中,当代科学哲学中的批判理性主义提出的"证伪"观念,对传统的充足理由观念与"证明思维"提出了根本挑战,批判考察的观念替代了证明的观念的位置。批判考察的观念体现的就是论辩的观念、论证的观念。司法中,这种观念要求法官必须在逻辑证明的前提条件尚未事先给定的领域,懂得如何理性地加以论证。

论证思维的要义在于,在作出决定或判断时,必须给出理由。在法律中,既然裁判什么时候"真正正确"这个问题永远也无法得到确切的回答,那么"认同理论将'正确性'定义为能被参与人所接受"。③ 因此,说明(裁判)理由自然具有决定性意义。论证思维或说理思维体现出法律思维的最基本特征,因为法律思维的本质即在讲究论辩说理。在为法律问题提出解答方案时,法律思维遵循着"理由先于结论"的规则。也就是说,法律的结论必须是有论证理由的结论,是对法学思考者本人以及其他人具有说服力的结论。④ 这就要求论证必须言之有理、持之有据、令人信服,同时要求具备一套高超的证据学和法律解释学的原

---

① 〔德〕彼得·戈特瓦尔特、雷根斯堡:《法官的裁判和理性的论证》,载〔德〕米夏埃尔·施蒂尔纳编:《德国民事诉讼法学文萃》,赵秀举译,中国政法大学出版社2005年版,第482、484页。
② 〔德〕罗伯特·阿列克西:《法律论证理论》,舒国滢译,中国法制出版社2002年版,第30页。
③ 〔德〕罗尔夫·施蒂尔纳:《法官的积极角色》,载〔德〕米夏埃尔·施蒂尔纳编:《德国民事诉讼法学文萃》,赵秀举译,中国政法大学出版社2005年版,第439页。
④ 参见舒国滢主编:《法理学阶梯》,清华大学出版社2006年版,第4页。

理和技术。

四、开放体系思维

西方法学一般将法律作为一种体系尤其是形式体系来进行研究。法学上的形式体系有一系列相关名称,如形式逻辑体系、公理体系、逻辑体系、演绎体系、演绎公理体系或计算体系等。历史上一些时代,流行着把法律建成一门自给自足的科学的趋向。完全以它自己的基本原理为基础,而不受政治学、伦理学和经济学等学科的外部影响。① 体系思维将法律当作一种独立自主的存在。受到欧洲理性主义哲学传统的影响,演绎体系的法观念首先出现于17、18世纪自然法理论框架内。不少自然法学家运用公理化的方法构建自己的法学理论体系。公理化方法还使近代法典的体系更加严密。可以说现代一些常见的法律原则都是近代法学家深受公理化方法的启迪而确立下来的"公理"。② 体系思维在19世纪的法学中扮演了重要角色。尤其是德国概念法学派的普赫塔,他将体系理解为形式—逻辑的以及抽象—概念的体系。如普赫塔在分析"占有"时,全盘脱离实际效用,对概念进行抽象的思考。可以说,无论是自然法学还是概念法学,均采取的是一种体系化方法,即通过意义关联,将多样性的事物统一起来,由此形成一个相对封闭的有机整体。此外,英美法上的法律形式主义(formalism)也有此理论趋向。总之,无论是近代的自然法学还是法律实证主义,均是建立于主体与客体、主观与客观二分的世界观和认识论,均致力于客观主义的认识概念、实体本体论的法律概念和封闭体系的观念。

据此体系思维,人们期望法官对提交给他的任何案件给出法律答案。体系思维有助于把法院与法官拘束在逻辑中和法律体系之中,以保证判决的客观公正。可以说,体系思维的确以其无可比拟的优点,受到人们的垂青。近代以来,依法司法的理想是通过一个完美的法律规则体系来实现的。③ 因此,体系思维在近代以来的法学中具有极为重要的影响。但是在实践中,没有哪个国家的法律体系会对任何可能的人类行为给出周全的规则。

当法律被建构为自足、完美的规则或概念体系后,法律如何跟法律以外的世界发生关联呢?当代不少法学家看到这种体系思维与方法可能带来的严重问题。当今法学发展的主流已不再相信法律上的公理体系。新的理论发展趋向强

---

① 〔美〕E.博登海默:《法理学:法律哲学与法律方法》,邓正来译,中国政法大学出版社1999年版,第240页。
② 何柏生:《数学精神与法律文化》,上海人民出版社2005年版,第47页。
③ 这个体系(a)对所有案件都明确地加以规定,或者(b)通过严密的推理或通过明确表述的法律规则的逻辑内容进行某种数学上的精确发展而间接地对所有案件加以规定。参见〔美〕罗斯科·庞德:《法理学》(第2卷),封丽霞译,法律出版社2007年版,第298页。

调:(1) 法律规则与法律原则的开放性;(2) 在原来的概念思维以外,又出现了类型思维等更具开放性的思维形式;(3) 法律不仅是一种形式自足的逻辑体系,更是与人的社会生活密切关联的价值体系与目的体系,法律由此成为一种开放体系。总之,在当代法学研究语境中,传统理论所预设的封闭体系,由于其一系列理论缺陷,逐渐丧失说服力,而逐渐被那种跟社会生活密切联系的开放体系所超越。

当代法律论证理论作为超越自然法与法律实证论的"第三途径",主张在开放体系中进行论证。之所以需要在开放体系中论证,是因为只有在开放体系中,才能为法律论证提供必要的空间。法律论证要求法律体系在适用的时候有可能向道德世界敞开,甚至可以评价和批判实在法。此一过程依赖于特定法学知识群体(法官、律师、当事人)的商谈与论证,以求达到共识。① 可以说,法的论证的有效性克服了体系的封闭性。反之,在封闭体系中,根本就没有论证或论辩的用武之地。当代法律论证理论则是在开放体系的理论前提下,引入论辩方法,将独白式的法官决断经由论辩而正当化。因此,"在开放体系中论证"之命题成为法律论证的一个重要理论基础。如果说传统体系思维旨在寻求法律问题的正确答案,甚至是唯一正确答案的话,那么打破封闭体系思维的法律论证意图达到的是高度的"似真性"(plausibility)。这也许会带来某种相对性或不确定性。就此而言,法律论证理论在打破封闭体系而使法律取得开放性的同时,也存在一定的局限性。而体系思维自身的合理价值也并不容一概否定。体系思维、体系化等作为法律方法的研究成果,即便在当今也有一定的合理性。

五、论题学思维

在西方,论题学有着悠久的古希腊研究传统。亚里士多德在《论题篇》和《修辞学》书中都有相应的论述。论题术是古代论辩理论对这样一种技巧的称谓:它试图在有争议的知识领域即在如法、道德等不存在明显确定性的知识领域中寻求解决的办法。② 但后来这一研究传统很快就衰落了,以至于中世纪思想家维科只能悲叹:"论题法虽未被人抛弃,却根本被忽略。人们现在放弃了这项技能,认为它毫无用处。"③近代以来,随着理性主义哲学成为主流,论题学研究也就中断了。论题学研究的复兴,是在第二次世界大战后。在研究问题在诠释学里的优先性时,伽达默尔首先探讨了柏拉图辩证法的范例。由此认为,"应当揭示某种事情的谈话需要通过问题来开启该事情。由于这种理由,辩证法的进

---

① 王旭:《法的论证有效性及其认识论问题研究》,中国政法大学2006年硕士论文。
② 〔葡〕叶士朋:《欧洲法学史导论》,吕平义、苏健译,中国政法大学出版社1998年版,第247页。
③ 〔英〕利昂·庞帕编译:《维柯著作选》,陆晓禾译,周昌忠校,商务印书馆1997年版,第70—71页。

行乃是问和答,或者更确切地说,乃是一切通过提问的认识的过道(Durchgang)"。① 在法学领域,论题学的复兴在第二次世界大战后首先可追溯到奥地利学者 Wilburg 的动态系统论。在德国则以菲韦格(Theodor viehweg,1907—1988)对论题(topik)研究法的提倡影响最为深远。

如果说法律实证主义认为法律思维拥有一个逻辑结构,强调法律思维或法律推理的体系方面,那么论题学注重的是反体系,关注于法律方法的具体问题进路,因而具有反实证主义、反形式主义、反理论化、反体系等特征。按照论题学的主张,具体的法律问题,不应通过从概念体系的演绎来解决;而应该就该问题找出有利于解决问题的各种视点。这些视点被称为 topos。法学上的 Topoi 就是有利于裁判法律问题的论据。如果并且只要它们在法学中得到普遍赞同,那么它们就是有说服力的。论题学的方法很有助于用于解决实际的法律问题,此即法律论题学或法律词序学(Rechtstopik)。这一方法用于法学后,法官(或法学家)为了就一个具体案例作出决断,就利用所拥有的论据(论证、理论原则、先例、立法规定),以便得到(当事各方还有广大公众)对判决的认可。② 在此情况下,法律只是论据之一,其论证的效力即取决于公众对现行法律与司法的具体看法。这一点显然不同于传统体系思维所认为的那种法律决定论:现行法律在具体的法律判断中起决定性作用。作为一种法律方法,论题学方法展示出截然不同于"归入法"或"涵摄"的思维运作模式。

对法律方法论来说,论题学的研究路向具有重要价值。当然在实务中,论题学方法往往是跟其他法律方法一道发挥作用,同时也显示出这种方法与生俱来的实践价值。但是,论题学方法也有一定的局限性。菲韦格认为法学探求的是"某时某地什么是公正的"。但是,谁又清楚地知道什么是公正的呢?因此,这种目的的设定是不切合实际的。而且,论题学在仅仅关注于个案情况时,往往忽视了法律获取的体系要素,这就牺牲了法律发展的可预测性和可预见性。③ 可见,论题学方法固然有纠正传统体系思维的意义,但其自身亦非万能。如上论及的法律思维方式的变化,是跟当今法观念的主流发展相一致的。法观念的主流是,日渐淡化法的强制性的一面,法的正当性与可接受性观念受到张扬。法律思维方式的变化也显示出对法律决定的正当化、程序、议论等以更高的评价。

---

① 〔德〕汉斯·格奥尔格·伽达默尔:《真理与方法》(上卷),洪汉鼎译,上海译文出版社1999年版,第466页。
② 〔葡〕叶士朋:《欧洲法学史导论》,吕平义、苏健译,中国政法大学出版社1998年版,第247页。
③ 〔德〕托马斯·维腾贝格尔:《法律方法论之晚近发展》,张青波译,载《法哲学与法社会学论丛》(第8卷),北京大学出版社2005年版,第18页。

【思考练习题】

1. 什么是法律思维?
2. 简述法律思维的类型。
3. 简述法律思维与法律方法的关系。
4. 法律思维有哪些特征?
5. 简述法律思维的新方向。

第二章 法律方法与法律方法论

一般认为,法律方法论属于法理学或者法哲学的范畴。因为很多学者借鉴哲学的分类,把法理学分为本体论、认识论、价值论和方法论。本体论研究法律的本源以及什么是法律的问题;认识论揭示法律的内部构成以及法律与其他社会现象间的关系;价值论则研究人与法律之间的意义、需求等关系;方法论研究法律规则如何运用的问题。这四者的区分是相对的,因为任何关于法律的理论都可以转化为法律方法论。实用性决定了所有的法学都是从不同的角度叙述法律的理解方法。实用品格决定了法学实质上就是关于法律运用方法的学问。只不过专门的方法论则是在研究立场上专注法律如何实现的途径、技能、技巧和经验。即使是作出了如此区分,实际上还需要指出,法律方法论可能有多种指向,认识法律的方法论、研究法律的方法论(法学方法论)、学习法律的方法论等。在方法论前面加上了法律的修饰,意味着法律方法论以实现法治为目标,是法律如何贯彻实施的方法论。

第一节 法律方法的概念

很多人都认为法律方法是为法律人办案所必须使用的方法、技能或思维方式。但实际上法律方法是对准备成为法律人的人——法科学生所准备的。因为法律人办案不可能完全拘泥于法律方法,并且法律方法也只是对法律人思维规则的概括与总结。法律人在办案过程中也许真的是"法无定法,规无常矩",在司法过程中解释、续造和"创造"不可避免。法律人所面对的也许是比教科书上所描述的更简单或更复杂的案件,所以不要以为掌握了法律方法论就能办好案件。但是对那些没有参加过司法实践的准法律人来说,掌握法律方法是不可缺少的。

一、法律方法的含义

从政治社会学的角度看,法律本身就是治理社会的方法,带有强烈的工具性色彩。法律以自身的规则与程序来支撑法治,维护阶级统治、实现社会公平正义、达至社会秩序的方法。因而,本书所讲的方法不是法律社会学或法律政治学意义上的方法,而是法律自身的运作方法,即围绕着规范与事实之间的对接关系,是基于逻辑推理、发现、解释和论证等而展开的法律运用方法。法律方法还包括运用方法所必须坚持的原则、规则、原理、技术、技巧以及经验智慧,等等。法律方法致力于法律的运用。方法含有步骤、顺序和规则的意义,是一种包含了行为、动机和目标的过程;它含有正确的意思,试图帮助人们的行为达至优化。从总的方面来看,我们可以把法律方法认定为理解、解释和应用法律的方法,包括三个方面的内容:一是指法律思维方法,二是法律应用的技巧、技艺,三是法律方法体系。

有人认为,"方法论主要包括三大块,就是司法三段论、法律解释方法和价值判断。这三者之间具有非常密切的内切联系"。① 这意味着法律方法是法律规范、法律原则、法律概念、法律价值和案件情势的结合。需要明确的是法律方法的基础性工具是逻辑,基本的方法有逻辑推演和裁判的证立。逻辑推演是保障法律意义客观性的最可靠方法,也是确定法律意义的简便方式。只有将逻辑推论关系作为裁判证立分析的出发点,才能捍卫法律意义的客观性,获得精确的令人信服的表述。"证立的概念要比逻辑推演的概念来得宽泛。它不应只是要求判决正确地从某个特定的语句集中推导出来,而且它还要求,这些演绎推论出该判决的句子必须是真的、正确的或可以接受的。"② 但是,阿列克西告诉我们,司法三段论并不能保障法律结论的可接受性,因而有必要在演绎推理之外提出进一步证立的要求。正像有学者所说,"三段论只是强调了逻辑的方法,但是司法过程的复杂性,不是简单的所有现象都能通过逻辑解决,所以,霍尔姆斯有一句名言,他说逻辑的背后都隐藏着价值判断"。③ 法律方法是讲法律的运用思维规则,它本身也存在运用的问题。所以,法律方法是围绕法律规范的实施而展开的思维活动。"法律三段论的对象除了检验推理图式的有效性之外,尚有将某些有效的形式识别为有规范约束力的或者/以及实际上被使用的。"④ 法律价值的实现是法律方法运用的重要目标之一。法律方法作为一种思维形式运用逻辑规则,但并不是唯逻辑的。

尽管在思维过程中以逻辑为基础的法律方法大致规划了思维的走向,但对法律判断的形成来说,这只是其中一个因素。针对个案的法律判断是综合思维的产物。法律方法具有根据对象不同而变化的特点,是规则、原则和手段的体

---

① 王利明:《论法学方法论在司法中的运用》,http://www.lawinnovation.com/html/zgfx50rlt/4520.shtml,访问时间:2011年4月11日。
② 〔德〕罗伯特·阿列克西:《法 理性 商谈——法哲学研究》,宋光、雷磊译,中国法制出版社2011年版,第7页。
③ 王利明:《论法学方法论在司法中的运用》,http://www.lawinnovation.com/html/zgfx50rlt/4520.shtml,访问时间:2011年4月11日。
④ 〔德〕罗伯特·阿列克西:《法 理性 商谈——法哲学研究》,宋光、雷磊译,中国法制出版社2011年版,第8页。

系。① 沃克认为:法律方法是指"可用以发现特定法律制度或法的体系内,与具体问题或争议的解决有关的原则和规则的方法知识的总和"②。我们认为,法律方法是整体性法律的组成部分。这是由"法律是实践理性"的本质所决定的。法律方法的运用改变或者说是完善、充实着法律的内容。法律理论将法律方法法律化,通过法律体系的概念或法律渊源理论吸纳法律方法。③ 法律方法要解决的是具体的法律问题。"方法是指按照确定的程式进行的有计划的过程。从逻辑的角度看,方法根据超越特定案件的普遍标准确定,独立于结果,因为结果取决于方法。反之,即首先确定结果,然后为此确定有助于形成特定结果的方法,是非理性的典型情况,在法律上视为任性。"④法律方法的核心是按照法律解决问题,达至合法性是其基本目标,这就意味着法律方法会涉及法律行为的各个环节。⑤

二、法律方法的特征

从不同的角度人们对于法律方法的特点有不同的概括。但无论从哪个角度进行概括,其目的都是进一步解释什么是法律方法,以加深人们对法律方法的理解。如,有学者认为说理性、法律性、正式性、形式性、程序性、明确性、公开性构成了法律方法的独特性,使其成为解决复杂社会矛盾的一种重要方法。⑥ 还有学者认为法律方法的特点在于:(1) 一切现行有效法律规范为基本准则的保守倾向;(2) 接受特定法律制度的制约,具有制度预设的属性;(3) 包含了对法律确定性的信仰和对法律唯一正确答案的理想追求;(4) 具有职业的局限性。⑦ 我们认为法律方法的特征可以从如下几个方面认识:

(一) 法律方法在司法活动中具有可操作性

法律方法是为解决纠纷而设计的,是关于法律如何运用的理论。法治实现的关键是法律的运用。法律规定浩如烟海,但每一个案件只需要运用少数的法律。如何确定针对案件的法律、如何解释已经发现的法律以及如何证成法律运用的恰当性,需要各种可操作的方法。可操作性是指人们通过学习法律方法可以把其运用到解决案件的思维过程中去。可操作性表现在法律方法能够帮助人

---

① 参见曾粤兴:《刑法学方法的一般理论》,人民出版社2005年版,第50页。
② 〔英〕沃克:《牛津法律大辞典》,李双元等译,法律出版社2003年版,第761页。
③ 参见周永坤:《法律方法的法本体意义》,载《甘肃社会科学》2010年第4期。
④ 〔瑞士〕菲利普·马斯托拉蒂:《法律思维》,高家伟译,载《法哲学与法律社会学论丛》(第6卷),中国政法大学出版社2003年版,第9—10页。
⑤ 参见葛洪义:《法律的方法与地方的法治》,载《法律方法与法律思维》(第六卷),法律出版社2010年版,第11页。
⑥ 葛洪义:《法律方法讲义》,中国人民大学出版社2009年版,第12—19页。
⑦ 参见刘治斌:《法律方法论》,山东人民出版社2007年版,第16—20页。

们进行合法性判断、客观性解释、合理性论证、可接受性说明。可以运用方法分析案件、讲法说理,可以运用方法接近法治理想。从理论上看,在司法中的法律运用操作步骤主要包括:在认定事实的基础上,首先进行针对个案的法律发现;其次,找出案件系争问题的关键因素,然后进行法律解释;面对各种解释进行法律论证,包括价值衡量等实质推理的运用,最后得出据以进行司法三段论推理的法律大前提。值得提出的是:在各个环节中实际上都要进行根据法律的思维,即在具体的思维中使用逻辑学意义上的法律推理。

(二) 运用法律方法得出结论的独断性

尽管法律方法具有向公平正义、社会现实、政治目标等开放的特点,但是法律方法必须趋向于对现行法秩序的维护。这主要是因为,虽然法律方法与其他的方法一样,都是寻求解决问题的设计方案,但是法律方法在总体上是受制于法律约束的思维方式,各种方法的运用在一般情况下不能违背法治的基本原则,一般情况下不能超越法律的总体框架。所谓独断性就是指,无论法律方法的运用者使用什么样的方法理解、解释和应用法律,其探寻的都应该是法律的意义,而不能是法律人个人的意志。在司法过程中,法律运用者的个人意志是受到压抑的。法律人始终高扬的旗帜应该是法律。法律方法探究的是案件解决的方案,但是它的结论与科学探究不一样的地方在于:其结论的得出不是自由的,而是独断的。法律解释是一种独断性解释。起码,从总体思维结果上法律判断必须符合法治原则。因而它不能像其他学科的研究方法那样,可以自由驰骋、得出孜孜以求的真理性结论。在各种各样的法律方法中,法律规范、逻辑规则、正义公平的理念始终缠绕着方法的运用者。运用法律方法的目的就是使法律人的判断具有形式上、最好是实质意义上的合法性。虽然法律方法的运用者有使用方法的选择权,体现了使用者的自主性,但是不管人们运用什么样的方法,得出的结论都应该是以法律为主要因素的解决问题的方案。法律方法在一定程度上具有教义学属性,是防止专断决策的屏障。使用法律方法的目的在于维护法治,以法律的名义维护法治,达到正义。独断与专断有很大的区别,独断是根据法律作出的判断,专断是任意的决断。

(三) 法律方法在追求公平正义的实现方面具有对法律的"创造性"

法律方法的这一特点看似和法律方法的独断性相矛盾,因为独断性强调了法律方法运用的封闭性,强调法律解释是根据法律作出的决断,但创造性则意味着法律意义的构建是向公平正义和社会现实等开放的。正是这种开放性使得法律方法具有了运用的灵活性,意味着法律效力在一定程度上具有可废止性,人们可以通过变通法律的方法,实现更多的正义以及对权利实施立体的救济。法律方法论本来就是要克服机械司法所带来的法律僵化,但是灵活运用不能任意,必须有一个明确的价值目标。这时,社会公平正义就成了司法的基本理念,指导着法律方法对法律意义的"创造"。法律方法的创造性是指在维护法治的总体目标下,运用法律方法还有可能超出法治的预期,出现法律效果、社会效果与政治效果等的统一。法律方法的创造性在某种程度上能够克服法律的局限性,其实,法律方法还具有改变社会管理创新的功效。需要指出的是,使用法律方法所得出结论的创造性,不是司法的本质,而只是一种辅助的灵活运用法律的手段,法律人不能打着创造法律的旗帜,做违背法治的行为。创造必须是在法治框架内实现社会的公平正义。创造性是法律实施的辅助手段,但不是司法的本质。

(四) 运用法律方法的效率性

法律方法论的研究,倾向于用最少的时间、简洁的方法解决复杂的案件。其中法律发现的方法运用最为明显。但是,法律解释、法律论证以及价值衡量似乎会增多法律运用者的时间,耗费更多的精力。然而,如果对这些方法有了娴熟的把握,比起没有章法的理解还是可以提高思维者的效率。法律方法论总结了法律人思维的规律,概括了一些基本的法律思维走向,因而它的运用在一定程度上简化了法律人的思维过程。法律调整本来就是要用简单应对复杂,法律方法只不过是贯彻了这一精神。所谓以简单应对复杂就是用预先设计好的法律规则和程序,应对复杂的案件事实。法律方法对程序和形式法治的重视,看似放慢了解决问题的进程,但实际上由于形式法治和程序公正的诉求提高了办案的效率,使得依据法律方法办案没有必要纠缠于程序以外的实质问题,因而效率性十分显著。法律的形式与程序性可以使人们的思维直接进入待解决的问题,而没有必要纠缠于与法律无关的事实细节。法律方法充当了解决法律问题的便捷通道。这实际上也是研究法律方法的目的——为法律人寻找便捷高效运用法律的途径。

三、法律方法的功能、意义及其局限性

法律方法的功能很多,运用法律方法的意义直接关系到法治的实现。但是法律方法并不是如很多思想家夸张的那样,可以解决所有的法律问题。法律方法最多是拓展了法律的意义空间,帮助人们准确地理解、运用法律。实际上,世界上很多问题有多种解决方法,法律方法只是其中之一,但是只要人们选择用法律方法解决,那么法律人的任务就是设法去实现人们对法治的诉求。对法律方法我们不能抱有太高的期望,但也不能轻视它的作用。中国现在的法治建设需要法律方法去促成。没有法律方法的帮助,我们永远不可能接近法治的梦想。

(一) 法律方法的功能

法律方法有很多的功能。从基本的方面看法律方法能够帮助人们准确地理解法律,甚至在有些特殊的案件中还可以完善法律。法律方法作为法律应用的前提性因素,对法律思维的塑造有着其他法学理论难以替代的作用。从总的方面看,法律方法的功能在于讲法说理、实现社会公平正义;在于在正确运用法律的前提下,避免误解、误用,为判决、调解案件寻找恰当的理由和依据。

1. 讲法功能

讲法说理是法律人的基本功。这一基本功一方面来自司法实践经验。经验越多,法官等法律人越能把法律、人情、道理以及社会关系说清楚。但另一方面也来自于对法律方法的把握。经验是积累的,法律方法是习得的。我们在课本上学到一些理论知识,好像对实践不起什么作用,但是这些关于法律运用的规则、技巧、艺术,是法律知识"前见"的组成部分。这些正是我们理解法律,分析案件解决问题的基础。讲法说理所需要的概念、原理、规则以及思维走向,法律方法论都作了抽象的总结。法律解释、法律发现、法律论证和价值衡量等方法,已经为法律人做好了路径的准备。虽然这些方法并不能直接当成行动方案,但是它可以使法律人少走弯路,为法律人提供思维的捷径。比如遇到相互矛盾的法律,人们直接想到的就是法律解释方法;遇到疑难案件可以运用法律论证的方法重新塑造法律;遇到不公平的法律评价可以运用衡量方法予以矫正。法律方法以逻辑思维规则运用把一般的法律具体化,以修辞论证的方式在具体案件中表述法律。法律人讲法需要运用法律方法。没有法律方法的训练,法律人讲法可能会出现错误的思维形式。法律方法是为法治实现而设立的,讲究法律,从法理学上看就是在思维决策过程中以合法性作为起点和归宿,追求裁判行为的合法性。它的讲法功能主要通过逻辑方法的运用来实现,其中主要的逻辑方法由形式逻辑的演绎推理、类比推理来完成。

2. 说理功能

虽然从法律社会学的角度看,法律的本质特征之一是它的强制性,但是法律的运用光靠暴力是不能长久的。纯粹依靠暴力不可能实现法治目标,甚至导致与法治目标相背离境况的出现。法律的运用其实是一个说理的过程。"法律方法始终与说理相联系,是一种说理的方法,离开了说理,方法就失去了任何意义。"[1]法律方法所说之理主要是指法理。法律方法论的说理功能主要是通过逻辑修辞方法的训练获得,当然方法论所能解决的也只是有理能说清的技术问题。如果案件本身没有什么道理,仅靠方法论也不能解决问题。法律论证、法律论辩等方法只能帮助人们把已经有的道理说清楚。虽然法律方法论提供了观察问题的多种视角和各种方法,但都是为了把已有的道理说清楚,而不是鼓励无理搅三分。"法律方法是法律本体的重要组成部分,合理、公正的法律方法可以提高法律的合理性与公正性;同时,由于法律主要在操作层面上存在的,发达的法律方

---

[1] 葛洪义:《法律方法讲义》,中国人民大学出版社2009年版,第14页。

法不仅可以提高法律的公正性与安定性,而且能够促进普适性公正和个案公正的统一;由于法律方法本身所具有的中立性,发达的法律方法有助于提高法律的权威和公民对法律的认同。"① 说法与说理本来是一致的,但是在有些情况下,尤其是我们坚持严格法治的情形下,会在局部领域出现合法不合理的情况,在这种情形下究竟是"法高于理"还是"理高于法"?这时候我们就分析具体的法与理。一般情况下,为了维护法律的尊严,法律优于道理。法律本身是以讲理为基础的,法律如果与社会的基本道理发生冲突,理就会成为改变法律的因素。这里的关键是需要充分的法律论证。如果能够找到法与理的共性,那就意味着法律效果与社会效果的统一。这是最佳的法治理想。实在没有办法只能是屈理而从法。这是法治论者的观点。

3. 意义生成功能

法律方法论把规范性法律视为构建裁判规范的权威性材料,以此为主要根据寻找针对个案裁判的法律根据,从而为法律人提供思维路径与具体方法。当然,法律方法的意义生成功能是以法律人运用法律方法为前提的,没有人们对法律方法的运用,法律方法就不会自动生成意义。实际上,法律检索所发现的也是针对个案的法律;法律解释主要是说出立法者所未穷尽的法律意义,即使是在法律推理中人们也是在个案中确定法律的意义。无论是价值衡量,还是法律论证等法律方法的运用,无不是为寻找个案的法律意义。因而法律方法的运用具有意义生成功能,即把形式性法律通过方法的运用,变成具有真切人文关怀的具体法律。具体案件中法律的意义问题是法律方法论的核心问题,各种方法论的目标无不为寻找法律的意义而设立。当然,法律意义的生成,既可能是法律射程之内的固有意义,也可能是溢出法律射程而产生的新意义。出现这种情况,既与法律规范的前提预设有关,也与案件实际情况以及其语境有关,同时也与法律方法论的运用者的知识前见和价值倾向有关。法律方法论的意义生成与主体的价值偏好和知识前见有很重要的关系,但我们的研究者很少注意到这点,主体的因素已经在方法论中被遗忘了。并且,还有一个重要的问题,法律方法论研究目的之一就是消除个人的意志。实际情况和法治理想之间已经出现了偏差。从我们已经体会到的经验来看,法律方法论的研习能够使很多人看到在原有法律基础上新的、活着的法律。

4. 分辨、整合功能

法律规则在社会秩序形成中发挥着重要作用,正是在规则的引导和强制约束下,社会才出现秩序。但是,越来越复杂的规则体系使得法律越来越难以把握,复杂的事实也使得人们无以应对,于是很多人提出了删繁就简的立法建议,

---

① 周永坤:《法律方法的法本体意义》,载《甘肃社会科学》2010 年第 4 期。

但是,这对司法实践来说意义并不是很大。法律的简繁实不取决于立法者的意愿,而取决于社会关系的复杂程度。在走向法治时代的过程中,法律文本越来越多是一个历史的必然。这不仅为人们的生活带来了更多的烦恼,也为法律人实施法律带来了困难。面对复杂的法律,很多人感觉到,法律在保护权利的同时,实际上也在尅减自由。这个判断在一定意义上是能够成立的。因为,当复杂的法律系统使人们难以理解和把握的时候,法律不仅难以成为思维的指南,反而成了思维的羁绊。为了解决这一问题,我们就必须求助于法律方法论。法律方法其实就是帮助法律人理解法律、赋予事实法律意义的指路明灯。法律方法为人们简捷地认识、理解和应用法律提供了工具。它可以使我们在纷繁复杂的法律体系中,用法律发现、法律检索等方法,找出当前要运用的法律。而法律解释、价值衡量和法律论辩等方法,实际上是在帮助我们把已经发现的法律重新整合,以构建恰当的、针对个案的法律。这里的构建,实际上也可以说是在分辨法律类型的基础上重新塑造法律。法律方法论是站在司法立场解决问题的方法,各种形式的法律实际上只是构建法律的源泉,法律方法的运用就是在整合各种法律形式基础上确定具体的法律。

(二) 法律方法的意义

法律方法最主要的意义是在一定程度上促成法治。对此我们已经在法律方法论的意义部分进行了论述。现在从法律方法的角度作一些补充。

1. 法律方法对防止司法专横的意义

在德国历史上,法律方法并没有成功地阻止法西斯的横行,反而成了其帮凶。这在战后引起了很多学者对法律方法的意义进行反思。对一个社会整体意识的巨变来说,法律方法显得十分弱小。但是我们必须清楚,所谓法律方法只是法律的一种职业思维,它是理性的体现,但它并不是说整个社会都是理性的。对于非理性的约束,法律方法只能起到部分的作用。法律方法起作用的前提仅仅是良好的法治环境,没有法治环境,法律方法的意义是有限的,在很多问题上很可能是无能为力的。但是,我们也必须看到,法治是法律人的目标,虽然法治并不能完全阻止专横与任意,但作为一种理性的思维方式,始终在召唤人们回归理性。"在法治社会中,法律方法成为人民限制权力,特别是约束司法权的利器。"[①]法律方法对专断的约束,主要是通过限制思维的走向而实现的。法律推理的规则在不断纠正错误的思维;法律论证要求作出判断必须说明理由,证成法律人所提出的法律命题,文义解释、体系解释的原则也使得一些法律人不能任意解释法律。法律方法像一堵墙,随时堵塞人们思维的任意和率性;法律方法像一张网,随时过滤下人们的错误思维。

---

① 周永坤:《法律方法的法本体意义》,载《甘肃社会科学》2010 年第 4 期。

2. 法律方法对开启法律人智慧的意义

构建法律方法的逻辑起点是严格依法办事。若是在法律体系完备的情况下,只要依法办事,法治就能实现。然而,由于立法者的能力所限,更主要的是因为事物本身的复杂性以及社会发展的无限性,使得任何立法者都不可能制定出完备的法律。所谓完备的法律体系也仅仅是对立法者来说的完备法律,在司法者眼中再完备的法律体系也只是发现法律的场所,也就是所谓的法官法源。在一定意义上说,没有严格法治的原则及其保障实施体制,实际上根本就不需要法律方法以及法律智慧,官员们如果想怎么办就怎么办,也就不需要法律方法了。法律方法一方面要捍卫法律的权威和法治的尊严,另一方面还要协调严格法治与社会之间出现的紧张关系。法律智慧主要是出现在协调法治与社会关系的紧张方面。首先,法律推理、法律发现、文义解释、体系解释等维护严格法治的方法必须被运用,不然就会出现法治危机。其次,目的解释、社会学解释、价值衡量、法律论证等体现灵活性的法律方法也应附条件地运用,以缓解法治的严格性,从而使法律为人类的基本目标服务。法律方法对法律人智慧的开启主要表现在维护严格法治与缓解社会关系矛盾上。机械地运用法律会使法律人的思维显得死板,过于灵活地运用法律则会使法治失去权威。法律人必须不断地在能动司法和克制司法之间寻求协调与平衡。法治原则下的司法总是给法律人很多探寻智慧地解决问题的空间。

3. 把不确定法律变成确定,把模糊的法律变得清晰

法律方法是确定法律推理大前提的活动。法律家的重要任务是把不确定的法律变得确定,把模糊的法律变得清晰。这是法律人的基本任务。现在,后现代的法学家们经常揭示所谓法律的真相,看到了现实的法律,强调法律的模糊性、不确定性以及法律意义的流动性。确实,法律真的不像教科书中说的那样是明确的行为规范。其模糊性、不周延性、不确定性、存在着漏洞是一种常态。如果法律都是明确的行为规范,法治只是三段论的逻辑演绎,那么法律方法及其法律方法论实际上都是没有必要的。但是实际情况并不是这样的。三段论的推理只是政治法学家们的设想,现实的案件都不会是三段论的简单运用。正是因为一般性的法律存在着这样那样的问题,才使得法律推理的大前提需要构建,因而才需要用法律方法论来加以解决。法律方法是在法律与事实之间探寻如何使一般的法律变成具体的法律,使模糊的法律变成明确的法律,同时还要消解法律之间的矛盾与冲突。现实主义法学以及后现代法学等玩世不恭的法学家,仅仅指出法律文本存在的诸多问题,但是并没有找出解决问题的方案,而严肃的法学家必须运用各种各样的法律方法来消除法律的"弊端",扩大法律适用的范围,提升其解决社会问题、化解社会矛盾的能力,最终在维护法治的基础上,实现社会公平正义。这正是法律方法论者的基本使命。

4. 为司法提供正当性的判决依据

在现代法治原则下,司法判决需要正当性基础。这个问题在现代方法论上占据中心地位。然而正当性的裁判不是凭感觉能够作出来的,需要运用各种法律方法,包括法律发现、法律解释、法律推理、法律论证和价值衡量等方法。特别是当一个判断具有合法性的时候,法律人之间如果还在进行论辩,那就需要运用法律价值对现行法律进行衡量。法律人需要在事实与法律之间进行目光往返的来回穿梭,需要在法律规范、法律价值和其他社会规范之间探寻一致性,进行融贯式理解,才有可能获得正当性的判决依据。这里的正当性包含了形式合法性和实质合法性的统一,包含了法律效果、社会效果和政治效果的统一。但统一在于不是用社会效果代替法律效果,也不是用政治效果代替法律效果,而是在追求法律效果优先的情况下,努力寻找其间的一致性。法律方法不仅可以对判决的正当性提供思维的路径,而且在很多时候还可以对法律判断形成过程以及结论进行评价。

(三) 法律方法的局限性

"方法意指通往某一目标的路径。在科学上,方法是指这样一种路径,它以理性的,因而也是可检验的和可控制方式导向某一理论或实践上的认识。"① 但从法律方法的应用角度来看,法律方法只不过是一种劝导性理论。对各种各样的法律方法,运用者有选择的自由,使用哪一种法律方法来分析解决案件可能带有某种程度的随机性。有时候法律人即使不按照法律方法来思维,也不会引发法律责任。话又说回来,即使按照法律方法来思维,得出的结论也未必是正确的。这就是说法律方法并不能保障思维结果是正确的,它只是思维的指南。实际上,每一个法律方法的运用者,在面对具体案件的时候都会遇到这样的问题:"我没有现成的方法,我出发去寻找它。"② 方法原本是指行路或在行路时开辟道路,因而方法只能在寻找中产生。"只有当我们到达了某一个终点,而这个终点又变为起点之时或之后,方法才能形成,那时我们再带着方法上路。"③ 这是一个螺旋式上升的循环,回到了起点也就离开了起点。

法律方法论虽然以逻辑为基础,但是,我们无法把它压缩成凌驾于法律人思维必须遵守的原理、规则,因为如果能那样的话,我们便可以直接把法律方法论通过立法表述为法律。法律方法论能够通过理论概念的串联重组,成为所谓的原理、规则,简约为技术性手段,并最终成为法律方法论体系。但它仍然是帮助我们思维的理论。实务界孜孜以求、希望得到的那种——学了就能直接运用于

---

① 〔德〕齐佩利乌斯:《法学方法论》,金振豹译,法律出版社 2009 年版,第 1 页。
② 〔法〕埃德加·莫兰:《方法:天然之天性》,吴泓渺等译,北京大学出版社 2002 年版,绪论第 17 页。
③ 同上。

案件的方法,永远也不可能出现。学术界关于各种法律方法论运用排序的努力,至今还是像探究永动机那样的梦想。因为,尽管法律方法论研究者的努力方向是形而下,但相对于法律人要解决的案件来说,还是一种理论形态,一种法学家关于形而下的抽象理论,不可能代替对具体案件与法律关系的思考。关于方法的探讨,在一定程度上隐去了需要解决案件的主体、情景等因素,只是试图用方法来控制、主宰已经变成了客体的人的思维,这对案件的解决来说还只是一个宏观的理路。具体案件的解决方案还需要重新探寻。正像有哲学家说的:"为了达到你一无所知那一点,必须踏上你一无所知的那条路。"①

法律方法是一种职业思维方式,它原本就是从法律职业和执业经验中而来,服务于法治事业。但是人们发现,所有的职业思维都会带有职业的偏见。根据法律的思考虽然符合法治的要求,但对事物的认识却不可避免地带有片面性。在维护法律权威的时候,其他社会因素多少会受到排斥。为了更加全面地认识法律,使法律判断与社会关系更加融洽,就需要人们在根据法律来观察问题的时候,运用公平正义等价值因素以及社会的本质等进行纠偏——那种过于依赖法律的偏执。虽说法律方法论是重要的,但试图完全依靠方法论实现法治,那也是痴人说梦。但如果完全离开法律规范对人们行为的规制,法治更没有希望。我们必须看到,有些法律方法从其思维走向来看,本身就包含有危及法治的成分。如利益衡量、实质推理、法律论证、目的解释、社会学解释等方法,如果把某一种方法绝对化,就会出现法治的危机。我们之所以把这些方法界定为辅助性法律方法,就是因为这些方法在一定程度上试图取代法教义学的位置,通过规范之外的事实(利益、目的)去取代实证法规范②,都是在某种程度上松动了法律的严格,甚至丢弃了法律规范。对这些方法的运用必须持谨慎的姿态,一般情况下不宜单独使用。必须辅之以法治的理念确信、正义的价值追求和充分的论证。

第二节 法律方法论的研究对象

在早期的法治论者看来,法律是完美无缺的,在制定出来以后,执法者认真贯彻,依法办事,法治就实现了。然而,在制定法实施过程中,人们不仅发现法律纠缠于复杂的社会关系之中,而且还有法律的漏洞、法律模糊以及很多的不确定性。这就使得依法办事难以完成,即无法根据法律进行简单的推理。由于作为法律推理大前提的法律出了问题,就使得三段论式法治模式备受批判。但德沃

---

① 参见〔法〕埃德加·莫兰:《方法:天然之天性》,吴泓渺等译,北京大学出版社2002年版,绪论第1页。
② 参见李中夏:《中国宪法学方法论反思》,载《法学研究》2011年第2期。

金告诉人们,法律是无漏洞的体系,法律即解释。① 德沃金给我们的启示是:法律没有漏洞,只是制定法有漏洞,法律不仅仅是成文法中的法律规范,还包括法律人在个案中对法律的构建。即通过包括法律解释在内的各种法律方法建构无漏洞的法律。作为法律推理大前提的法律,不是现成的制定法,而是以制定法为主要导向的、结合了具体场景和各种社会因素的思维过程。法律方法论就是要研究作为法律推理大前提的建构。这是我们确定法律方法论的研究对象和范围的理论支点。

一、法律方法论研究对象的确定

"法律方法论是一门关于正确和公正地作出法律判断的学说。'正确地作出法律判断'指结论是合乎逻辑地从事实和法律规范中推出,'公正地作出法律判断'指结论充分地平衡了当事人的利益。"②像其他学科一样,法律方法论也有自己的研究对象。从狭义的角度看,这种对象不是对静态法律制度的研究,而是对动态法律——即对一般性的法律如何转变为具体法律的过程研究,主要要研究在司法过程中,针对个案的法律是如何被确定的。狭义的法律方法论研究对象就是指法律方法的研究对象。主要研究在具体的案件中法律是如何产生的,或者换句话说在针对个案的法律产生过程中,法律是如何被理解、解释和运用的。法律方法论主要研究法律文本,目的在于"理解法律规则的解释,获得论证的构建、分析和批评的技能,辨识文本间和文本内的关联,运用这些知识解决实践性与理论性法律问题、辅助法律推理"。③

法律方法论研究的对象与如下两个方面的情况相关:

一是在理解、解释法律的基础上促成法律的正确运用。我们常说法律是对行为的规范,但是用法律去规范人的行为有一个中间环节,首先要用法律约束人的思维,在法律思维的支配下才能规范人的行为。由于法律规范到法律思维的转换是一个复杂的过程,因而需要运用各种方法。这样,由法律向判决的转换过程就成了法律方法论的主要研究对象。法律与事实之间的关系需要人的思维进行连接,因此法律思维以及各种各样的方法就成了法律方法论研究的对象。各种法律方法的研究旨在建构作为司法三段论推理的大前提。因而我们可以说法律方法包括了理解解释、修辞论辩和逻辑推论等法律方法。

二是法律所欲调整的对象以及所依存的语境。虽然法律方法论旨在构建司法推理大前提,但是,这种研究不是孤立地从法律到法律意义的研究,而是在法

---

① 参见〔美〕Raymond Wacks:《法哲学——价值与事实》,谭宇生译,译林出版社2008年版,第40—43页。
② 郑永流:《法律方法阶梯》,北京大学出版社2008年版,第26页。
③ 〔英〕沙龙·汉森:《法律方法与法律推理》,李桂林译,武汉大学出版社2010年版,第1页。

律与待调整的事实之间确定什么是具体的法律。"所有的事物都既是结果也是原因,既是受到作用者又是施加作用者,既是通过中介而存在的又是直接而存在的。不认识整体就不可能认识部分,同样地,不特别地认识各个部分也就不可能认识整体。"①因此,事实所遭遇的环境以及与事实相对应的其他社会规范、法律价值等也必须考虑其中。有人认为法律方法论属于规范法学,但实际上法律方法论是关于法律运用的综合性学科,不完全属于规范法学的范畴。但是,法律方法论所揭示的原理对法律人的思维具有很强的劝导性。虽然法律思维必须是根据法律的思维,好像带有一定的封闭性,甚至可以说是自闭性,但是法律方法论的研究实际上一直是在努力寻找一种开放融贯的方式来把握法律,它要通过联系背景或者说语境,综观社会各种关系来确定具体案件中的法律。方法不能和它的对象相分离。

法律方法与法律方法论的研究对象是有所区别的。像法律发现、法律推理、法律解释、法律论证以及利益衡量等都属于法律方法的研究对象,是一种对司法实践或技能的研究。虽然这种研究也是以理论的形态出现的,里面也渗透着各种各样的理论学说,但是其问题意识、研究对象、研究目标都是围绕着一般的法律如何被运用而展开。由一般法律达至具体法律是法律方法研究的总体思维走向。然而法律方法论是对法律如何运用的规则、原则、规律、原理等的概括式研究,其思维趋向是归纳与概括性的。法律方法的研究对象就是法律如何通过方法转变为判决,是对法律方法自身问题以及法律方法回应实践方式的研究。我们注意到,法律方法是要解决司法实践中出现的问题,但各种各样的方法其实并不具有现实的问题指向。我们只是就司法中可能出现的一般性问题,拿出一般性的对策。所以,这种研究仍然属于法理学的范畴。关于法律方法的研究不能仅停留在一般理论阶段,应该把法律应用的经验以及现实问题融入到课题中进行研究。法律方法不仅要解决法律本身的技术问题,还要考虑解决社会的现实问题。法律方法论的研究似乎比法律方法更宏观一些,各种法学理论学说、司法意识形态以及法律方法所奉行的姿态,法律方法论都需要研究。可以说在司法实践中如何理解、解释和应用法律是法律方法论总的研究对象。霍恩说:"每一个科学工作方式都必须紧扣其研究对象。"②从学科本身的特质来看,法律方法的研究是实践性的,关注的是法律如何通过方法运用到实践中去。当这种关注实践的理论达到一定深度以后,我们还要关心其自身理论的完善,这就是要把法律方法提升为法律方法论。但是我们必须清楚,法律方法论与法律方法的研究没有实质的区别,对各种法律方法的研究就是法律方法论。法律方法论虽然也

---

① 〔法〕埃德加·莫兰:《方法:天然之天性》,吴泓渺等译,北京大学出版社2002年版,总序第2页。
② 〔德〕N.霍恩:《法律科学与法哲学导论》,罗莉译,法律出版社2005年版,第121页。

必须关注实践问题，否则就是空洞的理论，但从其总体架构和表现形式来说是理论性的，法律方法有更多的实践面向和情结。

在确定法律方法论研究范围的时候，我们还必须注意法律方法与法学研究方法的界限。

> 法律方法与法学方法是两个既有区别又有内在联系的同等范畴。法律方法是应用法律的方法，表现为创制、执行、适用、衡量、解释、修改等，法学方法是研究法律和应用法律的方法，表现为分析、批判、综合、诠释、建构等；法律方法重知识和理性的运用，法学方法重价值和意志的实现；法律方法的运用是一种技术活动，它重视逻辑，讲究程序模式，寻求个案处理，解决本体（客观世界）问题，法学方法的运用是一种人文活动（法学是人学、人文科学），它重视思辨，讲究对程序整体的融合，解决对本体的认识问题。法律方法论以论证为理论基础，法学方法以普遍语用学、主体间性理论和普遍性实践言说理论为基础。①

这种区分在我国有特别重要的意义，因为我们现在很多法学院所开设的法学方法论课程，基本上是在对法律方法论没有认真研究的情况下开讲的，很多人把法学的研究方法当成法律方法或法学方法给学生灌输。从本质的角度看，法学研究方法与法律方法没有区别，但是我国学者对法律方法论没有自觉意识，所以就把如何写论文、如何进行研究，当成法学方法甚至法律方法进行介绍。这非常容易引起误解。因为各种各样的研究方法与法律方法的教义学属性相差很大，自由发挥的空间太多，法律规范的成分太少，因而实践价值也就较少。所以确定法律方法论研究范围的时候，我们一定要注意法律学科的实用性，围绕着法律的应用而展开研究。虽然这种研究不是法学的全部，但应该构成实用法学的核心。

二、法律方法论的研究范围

像很多的学者一样，诺伊曼从广义与狭义两个方面来认识法律方法。所谓狭义的法律方法是指法律家在适用法律的过程中认识和解释法律；广义的法律方法是指，应用法律不仅是将事实与规范对接的法律推论活动，也是一个续造既有法律或发现新法律的过程。② 我们主张在广义与狭义之间来确定、认识法律方法，因为广义的方法可能会因为范围过于宽泛从而失去确定的研究对象。法律方法与别的学科的方法不一样。从政治和管理的角度看，法律原则、规则以及

---

① 戚渊：《法律方法与法学方法》，载《政法论坛》2009年第2期。
② 〔德〕乌尔弗里德·诺伊曼：《法律教义学在德国法文化中的意义》，载郑永流主编：《法哲学与法社会学论丛》（第5卷），中国政法大学出版社2002年版，第25页。

程序本身就是法律方法。如果把这些都纳入到法律方法的范围,我们就不能区分出关于法律的本体论研究与方法论研究之间的界限。因此,把法律方法限制在对规则、原则和程序的运用。但是,过于狭义的法律方法很可能成为纯粹的逻辑推理研究,从而使研究范围太窄。逻辑规则的运用是法律方法的一部分,除逻辑外,法律运用的修辞技巧、言说方式、确定裁判规范中法律条文的排列组合、判决中的经验教训以及法律人的实践智慧等,都是法律方法论研究的内容,而这些内容又不是纯粹逻辑问题。吕克特说,"法律方法乃是一种关于如何形成司法判决的方法论"[1],如何形成司法判决不完全是逻辑的运用,是一个规范、逻辑、经验、智慧、技巧,甚至包括情感、价值、心理的综合思维过程。从这个角度看,法律方法论的研究范围主要包括:(1)一般的法律如何向具体的判决转化,如,法律解释、法律推理;(2)如何针对个案寻找恰当法律,如,法律发现、法律论证;(3)如何准确地理解法律和表述法律,如法律修辞、价值衡量;(4)如何规范地分析法律问题。事实的真伪对法律方法影响很大,但它属于证据学的范畴,法律方法论是在坚持法治理想前提下,围绕着如何落实法律,最大限度地实现法治理想所展开的研究。调解与和解方法等非法律手段解决问题的方法不属于法律方法论研究的对象,尽管这些方法在很多时候发挥着比法律方法论更重要的作用。

法律方法论的主要研究范围可以概括为:如何根据法律思考并赋予事实以法律意义的活动,从而在思维上实现法律与事实之间的逻辑对接以及意义的转换问题。具体说来,法律方法论在宏观方面要研究法律思维方式,在微观方面研究具体的法律方法,如,法律发现(法律检索)、法律解释、法律论证、价值衡量、法律分析等方法。从更宏观的角度看,法律本身所具有的规则和程序就是一种法治的方法,但是各个部门法都从各自学科的角度,对法学原理、法律原则、法律的适用技术进行了研究与介绍,这就进一步缩小了法律方法论的空间。像法律分析在法律方法论体系中都不再作专门的研究。"对象决定方法。就法而言,这意味着:法提出了哪些问题以及应以何种思考方法回答这些问题都取决于法本身的性质和功能。"[2]"法律是什么"是一个复杂的问题,从司法者的角度,我们认同一种关于法律的综合性观点。诚如齐佩利乌斯所说:"法的概念包括了三个要素,实质正确性、权威制定与社会实效。实质正确性构成了法的理想维度,而权威性构成了法的现实维度。不合乎道德的法只是有瑕疵的但不丧失其效力(法律与道德的资质性联系),而只有在有违背实质正确性达到不能容忍的限度

---

[1] 〔德〕约阿希姆·吕克特:《萨维尼:法律方法与法律现代性》,盛桥译,载《清华法学》(第9辑),清华大学出版社2006年版,第4页。

[2] 〔德〕齐佩利乌斯:《法学方法论》,金振豹译,法律出版社2009年版,第1页。

时才失去效力(分类性联系),即不再是法。"①这意味着法律方法不是单一的方法,而是综合的方法。

根据多年的研究,我们认为法律方法论的主要内容包括三个方面:一是理解意义上的法律解释方法(简称法律解释),主要是缓解法律文义与复杂的社会关系之间的紧张关系,在司法中应用和完善法律。二是运用法律的修辞方法(简称法律修辞),主要是强化法律运用中的说理成分,增强裁判的可接受性。三是确定意义的推理方法(简称法律推理),主要是捍卫法律意义的客观性和实施法律的正义成分。从功能的角度看,法律解释方法实际上主要是关于法律知识、原理、规范的处理技能。它需要提升的是对复杂实务与概念的理解能力,掌握法律发现、法律适用、法律批评的能力以及对法律规则的处理技术等。法律修辞主要是法律作为语言系统的运用能力,在于进行有说服力的论证,包括对现有论点的识别能力、论证构造的方法和论点的比较等技能。法律推理方法是法律方法的基础,要保证法律思维中正确地运用逻辑规则,从而得出符合思维规律和公平正义的观点。这三种方法的综合运用构成了较为完整的法律方法。而关于法律逻辑、法律修辞和法律解释的研究就是法律方法论。

如果对涉及法律方法论研究的理论进行分类的话,我们可以看到五个层面的学科群②:一是作为总的方法论理论基础的法律哲学。方法论是哲学的重要组成部分,法律哲学有一部分也是对法律方法论的研究,甚至有人认为法律哲学就是研究法律方法论的学科。二是作为法律方法论思维基础的法律逻辑学(不是那种把形式逻辑简单地运用于司法案件的法律逻辑学,而是作为基本方法,像法律推理、解释、论证等提供理论支撑的法律逻辑学,即司法法治所需要的逻辑)。常见的逻辑方法包括归纳与演绎推理等。实际上分析与综合的方法也属于逻辑的方法。"分析就是把事物分割为若干部分而逐一对这些部分进行抽象思维的方法,就是把事物分割为若干部分而逐一进行归纳——包括简单归纳、直觉或猜想归类、类比和因果归纳等各种归纳法——和演绎等抽象思维方法。同样,综合则是把分析所得的部分结合为一个整体所进行的抽象思维方法。"③分析与综合包括了全部的抽象思维方法。三是作为法学研究和法律实务工具的法律语言学。四是运用法律语言作为沟通工具,上联逻辑,下联法律与事实的法律修辞学(这一学科在我国学界中还很少见学者研究,基本上是处于萌生状态)。

---

① 〔德〕罗伯特·阿列克西:《法 理性 商谈——法哲学研究》,宋光等译,中国法制出版社2011年版,译序第5页。
② 根据德国法学者弗里特约夫·哈夫特的论述,我们可以发现他眼里的作为法律方法论基础的学科包括法律哲学、法律信息学、法律修辞学、法律诠释学、法律逻辑学等。但这五个方面的学科群所对应的方法主要有三个:法律逻辑、法律修辞和法律解释方法。参见〔德〕考夫曼等主编:《当代法哲学和法律理论导论》,郑永流译,法律出版社2002年版,第291—314页。
③ 王海明:《伦理学方法》,商务印书馆2004年版,第99—100页。

五是研究具体法律与事实之间关系判断的法律解释学(法律解释学虽然在我国有更多的研究成果,但明显缺乏法律逻辑学和法律修辞学的基础)。从这个角度审视我国的法律方法论研究,我们还有很多的基础理论需要研究。比如我们对法律哲学进行了很多的介绍性研究,但多集中在价值、本体的层面。我们对法律逻辑也进行了卓有成效的研究,但逻辑与法律两张皮的问题并没有解决——即对现有研究成果的评判结果是:研究法律的人认为这些成果是在讲逻辑,但研究逻辑的人认为是在讲法律,在法律与逻辑之间没有形成有机的融合。类似的评论在法律语言学中也是存在的。至于现在的法律解释学研究,我们也能明显地感觉到与上述几个学科的沟通和交流存在着诸多问题。

第三节 运用法律方法的立场

运用法律方法有多种立场,在本节中主要介绍司法克制主义(Judicial Self-restrain)与司法能动主义(Judicial Activism)。本书所提到的法律方法基本可以分为两类:克制主义的法律方法(如文义解释、三段论推理、法律发现等)与能动主义的法律方法(价值衡量、法律论证、实质推理等)。司法克制主义和司法能动主义都是司法中心主义立场下的司法理念:二者着眼于司法者的立场,关注成文法向判决转换过程中,法官所持有的司法意识中最深刻、最重要的思想体系。克制与能动本与人类行为时的观念、态度相连,前者倾向自制、谦让,是有条件做而不做的节制;后者关注积极、主动,是行为主体试图用自己的意志去影响他人。司法克制主义与司法能动主义的区别并非字面上是否发挥人的主观能动性的区别,从哲学意义上来说,任何社会实践都需要发挥主体的主观能动性,司法作为一种实践也如此,需要法官在个案面前将文本与案件相结合从而得出判决理由。二者的主要区别在于司法权行使"度"的问题,总体来讲,持司法克制主义的法官更倾向于遵守法律,尊重立法机关和行政机关的意志,尊重法律的形式正义;而持司法能动主义的法官更倾向于突破规则审判,而非回避案件,减少程序限制,更相信自己的判断而非尊重其他政治决策者,更倾向于通过追求实质正义实现社会变革。

一、司法克制主义

司法克制主义最早由美国著名大法官霍姆斯和布兰代斯提出,主张法院应当遵从立法和行政等由选举产生的政治机关批准和作出的法律和政策,在国家政治结构中扮演消极被动的角色。作为一种司法哲学观,司法克制主义有时也被翻译成司法自制主义。波斯纳认为,"'司法自制'一词至少可以在五种不同的意义上使用:(1) 一个自制的法官不允许本人的政策观念影响自己的判决。

(2)他对是否将自己的观点注入判决中总是小心谨慎因而也总是犹豫不决。(3)他很留心加诸于司法权力之上的现实政治限制。(4)他的判决受如下考虑影响:应避免那种让法院淹没在诉讼之中、以致法院不能有效运作的混乱的创权行为。(5)他认为,法院体系相对于其他政府部门的权力应该缩小"。① 波斯纳重点关注第五种意义上的司法自制,称其为"权力分立的司法自制"或"结构性自制",即"法官试图限制其所在法院对其他政府部门的权力。若他是一名联邦法官,他会希望联邦法院对国会、联邦行政机关、行政部门以及州政府的各级部门等机构的决定予以更大尊重"。② 近年来,国内越来越关注对司法克制主义的研究,"从司法的中立性要求来看,克制主义应该是法官的意识形态。司法克制主义要求法官对法律要忠诚;要克己守法,廉洁自律,尊重法律规则;要对立法权、行政权和其他社会公共权力保持谦抑的姿态。法官保持克制主义是法治本质中的应有之意;是保障法律自身意义安全性需要"。③

(一)司法克制主义的界定

司法克制主义的定义可以从以下三个方面进行分析:

第一,从法院功能的历史之维考察,司法克制主义是与早期社会司法权不强大、司法行为本身规范化程度差联系在一起的。司法权是西方近代才有的,最初是"有关民政法规事项的行政权"④,在孟德斯鸠的理论启发下,汉密尔顿将三权分立与制衡付诸实践,真正意义上的司法权至此才存在。在司法权发展的最初阶段,争取司法独立是其重要目标,此时虽然没有司法克制主义这一提法,但司法实践中法官奉行的却是这一原则。司法权与立法权、行政权不是分立而是合一的情况导致法官俯首听命于拥有任命权的某一部门,审判案件的必然结果就是严格奉行立法机关和行政机关的意志,把立法机关和行政机关看做是政策的主要来源,严格按照法律审理案件。司法权在三权中最弱,无钱无枪,裁判结果的执行有时还需依靠行政机关的支持,为了保障司法权的独立,其行使必须谨慎、克制。司法权唯一的武器就是人们对它的信任,而信任最初的来源也在于法官的中立、公正,按照法律审理案件,不用个人政治、信仰偏好恣意影响案件的判决。随着司法独立的体制的稳固、司法权自身运作的规范化、司法在国家权力体制中的制约力量得到重视以及人们对司法的政治功能的理性预期,司法权总会从司法克制主义向司法能动主义方向发展。第二次世界大战后,司法权的社会

---

① 〔美〕理查德·A.波斯纳:《联邦法院——挑战与改革》,邓海平译,中国政法大学出版社2002年版,第339页。
② 同上。
③ 陈金钊:《法官司法缘何要奉行克制主义》,载《扬州大学学报》(人文社会科学版)2008年第1期。
④ 〔法〕孟德斯鸠:《论法的精神》(上册),张雁深译,商务印书馆1961年版,第155页。

功能不断扩大,渐渐发生了从传统的司法克制主义到司法能动主义的变化。

第二,从司法机关与其他机关的关系上看,司法克制主义主张法院应当遵从立法和行政等由选举产生的政治机关作出的法律和政策,尊重制定法的权威。例如澳大利亚新南威尔士州法官历史上对盗窃的审理,曾严格遵从根据以前案例法传统而制定的 Crimes Act NSW (1900) 里面关于盗窃罪的部分,以被偷的东西来定一条盗窃罪,例如,第 132 条,偷狗罪;第 139 条,盗窃依附于土地或者马匹的金属、玻璃、木等其他物品罪。根据被"偷"的内容来确定相应罪名导致关于盗窃的罪名举不胜举,而法官也不胜其烦。司法克制主义认为制定法是法律的唯一渊源并努力探询立法者的原意,法官应受制定法的严格约束,"服从"制定法是法官的天职,反对法官造法。法院在国家政治结构中扮演消极被动角色,司法审理的范围应作严格的限制,重视法律形式正义的实现,且把对立法、行政机关的尊重和司法的自我克制看做是与民主原则相一致的审判方式,是维系司法独立和权威的基础。

第三,从解释追求的价值立场和方法的选择上看,司法克制主义是在最大限度地尊重先例和成文法、严格寻求立法原意的基础上,对法律尽量作出逻辑上的严格解释,属于客观主义解释。方法的选择上,因强调对宪法或法律进行字面解释或者是原意解释而非根据社会情势和主流道德观念来解释,更注重法律规范的文义解释、体系解释和历史解释等解释方法,强调形式推理在法律案件解决中的重要作用。司法克制主义的价值取向认为形式正义优于实质正义,即使在个案应用现有法律导致不正义的情形时,只要立法没有改变,就应当牺牲个案成就法律的权威。以美国 1870 年的 Hepburn v. Griswold 案为例,该案涉及的关键问题是国会有无发行纸币的权力,法官为追求宪法的形式正义用字面解释的方法宣布国会通过的《法定货币法》无效。

>"授予国会的权力是铸造货币的权力,而这些词必须按照宪法通过时的语义来加以理解。没有证据能告诉我们当时是以锻造或冲压金属制成钱币之外的其他方式界定'铸造'的,或者以铸造用于商业目的的金属以外的其他方式界定货币。"对"铸造"一词解释的精确性受到了当时一本字典的影响,该字典对"铸造"的定义是:"锻造或冲压金属制成钱币",而"货币"是指"用于商业目的而铸造的金属"。[①]

(二) 司法克制主义的基础

司法克制主义是法官在裁判案件时的司法理念,是在宪政体制下法官沟通宪法解释和违宪审查的一种理念,而任何司法理念都需要相应的基础。

[①] Hepburn v. Griswold. 75 U. S. 603(1870).

1. 司法克制主义的哲学基础源于原意主义

原意主义的核心理念是"立法的意图就是法律",在司法权初设阶段,在"有枪有钱"的立法机关和行政机关的眼中,法院的主要工作就是根据法律来审判案件,而不能用自己的偏好来代替法律,涉足政治纷争,法官只能是法律的解释者而非制定者。司法克制主义极力否认法官的造法功能,要求法官对制宪权和立法权予以足够的尊重。原意主义理论正好迎合了司法克制主义的政治立场,即通过寻求宪法和法律的原意来约束法官的自由裁量权,避免司法专横。

在传统解释学领域,无论是圣经解释、世俗作品的解释,还是法律的解释,都是围绕如何发现作者的原意,并力求由文字的表面意义推知作者寄托在作品语言中的意旨,如果解释一旦离开了作品的"原意"这一本体论的基点,解释便会丧失其客观性的标准或依据。因为一部作品只有一个且只能有一个真正的作者原意,在解释的过程中没有发现它,就证明解释者在方法上存在着失误。这一认识论和方法论反映到法律解释学领域,就在于寻找一条直达制宪者和立法者意图的方法和途径。

原意主义理论有一个转变的过程,这个过程就是很多学者提出的新旧原意主义之分。从时间上来看,威廷顿将原意主义的发展分为两个阶段,旧原意主义在20世纪60年代兴起,发展到20世纪80年代末期,更多地是采取一种批判性和回应性的进路。旧原意主义主张司法克制主义的目标,认为法官如果不能够发现或者创制一种客观的道德哲学体系来指导判决的进行,就不能诉诸自身的主观道德判断,而要诉诸宪法的原初意图。因为不存在衡量道德价值体系和伦理价值体系的标尺,不能认为法官的价值判断就必然优于民众,即使法官是精英中的精英。社会大众对公平、正义等不同价值观有不同的偏好,不能将法官个人的偏好凌驾于民众之上。例如,经济发展和环境污染之间的矛盾,要综合考量众多因素,如经济发展的近期和长期目标、环境治理成本、污染指数、环境治理对经济的限制、经济发展与民众生活水平的提高、当地经济发展水平、行政执法的力度和成本,等等。当法官面对环境污染案件时不能简单一刀切,认为环境必然优于经济或后者必然优于前者。法官的角色是执行立法机关的意志,政治、经济、道德等事务应当遵循民众多数的意见,所以法官必须接受立法机关所作的任何价值选择,除非其明显违背宪法制定时的选择。为防止法官将个人偏好代替民众意识,必须将法官从道德主观考虑转到对法律含义的客观考虑,尊重宪法和法律的原初意图。新原意主义更多地是要提供一种综合性和实质性的判决基础,对原初意图和原初含义做出了一种明确的界分,而且对宪法的起草者、批准者以及个人与集体之间关系做出了较好的分析,理论涉及的方面较旧原意主义更加广泛。新原意主义在九十年代开始大行其道,并且一直持续到现在,其首要品性就是对宪法的忠诚,而不是对民主多数的遵从,新原意主义很少关注宪法文本的单个起草者的具体意图,而是更多地关注文本的公共含义。在他们看来正是人民而不是特定的起草者赋予宪法文本权威性,但是这并不是说起草程序的历史就不重要,它对于确定宪法文本的公共含义还是具有助益的,但并不是决定性和唯一的。这也就是说宪法本身并不是一个私人性的协议,而是一个国家人民同意的根本性宪章,法官要尊重的是宪法,而不是当代的政客,宪法解释的最大争议并不在于"制宪者意图"与"客观含义"之间的区分,而是宪法文本的"原初含义"与"当下含义"的区分。新原意主义在"适当就是一切"的指导下可能要求法官奉行司法能动主义。

2. 司法克制主义的宪政理念源于民主主义

宪政理念是关于国家权力的限制、民主的程序和运作、公民自由的保障、法治和社会秩序的形成等一系列问题在宪法框架内解决的思维。西方政治哲学中的分权逻辑要求法官在法律解释过程中保持最大限度的克制,并以实现立法者意图为法律解释的目标。这种解释姿态背后所隐藏的深层政治逻辑是对多数主义民主的维护。民主主义在"限权"问题上的看法是,立法者是通过多数决的选举而产生并能代表民意的民选代表,任何权力的行使必须有人民的授权,司法机关手中的裁判权必须以代表人民意志的法律为依据,法官权力的范围仅限于定纷止争,法官的角色就是法律的"执行者"而非解释者。只有人民才真正知道和了解法律的真实意图和立法动机,又由于立法机构是最能体现民意的机构,所以解释主体就应当是人民,或最能够真实反映民意的立法机关。尤其对政治、经济、民生等更多涉及法律之外领域的决策,决定权不在法官而在立法和行政机关。如1998年我国国务院明令禁止非法传销活动,当时的最高人民法院副院长唐德华就希望人民法院不要将传销纠纷轻易作民事案件受理,有的可以拒绝受理,有的可以暂缓受理。因为国家有关法律规定和政策界限还不是很明确,人民法院一旦受理后处理不好,很可能本来是由政府解决的社会问题,结果成了法院的"包袱"。在司法过程中法官必须以体现人民意志的法律为判断准则,拒绝法律之外的任何权势、情感、利益、个人意志的干预。尊重体现民意的法律,尊重代表人民的立法机关和行政机关,就要求法官在解释的时候奉行司法克制主义。

(三)司法克制主义的优势

法官的主要任务是裁判案件,定分止争。一般而言,法官应对立法者的判断保持一种尊重,尽量按照立法者的价值判断来司法,不能率性而为将法律弃置一边,按照自己的主观臆断来司法,法官所需要的是一种司法所独有的审慎的态度,这与司法克制主义的内涵不谋而合。具体来看,司法克制主义具有以下优势:

第一,司法克制主义是法治命题的应有之义。首先,法治的最根本含义就是法律的统治,法律本身就具有保守性。因为法律是对既存秩序的维护,体现了形式正义的要求,西方社会因为选择了具有相对确定性和可操作性标准的法律、注重形式正义,而走上了法治之路。而且法律也往往是对既有生活的反映,其很少是首先变革社会的力量,实际情况往往是当社会变革完成后,再由法律固定下来,因为体现形式正义的法律往往与实质正义是兼容的,实现了形式正义,就实现了实质正义。由此以法律为业的法律职业者也就带有了保守的意识。其次,法治要求所有机构、所有行为都应当服从法律,在现代社会,法律往往是以规则的形式颁布的,因此,法治的精神之一——法律至上应当是规则至上。在司法实践中,法律人应当表达对规则的尊重和忠诚。表达对规则尊重和忠诚的最主要方法就是法律人保持克制姿态,恪守规则意义的固定性和安定性,而不是用法律外的因素,诸如道德、政策、习俗等改变现有规则,也不是用自己的直觉和道德观来解释规则。司法克制主义强调尊重法律,认真对待立法者制定的规则;反对法官篡夺立法权,在案件中通过解释改变和创造规则;强调法律规则字面意思的解释,认为法律适用的核心是三段论推理。所有这些都有助于法治的核心理念——依据规则治理——的实现。

　　第二,对形式理性的追求使司法克制主义更利于对社会良好秩序的维护。秩序是维系人类自我生存的最基本的要求,是人类文明产生和发展的基础,社会的形成和国家的产生,秩序最为重要。法律的目的之一在于维护秩序,法官遵循和服从立法者的决策,而非用个人偏好代替人民意志,将最大化地体现法律的安全价值。法律的稳定性可以给熙熙攘攘的人世间提供安定预期,在万变之中确立不变的规范根据,可以防止具体判断的主观性流于法官的恣意。依据法律而非法官个人偏好可以保证审判的公正性和法官的中立性,这也是发生纠纷时人们寻求司法救助的原因。司法克制主义尊重法律的形式正义,在审判中尊重法律概念、法律规则、法律原理、法律体系等具有相对稳定性的知识结构,在其中寻求裁判理由,将法律置于法官个人道德、政治和伦理的个人偏好之上,使纠纷能避免行政的压制和暴力手段。如在行政权裁决争议与司法裁决争议的关系上,司法权优于行政权的原则可以使处于弱势地位的一方通过审判、依据法律寻求与行政权平等"对话"的机会。以陆廷佐诉上海市闸北区房屋土地管理局房屋拆迁行政裁决纠纷案为例,该案中,法院认定:

> 房屋拆迁行政裁决机关在裁决过程中,应当对被拆迁房屋评估报告是否送达被拆迁人、房屋承租人的问题予以查明,并确保在作出裁决之前将评估报告送达被拆迁人、房屋承租人。房屋拆迁行政裁决机关未查明该问题即作出房屋拆迁行政裁决,且不能举证证明被拆迁房屋评估报告已经送达被拆迁人、房屋承租人的,所作房屋拆迁行政裁决属认定事实不清、主要证据不足,且违反法定程序。被拆迁人、房屋承租人诉至人民法院请求撤销该

裁决的,人民法院应予支持。①

随着行政权力在现代社会的扩张,行政权渗透到人们日常生活的诸多方面,将进入诉讼程序的行政权置于司法权之下,以法律规则而非行政意志审理案件可以保障社会秩序稳定地运行。

二、司法能动主义

司法能动主义指司法机构在审理案件的具体过程中,不因循先例和遵从成文法的字面含义进行司法解释的一种司法理念及基于此理念的行为。当司法机构发挥其司法能动性时,它对法律进行解释的结果更倾向于回应当下的社会现实和社会演变的新趋势,而不是拘泥于旧有成文立法或先例,以防止产生不合理的社会后果。因此,司法能动性即意味着法院通过法律解释对法律的创造和补充。②

（一）司法能动主义的界定

司法能动主义的最早记录并不是在法律话语中,而是亚瑟·施莱辛格(Arthur Schlesinger Jr.)在1947年通过《财富》杂志的一篇文章介绍给了公众。③ 他勾画了当时最高法院的九位法官的形象,对布兰克、道格拉斯、墨非、鲁特莱格赋予了"司法能动主义者"的品格,弗兰德富特、杰克逊和伯顿被称为"自我克制主义捍卫者",而里德和首席大法官文森则构成了中间派。施莱辛格所描绘的司法能动主义指涉法律与政策是不可分的;而司法克制主义的捍卫者,从施氏描绘的形象来看,则指涉不信任法官的正义理念,相信法律并非政治学,法律具有固定的含义,不是被利益团体任意解释从而从中获益的工具。"如果立法机关犯了错,那就应当由立法机关来补救它们。任何其他路线都将逐渐侵蚀我们民主的生命力,那就等于鼓励立法机关不负责任地去期待法院勒住那脱缰的野马(backstop their wild pitches)。"④这就是说,立法是立法者的任务而不是法官的使命。而在司法实践中最早运用"司法能动主义"一词,则体现于法官约瑟夫·C.小哈切森(Joseph C. Hutcheson, Jr.)处理的 Theriot v. Mercer 侵权案中,他是在推翻初审判决的司法意见中首次运用了这一词。

美国加利福尼亚大学伯克利分校法学院科南·D. 考密克(Keenan D. Kmiec)教授通过对司法能动主义概念发展的历史考察得出类似结论认为,多数学者认为最高法院违宪审查制度已经涉及司法能动主义了,包括对罗斯福新政

---

① 《陆廷佐诉上海市闸北区房屋土地管理局房屋拆迁行政裁决纠纷案》,载《中华人民共和国最高人民法院公报》2007年第8期。

② Black, Henry Campbell, *Black Law Dictionary*, 6th ed., West Publishing Co., 1990, p. 847.

③ Arthur M. Schlesinger, Jr., The Supreme Court: 1947, *Fortune*, Jan. 1947, pp. 202, 208.

④ Ibid., p. 204.

的干预和1937年"革命"。考密克教授把美国当代学者对司法能动主义含义的讨论概括为五种：(1) 可以论证其他机构的宪法性行为无效；(2) 不遵守先例；(3) 通过司法"立法"；(4) 偏离公认的解释方法；(5) 结果导向的判决。[1]如果采纳综合论的观点，那么这些司法理念都可归之于司法能动主义，而这种能动主义理念的法哲学基础便与20世纪20年代和30年代以霍姆斯等人为代表的现实主义法学的形成密切相关。

我们从以下三方面来分析司法能动主义：

第一，从解释的价值取向论看，司法能动主义是除了法律字里行间的意思之外，还掺杂了法官一定的个人政治偏好、力图达到一定政治目的的主观主义解释。这种偏好不是随心所欲，而是在现有法律将导致个案审理不正义时，法官可以根据法律的目的对现实社会中的各种利益进行衡量，不遵守成文法字面含义或不遵循先例进行司法解释。司法能动主义的解释结果更倾向于回应当下的社会现实和社会演变的新趋势，而不是拘泥于旧有的成文立法或先例。在解释宪法的过程中，司法能动主义更倾向于针对宪法未明确规定的内容，使之随社会的变化和思想、观念、价值的更替而使宪法文本在内容上得到扩展。司法能动主义强调对宪法进行与时俱进的"活"的解释，在避免宪法频繁修改的同时，保护还没有受到立法、行政机关关注的权利。

第二，从司法权行使的限度来看，司法能动主义倾向于对司法权进行一定程度的"张扬"。传统的司法功能局限于解决私人之间所发生的社会纠纷，但随着社会的发展和司法制度的进化，司法逐步突破原来私法领域的藩篱，向规范公民与政府、公民与国家等公法领域渗透，发展出了社会控制、权力制约和政策制定等政治功能。司法能动主义是司法权扩张的表现，也是在资本垄断经营背景下，权力关系重新博弈、或者重新安排权力制约关系的一种方式，同时也是资本垄断经营背景下，国家权力边界在一定意义上模糊的产物。司法权的张扬首先表现为法官应该审判案件，而不是回避案件，解决立法机关没有解决的、宪法缝隙下的案件，尤其是通过扩大平等和个人自由的手段去促进公平——即保护人的尊严。美国妇女的堕胎权、新闻自由权、被告人沉默权就是这一杰作的产物。其次表现为司法权广泛而非吝啬地运用，从而为社会不公提供司法救济，如美国最高法院已告知国会和州议会，它们必须为穷人提供律师；为精神病人提供充分的照料；使监狱更加人性化、现代化；重新分配立法机关的代表名额；做必要而适当的事情，以促成取消公立学校中的种族隔离，包括用汽车接送学生，等等。如果说司法克制主义倾向于对司法权行使的谨慎、克制，司法能动主义强调的就是司法

---

[1] Keenan D. Kmiec, Origin and Current Meanings of Judicial Activism, *California Law Review*, Vol. 92, No. 5. (Oct., 2004), p. 1444.

权的张扬。

第三,除了定分止争,司法能动主义还强调法官应扮演一定的政治角色。法院的政治功能不同于人们常说的"司法政治化",后者意指法院仅为一种政治工具,其运行目的是如何实现统治者的意志、确保政治统治的运转,实现以法治民、维护专制统治;而法院的政治功能是指法院在权力分立的政治架构中,通过个案的审理与相关政治行为的判定,以制约其他国家权力,规范权力运行并维护宪政制度的功效。法院的政治角色通过政治问题司法化来解决,司法能动主义强调法官通过对进入司法程序的政治问题的审理发挥一定的政治作用。与立法、行政机关的主动性不同,司法机关奉行被动性原则,不会主动"过问"政治问题,但不能阻止政治问题进入法院。美国的"水门事件"、"克林顿性丑闻案"、"布什诉戈尔"案,日本的"洛克希德案",印度的"拉奥案"等涉及政府首脑的案件,最后都是通过司法程序予以解决,从某种意义上说,现代司法向政治领域的扩张表明了未来司法发展的一个趋势。司法能动主义者认为法官制定社会政策是具有合法性的,法官不应仅仅把自己局限于处理法律冲突,而是要敢于参与社会政策的形成,即使是与既定的政策和先例不一致。无论是否定式的司法能动主义——违宪审查,还是肯定式极端司法能动主义——填补法律的"空隙",都需要法官对法律发展的关键因素——社会政策——进行考量。强调法院作为政治机关和以增进社会正义和民众福祉为最终目的的公益机构,必然要通过对政治问题、社会问题的适度能动地干预和调处,反映社会的一般压力,同时发挥它积极的政策导向作用,体现法院的存在价值,尤其在特殊时期如社会变革过程中,法院更应该对未来的社会发展作出具有指导意义的裁决。

(二) 司法能动主义的表现形式

把实践和学理作为划分标准,司法能动主义的表现形式有以下三种:技术性司法能动主义、社会性司法能动主义(这两者是基于实践的视角)和法学性司法能动主义(基于学理视角)。

1. 技术性司法能动主义——与政治有关的违宪审查

技术性司法能动主义是司法能动主义最主要的形式,即法官利用司法审查权,以自己对宪法狭隘或宽泛的理解和解释,宣布某项立法或行政部门的做法违宪,或者不受先前判决的约束甚至背离对同类案件的判决(推翻先例)。它通过宣布一项法律、法令、政策因违宪而无效来干预公共政策。换言之,它通过否定立法机关和行政机关制定的公共政策的方式,来表明司法机关的政策观。法官对立法和行政机关"否定权"的行使依据和判断标准均来源于宪法,宪法表达了最基本的公平正义,体现了全体公民的意愿。与传统的或者"温和"的司法审查性质相比,现代司法审查更强调具有立法性质的司法审查形式,顺从立法的原则受到了实质性的修改,立法的原则、程序和内容借司法能动主义进入法官的法眼:法官尊重宪法,也应尽量尊重依据宪法选出来的立法机关的意志,但只有那些体现了公平与正义,并保证人民享有平等宪法权利的法律,才能得到支持和维护,法律必须以维护公民宪法权利的平等为根本出发点,如相反,法院有权宣布该项法律因违宪而无效。同时原来一直用来阻止司法介入的挡箭牌——"政治问题原则"也因技术性的司法能动主义而日渐衰落。

一般来说,法院只处理法律问题,而不处理政治问题,涉及多数人利益的"政治问题",一般应由政治部门,即立法和行政机关予以解决,政治部门代表多数人的利益,这也符合民主政治的基本原则。在民主政治下,少数应当服从多数,但也存在着如何保护少数的问题,因为多数意见并不是在任何时候和任何情况下,都是正确的,多数意见也存在着以全体共同意志的名义,侵犯少数人权利的情况。在现代社会中,社会利益日益多元化、动态化,政府对社会经济生活的干预不断加强,特别是国家功能从传统的"警察国家"向"福利国家"转型之后,行政权力的扩张便日趋突出,相应地侵犯公民权利的事更易发生,"钓鱼"执法、强制拆迁、贵州瓮安事件、假虎照事件的发生都凸显了行政权扩张下公民权利的保障问题。法院审理的涉及行政权力的案件在形式上一般都具有合法的外观,如果过分地拘泥于严格的形式合理性、忽视实质合理,则只能起到承认既得利益和维持现状的作用,纵容政府的任意行为。为了保护处于社会弱势地位群体的宪法权利,就需要法官通过司法能动主义以实质正义来修正形式正义。

技术性司法能动主义还体现在,法院对立法权因违宪而行使的否决权以及英美法系国家法官对先例的"背叛"。立法是不同利益集团的博弈,是多数人"胜者全得"的结果,很多条款可能完全或部分地忽视了少数人的利益。针对排斥与孤立少数群体的立法,司法审查在此情形下的介入非但不是反多数的,有时甚至是让政治过程回归多数人治理的前提。政治过程中的民主恰恰如市场经济的竞争会导致企业垄断与社会不公,有时,民主市场的竞争也会催生政治垄断与偏见,甚至有时会出现政治内部人封锁政治过程以排斥竞争的情况。立法机关不会主动纠正自己的错误,此时必须用司法审查来纠正本质上可能是反民主的"少数人的控制"。在英美法系,法院对先例的"背叛"也是技术性司法能动主义的表现形式。"先例"虽不是立法机关制定但却是法官判案时的主要法源,社会与法律是发展的,先例也是发展的,先例的法律效力最终不在于它的法定权威,而在于它已有的合理性和说服力能否有效合理地处理当下的社会问题。遵循先例的规则不应被放弃,但应在某种程度上被放松。检验标准在于一项规则在经过经验的正当检验后,是否仍符合正义感或社会福利,而未褪色。司法审判的重点从尽可能地遵循先例和恪守已确立的司法原则,到更多地去关注其深层的内容是否在现实中有利于维护公民的平等宪法权利,是否有利于实现社会公正。

2. 社会性司法能动主义——准立法、准行政性质的制定"公共政策"

社会性司法能动主义以达到社会正义为目的,要求司法机关不能仅以法律的形式主义为审判依据,当涉及立法和行政机关没有行使的职权时,应利用司法能动主义来达到分配的公正,即社会正义。① 不同于技术性司法能动主义"否定式"的"矫正正义"的政治性特点,社会性司法能动主义具有"肯定式"的"分配正义"的权利性特点。法官在审理具体案件的过程中,发现立法和行政机关疏于行使职权,而且立法和行政机关此种不作为的行为已经严重影响到了公民权利的保障时,法院以宪法为依据,在判决中定分止争的同时主动代行立法和行政机关的职权,法官准立法性和准行政性的职权行使又具有一定的政策性和社会性目的。社会性司法能动主义可以看成法官在法律的"空隙"内"造法"或"行使行政职权"。此时针对案件,法院就不能只考虑已经发生的事实,简单地适用既有的法律规范来解决纠纷,还必须贯穿"目的——手段"式的政策性思考,必要时作出创新性判决来重新分配社会资源。因此,案件的结果可能直接或间接地改变了社会的利益分配格局,影响了国家的决策、相关产业的发展、数量庞大的现实或潜在当事人的切身利益。

社会性司法能动主义在案件中主动行使具有宏观决策性质的"膨胀"司法权,公共政策的制定因涉及多数人的利益,需要法官对社会未来的发展走向有很好的了解、对自身素质有很清楚的认识。英美法系一直存在着法官造法,在一定程度上可以说其司法史也是社会性司法能动主义发展史;大陆法系的社会性司法能动主义则需要多作一点介绍。在大陆法系,当具有政治、经济、社会等多方面重要性的纠纷交给法院时,如乔占祥诉铁道部春运票价涨浮案、徐昕诉重庆市联通收费案、青岛市三高中生诉教育部的行政行为侵犯其平等受教育权案,无论法院是否情愿,对这些诉讼都不得不作出某种法律上的判断,其结果则是给政策的形成带来了一定程度的冲击和影响。这种冲击和影响是间接地影响了立法机关的立法和行政机关相应的行政行为,也可以说是"推动"这两个机关积极主动地改进原来的不作为的行为。例如,"工商银行乱收费案"判决后,工商银行决定以前因补卡缴纳 100 元的其他消费者可凭交付凭证领取返还款 69.2 元及相应的利息。北京市发改委发布《关于驾驶人信息卡补领换领收费标准的函》,确定机动车驾驶人信息卡(牡丹卡)换卡、补卡的收费标准为 30.8 元。郝劲松的发票诉讼案后,2005 年 3 月,铁道部向全国各铁路局发出《关于重申在铁路站车向旅客供餐、销售商品必须开具发票的通知》,后北京铁路局所辖各次列车按通知要求,在所有的列车上都配备了发票。

---

① 〔印度〕P. N. 伯格瓦蒂:《司法能动主义与公众利益诉讼》,载《法学译丛》1987 年第 3 期。

3. 法学性司法能动主义——法律新概念的发展

法学性司法能动主义是指对司法权在行使过程中所创设的权利适当性的分析以及法学新概念的形成。不同于技术性和社会性司法能动主义在司法权的行使过程中具有一定的主观意图,法学性司法能动主义不问其服务的目的,也不关心这些新概念将为谁所用,而是对法学知识在理论上的客观性探索、分析和创造。法官在创设新的权利和法律概念时,都会对抽象的自然价值、逻辑规范和动态的社会事实及案件的特殊情况进行系统分析,用简练的语言概括并体现在对判决理由的论证过程之中,对原有的知识体系不断刷新并为知识的积累创造条件。法官们在判决时用其独特的智慧创造了许多富有原创性的基本概念,如"纽约时报案"创设的新闻自由概念,"雷诺兹案"创设的公民平等投票权概念,这些新概念不仅能够澄清认识,进行理论创新,成为新的知识并将一种研究传统维持下去,甚至还可能引发新的值得思考的问题,引导人们生活。例如,1953年之后的沃伦法院时期是美国历史所公认的司法能动主义最活跃的时期,在这个时期,产生了著名的保护被告人权利的"米兰达规则",也是我们在电影中所熟悉的情节,即任何警察在审讯嫌疑人之前,必须完整地清晰地背出那句台词:"你有权保持沉默,否则你所说的一切都可能作为指控你的不利证据,你有权请律师在你受审时到场,如果你请不起律师,法庭将为你指定一位。"然后才将犯罪嫌疑人带回警察局。需要说明的是,法学性司法能动主义是以技术性和社会性司法能动主义为载体的,技术性和社会性司法能动主义在实践上、法学性司法能动主义在理论上共同发展完善了司法权的能动主义。

(三) 司法能动主义的优点

司法能动主义是司法权发展到一定阶段的产物,司法克制主义的优点是司法能动主义的缺点,同时,司法克制主义的缺点恰恰是司法能动主义的优点。司法能动主义在多数情况下确实取得了立法机关和行政机关难以取得的社会效果,引导了很多社会变革,这也是司法权能得到人民信任和支持并能制衡其他政府机关的原因所在。作为司法权发展到一定阶段的产物,司法能动主义具有以下几方面优势:

第一,最大限度地实现个案正义。法律上无论何种形态的形式正义因其一般性和抽象性的特点都会存在局限性,即个案中的实质不正义。法律的魅力在于它的公平与正义,然而,社会正义又是各种正义的总和,司法的公平正义实现又仰赖于形形色色、大大小小的个案正义的实现。由于社会的复杂与制定法的缺陷,尤其当昨日的法律已经与今日正义的发展相违背时,能动主义的法官就可以通过将抽象概括的宪法法律保障加以具体化的解释来达到扩大平等和个人自由,为各种社会不公提供司法救济。

第二,填补立法的不足,辅助克制主义维护社会秩序。由于法律一般性、滞后性和抽象性的特点,可能出现进入法院的新型案件在立法上还没有规定的情况,这时法院如果以法律没有规定为由而拒绝审理案件,就可能导致当事人寻找最后救济的合法途径被堵截。司法能动主义,作为法律规则服从前提的必要补充,此时可以发挥维护社会稳定、和谐、有序的作用。也就是说,法官在解释的过程中,根据时代社会正义的需要,在宪法的框架内通过创设新的法律规范、填补法律漏洞并补充立法的不足,来对公民新出现的权利损害进行救济,发挥重构社会秩序的功能。例如,我国《刑法》虽然规定了非法侵入计算机系统罪和非法破坏计算机系统罪,但还无法对所有的网络犯罪现象进行遏制,针对一些虚拟财产纠纷,法律也没有明确规定网络的虚拟财产是否具有财产价值。面对新型的案件,法官在立法的缝隙中运用司法能动主义对财产的立法原意进行与时俱进的"活"的解释,即网络财产是玩家耗费大量时间、心血、金钱得到的,网络游戏中独立于服务商的虚拟角色和虚拟物品应具有财产价值,作为无形资产,网络财物的性质与银行账号中的钱财并无本质区别。法官对新型权利的救济不仅填补了立法的不足,同时也维护了社会的秩序。

第三,法律与社会、民情发展统一衡平功能。法律具有滞后性,永远无法满足社会的需要,强调法律规范的严格适用显然是厉行法治的必然要求,但若对厉行法治简单划一地等同于刻板僵化地适用法律,而无视社会经济条件、民情的变化,实际上并不符合法治的要求。在西方,法官不愿意背离法律条文规定,并尊重立法者的原意,但也有一些法官,尤其是在特定条件下会作出改变法律字面含义或法律原意的解释。面对当今社会经济关系的高度复杂化和极强的变动性,面对社会价值和社会需求日益多元化和多样化,如社会矛盾激化、自然灾害爆发、恐怖袭击等特定条件时,法官就必须将停留在过去时钟上的宪法和法律原意"活"着解释和发展,并打上自己时代的烙印。如我国《道路交通事故处理办法》的赔偿标准划分为城市和农村两档且相差较大,造成发生交通事故时"城里人"比"乡下人"的命值钱的现象。随着我国城镇化进程的加快以及户籍制度的改革,大量的农民工进入城镇打工或定居,他们已是城镇居民中的一个特殊群体,部分地区农村居民实际年均收入已同于甚至高于城镇居民年均收入。如果无视这一客观实际,仅仅因为受害人为农村户籍就一律按农村居民标准进行赔偿,有违公平。针对这一情况,河南省高级人民法院制定并向全省各中级人民法院、基层人民法院、郑州铁路运输中级法院和基层法院下发了《关于加强涉及农民工权益案件审理工作,切实保护农民工合法权益的意见》,其中明确规定:受害人为农民工的医疗损害、交通肇事及其他损害赔偿案件审理中,凡在城镇有经常居住地,且其主要收入来源地为城镇的,有关损害赔偿费用根据当地城镇居民的相关标准计算。这是法院考虑社会发展,以正式文件的形式在全国第一次提出农民工与城镇居民要"同命同价",体现法律面前的人人平等。

第四,为立法积累经验。法官在审理案件的过程中,当发现形式正义明显和实质正义相违背或者已经无法跟上正义的新发展时,或者出现无法解决新型案件的立法缝隙时,法官通过司法能动主义在追求案件实质正义的过程中,寻找到反映民意、解决矛盾的办法,填补法律缝隙。立法是对过去经验的总结,立法活动讲究普遍性和确定性的特点,注定它并不能在实质上一步到位地实现法治的价值目标。司法能动主义是在并不完善的法律之外,在宪法的框架内,寻找制定法之外的法源,并将社会的正义、公平的观念和价值导入司法程序之中。对立法来说,司法能动主义法官审理案件的方法和审判达到的社会效果等是自己行为的实验性考量。当法官对纠纷所涉及的社会问题的解决思路和解决方式产生了波及效应,还会间接影响立法。如倪培路、王颖诉中国国际贸易中心侵害名誉权纠纷案之前,我国没有《消费者权益保护法》,也没有保护消费者人身权利方面的规定。朝阳区法院以法律解释的方式,确立了消费者的人身权,认为服务员根据超市公告要求原告解开衣扣、打开手提包检查的行为侵犯了消费者的人身权,而消费者的这一权利应该予以保护,从而间接地促进了此项立法的诞生。

第四节 法律方法论的历史发展

在西方法学中法律方法论研究有很长的历史。由于法学流派、人物众多,头绪复杂,因而只能采取一种宏观的、概略的、粗线条的方法,对其思想发展脉络简要予以勾勒和梳理。各国学者基于不同的研究传统,对法律方法用语的使用也不尽一致。德国学者将法解释归结为一种方法,认为法学方法是对法律解释适用的方法,与法解释学为同义语。但在日本,法解释学的内容较为广泛,包含了法源论、法解释方法论和法的构成等。[1] 有学者认为,我国的法律方法研究,与世界各国法学界和法律界所关注的法律方法,都是围绕法律人实施法律的工作技艺与思想方法而展开的,重点是研究和探讨法律实施中的各种有效且有益的具体制度与思想方式,这一特点决定了它不同于更为宏观的法学研究方法;同时,由于我国法律方法研究迫切需要解决法律实施相关的问题,因此决定了法律方法的研究,主要是针对我国法治建设所面临的具体问题,故有不同于美国的法律方法课程。[2]

---

[1] 梁慧星:《民法解释学》,中国政法大学出版社1995年版,第190—191页。
[2] 葛洪义:《法律方法与几个相关概念的比较》,载《法制与社会发展》2010年第3期。

一、法律方法的起源

一般认为,我国所称的法律方法,也就是德国的"法学方法"(juristische Methode),已经经历了五百多年的历史。据说,法律解释学第一次使用是在 15 世纪中叶,由 Caepolla 在 1460 年在其论文 De verborum etrerum significantione 中提出。① 据《日本平凡社世界大百科事典》,法解释学的起源,可以回溯到遥远的古代罗马共和时代。在罗马进入帝政时代以后,法解释学得到很大发展。以后,法解释学的传统,通过中世纪的欧洲而保存下来,直到近代,为世界各国的法学所继承。② 在罗马,很早就形成了一个很显眼的法学家阶层。职业法学家的出现乃是法律解释学产生的重要标志。自古罗马的共和制时期以来,几乎有两千年历史的法学只是处于所谓法解释学的前阶段,真正意义的法解释学直到近代才开始形成。随着近代资本主义社会的成长,以及适应此种政治、经济变革体制的法律体系的形成,近代意义的法解释学才得到发展。③ 关于法解释学的起源,还有一种看法认为,法解释学是从圣经解释及哲学的解释学衍生出来的一门古老的学问。但在历史上,法解释学长期依附于民法学。研究法解释方法属于民法学者的附带工作。晚近法解释学已有发展成为独立的学问领域之趋势。④ 总之,考察法律方法论的历史,就不能不考察法解释学在西方法学史上的发展。罗马法的复兴在此过程中起到重要作用,而法解释学在发展中自始很大程度上受到民法学这种私法的影响。

近代法律方法学说,至少在德语区,发端于萨维尼。⑤ 在西方法律方法研究过程中,历史法学派萨维尼是一个必须提到的人物。如果从萨维尼算起,法律方法论的研究有二百多年的历史。如我们今日所知道的,法律方法乃是一种关于如何形成司法裁判的方法论,一开始并未吸引萨维尼。对萨维尼来说,"方法"作为"使每一项工作均获成功的人类心智的指针",是非常重要的。不过,他并没有提出一套应用一般法律规定的实践规则。即便"法律方法"这一表述出现于 1802 年,对萨维尼来说,其核心在于科学的方法。⑥ 萨维尼并没有在实践的意义上论述法学方法,他的起点为"法律研究"、"科学分析"、"法律的形成",一

---

① 陈新宇:《古罗马的法律解释(公元前 8 世纪—公元 6 世纪)》,载《法大评论》(第 2 卷),中国政法大学出版社 2003 年版,第 234—244 页。
② 潘念之主编:《法学总论》,知识出版社 1981 年版,第 52 页。
③ 同上书,第 54 页。
④ 梁慧星:《民法解释学》,中国政法大学出版社 1995 年版,第 189 页。
⑤ 〔德〕考夫曼等主编:《当代法哲学和法律理论导论》,郑永流译,法律出版社 2002 年版,第 156 页。
⑥ 〔德〕约阿希姆·吕克特:《弗里德里希·卡尔·冯·萨维尼:法律方法与法律现代性》,盛桥译,载《清华法学》(第 9 辑),清华大学出版社 2006 年版,第 4、6 页。

切都萦萦于法律研究,而非裁决案件的实践。① 而今我们所理解的法律方法一般具有较强的实践性。萨维尼阐发了至今被称为"经典解释学说"的法律解释的四准则:语法解释、逻辑要素、历史要素、体系要素。在这四种解释图式中,不存在"扩大的"与"限制的"解释。萨维尼认为它们是不被允许的,因为它们超出了立法者的立场,权威的解释标准必须是立法者的意志。② 可以说,他所提供的不只是一种对于法律规定的解释的理论,而是更为一般的法律解释学。

继萨维尼之后,则是德国的概念法学进一步发展了法学方法论。普赫塔在他的理论中建立了一个完整的"概念金字塔",在其顶端屹立着一个最高概念,从中首先推导出一些非常抽象和一般的概念,从这些概念又得出许多具体的和有内容的概念。③ 概念法学的根本特征在于,依照形式逻辑规则,以抽象的概念体系为基础构建一个法律体系,并且主张该法律体系具有逻辑自足性,任何一个案件事实都可以通过单纯的逻辑涵摄获得裁判,法官只是适用法律的"机器",整个法律适用过程如同数学计算,排除伦理价值考量与社会现实关照等非法律因素。④ 与此相应的是,在法律解释问题上,概念法学主张法律文本的规范意旨之探究应以立法原意为依归,在解释中要尽量消解、排斥法官的主观性。显然,这是一种对法律文本的独断型解释。

人们往往把 19 世纪兴起的,研究某一特定法律体系或子体系的法律命题语句的实在法理论称作"法教义学"。欧陆法解释学的发展跟法教义学有密切的关联。⑤ 温德夏德(Windscheid)的如下说法颇有代表性:他认为法教义学有下列三种主要任务:"(1)法律概念的逻辑分析;(2)将此一分析综合而成一体系;(3)运用此一分析结果于司法裁判之论证。"⑥ 按照这一解释,以教义学为特征的法学研究活动只不过是:对有效法律的描述;串联法律之概念体系,提供建议以解决法律案件的问题。这种法教义学往往跟各个部门法结合在一起。因而在大陆法系国家,一般有"宪法教义学"、"民法教义学"、"刑法教义学"等称谓。由于萨维尼、温德夏德等法学家的影响,传统的法教义学首先通行于民法领域。现在来看,传统的法教义学所力倡的方法乃是狭义的法律方法。而狭义的法律方法首先被法学家们用于私法领域。概念法学不仅在当时主导了德国私法领域的法学思想与方法,同时也影响并型塑了公法上法学方法论的发展方向。

---

① 朱虎:《法律关系与私法体系:以萨维尼为中心的研究》,中国法制出版社 2010 年版,第 98 页。
② 〔德〕考夫曼等主编:《当代法哲学和法律理论导论》,郑永流译,法律出版社 2002 年版,第 160 页。
③ 同上书,第 162 页。
④ 朱虎:《法律关系与私法体系:以萨维尼为中心的研究》,中国法制出版社 2010 年版,第 123 页。
⑤ 参见焦宝乾:《法教义学的观念及其演变》,载《法商研究》2006 年第 4 期。
⑥ 颜厥安:《法与实践理性》,中国政法大学出版社 2003 年版,第 151 页。

二、大陆法系的发展

概念法学主张法律规范必须按照严格的字面含义进行解释,必须依循刻板的逻辑推理规则进行裁判,要排除法律以外的政治、经济、社会、文化等方面的评判因素,因而导致了法律适用的机械性。这实际上就是从根本上杜绝法官的价值评判,其理论缺陷十分明显。20世纪初,概念法学受到诸多批判。新兴的各个法学流派纷纷对概念法学发难。

(一)"自由法运动"

"自由法运动"阵营的法学家有德国法学家赫尔曼·康特洛维茨(Hermann Kantorowicz)、恩斯特·福克斯(Ernst Fuchs)、恩斯特·施坦普(Ernst Stampe)、赫尔曼·伊赛(Hermann Isay)和奥地利的欧根·埃利希(Eugen Erich)等。其实,自由法运动的法学家们的理论观点并不尽一致,但他们一般都认为,制定法并非如概念法学说的那样完美。制定法的漏洞无处不在,因而制定法无法为每个想象得到的案件都提供答案。此时,法官需要运用自由的法律发现,去寻找存在于现实生活的"活法",以此补充制定法的缺失。当然,自由法所说的"自由"绝非任意而为,而是包含着如下几层含义:(1)摆脱了法律字面的束缚,但遵从法律的精神与现实的意义;(2)自由地适用尚未完成制定程序的不成文法;(3)在既有法律的基础上,依照它的精神来自由地形成与发展新法;(4)自由地为新兴社会现象创制法律;(5)摆脱虚假的逻辑推导的束缚,而寻找判决的真实理由。[①] 自由法运动所倡导的法律发现方法已经成为今日法律理论与实践的一部分,它提出的漏洞理论已被认为是法律方法论的共同出发点。

(二)利益法学与利益衡量论

在德国经历了一个世纪的法典化之后,1900年随着《德国民法典》的生效,一种新的法学思想在萌动,即利益法学。利益法学的思想直接渊源于德国法学家耶林。耶林认为,法律是对利益的分配与保护,法律与法律科学的最重要的任务,就是平衡生活中互相冲突的各种利益。当裁判中无法依逻辑结构圆满地处理社会生活之需要时,法官须自行审查,衡量案子所牵涉的各方利益,协助较有理由的利益以及更值得保护的利益在冲突中胜出。耶林的思想对后来利益法学派的赫克产生了重要的影响。跟德国当时的通说相反,赫克首先认识到了《德国民法典》生效之后的"法律漏洞"问题。在赫克看来,新的方法所追问的是:生活和符合生活要求的秩序。各种法律命令要从生活需要和利益状况出发来进行

[①] 〔德〕赫尔曼·康特洛维茨:《为法学而斗争 法的定义》,雷磊译,中国法制出版社2011年版,代译序,第37页。

解释,并根据利益的要求予以补充。① 在"利益法学"看来,任何法律纠纷都是利益的冲突。法官在对这一利益冲突作出裁判时,必须符合立法者通过法律所表达出来的对利益状况的评价。② 赫克的利益法学意图将法官设想为不单纯留意于法条词句的"立法者的助手":"新的利益法学运动是以社会现状为基础,法官不可能仅依逻辑结构而满意地处理社会生活之需要。立法者希望的是对利益的保护,他希望平衡生活中互相冲突的利益,但是他知道他不能捕捉到生活的多样性,也无法完整地利用逻辑的小前提在每个案件中划出一条很适当的线来规范它。立法者只有在法官不仅仅是一部依照法律的逻辑机器来运作法律功能的自动贩卖机,才能实现他的意图与满足社会生活的需要。"③利益法学提出的利益衡量方法乃是当今法律解释学的一种重要发展走向。由此,法官在裁判中需要掂量相互冲突的利益,并应当帮助那些更有理性基础的、更值得保护的利益方获得胜诉。

"利益法学"的功绩,在于它超越了法律的字句和概念的表述,而将视线转向了法律条文所依据的价值观念和一般评价标准。赫克的利益法学自产生以后虽然遭到不少批判,但还是经受住了时间的考验,成为法律方法论史上一种重要的学说。利益法学的影响远远超出了德国本土,如瑞典的务扑萨拉学派将"社会效益"看做法官裁判的重要目标。④ 美国法学家庞德对利益衡量方法也作过一些探索与发展。庞德对利益作了比较详细的分类。他把利益分成三类:个人利益、公共利益和社会利益。⑤ 当利益发生冲突时,权衡的标准是在最少浪费的情况下,给予整个利益以最大的效果。

德国的利益法学派所主张的作为补充法律漏洞方法的利益衡量和日本民法学者所提出的利益衡量论有着很大的不同,属于不同的知识,但在我国却被不加区分地使用着。⑥ 日本的利益衡量论同样是在批判概念法学思考方式的基础上发展起来的。它直接渊源于自由法学,并且导入了美国的现实主义法学,却没有德意志利益法学的痕迹。⑦ 20 世纪 60 年代日本利益衡量论的兴起有着特定的经济社会背景。随着战后经济高速发展与城市化水平的提高,市民的生活利益显得多样化、复杂化。公害、住宅、交通等社会问题浮出水面。法官裁判的方法即需适应这一社会形势变化的需要。概念法学式的裁判思维方法显然已经无法满足这种需要。

---

① 〔德〕菲利普·赫克:《利益法学》,傅广宇译,载《比较法研究》2006 年第 6 期。
② 〔德〕拉伦茨:《德国民法通论》,王晓晔等译,法律出版社 2003 年版,第 97 页。
③ 〔美〕佛利曼:《法理学》,杨日然译,台湾司法周刊杂志社 1989 年版,第 361 页。
④ 〔德〕伯恩·魏德士:《法理学》,丁小春、吴越译,法律出版社 2003 年版,第 241 页。
⑤ 〔美〕罗斯科·庞德:《法理学》(第 3 卷),廖德宇译,法律出版社 2007 年版,第 18 页。
⑥ 张利春:《关于利益衡量的两种知识》,载《法制与社会发展》2006 年第 5 期。
⑦ 段匡:《日本的民法解释学》,复旦大学出版社 2005 年版,第 251 页。

20世纪60年代,日本学者加藤一郎的《法解释学中的逻辑与利益衡量》(1966)和星野英一的《民法解释论序说》(1967)分别提出了各自的利益衡量论。在加藤一郎看来,那种认为仅从法律条文就可以得出唯一正确结论的说法,只是一种幻想。真正起作用的是实质的判断。在个案情形下,究竟应该保护哪一方当事人的利益?他主张法官应在进行各种各样的利益权衡基础上综合判断,得出结论,再考虑应附上什么样的理由,亦即结合条文,怎样从伦理上使该结论正当化或合理化,以形成判决。[①] 跟加藤一郎不同的是,星野英一主张在适用于具体事件以前,首先依据对条文的文理解释、逻辑解释、立法者意思的探究得出结论,然后对此结论的妥当性依据利益考量和价值判断进行检讨,有必要时对结论加以修正和变更。

除了上述德、日利益衡量各法学流派,在现今西方法学中,与利益衡量理论与方法比较近似的还有"经济分析"方法(以美国的经济分析法学为主要代表),二者在运用上均以效率为依归。利益衡量理论与方法体现出当代法律方法论的重要发展,但其自身也面临诸多难题。利益衡量方法的出路在于,应当认真对待裁判结果正当化这一环节。在当今法律论证理论视域中,人们区分了"法的发现"与"法的证立"。依据利益衡量得出判决结论以后,尚需开启并完成一个对该结论进行正当化与合法化的阶段。而这就是法律论证方法所要解决的问题。

(三) 评价法学

评价法学以利益法学为基础,提出了一些重要的观点,补充了利益法学的不足。其中的一个重要观点就是将评价标准或价值从利益概念中析离出来。评价标准是比利益更深层次的东西。一个客观有效的规范的内容,都是与正义理念关联的,是正义理念在各个情况下的具体化。[②] 而这些评价标准或正义的理念是由法律原则承担的。评价法学"是要努力地确立一个由指导性原则以及内容尚需具体明确的价值准则组成的'开放的'体系,并且强调这些原则和准则之间的相互'配合'、相互交叉和相互限制"。"法学的任务,就在于揭示这些评价标准,揭示原则之间的相互联系,使发现法律的过程更加透明清晰。"[③] 评价法学认为,法律适用者尤其是法官的行为,最终都具有评价的性质。"将'评价'视为一种个人立场抉择的行为,对之无从为合理的论证,这种意见在学界迄今仍居支配地位。依此见解,将不能避免下述结论:很多(而不仅是在若干临界)案件,法官的价值判断会取代立法者的价值判断,对之亦无从依客观标准作事后审查。"[④]

---

① 〔日〕加藤一郎:《民法的解释与利益衡量》,梁慧星译,载《民商法论丛》(第2卷),法律出版社1994年版,第78页。
② 吴从周:《从概念法学到利益法学》,台湾大学2003年博士论文,第232—234页。
③ 〔德〕拉伦茨:《德国民法通论》(上册),王晓晔等译,法律出版社2003版,第98—99页。
④ 〔德〕拉伦茨:《法学方法论》,陈爱娥译,商务印书馆2003年版,第2页。

拉伦茨为此假定了如下的结果:或者因法律必须被解释,而解释多少是任意性的;或者因法律本身要求法官为价值判断,而对价值判断又不能作客观论证;因此,在大多数案件中,法官根本不能"严格地依法律"获致裁判结论,那么就只能探究,法官为裁判,其事实上之动机为何。然而大多数主张"评价法学"者并未如是主张。而是认为,在法秩序的意义上,对适当的价值判断仍然可以作合理的说明,即使有关的理由未必具有逻辑上的必然性。于此,拉伦茨描述了法律论证理论的产生:"假使探求法律问题的解答,主要是以'论证的方式'来进行(未必是'类观点学'的程序),就必须追问,在法学讨论中,究竟何者论点是可容许的,其各自之重要性如何,此种或彼种论点所得主张之'价值'如何。这些问题正在寻找可以提出答复的法学论证理论。"①由此,在传统方法论研究的语境中发展出了法律论证理论。

(四) 法律论证(论辩)理论

荷兰法学家 Eveline T. Feteris 的《法律论证原理》提供了一种对迄今法律论证方面重要研究成果的通览式介绍,主要涉及图尔敏(英国)的论证理论、佩雷尔曼(比利时)的新修辞学和哈贝马斯(德国)的交往理性论。他们从论证理论、逻辑学和哲学的角度发展了关于理性法律论证的观点。他们视法律论证为一般论证的特定形式。另外一些学者从法律理论的角度研究法律论证理论,即麦考密克(英国)的裁判确证论、阿列克西(德国)的法律论证理论、阿尔尼奥(芬兰)的法律解释确证论以及佩策尼克(瑞典)的法律转化理论。当今法律论证还不是统一的理论,还没有实现内部统合划一的整合性。但各种法律论证学说还是具有某种共性。按照季卫东的归纳,这种共性主要表现在:(1) 法律可以左右司法判断但不能完全决定之(非决定论);(2) 法律议论不仅仅是演绎性的推论,还要根据命题进行合情合理的讨论(超三段论);(3) 法律议论除了符合法律之外还要符合正义(非实证主义);(4) 在法律议论中正当程序和理由论证具有重要的意义(过程指向);(5) 承认制度与实践之间存在着互动关系(相互主观的思维模式),等等。② 可见,法律论证理论还是有着一些共同的理论特征。

在日本,法律论证理论则是在第二次世界大战后法解释论战的基础之上逐步兴起的。日本法学家曾经围绕价值判断是客观唯一的,抑或只不过是判断者的主观决断这一问题展开长期争论。价值判断的法理难题是通过法律论证(也被称为"法律议论")的方式予以解决的。以平井宜雄为主要代表的法学家在理论中构建了开展讨论的制度框架,以解决伴随于法解释中的价值判断、评价的正当化问题。总体而言,法律论证理论构成当今法律方法论的重要组成部分。这

---

① 〔德〕拉伦茨:《法学方法论》,陈爱娥译,商务印书馆 2003 年版,第 5—6 页。
② 季卫东:《法治秩序的建构》,中国政法大学出版社 1998 年版,第 105 页。

种理论代表着一种运用多种学科知识、方法和研究进路来寻求解决法律实践问题的探索和努力。跟诸多后现代法学的批判、颠覆与解构的理论旨趣相比,这种理论体现了一种建设性的研究方向。目前,法律论证理论研究已经转移到两个非法哲学的研究领域:一个是(普遍)论证理论,其从 20 世纪 80 年代以来就形成。主要代表是荷兰的爱默伦与格鲁特德斯特的阿姆斯特丹学派的"语用—辩证进路"以及"非形式逻辑"和"批评性思考"的学术流派。另一个是自大约相同时间发展出的,可被称为"人工智能与法律共同体",并把信息论的、逻辑的和数学的技术与对法律论证的新兴趣联系在一起。① 这显示出法律论证理论新的发展方向。

三、英美法系的发展

19 世纪末、20 世纪初主导着美国法学的是一种类似于德国概念法学的理论。该理论与哈佛大学法学院院长兰戴尔(Christophe Columbus Langdell)有着密切联系。兰戴尔认为,应从法院判决中归纳出普遍适用的、自成体系的法律原则,这些原则可通过演绎的方式为将来发生的具体案件提供解决方案。在美国,形式主义从来没有发展到成为一种法律理论的地步,但它显然与一种极端形式化的法律观有关,并常常表现为形式主义推理。② 19 世纪末期,出于对形式主义的不满,一些法学家如霍姆斯、庞德、杜威、格雷等开始激烈地批判形式主义。到 20 世纪 20、30 年代,法律现实主义者继续着这种批判。以弗兰克、卢埃林为代表的法律现实主义对美国法学有着深远影响。法律现实主义反对法学作为一个独立的、价值中立的科学,不可能在一个封闭的逻辑体系里,通过客观的方法为所有可能的案件找到唯一答案。法律现实主义还引入了心理学等方面的研究方法,强调法官判决的不确定性。

在美国,传统上居于主流的法律现实主义第二次世界大战后已经过时。1958 年以哈特与萨克斯的《法律过程》③为标志的"法律过程"学派开始登上历史舞台。有人认为,该书乃 20 世纪 40 年代至 60 年代美国各种法学思想之集大成的著作。20 世纪 50 年代美国法学院中,该书是使用最广、最具有影响力的教材,乃至到 90 年代为止,该教材仍为不少美国法学院所使用。鉴于该书持久的影响力,美国联邦最高法院大法官当中,有不少都曾修过此课程,并因而

---

① 〔奥〕京特·克罗伊斯鲍尔:《法律论证理论研究史导论》,张青波译,载《法哲学与法社会学论丛》(第 15 卷),北京大学出版社 2010 年版,第 4 页。
② 〔英〕P. S. 阿蒂亚、〔美〕R. S. 萨默斯:《英美法中的形式与实质》,金敏等译,中国政法大学出版社 2005 年版,第 211 页。
③ 本书由 William N. Eskridge P. Frickey 在 1994 年校正编辑出版。参见 Hart, H. M., and Sacks, A. M., *The Legal Process*: *Basic Problems in the Making and Application of Law*(法律过程:法律的创制及适用问题), The Foundation Press, 1994。

持有与哈特及萨克斯相同的法观念。该书中所主张之法解释方法论,长久以来在美国法学界及实务界中居于通说之地位,对战后美国法解释学的发展有着决定性的影响。① 美国战后另一本值得关注的法律方法作品是沃瑟斯特罗姆(Richard A. Wasserstrom)的《司法判决:迈向一种法律证立理论》(The Judicial Decision: Toward a Theory of Legal Justification)②。该书是在反思现实主义法学基础上而成的一部具有建构性的专著,也是法律论证研究方面的一部早期著作。

作为一种致力于裁判方法研究的学问,法律方法论在当今西方法理学中受到明显关注。这是以往法理学研究所没有的。以法律推理或者法律论证为主要研究内容的法律方法论,何以能够成为当今世界法理学或法哲学研究的一大热点?芬兰法学家阿尔尼奥、德国的阿列克西和瑞典的佩策尼克认为原因有三③:

第一个原因涉及当今法律理论的状况,构成20世纪各种法学理论的各自特征的既有界限正在消除。分析学派、法律现实主义和立足于一般解释学或者某种自然法的各种理论——至少以其原有形式或者纯粹形式——不再彼此立场决裂,选择其一即排除其他,必然是整合性的综合法理学。第二个原因涉及一般的科学哲学、哲学和社会学的研究状况。具体表现在四个方面:实践理性的复归;分析哲学和诠释学传统差异和对立的式微;科学理论问题中社会和历史因素的纳入以及分析哲学和批判理论的接触。哲学思想的新发展使得法律理论易于相当独立地采取不同哲学背景的思想观点。这就使得这种法学理论得以产生,它不再仅限于对某些哲学结论的消极转换,而是能够致力于法学理论以及如科学哲学、道德哲学共同具有的那些大量问题。关于第三个原因,他们从理论和实践上作了具体分析。从理论上,这种法律推理理论提供了一种框架,从而容许乐观地实现综合法学理论的各种理论假定。如下各种问题由此得以回答:比如,什么可被作为有效法,在何种条件下可被作为有效法,等等。在实践层面,大量传统法学理论问题几乎不涉及法律家的日常工作。而这一问题可以由法律推理理论予以解决,从而有助于缩小理论与实践的距离。

上述各位法学家站在一定高度所作的概括有相当的说服力。20世纪以来,尤其是第二次世界大战后以来,各种哲学社会科学思想影响到法学领域,使法律方法论获得了长足的发展。实际上,也正是这些具有时代特色的哲学社会科学思想,奠定了当代法律方法论的风格特征。当代法律方法论的确在较大程度上

---

① 黄铭杰:《从Legal Process之理论探讨公平交易委员会几则实务运作》,载《东吴大学法律学报》第10卷第2期(1997)。

② Richard A. Wasserstrom, The Judicial Decision: Toward A Theory of Legal Justification, Stanford, Calif.: Stanford University Press, 1961.

③ Aulis Aarnio, Robert Alexy and Aleksander Peczenik, The foundation of legal reasoning, in Aulis Aarnio and D. N. Maccormick(eds), Legal Reasoning, Dartmouth Publishing Company, 1992.

汲取了别的哲学社会科学的研究成果,将多种理论与方法用于法律领域。具体说来,采取了道德哲学、社会哲学、科学哲学、分析哲学、语言学、诠释学、修辞学、逻辑学等等,并将其运用于法律方法论研究中,旨在克服以往研究中的难题和解决实践中的问题。当然,这种说法还是很笼统。具体到各个法学家,各自研究之所以呈现出不同特色,原因即在于可能采取了不同的理论资源。如阿尔尼奥利用了新修辞学、后期维特根斯坦的语言哲学以及哈贝马斯所代表的理性主义方法;佩雷尔曼主要运用了可接受的新修辞学;阿列克西依赖的是哈贝马斯等的合理论辩程序理论等。如上提到的欧洲分析法理学,这个群体承传了分析哲学(尤其是维特根斯坦的哲学)、分析诠释学、斯堪的那维亚唯实论、科学哲学等理论资源,因而在整体上可以让人看出某种共同的研究取向和传统。

四、国外对法律方法(论)的认识

今日德国法学家所理解的法律方法乃是一种关于如何形成司法裁判的方法论(legal method as a methodical decision)。凡是关于一起法律案件的正确解决方案,关于法律的适用和解释,关于论辩的理论,关于利益的衡估,关于司法裁判,均可在题为"法律方法"的书中找到关于这一切的指导。而关注的核心则是司法裁判。[①] 德国的拉伦茨在其所著《法学方法论》一书的"引论"中一开始就提出:每一种学问都必须采用一定的方法,或者遵循特定的方式来回答其提出的问题。而法学,为一种以某个特定的、在历史中逐渐形成的法秩序为基础即界限,借以探求法律问题之答案的学问。另外,德国法学家诺伊曼把法律方法作了狭义与广义的区分。狭义的法律方法是指,法律家在适用法律的过程中认识法律和解释法律的方法。"此狭义的法律方法的内容为法律解释,具体方法也仅限于萨维尼总结的语义、逻辑、历史(主观)和体系解释四准则,结果的正义性、合目的性充其量可以在模棱两可的情况下起作用。"[②]可见狭义的法律方法即是法律解释方法。狭义的法律方法的几个预设前提是:存在一种逻辑上体系自足的封闭的成文法体系;法官在司法过程中仅仅是在机械地适用法律;如"自动售货机"那样无须发挥任何主观性;提供形式逻辑的推理方式,可以获得唯一正确裁判结果。上述观点到后来遭到了诸多理论的批判和挑战,而逐渐被人放弃。广义的法律方法观点认为:"应用法律不(仅)是一个将事实与规范对接的法律推论活动,毋宁说,它(还)是一个续造既有法律或发现新法

[①] 〔德〕约阿希姆·吕克特:《弗里德里希·卡尔·冯·萨维尼:法律方法与法律现代性》,盛桥译,载《清华法学》(第9辑"法律现代性·法学教育"专辑),清华大学出版社2006年版,第4—5页。

[②] 〔德〕乌尔弗里德·诺伊曼:《法律教义学在德国法文化中的意义》,郑永流译,载郑永流主编:《法哲学与法社会学论丛》(第5卷),中国政法大学出版社2002年版,第17页。

律的过程。"①

美国法学家萨默斯则认为,法律方法(legal method)问题产生于法的创制、解释、适用以及与此相伴的有效法的修改。无论是法官还是其他法律官员,无论是律师为客户提供咨询还是在法庭展开论辩,无论是法学教育者还是学者,均需面临并处理方法论方面的问题。② 美国案例教科书的目的是:"给人介绍我们的法律制度——包括判例法和立法方面的基本资料,并且帮助人们拓展工作能力,掌握这种方法,法律家即可利用这些资料来完成其职业实践任务。"③可见,美国人理解的法律方法是法律家在职业过程中,在涉及立法、司法等广泛场合运用的一种职业方法与技术。

值得注意的是,当今国外还有一种观点对法律方法论持解构主义立场。后现代法学以为,法律方法论并不能保障运用法律方法的人作出正确的判断,即使是运用了正确的法律方法也不能保障判决的正确。国外学界中否定法律方法存在或者自足性的论调,主要表现为:由于法律解释元规则的缺位,法律解释学很难具有方法论的意义;人们无法在逻辑层面或分析层面上提出一种完美的法律文本的解释方法,无法用一种没有内在矛盾和冲突的语言文字表述出来;不能对法律方法抱有过高的期待。法律方法论尽管给我们提供许多有用的方法,但是这些方法还很难成为一种类似于尺牍范本大全的东西,使得法官仅凭法律方法就足以找到现成的答案。④ 上述观点主要出自于一些学者的研究。其实,持否认法律方法存在之见的不仅限于从事学理研究的人,"有些人始终不谙'法律人的思考方式',尽管他们顺利毕业、通过司法考试并成为收入颇丰的司法人员。即使那些精通法律推理技巧的人,也不总是能确定那是什么东西"。⑤ 美国学者的这一论断在不少国家恐怕也同样适用。

但是,法律方法的研究本身体现的是一种建设性的研究方向。在中国法学语境下,那种法律方法否定论观点并没有多大意义。毕竟,我国正处于法治转型过程中,法学需要的是建设性的发展与建构,而不是在还没有真正的中国法学自身知识的情况下,就盲目地批判与解构。说到底,其所解构的对象在中国法学语境下根本就不存在。实际上,法律方法具有规范性、教义学属性和实践性等特

---

① 郑永流:《法学方法抑或法律方法?》,载郑永流主编:《法哲学与法社会学论丛》(第6卷),中国政法大学出版社2003年版,第25页。

② Robert Samuel Summers, *Instrumentalism and American Legal Theory*, Ithaca and Oxford: Cornell University Press, 1982, p. 136.

③ Harry W. Jones, John M. Kernochan, Arthur W. Murphy, *Legal Method*, Foundation Press, 1980, p. 1.

④ 梁迎修:《法律方法的功能及其局限》,全国法学方法论论坛第一届学术研讨会论文(北京,2006年6月),第10—11页。

⑤ [美]亚狄瑟:《法律的逻辑》,唐欣伟译,台湾商周出版社2005年版,第2页。

征。在我国法治化进程中,法律方法的合理功能应予重视,国内法律学者需要认真对待法律方法。可以说,法律方法论代表着一种运用多种学科知识、方法和研究进路来寻求解决法律实践问题的探索和努力。法律方法论所要研究的对象即法律方法。法律方法是法律共同体的职业性思维与技术。近代以来,法律职业逐渐摆脱了传统社会中政治、宗教、道德的束缚,而成为一种专门化的职业。司法职业在很大程度上成为被法律精英所掌控的专门领域。法律职业者需要具备很强的智慧、审慎及理性的思维能力。法学因此在很大程度上是被作为一门"技艺"而非单纯的学术。法律方法不属于"大众化"方法,而是一种专业的、需要专门训练才能掌握的职业方法。这本教材所要做的工作只是向学生灌输基本的法律方法理论。

【思考练习题】

1. 简述法律方法论的研究对象。
2. 什么是法律方法?法律方法有哪些特征?
3. 简论法律方法的功能和意义。
4. 简述法律方法论的历史发展。
5. 什么是司法克制主义?它有哪些特征?
6. 什么是司法能动主义?它有哪些特征?
7. 简论司法克制主义对中国法治建设的意义。

第三章 法律发现

从法学理论的角度看,法律发现是运用法律的第一个步骤。所谓法律发现也可以称为法律检索,即针对当下要解决的案件寻找所要适用的法律。经过上千年经验积累,各个法系都形成了一套完整的法律发现的路径。对于法律发现的路径很多教材把它放到法律渊源理论中讲授,大体是认为法律渊源就是指法官法源,即针对个案的法律从何处发现,何处就是法律的渊源。一般来说,我国法律发现主要是在制定法中去寻找,制定法是最主要的法源。但是,由于法律是社会中的法律,各种各样的社会关系影响着人们对法律的认识,当法律出现空白或者是模糊不清的时候,人们还要到制定法以外的其他地方去寻找法律。对法律发现技术的掌握,是法律人的基本功,是法科学生必须熟练把握的技能。

第一节 法律发现的概念和特征

以制定法未发现法律的场所为例,我们可以发现一个问题:裁决一个具体案件仅仅使用几个法律条文,但是法律条文多如牛毛。面对众多的法律形式和法律条文,法律运用的第一步就是针对案件发现法律。法律发现就是在一般的、抽象的法律规范中寻找针对个案的法律,并把其作为法律推理的大前提。司法过程的第一步就是运用法律发现的技术,去寻找解决案件的法律,这是维护法治的基本方法。但长期以来我们对法律发现方法重视不够,以至于不把法律发现当成一个独立的方法来运用,而仅仅把其当成司法过程。

一、什么是法律发现?

对法律发现的概念我们可以从四个方面认识:

一是指填补法律漏洞的活动。法律是一个严密的逻辑体系,人们长期秉承着法律应完备无缺的信念。但是,1907年齐特尔曼提出,法律中存在着漏洞,少数案件会找不到相对应的法律规定,法官必须对法律漏洞进行补充。此后,法律发现被界定为:在无直接可适用的法律的情况下,法官填补法律中的漏洞的创造性活动,也即通常所说的法官造法。在此含义下,法律发现是与法律适用并列的两种法律应用形式,但是二者具有本质不同,法律适用是法律应用中的标准情况,法律发现只是特殊情况。这种认为法律发现即漏洞填补的观点,是对事实与法律关系的误解。因为,除了极个别情况外,法律的规定都存在着扩张。法律与案件事实严格对应,法官有明确的法律可以适用的情形只是少数。在绝大多数情况下,法律与案件事实都存在缝隙,因而都需要法官发现法律。可以说,法律发现存在于每一个案件,并非仅在出现法律漏洞时才需要法律发现。将法律发现视为漏洞填补,无疑削减了法律发现的理论价值与实践意义,是对其一种褊狭的理解。

二是指法律应用活动。在法律上,只有清楚的数字规定,如年龄、注册资本等不存在扩张的问题,可以直接应用。其余概念、规定都存在着扩张或限缩的可能,如机动车、危险方法、诚实信用等,不可直接应用法律,需要通过各种手段去"发现或适用法律"甚至解释法律。因此,考夫曼等学者提出,法律适用与法律发现只是在法律扩张(指法律含义及外延的改变)的程度上有所不同,法律适用的扩张程度小一些,法律发现要大一些。法律适用与法律发现没有本质区别,可以互换使用,都是指不可直接将既有法律推导到案件中的情况。然而,这种将法律发现大而化为整个"法律适用"的观点并不妥帖。因为法律适用与法律发现还存在一些细微差别。法律发现的任务是发现或者形成裁判规范,以作为裁判之大前提。而法律适用则是以所发现或形成的一般法律规范为大前提,以事实认定为小前提,运用演绎的逻辑方法,将法律规定适用于具体个案,导出结论。简言之,法律发现是旨在找法的活动,是建构三段论法律推理的大前提的活动,而法律适用是对找法结果的运用。将法律发现等同于法律适用,模糊了两个司法阶段的独立性、本质特征和差异,不利于法官发现法律。

三是指获取法律的心理过程。在科学哲学上,科学发现与科学论证相分离。科学发现被视为一个猜测的过程,依赖于直觉、灵感与顿悟等非理性因素,因而成为心理学研究的内容。受到科学发现与科学论证二分的启示,美国法学家沃瑟斯特罗姆提出了法律发现与证立二分的理论。此后,司法上的法律适用过程被细分为两个阶段:一是法律发现,即法官实际上是如何得到一个判决结果的。二是法律论证,即法官是如何公开地证明该判决是正当的。与科学哲学上对科学发现的定性一脉相承,法律发现也被定性为法官的法感、直觉和顿悟等心理过程,是法官在法律渊源内寻找、检索、选择与具体案件有关的法律规定的一系列思维活动。不可否认的是,法官的心理确实对案件的裁判有着深远的影响,在有些情况下,一个法官的直觉甚至决定了案件的判决。将法律发现界定为法官的一种心理过程和活动的观点,在某种程度上确实揭示了目前一些司法现状(如还未审理即先行作出了判决),也使我们充分认识到法官的职业心理与素养对法律发现的重要作用,他们的先验理解是促成终局的有效裁判得以形成的知识前提。但将法律发现乃至判决的作出完全归结为法官的心理,则不仅夸大了法官心理对法律发现的意义,而且也使司法与法治陷入危险境地。"法官不是新的专制者,它应是法律精神的倡导者,是法律意义的活的宣示者。"①在司法中法官发现法律是有着严格限制和要求的,他要按照法治的要求运用一定的法律发现规则和技术寻找裁判依据。因此,法律发现远非仅是法官心理过程,将二者予以等同,是对法律发现方法论属性的忽视。

四是指个案裁判规范的建构。一般说来,具体案件的司法过程可以分为相对独立的三个阶段:查清案件事实;建构和形成个案裁判规范,即法律推理的大前提;以及将大前提推导于案件事实中获得裁判结果。长期以来,人们将法律规范推导到案件事实中的演绎推理过程称为法律适用,并将其作为研究重点。但是,轻视法律推理大前提的建构,认为只要查清案件事实,就能轻而易举、不费吹灰之力地获得与其相匹配的法律规定。美国法学家卢埃林提出规则怀疑论之后,法学家们开始关注和重视法律推理大前提的建构阶段,将其命名为法律发现,并定义为:在司法过程中,法官在面对具体案件时,在法治理念的指引下,在各种法律渊源中寻找、选择、确定可以用来裁判具体案件的法律规范,也即法律推理的大前提。法律发现既包含在主要法源中发现法律,也包括在法律出现漏洞的情形下,法律适用者积极地、创造性地利用辅助性法源"发现法律",以填补法律漏洞,裁判案件的活动。

建构个案裁判规范意义上的法律发现不仅在法学研究上被很多法学者所认同,而且在实践中被人们广泛使用。如美国权威的"FINDLAW"网站,该网站首页连接了美国的各种法律渊源,具体包括成文法、联邦最高法院判例、加利福尼亚等州法院判例以及权威法学家观点等,以供不特定的人寻找、发现法律。② 有鉴于此,本书作者亦赞成此种含义上的法律发现概念。这是一种在法律方法论意义上使用的概念,也是大部分西方法学家常用的概念。

二、为什么要进行法律发现?

自法律法典化以后,法律条文越来越细,但人们发现即使是再细致的法律也不可能为每一个个案准备好现成的判决方案。即使是法律的规定与案件十分吻合,也不可能明确在某一个案件中必须使用这一个条文。法官所寻找到的针对案件的法律都是发现的结果。法官的任务是依照规则判案,定分止争,维护社会秩序。无规则即无裁判,在司法过程中法官面对每一个案件都必须进行法律发现。个案中运用的法律都是法官发现与甄别的结果。之所以需要法律发现乃是因为,法律规定的一般性、内容的庞杂性、裁判个案所需法律规范的针对性、关联性,决定了法律发现在每一个案件中都难以避免。法律是一个庞大的系统,由不

---

① 陈金钊:《司法过程中的法律发现》,载《中国法学》2002年第1期。
② 该网站网址:http://commonlaw.findlaw.com/2007/03/findings_on_tex.html。

第三章 法律发现

同的表现形式构成,包括制定法、判例法、习惯法、政策、法理、道德等,其中,每一种表现形式都是一个复杂的体系。就成文法而言,立法者制定的规范性法律文件,卷册繁迭,法律条文浩如烟海。如2007年,我国有效的法律、法规和司法解释等已达16万余件,每一个规范性法律文件的法律条文少则几十条,多则上百条,甚至上千条。因此,若问整个成文法究竟有多少法律条文,那是难以计数的。就判例法而言,既包括不同时期的判例,又包括不同级别法院的先例,数量极其庞大,也是无法计数的。至于其他法律表现形式,如习惯法、政策、法理、道德等,亦是如此。

与法律的繁多形成鲜明对照的是,一个具体案件的解决仅需少则一条,多则几条的法律规定而已。如此一来,在面对一个具体案件时,即使是最简单的案件,寻找法律条文也无异于大海捞针。法官在哪里发现法律,如何发现法律,皆成为了问题。于是,法官必须按照一定的路径、方法,在法律丛林中穿行、逡巡、寻找、甄别、选择、确定、发现能够适用于特定案件的法律规范。这其中,哪怕是最简单的部门法识别,就已经是"法律发现"了。

经常可观察到的现象是,一个法官在日常审理案件当中,在查明案件事实之后,马上会搬出各种法律规定、审判手册或审判大全。通过翻阅法律文件,查询本案在法律上有无规定,法律上的哪一个条文适用于本案,这即是法律发现。当然,也可能出现这样的现象,法官面临具体案件,立即想到了要适用哪个部门法、哪一章、哪一节、哪一条,甚至可能直接想到某一个具体的法律条文,根本就不需要去翻阅有关文字记载的法典、法规大全。出现这种情况,这并不表示这个案件中不存在法律发现。这只是因为法官将该部分文字形式记载的法律熟记于心,查找法律文件的法律发现转变为搜求法官记忆的法律发现。或者是因为,法官曾经多次处理过此类案件,对有关具体法律规定足够熟悉和有把握,法律发现的过程被高度浓缩了。

案件事实的具体性以及法律的抽象性,决定了法律发现存在于每一个案件当中。法官解决纠纷,以事实为依据,以法律为准绳,事实与法律是法律适用的两极。但是,法律是应然的,事实是实然的;法律是抽象的,事实是具体的;法律是关于事物与行为的共性规定,事实则是个性的表达。因此,法律不可能与案件事实展现出严格的一一对应关系,案件事实也并非能完全涵盖在规范之下,二者之间总是存在或大或小的缝隙。当然,若缝隙微小,则可以忽略不计,并视为事实与规范相适应,此即为已经查明的案件事实有明确的规范可应用。但是,此种情形,是法律适用中的个别情形,仅出现在规范是清楚确切的数字规定之时,它们几乎不存在扩张或缩小的情形,如年龄、时间、注册资本、盗窃数额、人数等。除此之外,视事实与法律之间的缝隙大小,二者的适应程度可以分为三种:一是事实与规范相对适应,这是事实与规范关系中的绝大多数情况。它出现在法律总体上有规定,但存在一定扩张或缩小的情形。如规范中有较为清楚定义的概念、幅度、程度规定等。二是事实与规范不相适应。这出现于法律有规定,但存在较大扩张或缩小的情形,如诚实信用、情势变更等法律原则的规定。三是事实缺乏规范。这包括法律应作规定而未规定的情形,法官不得因此拒绝审理的案件,也包括事实与规范形式实质不适应的情形。[①]事实与规范间的缝隙决定了法律发现存在的必要性,在每一个案件中,法官都要竭力弥合缝隙,依事实的性质,在法律渊源形式中搜索、甄别、发现法律。与此同时,在事实与法律之间的关系上,法律发现也呈现出如下特点:若案件事实简单,法律规定明确、具体,法律发现自然快捷、准确;若案件事实复杂、法律有规定但模糊又不明确,法律发现自然也耗时费力、模棱两可;而无论案件事实简单或者复杂,若法律缺乏相应规定,法律发现则转化为造法性质的发现。

三、法律发现的特征

一个完整的个案司法过程由三个独立阶段组成:认定事实,发现法律,法律适用。法律发现是个案司法中的重要环节,必不可少。面对每一个案件,法官都必须进行法律发现。法律发现既不同于发现事实,也不同于法律适用,具有显著的特征。

(一)法律渊源理论确定了法律发现的范围和顺序

法律渊源与法律发现联系密切,法律渊源是法律发现的场所,约束和限制着法律发现的路径。法律发现不是随心所欲的自由发现,必须且只能在法律渊源内进行。这在法治国家的制定法中都有明确要求。如《法国民法典》第5条规定:"审判员对于审理的案件,不得用确立一般规则的方式进行审判。"又如《瑞士民法典》第1条规定:"如本法无相应规定时,法官应根据惯例;无惯例时,根据自己作为立法人所提出的规则裁判。在前款情况下,法官应依经过实践确定的学理和惯例。"上述规定,无论前者还是后者,实质上都是将法律发现约束在既定法律渊源之内,只不过前者的法律渊源仅限于制定法,法官的作用仅仅在于找到正确的法律条款,它的每一项判决必须依据制定法作出。而后者的范围要宽泛一些,法律渊源不限于制定法,还包括惯例和学理。

法治原则要求法律发现只能在法律渊源范围内进行。法治即实行法律的统治,是将国家和社会事务以及人们的活动纳入到理性、正义之法(人民的意志或者是多数人的意旨)的约束和限制之下。相对于人治而言,法治是较佳的一种社会治理模式,也是近现代文明国家尊崇的治理模式。法治在近现代国家表现为立法者代表人民制定法律(这包括立法者对制定法外的其他法律渊源的正式

---

① 郑永流:《法律判断大小前提的建构及其方法》,载《法学研究》2006年第4期。

承认),法官司法,行政者执法的政治体制安排。在立法阶段,通过整个社会的对话机制,立法者将各种实体性价值编织于法律之中,以消除绝大多数案件中的价值之争,避免个案中对形而上的公平、正义进行的争执。法治原则就是限制法官的自由裁量权,即要求法官在法律渊源内发现法律,而不能溢出法律渊源任意创造、整合或协商发现适合于个案的法律规范,以确保法律系统的公正运转,获得立法者预先设定的结果。大陆法系国家法典化运动即因此理念而兴,庞大的法典的制定,以及法典对制定法外的其他法律渊源的正式承认,其目的即在于将法律发现主要框定在法律渊源内进行。因为,一旦法律发现溢出了法律渊源的范围,法官各司法,实际上就等于用法官代替了立法机关,从而超越了司法权限。这背离了民主政治的基本要求,也违背了法治要求,无疑会削弱法治的基础。法官发现法律唯有遵守法律渊源的限制和约束,才能维护立宪政体并最大限度地实现法治理想。

在法律渊源内发现法律是一种法官个人意志与法律判决适度剥离的政治艺术。[①] 现代代议制政治体制中,在法律产生的制度设计上,贯彻的是一种自己责任制度,即公民自己服从自己制定的法律。因为,立法者是公民选举产生的,立法者制定、通过的法律,当然地被看做是公民为自己制定的法律,它们宣告了民众自己,也即未来的当事人对案件的承诺,既包括对自己有利的,也包括可能加诸自身的惩罚。这意味着法官依据法律所作出的每一份判决,是否有利于当事人,都只是法律的意志,不仅与法官个人意志无关,更是按照当事人事先的承诺作出的。这给法官提供了剥离于裁决结果的合法、合理的理由,无论加诸当事人身上的裁判结果如何,法官都有理由和借口免除或者减轻自己人性内固有的同情心、恻隐心的谴责。同时,在很大程度上,也可以避免法官成为当事人的发泄对象,使得法官从当事人对判决结果的不满意产生的愤怒、怨恨情绪和言语、身体伤害的冲动中解脱出来,不受报复和攻击,从而保障法官的人身安全,保障法官不受侵犯和干扰地行使审判权,保障法官的地位和权威。

(二) 在整体法秩序内发现法律

法律发现要在整体法秩序内进行。整体的法秩序由各种形式的法律渊源组成,不同形式的法律渊源之间,并非毫无瓜葛,而是先后有序排列,内容互相补充。后者不能僭越前者,但是负有填补并矫正前者疏漏之职责。因此,发现具体案件的裁判规范,实际上是在整个法律秩序内获取答案。法官只有依据并维护"法律秩序的统一性",在整体法律秩序中瞻前顾后,才能发现所要适用的法律。

在整体法秩序内发现法律,不仅要顾及某一法律渊源形式,也必须注意到整

---

① 这大体上相当于法律解释的独断性,即在法律解释过程中法官必须根据法律进行解释,所得出的结论也只能是法律的意思,而不能是法官个人的意思。

体法秩序内的其他形式。法律发现要考虑制定法、判例法、政策、法理、道德等不同类型的法源形式,在中国,制定法是最主要的法源形式,但不是唯一法源。在制定法秩序中,由于立法技术上的原因,法规范的各构成要件要素之间以及构成要件与法效果之间是相互分离的,法规范的各构成要素可能被分别放置于法律体系的不同位置。既可能被放置于同一部法律、法规的不同章、节之处,也可能被放置于不同的法律、法规之中;既可能被放置在同位法之间,也可能被放置在异位法之间。这意味着,法官所发现的个案裁判规范是由来自于制定法秩序内不同地方的各规范要素组合而成,法官发现个案裁判规范当然必须在整个制定法秩序内进行。在一个主权国家里,各种类型的立法都要受到各种限制,下级法必须受到上位法的限制,程序法与实体法要相互配合,后法法理应传承前法,特别法以一般法为前提,规则要在原则的照耀之下。毫无疑问,在上述限制条件下制定出来的法律规范,没有哪一个规范可以独立存在。西谚云"只有理解了整体,才能理解部分"。可见,在裁判之际,法律发现者必须根据体系思维——法律规范在制定法体系中的地位和相互关系,来确定一条规范的内容及其优先性。在遇有规范效力相互冲突的场合,法律发现者必须进而根据法律规范在制定法体系中的"位置",形式等级脉络上的编、章、节、条、项之逻辑关系,来确定规范的相互间的优先性。① 必须将特定的法律规范与整个法律秩序作为相互联系的内容与价值评价相统一的整体来发现,有人曾言:一旦有人适用一部法典的条文,他就是在适用整个法典。②

(三) "法感"等因素对法律发现发挥作用和影响

法律发现是一个涉及法官、法律与事实相互关系的过程。其中,法律与事实是两极,法官是桥梁和媒介。客观事实和法律,在法官主观意志的传送带上相会合,通过法官的思维被再加工,然后生成裁判规范。这一过程,除了事实与法律,还有其他各种因素的参与。法感是法律发现中的不可缺席者。通常,法律人在接触待决案件时,都能借由潜意识、直觉和经验得出一个初步法律结论,这种感性的判断能力就是所谓的"法感"。由于法感不以程序、步骤为特征,而是以"智力上跳跃式"的高速反应的理解方式,直接洞察、把握案件的整体,瞬间获得和形成结论,没有经过逻辑推理的检验。因此,法感有时被认为是任意的、无法预期的和主观的。但是,实际上,法感判断是法律知识和实践经验的产物,而不是反理性的妄想和念头,它是法律职业者长期训练的结果。

在法律发现中,法感的存在是客观的,其作用理应得到承认。但是,法感思维的结果,也即得出的个别裁判规范,仅仅是未经纯化的"假说"或者"设证",可

---

① 陈林林:《裁判的进路与方法》,中国政法大学出版社2007年版,第114页。
② 转引自〔德〕恩吉施:《法律思维导论》,郑永流译,法律出版社2004年版,第73页。

能正确也可能不正确,具有较高的或然性。因此,法感的作用是有限的,它只是判断的起点和动因,而不是最终依据,法官不能单纯通过法感发现法律。一个合理的个案裁判规范,法官只能在法感的引导下,通过对事实和法律进行深思熟虑的理性思考,在法律规范体系和个案事实之间反复推理,进行试错、校验,直到在事实和规范之间形成一种妥当的对应关系,才能得到。法律人像医生一样,也是在不断的试错过程中获得"正确"认识的。

法律发现的助产因素,并不局限于法感,还包括诸多的法官个人因素,如法官的个性和情感、生活经历和经验、习惯和信念、内心的良知、生存的要求、职业荣誉感、对法律权威的信仰、实现正义的成就感,以及法官的政治倾向等,它们都或明或暗地参与了法律发现的过程,对法律发现产生了消极的或积极的影响。而一些社会因素,如同行的压力、社会道德、传统、民情与舆论等,也都不可避免地渗透在事实与规范的遇合之中,成为法律发现中的变量,从而给予法官发现某个法律的部分理由。

(四) 法律发现具有法律方法属性

法律发现,是法官依据已经查明的某个具体案件的事实,在整个法律秩序之内,各种不同的法律渊源之间,浩如烟海、难以计数的法律规范之中,寻找与该案件事实相匹配的某几条法律规范。为了发现法律,法官必须将有关的法条全部检索,一一详细检试,审查案件事实是否可以被涵摄,排除不可能适用的规范,添加可能适用的规范。经过多次不断重复,最后选择、确定与个案事实最相匹配的法律规范。在此过程中,法律发现必须凭借各种法律发现方法才能进行。如果没有方法的支持,法官盲目地在无数法规范中进行检验及实验,那么,发现法律就只是一种冒险,法官发现与案件事实有关的法规范的希望是不大的。显然,在法律秩序统一体内发现法律,要遵循一定的程序、步骤、路径、方式或者技巧,而且法律形式不同,法律发现的方法也不尽相同,即使是在同一法律形式内,在不同情况下,法律发现方法也是不相同的。如在制定法内发现法律,在正常情况下,应运用适用优先技术发现法律,但是在法律规范矛盾状态下,就必须使用规范选择技术发现法律等。毫无疑问,这赋予了法律发现以法律方法属性,法律发现不再仅仅是一个过程。

第二节 当代法律渊源的分类

在当代中国的法理学教科书中,法律渊源一般分为正式渊源和非正式渊源。这种划分来自于博登海默对格雷法官的转述:"所谓正式渊源,我们意指那些可以从体现于官方法律文件中的明确条文形式中得到的渊源。……所谓非正式渊源,我们意指那些具有法律意义的资料和考虑,这些资料和考虑尚未在正式法律文件中得到权威性的或至少是明文的阐述与体现。"①正式渊源与非正式渊源的区别在于:前者具有适用上的优先性,对于诉讼案件,有制定法明文规定的,必先直接适用制定法。后者具有适用上的非正式性和补充性。非正式性表明其适用上的正当性需经过法官论证,只有经法官选择认可后,才可适用;补充性表现为制定法规定有缺陷和漏洞时方可适用。

一、中国法律渊源的分类及其概念

我国法理学教材关于法律渊源有多种分类,主要分类有:(1) 将法律渊源分为实质意义上的渊源和形式意义上的渊源。如公丕祥认为,实质意义上的法律渊源,即法律的真正来源、根源,是指法与法律事项赖以产生的一定生产方式下的物质生活条件;形式意义上的法律渊源,即指法律的创制方式和表现形式,也就是法律的效力来源,即通常在法学上所说的法律的渊源。形式意义上的法律渊源又可分为直接渊源和间接渊源,直接渊源又称为正式渊源,是指国家机关制定的具有各类规范性的法律文件,间接渊源又称为非正式渊源,是指各种习惯、判例等。② (2) 将法律渊源分为主要渊源和次要渊源。如周永坤认为,不同时空中的法律渊源不同,但对各种法律渊源进行归纳就可以得出法的一般渊源。法的一般渊源通常分为主要渊源和次要渊源。法的主要渊源是法源的主体,通常包括制定法、判例法、习惯。次要渊源通常包括权威的理论和公认的价值。主要渊源的效力高于次要渊源,只有在无主要渊源可资援引的情况下,才可适用次要渊源。这就是说,次要渊源可以填补主要渊源的空白,并且在特殊情况下,次要渊源可以纠正主要渊源的失误。③ (3) 将法律渊源分为成文法和不成文法。如韩忠谟认为:"从法律研究和实用立场说,所谓法之渊源就是研究或适用法律者所由取得法律之泉源,正如水之有渊源,在法学亦简称法源。我们到底从哪些方面可以看到法的来源呢? 通常为成文法或不成文法两个方面。"④ (4) 将法律渊源分为直接法源和间接法源。如李肇伟认为,"法律之渊源,乃产生法律内容之原因或依据也,就现代法律而言,除道德、正义、宗教、外国法律等等,足以构成法律者外,则有制定法与非制定法二者,学者称前者为直接法源,对后者称为间接法源"。⑤ (5) 将法律渊源分为正式渊源与非正式渊源。正式的法律渊源有制定法、判例法、习惯法、国际条约。非正式的法律渊源是指对于国家机关、公民

---

① 〔美〕E. 博登海默:《法理学:法哲学及其方法》,邓正来等译,华夏出版社 1987 年版,第 395—396 页。
② 公丕祥主编:《法理学》(第二版),复旦大学出版社 2008 年版,第 235 页。
③ 周永坤:《法理学——全球视野》,法律出版社 2000 年版,第 36—38 页。
④ 韩忠谟:《法学绪论》,中国政法大学出版社 2002 年版,第 26 页。
⑤ 李肇伟:《法理学》,1980 年第 4 版,第 12 页。转引自陈金钊:《法治与法律方法》,山东人民出版社 2003 年版,第 290 页。

和社会组织具有说服力而无约束力的某些规则、原则或观念;这种渊源对于国家机关、公民和社会组织从事某种具有法律后果的行为起着参考作用。非正式的法律渊源通常有正义、习惯、公共政策、客观知识、权威性学说(法理)等。①
(6) 将法律渊源分为权威性渊源和补充性渊源。如陈金钊主编的《法理学》认为,权威性法源也称为正式的法律渊源,是指法官发现法律时要首先去寻找的地方。主要包括制定法、习惯法、国际条约和国际惯例、合同等等。补充性渊源是指制定法和其他权威性法源以外的规范形式,包括公平正义观念、善良风俗、公共秩序及民间规则、公共政策、事物的本质、法理学说、判例。②

需要指出的是,我国法学界对法律渊源的研究还很薄弱,基本上没有深入到实用层面,仅仅是一种理论上的描述。多数法学家对法律渊源的概念只是站在立法立场上的一种表述。法律渊源的概念如果不与法律发现联系起来,实际上对司法实践没有什么意义。我们之所以把法律渊源放到法律发现这一章探讨,就是因为法律渊源的分类已经确定了法律发现的大体范围。法律人发现法律首先应该到法律的正式渊源中去寻找,只有当正式渊源出现空白或者模糊不清,或者与法律价值发生大的冲突的时候才到非正式渊源中去寻找。这是研习法律渊源分类的基本意义之所在。

二、法律的正式渊源

我国法律的正式渊源主要有制定法以及作为制定法补充的其他正式渊源,如规范性司法解释、国际条约、习惯法、法律化的国家政策、合同等法律渊源形式。

(一) 制定法

制定法是指国家的立法机关所制定的规范性法律文件。根据我国宪政要求和法律制定主体的不同,法律效力从高到低依次可分为宪法、法律(包括基本法律和基本法律以外的其他法律)、行政法规、地方性法规、自治条例和单行条例等。宪法具有最高法律效力,一切法律、行政法规、地方性法规、自治条例和单行条例、规章都不得同宪法相抵触。基本法律包括刑法、民法、诉讼法、婚姻法等等,其效力高于基本法律以外的其他法律。③ 法律的效力高于行政法规、地方性法规、规章。行政法规的效力高于地方性法规、规章。地方性法规的效力高于本级和下级地方政府规章。宪法是国家根本大法,具有最高法律效力,是规定公民基本权利和国家机构的设置及权力划分等重大问题的规范性文件,其解释和监

---

① 张光杰主编:《法理学导论》,复旦大学出版社2006年版,第41—42页。
② 陈金钊主编:《法理学》,山东大学出版社2008年版,第398—399、404—411页。
③ 我国法学界对基本法律问题研究不足,以至于基本法律究竟包括哪些法律还存在着一些争论。像税法等一些在国外属于基本法律的法律,在我国却没有基本法的地位。

督实施机关为全国人大及其常委会。虽然司法实践中出现了按照宪法规定起诉以保护权利的"宪法诉讼"案件,有的地方法院亦予受理,而且,理论界对宪法司法化问题讨论热烈,社会上亦引起争议,但是,从"齐玉玲案"的审判来看,在法源理论上是存在问题的,违背了法律发现的基本顺序。我国目前既无违宪审查制度,亦不能将宪法作为公民基本权利受到侵害后的司法救济制度。早在 1955 年 7 月 30 日最高人民法院以(研)字第 11298 号对当时新疆高级人民法院所作的批复中就确认:宪法在刑事方面并不规定如何论罪科刑的问题,因此,"在刑事判决中,宪法不宜引为论罪科刑的依据"。1986 年最高人民法院以法(研)复〔1986〕31 号给江苏省高级人民法院的《关于制作法律文书应如何引用法律规范性文件的批复》规定,法院制作法律文书应引用的法律规范性文件是法律、行政法规、地方性法规、自治条例和单行条例。这两条批复均未规定人民法院可以适用宪法条文。最高人民法院亦下发文件,要求"各级人民法院不得受理所谓的'宪法诉讼'案件,不得将宪法引入诉讼程序,不得改变宪法规定的国家机关的职能配置,绝不允许损害宪法权威"。"人民法院审判案件,不得在裁判文书中援引宪法规定。对于宪法和法律都有规定的,人民法院应当依据法律规定裁判案件。"上述通知发出后,全国各级法院未再受理所谓"宪法诉讼"案件,也未再在裁判文书中援引宪法规定作为裁判依据。① 2009 年最高人民法院《关于裁判文书引用法律、法规等规范性法律文件的规定》表明,人民法院的裁判文书应当依法引用相关法律、法规等规范性文件作为裁判依据。法律及法律解释、行政法规、地方性法规、自治条例或者单行条例、司法解释可以在裁判文书中直接引用。而宪法条文则被排除在应当引用的、可以作为裁判依据的规范性法律文件之外。

  法律(狭义)专指由最高国家权力机关及其常设机构,即全国人民代表大会和全国人大常委会制定和颁布的规范性文件。它包括基本法律和基本法律以外的其他法律两种。我国《立法法》虽然规定基本法律由全国人大制定和修改,但对哪些是基本法律未明确列举,只在第 7 条第 2 款规定:"全国人民代表大会制定和修改刑事、民事、国家机构的和其他的基本法律。"一般认为,刑法、民法、刑事诉讼法、民事诉讼法、行政诉讼法、宪法等列举关于公民的基本权利和义务的法律属于基本法律,由全国人大制定。基本法律以外的其他法律,又称非基本法律,是指由全国人民代表大会常务委员会制定和修改的,调整国家和社会生活中某一具体社会关系的规范性法律文件的总称,如商标法、文物保护法等。

  行政法规是由最高国家行政机关即国务院制定的规范性法律文件的总称。行政法规应以宪法和法律作为自己的根据,不得与宪法和法律相抵触,其效力低

---

① 吴兆祥:《〈关于裁判文书引用法律、法规等规范性法律文件的规定〉的理解与适用》,载《人民司法》2009 年第 23 期。

于宪法和法律。国务院各部委的规范性文件的效力,不能与行政法规相等同,它只有在与宪法、法律、行政法规不抵触的情况下才具有法律效力。与行政法规并行的还有中央军委发布的规范性法律文件,如军事法规和军事规章,也是我国法律渊源之一。军事法规是指中央军事委员会制定的调整和规定关于国防建设和军事方面关系的规范性法律文件。2003年4月,中央军委发布了《军事法规军事规章条例》,该条例以《宪法》、《立法法》、《国防法》的有关规定为依据,明确了军事法规、军事规章在军队建设中的地位和作用,确立了制定、修改和废止军事法规、军事规章的原则,划分了中央军委制定军事法规和各总部、军兵种、军区制定军事规章的权限,还对军事法规、军事规章的适用与解释、体例格式等作了统一规定和要求。它标志着我国军事机关立法活动的规范化、制度化和科学化。

地方性法规是地方国家权力机关制定的规范性法律文件的总称。地方性法规的法律地位低于宪法、法律,得与行政法规相协调。地方政府规章不能作为地方性法规,它只有在与宪法、法律、行政法规、地方性法规均不抵触的前提下才具有一定的效力。自治条例,一般是指规定关于本自治区实行的区域自治的基本组织原则、机构设置、自治机关的职权、工作制度以及其他比较重大问题的规范性文件。单行条例,一般是指根据宪法规定和本自治区的实际情况,对于国家法律、法规作出的变通或补充的规定,或者规定本自治区某一具体事项的规范性文件。依照我国《立法法》的规定,民族自治地方的人民代表大会有权依照当地民族的政治、经济和文化特点,制定自治条例和单行条例。自治区的自治条例和单行条例,报全国人民代表大会常务委员会批准后生效。自治州、自治县的自治条例和单行条例,报省、自治区、直辖市的人民代表大会常务委员会批准后生效。自治条例和单行条例可以依照当地民族的特点,对法律和行政法规的规定作出变通规定,但不得违背法律或者行政法规的基本原则,不得对宪法和民族区域自治法的规定以及其他有关法律、行政法规专门就民族自治地方所作的规定作出变通规定。

(二) 规范性司法解释

在这里的司法解释不是指法官对法的解释,而是特指最高人民法院和最高人民检察院(简称"两高")的规范性解释。这是中国特殊的法律渊源形式。一般认为在中国不懂这种规范的司法解释就不懂中国的法律。因为在宜粗不宜细的立法指导思想之下,法律法规的细化任务都落到了"两高"身上。尽管有理论家经常批评这种现象,认为这在一定程度上侵蚀了立法权。但现实中国的司法实践,离不开"两高"的司法解释。"两高"解释法律的权力来自于1981年《全国人大常委会关于加强法律解释工作的决议》第2条的规定:"凡属于法院审判工作中具体应用法律、法令的问题,由最高人民法院进行解释。凡属于检察院检察工作中具体应用法律、法令的问题,由最高人民检察院进行解释。最高人民法院和最高人民检察院的解释如果有原则性的分歧,报请全国人民代表大会常务委员会解释或决定。"2000年我国《立法法》没有司法解释的概念,只规定了法律解释。《立法法》规定,法律解释权归属于全国人民代表大会常务委员会,并且规定以下两种情况需要进行法律解释:(1)法律的规定需要进一步明确具体含义的;(2)法律制定后出现新的情况,需要明确适用法律依据的。因此,法律解释属于立法解释,是立法的重要补充形式,专指全国人民代表大会常务委员会以法律解释的名义、针对特定法律文本制定的、具有释疑或者补充性质的法律规范性文件。法律解释与法律具有同等效力,其法源地位相当于法律。《立法法》颁布后,1981年《全国人大常委会关于加强法律解释工作的决议》并未废止,虽然《立法法》未规定司法解释概念,但最高人民法院根据1981年《全国人大常委会关于加强法律解释工作的决议》仍有权针对法律的具体适用问题作出司法解释,所作的司法解释能够作为裁判的依据。法发〔2007〕12号《最高人民法院关于司法解释工作的规定》指出:"最高人民法院发布的司法解释具有法律效力。""司法解释的形式分为'解释'、'规定'、'批复'和'决定'四种。"对在审判工作中如何具体应用某一法律或者对某一类案件、某一类问题如何应用法律制定的司法解释,采用"解释"的形式;根据立法精神对审判工作中需要制定的规范、意见等司法解释,采用"规定"的形式;对高级人民法院、解放军军事法院就审判工作中具体应用法律问题的请示制定的司法解释,采用"批复"的形式;修改或者废止司法解释,采用"决定"的形式。在审判过程中,司法解释的地位要高于规章,因为在司法裁判中规章只是作为参照,而不是裁判依据。但司法解释明显不能与立法解释的效力相比,立法解释的地位相当于法律,而司法解释是对法律条文在运用过程中进行解释,其地位明显低于法律。

关于司法解释能否成为法源问题尚有争议。就最高人民法院的态度来看,1986年最高人民法院《关于人民法院制作法律文书如何引用法律规范性文件的批复》中指出:"最高人民法院提出的贯彻执行各种法律的意见以及批复等,应当贯彻执行,但也不宜直接引用。"此时,各级法院审理案件应贯彻执行司法解释,说明司法解释具有普遍适用性,成为事实上的法源,只是最高人民法院尚未规定可在裁判文书中直接引用。1997年6月《最高人民法院关于司法解释工作的若干规定》指出:"最高人民法院制定并发布的司法解释,具有法律效力。""司法解释与有关法律规定一并作为人民法院判决或者裁定的依据时,应当在司法文书中援引。援引司法解释作为判决或者裁定的依据,应当先引用适用的法律条款,再引用适用的司法解释条款。"2007年《最高人民法院关于司法解释工作的规定》,对司法解释的法律效力和形式作了进一步规定。2009年《最高人民法院关于裁判文书引用法律、法规等规范性法律文件的规定》对司法解释作为法院裁判文书引用的根据作了明确规定。但是有学者指出,各种规范性文件在法律体系中的效力等级，应由宪法或宪法性法律予以认定。最高人民法院规定由它自己作出的司法解释具有法律效力的行为，缺乏充足的法律依据。因而司法解释的法源地位未被认可。此外，从立法的形式上考虑，最高人民法院是司法机关，不具有造法权能，其所作的司法解释不可能具有正式法源地位。然而，在审判实践中大量存在的司法解释补充立法的事实，是客观存在的，具有普遍适用性，对各法院审理案件具有指导意义，法官在司法文书中可以像法律一样对司法解释直接援引，说明司法解释事实上早已成为法官裁断案件的根据。因此，也有学者认为：我们"判断某规则是否是法源要看事实上它是否被审判机关用来处理案件，而不是理论上的界定"。[①] 既然司法解释对于我国各法院的审判活动具有事实上的普遍适用的规范效力，那么，司法解释的法源地位就应当得到承认。本书作者赞同此观点，故将司法解释作为正式法源介绍。

(三) 国际条约

我国法理学教材一般都将国际条约列为我国法源之一。国际条约是指国家与国家之间、国家与国际组织、国际组织与国际组织之间缔结的政治、经济、文化、贸易、法律和军事等方面的权利与义务的法律文件。国际条约的名称包括条约、公约、协定、和约、盟约、换文、宣言、声明、公报等。作为法律渊源的国际条约仅指我国同外国所缔结或我国所加入的国际条约，属于国际法范畴。遵守自己所签订或加入的国际条约是每一个国家的国际法律义务。我国所缔结或加入的国际条约具有与国内法同样的法律效力。从这一意义上说，它是我国的法律渊源。我国《宪法》对于国际条约的法律地位以及适用问题无明确规定，司法实践中也未确立一般性的原则。从我国的部门法规定来看，我国缔结或参加的条约，作为我国法的一部分，可以直接适用。如《民事诉讼法》第260条和《民法通则》第142条规定，我国缔结和参加的国际条约与我国民事诉讼法或民法有不同规定的，适用该条约的规定，但我国声明保留的条款除外。这是国际条约优先原则，即条约的效力高于国内法。当条约与国内法冲突时，优先适用条约。《民法通则》第150条规定："依照本章规定适用外国法律或者国际惯例的，不得违背中华人民共和国的社会公共利益。"此外，根据《与贸易有关的知识产权协定》第41条，缔约国应为当事人提供司法机关审查最终行政决定的机会。为履行这一义务，2000年我国对《专利法》进行了修改，规定对专利复审委员会的任何行政行为均可以要求法院予以司法审查。

(四) 习惯法

习惯法是上升为法律、具有法律性质的习惯或惯例。习惯法或者经立法机关认可，成为制定法的一部分而具有法律效力；或者经法官适用而获得判例的形

[①] 周永坤：《法理学》，法律出版社2004年版，第71页。

式。无论何种方式,习惯一旦上升为习惯法,就成为正式法源的一部分。因此,"对一种习惯的习惯性遵守,而且即使在遵守该习惯时坚信它具有法律约束性,也不足以使该习惯转变为法律。只有得到主权者的承认和认可,方能使该习惯具有法律的尊严"。①

（五）法律认可的国家政策

这也是我国特殊的法律渊源。国家政策主要体现在全国人民代表大会通过的政府工作报告和中央人民政府的施政纲领之中。我国宪法及各种法律、法规中规定的诸多原则是国家政策的体现,有的政策内容是宪法、法律和法规的有机组成部分。如《民法通则》第 6 条规定:"民事活动必须遵守法律,法律没有规定的,应当遵守国家政策。"这就把原本法律之外的国家政策纳入了法律之中,赋予国家政策一种法律地位。这一规定既是行为规范的指引,同时也为法官指出了裁判依据,即民事行为在法律没有规定的情况下要适用国家政策。从这个意义上说,制定法规定的国家政策应当是正式法律渊源之一。

（六）合同

对合同作为法律渊源,我国的法学著作描述很少,只是把国际条约作为法律渊源。实际上无论是国际条约,还是国内的合同都是重要的法律渊源形式,在涉及合同的案件中,法官必须首先到合同中去寻找针对个案的法律。我们之所以忽视合同作为法源,原因在于我国的法学研究者多坚持立法中心主义的立场,只注意立法者所创设的法律规范,而对意思自治的法律领域关注不够。实际上,"法律上平等地位的主体,为规范其间之事物,可以利用意思表示之合致,来形成规范。此即契约或协议"。② 法官在寻找判案依据的时候,合同是许多案件的重要法源。合同不仅是双方当事人的规范,实际上对审案法官也有约束作用。这种作用表现为,只要合同是真实的意思表达,内容具有合法性,法官就有责任保护其约定的权威性,当事人也应将约定的内容贯彻到具体行为中。当然合同是意思自治的产物,因而只有一方当事人,正式向法院表达了司法救济的愿望,法官才把契约视为法律渊源,作为判案的依据。对合同的法律效力,各国的司法机关实际上早已这么做了,只是法律渊源理论没有给予足够的重视,忽视了合同作为法律渊源的形式。合同作为法源,丰富了法律的形式,表达了在私法领域充分尊重意思自治的原则。但也有例外,例如,"劳工团体与雇主(团体)为劳动条件缔结之团体协约,虽非由其会员亲自缔结,但可以拘束其会员"。③ 另外,国际条约作为法源也有其特殊性,原则上不对缔约国国民直接产生约束力,必须经过

---

① ［美］E. 博登海默:《法理学:法哲学及其方法》,邓正来等译,华夏出版社 1987 年版,第 455 页。
② 黄茂荣:《法学方法与现代民法》,中国政法大学出版社 2001 年版,第 8 页。
③ 同上。

缔约国将条约转换成国内法,始对缔约国的国民和法官有约束力。

二、法律的非正式渊源

法律的非正式渊源也称为权威性渊源的补充渊源。我国的非正式渊源形式主要有公共政策、习惯、法理学说、判例等。

(一)公共政策

公共政策是有关必须达到某种集体目的或目标的一种政治决定,旨在改善经济、政治或者社会的境况,促进整个社会的某种集体目标的实现。法律是民意的反映,政策只有符合公共利益才可能成为法律渊源。在适用公共政策时,应对某一政策是不是公共政策进行法律论证,以解决其作为法源的合理性问题。我国执政党的政策是用来约束党内成员的,虽然曾经发挥过重要作用,但随着法治的健全,它所调整的范围在司法领域越来越少,一般不宜作为有约束力的法源。但由于党政权力交融存在的现实以及司法理念中坚持党的领导,对于党政联合下发的公共政策性文件作为法律渊源实际上已经形成了惯例,但对此学界有不同的看法。

(二)习惯

习惯是在社会全体成员中或某一社会领域内,经过较长时期所形成的惯常的、约定俗成的行为方式,有很大的地域性和行业性、民族性等特点。恩格斯指出:"在社会发展的某个很早的阶段,产生了这样一种需要:把每天重复着的生产、分配和交换产品的行为用一个共同规则概括起来,设法使个人服从生产和交换的条件,这个规则首先表现为习惯,后来便成了法律。"[1]法律起源于习惯,是由习惯到习惯法、再由习惯法到成文法长期演变而成的。虽然习惯是最古老的一种法源形式,且随着社会的发展,习惯在司法中的作用范围亦逐渐缩小,但是作为制定法的补充,习惯在司法过程中仍有一席之地。在我国司法实践中,仍有适用习惯裁判案件的判例,如湖南机械进出口公司、海南国际租赁公司与宁波东方投资公司代理进出口合同纠纷一案[2],法官便是根据代理进出口行业中的习惯对案件争议问题作出判决的。

(三)法理学说

法理学说作为法源,是指在法律没有规定,或是法律规定不清或适用法律规定将导致非正义的后果的情况下,法院直接将法学研究者的法理学说作为裁判依据来审理案件。本书所称法理学说,包括法理和法律学说两部分。法理主要是指一些为多数人所承认的共同生活原理,如正义、衡平及利益衡量等自然法的

---

[1] 《马克思恩格斯选集》(第2卷),人民出版社1964年版,第538页。
[2] 舒国滢等:《法学方法论问题研究》,中国政法大学出版社2007年版,第268页。

根本原理和社会公认的价值,即"法之一般原理"或"事物的当然之理"等。它以追求对人的终极关怀为宗旨,因而与以理性为基础设定行为规则的法律具有一致的价值追求,法律科学也因此而成为真正伟大的学说。由于法理既尊重人的最低限度的自由和权利,又规定人们应对他人和社会所负担的义务和责任起始点,因而能够为司法裁判提供价值指向。它虽不能像法律规则那样具体明确,但在法律规则未能提供指引的案件中它能提供某种指引,如不得因违法而获利等原则。当审理某个案件存在着两个或两个以上的正式渊源可供选择时,有关公平、正义的法理会对法官的选择起到决定性的权衡作用。当适用实在法会带来极其不公正的情况下,法官可以抛弃实在法而适用公平正义的法理。因而,法理通常被作为原则予以适用,对法官裁判产生重大影响。法律学说是指学者对法律的解释、习惯的认知,以及法理的探求所表示的见解和观点,属于私人法律见解。当法律有缺陷或漏洞时,法官适用学说裁判案件,应使具体个案能获得最公正的处理,须进行法律论证。

  法理学说在我国司法中正发挥着越来越重要的作用。我国法官为实现个案正义,诉诸法理学说解决法律纠纷,已成为不争的事实。2009 年 3 月 17 日颁布和实施的最高人民法院《人民法院第三个五年改革纲要(2009—2013)》中,明确要求增强裁判文书的说理性,以提高案件裁判的透明度和说服力,说明法学理论在法官裁判中不可或缺的重要地位。法理学说在我国司法中的运用主要表现在:(1) 有些法律学说是裁判直接适用的根据。如 2009 年 5 月最高人民法院作出司法解释前,情势变更原则纯属法学理论,但各地法院均以该原则作为案件裁判依据①,有的法院甚至认为该原则为法律规定②。因此,像情势变更原则这类学说,我国《合同法》虽未予规定,但在最高人民法院出台司法解释之前,早已成为具有普遍拘束力的裁判规则。(2) 有些法律学说是法官认定事实的依据。如(2009)长中民二终字第 2624 号长沙市中级人民法院民事判决书中,法官针对当事人要求将《最高人民法院关于适用〈中华人民共和国合同法〉若干问题的解

---

  ① 如北京市高级人民法院(2002)高民终字第 435 号判决书中写道:"商建公司在不能确定二期用地得到政府审批转为开发用地的情况下,暂不向北郊农场支付二期 200 亩建设用地的土地补偿金,符合情势变更情形,不能视为违约。"载北大法意网,http://www.lawyee.net/Case/Case_Display.asp? ChannelID = 2010103&KeyWord = &RID = 46790,2010 年 8 月 8 日访问。再如江苏省丹阳市人民法院(2003)丹民初字第 2371 号判决书中写道:"由于双方订立合同后出现了"非典"疫情,致使被告的饭店不能正常经营,从而使被告履行合同的能力受到了极大影响,这种情况应当认为出现了情势变更。"载北大法意网,http://www.lawyee.net/Case/Case_Display.asp? ChannelID = 2010103&KeyWord = &RID = 48706,2010 年 8 月 8 日访问。

  ② 如贵州省高级人民法院判决书有如下认定:"因双方合同约定的是不变价,亦不符合情势变更的法律规定,该院不予支持。"参见最高人民法院(1999)民终字第 5 号民事判决书,载北大法意网,http://www.lawyee.net/Case/Case_Display.asp? ChannelID = 2010103&KeyWord = &RID = 3878,2010 年 8 月 8 日访问。

释（二）》第 26 条关于"情势变更原则"规定适用于案件事实的上诉请求，便运用法律学说对情势变更与商业风险作了区分，从而保证对案件事实的正确认定。①
(3) 有些法理是法官推论的根据，如犯罪构成要件理论、民事法律关系构成要件理论等。此外，"上位法优于下位法"、"后法优于前法"、"特别法优于普通法"等法律适用原则的理论，早在《立法法》之前均已在司法实践中加以运用。
(4) 有些格言、谚语是具有约束力的裁判根据。如在 1882 年埃尔默案中，厄尔法官根据"任何人不得从其错误行为中获得利益"原则，认定遗嘱法应被理解为否认以杀人来获得遗产者的继承权，使埃尔默丧失了继承权。②

在制定法之外的法理学说虽不是直接的裁判规则，但是可借助于立法或司法裁判的具体化而成为裁判基准。它们与制定法中的原则和规则之间是流动的。比如我国《合同法》制定之前，学术界广泛讨论的不安抗辩权理论、预期违约理论、缔约过失责任等属于学说，在实务中具有演进法律或造法的功能。

（四）判例

判例与判例法不同。判例法是普通法系国家法院裁判具体案件时所适用的"遵循先例原则"。我国不像英美法系国家那样实行判例法制度，因而只存在判例，没有判例法。判例对我国司法裁判没有法律约束力，只是非正式法源，具有指导、参考的作用。

从当代大陆法系国家司法实践来看，采用制定法体系的国家可以借鉴英美判例法制度的长处，如欧盟法和一些国家的行政法院就在一定程度上采用了判例制度。因而，制定法体系并不排斥判例法。由于英美法系判例法制度能保证同类案件相同处理，避免法官裁判的任意性，因而我国许多学者呼吁建立中国的判例法制度，以便更好地实现法治。当然也有学者认为中国不应采判例法制度，因为它不适合中国现行政治制度，也没有判例法的历史传统，法官、律师均缺乏判例法方法论经验。而且，判例法制度本身亦存在缺陷，如不够民主，以个案为基础的裁判缺乏根据总体社会要求而制定的法律所具有的一般性，判决是根据法官在事后选择和确定的先例作出的，因而判例法制度在一定程度上有"溯及

---

① 法官阐释如下："对于具体案件的审理，应当合理区分情势变更与商业风险。商业风险属于从事商业活动的固有风险，诸如尚未达到异常变动程度的供求关系变化、价格涨跌等。情势变更是当事人在缔约时无法预见的非市场系统固有的风险。故在判断某种重大客观变化是否属于情势变更时，应当注意衡量风险类型是否属于社会一般观念上的事先无法预见、风险程度是否远远超出正常人的合理预期、风险是否可以防范和控制、交易性质是否属于通常的'高风险高收益'范围等因素，并结合市场的具体情况，在个案中识别情势变更和商业风险。"据此，法官认为该案不属于"当事人在订立合同时无法预见的、非不可抗力造成的不属于商业风险的重大变化"，不符合情势变更的情形，因而作出不予支持当事人的上诉请求。参见长沙市中级人民法院民事判决书（（2009）长中民二终字第 2624 号），载北大法意网，http://www.lawyee.net/Case/Case_Display.asp? RID =283329&KeyWord = ,2010 年 8 月 8 日访问。

② 〔美〕德沃金：《法律帝国》，李常青译，中国大百科全书出版社 1996 年版，第 18—19 页。

既往"的问题等。此外,如果要采判例法制度,需不断充实各级各类的判例汇编系统以及为查找案例而建立的工具系统,如判例摘要系统和引证系统等。从总体上看,如果判例法在我国实行,并不能像它在普通法系国家那样高效率。对此,也有许多学者主张建立案例指导制度,建议把判例纳入到权威性法源的范畴。但因法官素质、法律技术、法律文化背景以及我国的制定法传统等因素,判例成为权威性法源需法学家和其他法律人的不懈努力。

现实情况是,判例在我国现代法治建设中发挥着越来越重要的作用。我国《最高人民法院公报》中把判例称为案例。这些案例通常是经最高人民法院审判委员会研究审查并筛选后发布的,对各级法院的审判工作都具有普遍的指导和借鉴意义。目前,我国案例指导制度已经确立,最高人民法院指导性案例已陆续发布,意味着以指导性案例来协调判例彼此之间以及判例与法规之间的关系成为可能。指导性案例不仅会影响到法官的判断和思维,在法律解释、法律论证等方面法官亦可加以运用。这对于同样情况同样对待的法律平等原则的贯彻,提高办案效率具有积极意义。

第三节 法律发现的逻辑

法律渊源是一个庞大的系统,遵循法律渊源的内在结构去发现法律就会事半功倍。否则,法律发现就如同大海捞针一般无法寻觅。法律渊源内部依次划分的各种法律形式为法官提供了发现法律的路径,决定了法律发现所应遵循的逻辑:法律识别以及法律规范选择的一般和特别两种顺序。

一、法律识别

法律发现其实也是法律识别的过程。法律识别是指在适用法律规范时,依据一定的法律观念,对案件中的事实构成作出定性或分类,从而确定应适用哪一法律规范的认识过程。从一般意义上讲,识别是人类思维活动的一个普遍现象,人们常常需要凭借一定的思想观念或分类标准把现象和事实归入一定的范畴以更好地理解法律。在司法过程中,由于法律渊源数量庞大、形成于不同的时间,体系结构复杂,且处于不断变动之中。因此,法官需要识别,即找出案件所涉及的有关事实或问题与有关的法律法规之间的本质联系,从而判定事实的性质,发现应该援用的最佳个案裁判规范,以恰当解决案件争议。识别的目的是对案件中的事实定性,但是定性必须以法律规范为标准和依据。这表明,识别不仅仅是确定事实的性质,同时也是对与事实相匹配的法律规范的辨认、甄别、遴选和确定,二者一体两面,不可分离,没有后者,前者无法完成;没有前者,后者亦不发生。因此,识别的过程就是对事实与规范进行反复对比和权衡。当然,事实与规范之间的反复权衡不是平面进行的,而是螺旋式向上发展的:行为构成与事实,并非一次在同一诠释层次上相互决定,而是多次并分别在其他更高层次上相互决定。

法律识别具有多层次性。依照从个别事实到个案集合事实,由法律意义循序渐进到裁判规范,识别可以分为三级:

一是法律意义识别,即法官分析和判断有关案件中的生活事实是否具有某种法律意义,是否是法律问题。人类生活丰富多彩,社会关系芜杂多样,并非只有法律规范一种调整方式,道德、宗教也参与其中。法律作为以国家强制力为后盾的人类行为的规制方式,担负着维持社会秩序、安全和价值的核心任务,调整着社会关系的重要领域,道德和宗教则与法律相互配合,在各自的调整领域内发挥着作用。因此,并非所有的人类行为、社会关系都归由法律调整,并非所有的生活事实都具有法律意义,如礼拜仪式、恋爱约会、思想活动等都不具有法律意义。对案件进行法律意义识别是法官处理任何案件的首要步骤。在法律实务中,法官、律师首先要做的便是查明生活事实是否属于法律处理的事务,如果属于法律问题,再看由何种部门法、何种制度来处理。否则,法官即不负有解决案件纠纷,对案件事实作出评价的义务。法院对该类案件不应受理,已经受理的则应该裁决驳回起诉。

二是部门法识别,是在前述识别案件事实具有法律意义的基础上,进一步分析和判断该案件事实是一个什么性质的法律问题,其所归属的部门法,以便寻找相应的个案裁判规范。如死亡这一案件事实,法官要区分该死亡的性质。如果把该死亡识别为刑法方面的问题,就要提起刑事诉讼;如果把该死亡识别为自然死亡,就只会涉及一些民事方面的问题。同一案件事实识别为不同的法律性质,归入到不同的法律部门,具有天壤之别,因为各部门法的调整手段差别很大。刑法关涉到剥夺人的生命、自由、财产;民法只关乎对财产损失和人身、人格伤害的物质救济以及精神慰藉;行政法律关系的当事人则只承担行政责任。部门法识别是法官发现法律的关键性环节,但是,当一个案件被识别为刑事案件、民事案件或者行政案件之后,只是给案件的法律发现划定了大致的范围,对个案裁判规范的发现,还需要对案件进行具体定性,亦即对案件进行类型识别或者是确定案由。

三是类型识别,指法官遵循各部门法内部的某种划分标准,确定事实所属的类型,将其归入特定的类型当中。例如,某案件事实是物权问题还是债权问题,若是物权问题,那么是所有权问题、用益物权问题,还是担保物权问题,若为用益物权问题,则要具体确定是抵押权、质权还是留置权问题。各部门法内部的类型划分依据调整范围的不同层次顺次展开,有不同层次下的大、小类型之分。如民法,从民事法律关系发生领域区分,可以分为人格权关系、身份权关系、物权关系、债权关系、继承权关系、知识产权关系等大的类型。其中,债权关系又划分为契约之债、侵权之债、不当得利之债、无因管理之债等四种中等类型。契约之债又被划分为买卖、赠与、保险、服务、技术合同等等较小的类型。而法官对案件事实进行的最小类型识别的终极结果,就是找到或发现了与个案相互匹配的个案裁判规范。我国最高人民法院公布并于2008年4月1日正式实施的《民事案件案由规定》,就是最高人民法院根据法律关系类型识别的原理制定出来的,该《规定》将民事案件划分为10大类30中类361小类。依此,当法官将案件事实归入《规定》中的某个法律关系类型,也即具体案由中时,法官依此在民法内进行法律识别,也即为待决案件找出了具体的裁判依据。

显然,部门法划分对于法律发现的重要意义,在于把案件事实定性为某一种法律关系,识别到某一个具体的部门法中,以便进一步寻找相应的个案裁判规范,因此法律识别以某一部门法为中心。但是,这并不是说,法律识别只是某一个特定的部门法内的事情,与其他部门法毫无牵连,也不会涉及其他部门法律规范的发现。实际上,法官必须依托整个法律体系,寻找多个法律部门中与具体案件相关的全部法律规范,并在此基础上综合权衡各部门法规范的分量,才能最后决定把案件识别到某个特定的部门法中去,才能保障法律识别的正确性和个案裁判规范的合法性。换言之,具体个案之所以被识别归入到这个部门法,而非那个部门法,正是法官在多个部门法中寻找、甄别,选择与案件发生联系的全部法律规定,并在此基础上,在概念与概念、术语与术语、法条与法条间,以及它们相互之间进行法律推导和综合判断的结果。例如,在我国,公务员与非公务员合伙经营商店的合同纠纷案件,显然应当识别为民事法律关系,受民法调整。但是由于案件一方当事人又具备公务员身份而与行政法发生牵连。因此,在将该案件事实识别为民事法律关系之前,法官还必须考虑相应的行政法规范的效力范围,以判断其是否足以影响对该案件事实的法律定性和识别。又如,以合同形式实施的侵权行为,既是合同法的调整对象,又是侵权法的调整对象。法官必须识别其为合同法律关系还是侵权法律关系。再如,某些人身伤害案件,伤害程度无差别或者差别不大,刑法和民法同时进行调整和规制。但是责任承担方式截然不同,一为刑事责任,一为民事责任。此时,法官必须对民法规定和刑法规定进行比较、鉴别和取舍,以识别其为民事法律关系或是刑事法律关系。

各法律部门既是相互独立的,又是同一个法律体系的组成部分,它们之间应当是相互交错、互相配合、互相支持的关系,并非断然分开且无丝毫联系的。遵守某项法律规定,同时会引起所有法律的承认和保护;违反某项法律规定,可能会招致其他法律的制裁。寻找规范看起来是寻找某个规范,实则涉及整个法律体系。因此,司法中法官必须超越某个部门法,目光在多个部门法中往返流转,找出与案件事实有关的全部法律规范,并在此基础上进行综合判断和分析,才能最后识别案件事实,将其成功归入到某一个部门法中,以发现与案件事实最相匹配的个案裁判规范。反之,只局限于一个部门法内的法律发现和法律识别是不全面的,可能会导致法官作出不公正的个案裁判规范。

二、法律规范选择的一般顺序

法律规范划分为多种不同的类型,各种规范类型之间具有一定的关系。这种关系规定性反映了立法者对法律秩序的统一要求和安排,表明了法律秩序的正常状态。符合这种关系规定性,是每一种法律规范具备法律秩序成员资格,具有法律效力的前提条件。规范类型之间的关系规定性对法律发现具有双重意义:一是它决定了对法律规范选择的一般顺序,即在法律秩序正常状态下,法官在各种规范类型之间选择、发现法律的顺序规则;二是它决定了对法律规范选择的特殊顺序,即在法律规范发生冲突,法律秩序异常状态下,法官在各种规范类型之间选择、发现法律的特殊顺序规则。通常,法律规范选择的一般顺序为:规则先于原则;程序法先于实体法;下位法先于上位法;特别法先于一般法。

(一) 规则先于原则

在规则与原则的法律规范二重结构之中,原则为法官思维提供了方向;规则为法官提供了裁判标准,它对限制自由裁量权,保证制定法秩序的贯彻实施发挥着核心作用。通常,法院审理案件应该优先在规则中发现法律,此即规则先于原则。规则先于原则要求法院首先要穷尽各种法律检索方法,在法律体系中查找到能与个案事实相匹配的规则。只有在规则发现不能,也即法律体系内根本不存在与该个案相匹配的规则时,才可以到原则中发现法律。当然,规则先于原则只是表明规则应该比原则被更早地适用,而不是说规则的效力高于原则,即使是发现了与案件相适应的规则,也应当与原则相对照,在原则指导下理解规则的含义。在有法律规则的情况下,一般不能直接援引原则处理案件,即使在没有规则的时候援引原则也必须经过充分的论证。原则在更多的情况下对规则的理解起着指导、修正的作用。

(二) 程序法先于实体法

在司法实践中,法官的法律适用必然遵循着程序法优先的原则,即程序法要先于实体法被发现和适用。凯尔森首次提出了程序法适用先于实体法的主张。凯尔森说:"没有程序法规范的适用,就不可能有实体法规范的适用。"[1]此后,发展成法律适用的基本规则之一。程序法先于实体法包括多重含义:第一,有程序法才有实体法的运用。即如果遵守了某项程序法规范,相应的实体法规范才会被发现和适用,实体规范的效用才能得到发挥。法官发现并适用实体法律规范,

---

[1] 谢晖:《法律哲学》,湖南人民出版社2009年版,第146页。

只能以程序固化下来的事实为依据。如,当人们的实体权利和义务发生了纷争,一方面,法官首先应审查的是当事人之间权利和义务关系成立与否的程序问题。在这一前提下才能进入其实体权利义务本身的判断。另一方面,法官也同时要关注当事人的纠纷是否符合诉讼程序的规定,只有符合相关规定,法官才能予以受理并处理该案件。第二,无程序法则无实体法的运用。即如果违反了某项程序法律规范,那么,相应的实体法规范随之会被排除适用。因此,程序运行违法可以成为推翻实体法适用的原因。如美国的辛普森案件,由于警察在取证上存在瑕疵,故意杀人的实体法律规则在该案中就不能被适用,辛普森只能被宣布无罪。第三,并非所有违反程序法的行为都会导致对实体法适用的排除,只有违反了强行性程序规则才会产生排除相应的实体法规则适用的结果。程序法律规则包括强行性程序规则和任意性程序规则。强行性程序规则通常以实体性法律规则为后盾,因此,遵守某项强行性程序规则,即导致与其相应的实体法律规则被适用并发生效力。而违反某项强行性程序规则,即导致排除相应的实体法律规定适用并使其效力不能实现。例如,没有履行结婚登记程序的同居行为,就不会在行为人之间产生夫妻权利、义务关系。任意性程序规则则不能排除与其相应的实体法律规则的适用。

(三) 下位法先于上位法

依照法律规范在制定法秩序中所处的层阶不同,法律规范可以分为上位法与下位法。通常,法官应该优先在下位法中发现法律而适用,只有在该下位法存在不应被适用或下位法与上位法相互冲突的情形时,法官才可以舍弃该下位法适用上位法。此即下位法先于上位法的规则。下位法先于上位法,要求法院必须在法律体系中,寻找到与个案事实相关的居于最低效力等级的有效法律规范。但是,这并不是说上位法可以被舍弃不用,法律规范从来就不是独立存在的,因此,下位法含义的确定离不开上位法规范的指引和控制。

下位法优先于上位法只是法律发现的顺序,通常以上、下位法之间没有冲突为前提条件。但是,"除外"或"变通"规定例外。换言之,如果下位法是上位法的"变通"规定,即使下位法作出了与上位法相冲突或抵触的规定,也应该优先在下位法中发现法律。"变通"规定,是为了更好地保证上位法的实施,上位法给予下位法主体一定程度的立法变通权,允许下位法主体在一定范围内根据实际情况对上位法作一些变通规定。这种变通规定可能会与上位法产生抵触,但是,仍然应该优先被法院发现而适用。例如,我国《婚姻法》规定的结婚年龄为男22岁,女20岁,而一些民族区域自治条例或单行条例规定的结婚年龄为男20岁,女18岁,这种规定明显与我国《婚姻法》相冲突,但是这种冲突是法律允许民族自治地方机关所作的变通规定。

（四）特别法先于一般法

为解决特别法与一般法冲突的法律发现问题,现代法治国家一般都确立了特别法先于一般法的发现原则。所谓特别法先于一般法,是指对同一机关制定的同位阶的特别法与一般法之法律不一致,法院应该选择并适用特别法。换言之,即在同一机关制定的相同位阶的不同法律间,当具有逻辑上之特别法的规范所规定之法律效果排斥具有逻辑上之普通性的法条所规定之法律效果时,特别法得排斥普通法之适用,法官必须适用特别法。① 但我们需要注意的是,特别法与一般法的划分是相对而言的,即使是一些被称为特别法的法律也可能存在与之相对应的特别法。

三、法律规范选择的特殊顺序

在一个纷繁庞杂的法律规范集合体内,由于立法者理性的有限,立法技术上的不成熟,以及管辖职能交叉等原因,法律规范之间发生冲突的情形几乎是不可避免的。因此,法官发现法律还必须在相互冲突的法律规范之间进行选择,选择必须按照一定的规则。这主要包括：

（一）原则优于规则

规则与原则发生冲突时,法官应该尊重原则的高位阶效力,此即原则优先。由于原则的抽象性、概括性的特点,法律原则的适用增加了司法的不确定性,赋予了法官极大的自由裁量权,因此,法官在原则中发现法律,必须同时满足下列条件：第一,穷尽一切规则。在制定法中,法官穷尽一切方法,都无法找到与案件事实相匹配的具体规则,或者虽然有规则与案件在形式上相互匹配,但是,穷尽各种法律解释方法后,适用规则仍然会导致极端不公平、不正义的结果。第二,发现的"法律原则"只能是制定法中明文规定的,并且适用于个案能够获得公平。第三,发现的法律原则,法官要结合具体案件创设出一个例外规则。第四,对于发现的法律原则,法官应为充分的论证。如果是用原则取代规则的,则必须提出比所发现的原法律规则更强的理由,尤其是在确定性和权威性上,才能说明所发现的原则的正当性。② 换言之："若无更强理由,不适用法律原则。"③

（二）上位法优于下位法

下位法是上位法的具体化,必须符合上位法的规定。但是,下位法符合上位法的任何绝对保证是不存在的,下位法与上位法的冲突是不可避免的,这就必然提出法院应如何发现法律的问题。应该采用的原则就是上位法优于下位法的规

---

① 陈金钊主编：《法理学》,北京大学出版社2002年版,第125—126页。
② 参见 Robert Alexy, Zum Begriff des Rechtsprinzips, S. 79。转引自颜厥安：《法与道德——由一个法哲学的核心问题检讨德国战后法思想的发展》,载《政大法学评论》第47期。
③ 舒国滢：《法律原则适用中的难题何在》,载《苏州大学学报（哲学社会科学版）》2004年第6期。

则,即当下位法与上位法相互冲突时,法官理应在上位法中发现。上位法优先于下位法,强调的是司法机关用上位法修正下位法的一种法律发现的特殊规则。特别法先于一般法可以应用于同位阶法律之间,也可以应用于同一部法律中的不同条款之间。但是,特别法先于一般法无法应用于异位阶法之间。这是因为,在异位阶法律之间,一般法与特别法的划分没有意义。在不同位阶法律间的特别法与一般法划分,就是将上位法视为一般法,将下位法视为特别法,其结果是:如果下位法是上位法的例外、变通,则下位法先于上位法,法官应优先在下位法中发现法律;如果特别法与一般法不一致,则特别法先于一般法,法官应优先在特别法中发现法律。可见,上、下位法规则与一般法、特别法规则相重叠,法官在特别法中发现法律也就是在下位法中发现法律。如此一来,一般法与特别法划分的作用就完全被上、下位法划分所吸收和替代了,这种划分是没有必要的。

(三) 新法优于旧法

新法与旧法发生冲突就必须给法官以发现、选择法律的权力。通常,新法中往往会明确规定废除与其相反的旧法,但是如果没有这种条款,则应适用新法优先于旧法的规则。"新法优于旧法"或称"后法优于前法",是指如果后法明确地废止前法或者明显地与前法不一致,后法可以否定前法的效力。① 新法优于旧法具有下列多层含义。

第一,新法优于旧法规则适用于同一机关制定的法律之间,不适用于非同一机关制定的法律之间。所谓"同一机关"意指"同一个"具有法律规范制定权限的组织。因为新法优先于旧法的规则是基于同一立法者就同一事项以新的意志代替旧的意志,而不同机关制定的法律体现的是不同立法者在不同事项上的意志,是没有办法比较和衡量先与后或者新与旧的。第二,新法优于旧法不适用于新法颁布之后生效之前的过渡期内。通常,法律公布与最终生效的时间往往不同。但是,"新法"与"旧法"的区分是以生效施行时间,而非以颁布时间为标准。因此,即使新法已经颁布,但是在其正式生效实施之前的过渡时期内,新法都不具有约束力,法官不得在新法中发现法律,只能在仍然具有效力的现有法律中发现法律。第三,如果法律中明确规定了对某些问题适用从新兼从轻规则,新法优于旧法规则就不应得到适用。从新兼从轻规则是旧法优于新法的具体适用形式之一,系指对新法施行前的事实,原则上适用新法,但是旧法较新法对当事人更为有利时,适用旧法。

(四) "上位法优于下位法"强于"新法优于旧法"

新法优于旧法不适用于上、下位法之间的冲突。新、旧法律冲突可以划分为

---

① Garner B. A., *Black's Law Dictionary* (seventh edition), Minnesota: West Group Publishing, 1999, p.924.

不同位阶的新、旧法律冲突和相同位阶的新、旧法律冲突。不同位阶的新、旧法律冲突可以进一步分为旧下位法与新上位法之间的冲突和旧上位法与新下位法之间的冲突两种情形。但是,在效力位阶相异的法律之间区分前法与后法的冲突是徒劳无用的,新法优于旧法的规则不适用于效力位阶不同的法律之间。因为,不论是新法是下位法,旧法是上位法;还是旧法是下位法,新法是上位法,新法与旧法相矛盾,即意味着下位法违背了上位法,在此情形下,下位法的内容本身违法,不具有法律效力。因此,新法先于旧法之规则被上位法先于下位法的规则吸收。不同位阶的新、旧法律冲突本质上不属于新、旧法律冲突的范围。不论是旧下位法与新上位法之间的冲突,还是旧上位法与新下位法之间的冲突,都应归入层级法律冲突的范围。也就是说,对不同位阶间的法律冲突,适用上位法先于下位法规则即能够解决,完全没有必要适用新法先于旧法之规则。例如,当作为上位法的现行宪法,维持着"国家财产神圣不可侵犯"的原则的情形下,物权平等保护的物权法原则必然引发质疑,这也正是在《物权法》制定过程中,民法学家、宪法学家以及法理学家对此进行学术大论战的根本原因。可见,新法优于旧法这一法律发现的规则,不能打破一个国家法律的效力位阶关系,只能在同一效力位阶的法律之间发生冲突时,才能被法官所运用。

(五)"特别法优于一般法"强于"新法优于旧法"

特别法与一般法的选择适用必然与时间因素产生联系,因此,特别法与一般法之间,按照法律生效的时间先后关系又可以分为两种:一是先规定一般法,后规定特别法。即旧法是一般法,新法是特别法。二是先规定特别法,后规定一般法。即旧法是特别法,新法是一般法。这样,特别法优于一般法规则必然与新法优于旧法规则相遇,甚至相冲突。由此,法官就面临着在这两种规则之间如何选择的问题。在旧法是一般法,新法是特别法的情况下,无需法律明示规定,法官应当采用"新特别法优于旧一般法"规则。因为,此种情况下,无论是按照"新法优于旧法"规则,还是按照"特别法优于一般法"规则,其应用的结果都是一样的,选择新法优于旧法就是选择了特别法优于一般法。而这两种规则的结合,产生了"新特别法优于旧一般法"规则。

但是,在旧法是特别法,新法是一般法的情况下,情势就变得比较复杂了。此种情况下,按照新法优于旧法规则,应该优先选择作为新法的一般法;但按照"特别法优于一般法"规则,应优先选择作为旧法的特别法。这样,特别法优于一般法与新法优于旧法两种规则之间就发生了冲突。实际上,解决新法优于旧法与特别法优于一般法之间的法律发现规则的冲突,除非法律中另有明示性的除外规定,法官应该遵守"旧特别法优于新一般法"规则。这是因为:特别法与一般法是法律体系中的两个独立部分,在一般法与特别法之间,特别法优于一般法是二者间的外部规则,而新法优于旧法只是该特别法或者该一般法的内部规则,是一般法中的新法优于旧法,或者特别法中的新法优于旧法。无疑,内部关系是不能干涉外部关系的。因此,外部规则是强规则,内部规则是弱规则,内部规则要向外部规则让步。法律的新旧更替不能影响特别法优于一般法规则。在特别法优于一般法与新法优于旧法两种规则相冲突的时候,新法优于旧法要向特别法优于一般法让步。在一般法和特别法之间,无论谁新谁旧,只要是特别法就一定要先于一般法,在旧法是特别法,新法是一般法的情况下,当然也要遵循这一原则,即"旧特别法优于新一般法"。

（六）国际法优于国内法

国际法与国内法冲突下的法律发现,涉及两个层面的问题:国际法与宪法冲突时的法律发现,以及国际法与国内一般法律冲突时的法律发现。

首先,宪法优于国际法。国际法与宪法的冲突关系到国家主权、尊严、信用以及国内政治民主和权力配置,还关系到国际法的地位。对此,各国法院普遍采用了宪法优于国际法的法律发现规则,即在宪法与国际法冲突时,国内法院应在宪法中,而不是在国际法中发现适合于个案的法律规范。但是,宪法优先于国际法是以合宪性推定为前提条件的。国家既是国内法的制定者,也是国际法的参与者。国家不仅没有参与、制定与宪法相抵触的国际规则的故意,而且总是以保持国内法与国际法之间的和谐一致为目标。因此,国内法院必须对国际条约进行"合宪性推定",即法院假定国际法并无抵触宪法的意思,并运用解释的方法来消除国际法与宪法之间的矛盾,确保法律解释的结果不逸出宪法所宣示的基本精神和价值的范围之外。合宪性推定的目的在于实现对国际法解释结果的控制,以解决法律与条约间的冲突。具体意指:(1)如果对国际法具体条文的解释结果不合"宪法"的规定,那么该解释便是违"宪"的,应该无效。(2)如果国际法的具体条文与宪法基本规定相遇有几种不同的解释,国内法院应当寻找最能弥合两者差异的解释结果,并推定国际法与国内法为不相抵触。(3)如果经过严格的文义解释,在国际法具体条文可能的文义范围内无法作成"合宪"的解释,并且除了抵触之外,法律文字再没有任何其他解释的可能,那么法院还应在文义之外,尝试努力去作"合宪"的找法,并将国际条约在这个限度下予以补充。(4)鉴于国际法的特殊性质,国内法院进行合宪性推定的范围是有限制的,各国对此确立了规则:国内法院只在关于私人利益的案件中解释国际条约,如果牵涉公共利益,则须请政府对国际条约加以解释,法院必须接受政府的解释。

其次,国际法优于国内一般法律。国内一般法律是指国内法立法机关所制定的以及所授权制定的法律,不包括宪法在内。国际法已经有效订立并在国内实施后,即对缔约国产生拘束力,在与国内一般法律发生冲突的情况下,国际社会大多数成员选择了国际法高于国内一般法律,将国际法视为是对国内一般法律的绝对效力的限制。国际法优于国内一般法律是条约必须信守原则的要求,是主权国家间交往的必然要求和结果。

四、法律发现的结果与法律逻辑方法的延展

法院对其管辖范围内的案件,负有发现法律、作出裁判的义务,即使是在某一案件缺乏法律规定的情况下。法律发现以发现与个案事实最相匹配的裁判规范为己任,面对个案,法官发现到的法律有两种情况:明确的法律和模糊的法律。对于明确的法律,法官可以直接将其作为法律推理的大前提,径直向判决转换即可。① 但是,对于模糊不清的法律,法官必须进行法律解释。

法律发现与法律解释之间的关系较难以明晰。二者虽均属司法活动,但并非同义。法律发现是指法官寻找、选择、发现或形成一般法律规范,以为法律推理之用的裁判之"大前提"。而法律解释是指法官在面对模糊的法律规范时,运用文义的、逻辑的、体系的、论理的等各种法律解释方法,把法律规范中不清楚的地方解释清楚,以发现隐含在成文法中的法律真意,使模糊的法律规范变得清晰、明确。我们需要清楚的是:在司法过程中各种方法是并用的,在法律方法中对法律发现与法律解释的区分只是为了研究的方便,并不是说法律思维过程中我们只能用一种方法。两者的区分更多在于理论意义而不是实践意义。

法律发现与法律解释是两种独立的方法,法律解释过程并不包含法律发现的过程。在现代社会,立法者都是尽可能地使用朴实、精确、逻辑清晰的方式叙说与表达着法律。因此,就法条自身而言是清晰的,但是,由于法律语言具有不同于自然语言的抽象、封闭等特征,其表达的法律概念及由法律概念组成的法律规范要适用于具体、丰富的个案事实时,法律规范就变得不清楚起来,因而需要解释使其具体化。也就是说,法律的模糊多发生在条文与事实的遭遇之际。"不是法律文本需要解释,而是法律与欲调整的案件事实遭遇才凸现出解释的必要性。法律解释的目的不仅在于说清法律条文(文本)的意义,重要的是要解释清楚待处理案件中法律的意义是什么。"②法律解释旨在将抽象的法律规范具体化以使其与类型化的个案事实实现对接,进而成为个案的裁判规范。法律解释是将抽象规范向裁判规范转化的必经途径,而法律发现确定个案裁判规范也是一种事实与规范相互解释、引证的过程。

但是,如果据此推论:法律发现必须在法律解释中完成,解释的过程本身就是一种法律发现的过程,这显然是不成立的。因为,首先,并非所有的法律发现都必须进行法律解释。如果法官发现的是明确的法律,则无需解释。如生活中的数字"一"在法律中同样是"一",并无歧义,再进行任何解释都是画蛇添足。

---

① 陈金钊:《法治与法律方法》,山东人民出版社2003年版,第209页。
② 陈金钊主编:《法律方法论》,中国政法大学出版社2007年版,第130页。

其次,从法律解释上来看,其目的是为了确立裁判依据,发现最适合于该待决案件的法律。从逻辑上看,解释只有针对一定对象才具有意义,"法律发现"之前可能会被适用的规范还未被"索引",也即解释的对象尚不存在。同时,"最适合"意味着解释、甄别的后果,哪怕是最简单的部门法识别其本身就已经属于"法律发现"的范畴。综上所述,尽管法律解释与法律发现之间存在千丝万缕的联系,甚至在某些阶段纠缠、内化在一起,但是,法律发现是一个相对独立的司法活动与方法,不能忽视法律发现的独立性,发现的逻辑与解释的逻辑也存在着很大的不同。法律解释与法律发现是相互平行的两种法律方法。

【思考练习题】

1. 什么是法律发现?法律发现有哪些特征?
2. 什么是法律渊源?简述法律渊源的基本形式。
3. 简论法律渊源与法律发现的关系。
4. 简论法律发现的基本顺序。
5. 试论中国法源理论的特点。
6. 简评最高人民法院司法解释的法源地位。
7. 简述政策在我国法源体系中的特殊性。
8. 试举例说明法律发现的逻辑顺序。

第四章 法律解释

【案例分析】

郝先生与张女士是一对夫妻,以艺术品投资收藏为生,2005年郝先生委托某著名拍卖公司拍卖其所有的贵重收藏,约定底价为300万元,佣金为成交价的6%,不成交不收任何费用。张女士在履行完拍卖手续后,参与了竞拍。从《拍卖法》的规定看,张女士参加夫妻共有财产的拍卖,是不合法律规定的,但合同无效的条件是违背国家法律和行政法规的强制性规定。《拍卖法》与《合同法》相比较属于特别法,虽然按照合同法的规定是无效合同,但按照《拍卖法》的规定拍卖合同仍然有效,只是由工商管理机关给予30%以内的处罚即可。张女士参加竞拍,没有出现恶意串通损害他人利益的结果,而是以360万元的竞拍价格竞得了自己的拍卖品,因而要按照约定支付6%的佣金。法院认为,拍卖公司已经尽了拍卖人的各项义务,同时无证据表明张女士与郝先生有恶意串通损害他人利益的情形存在,因此认定关于佣金的约定有效。对法院的判决,张女士提起上诉。二审法院认为,委托人参与竞买或委托他人代为竞买的拍卖行为有效,并以成交价处以罚款。《合同法》第52条虽然规定了违反法律、行政法规的强制性规定的合同无效,但《拍卖法》相对于《合同法》来说属于特殊法,根据"特别法优于一般法"的适用原则,对拍卖行为是否有效应以《拍卖法》为准。故,维持原判。①

在这个案件中,法律解释不是对法律规定本身的解释,而是在案件中以解释的方式确定《拍卖法》与《合同法》的效力问题。我们看到,尽管张女士与郝先生想得很好,他们对法律条文也很清楚,把与案件相关的条文都掌握了,但并没有达到自己的目的。关键是他们对法律的理解是建立在一种直观的基础上,没有从法律思维的角度来解释和运用法律规则。只是按照自己的理解来决策行为,本来想"涮"法律一把,结果被法律"惩罚"了一次。人们运用法律是正当的,但是任何人都不能指望利用违法来换取非法的利益。如果人们可以通过违法获取更多的利益,那就证明法律的制定与实施是存在问题的。如何理解、解释和运用法律规则是法学教育的重要内容,是法律人必须掌握的解释技能。

---

① 徐越峰:《举牌竞价自己委托拍卖的拍品——有悖〈拍卖法〉委托人被判违法,按成交价罚款》,载《法制文萃报》2008年11月19日。

第一节 法律解释的概念

法律解释就是法律人将自己置于立法者的立场、根据已有法律规定在个案中重构法律的意义。在现实的法律解释过程中，虽然法律人要追寻与立法者一致的意思，但从哲学上看这是难以企及的，因而现在更多的法学家认为，法律解释的过程始终应该在坚持宪法、法律至上的前提下，追求社会公平正义。这两种观点表现了形式法治与实质法治对思维方式的不同影响。法律人的解释一直在这种观点之间不停地摇摆。法律规定本来就可能产生多重意义，然而社会公平正义具有更丰富的内容。法律解释就是在错综复杂的多种意义中探寻可以被接受的意义。在对正义的追求的同时，还必须考虑法律的目标，考虑上下位阶之间不出现逻辑冲突。"总的来讲，法律解释是一个论辩性的选择和决定过程。这一过程常常需要照顾到不同的、相互竞争的目的，并且原则上要努力在相互竞争的不同利益之间达成让人认为是公正的妥协，在这一前提下实现效益的最大化。"①法律解释也许是司法过程中最复杂的技术，是对法律人能力与智慧的考验。

一、法律解释的基本含义

由于认识视角的不同，学者们给法律解释所下的定义非常多。②不少教科书往往把法律解释简单地定义为"对法律含义的说明"，似乎任何主体的任何解释活动都可以称为法律解释。从法律实施效果上看，应当把法律解释定位为有权主体解释法律的行为，毕竟这种解释才具有法律上的意义。然而，各种主体都可以对法律进行解释，只是有效力的法律解释必须由有权解释的主体作出。作为司法过程中的法律方法之一，法律解释是法官在法律适用中对法律和事实的意义说明。

（一）法律解释是赋予事实以法律意义的活动

这是法律解释的第一种基本含义。一般认为，所有的法律运用都需要解释。这句话的含义是说，我们平常所说的法律是一般的行为规范，是用语言对行为类型的抽象表述，而司法活动就是把一般的法律落实到具体的案件之中。从这个角度看，所有的法律都需要通过解释赋予事实以法律意义。也正是从这个角度看，我们认为法律解释是一种媒介行为，即根据法律文本的规范意旨赋予事实以法律意义。需要注意的是，在司法过程中法律文本不是以句法的方式，而是以意

---

① 〔德〕齐佩利乌斯：《法学方法论》，金振豹译，法律出版社2009年版，第85页。
② 参见张志铭：《法律解释操作分析》，中国政法大学出版社1998年版，第11—15页。

义的方式传达出来。在很多简单案件中,对于赋予事实以法律意义的活动,似乎只有推论意义上的理解,而没有日常意义上所说的——那种把不模糊的规定说清楚的解释,而是直接把法律的明确意义赋予事实。这也就意味着,我们忽视了用法律解释事实意义的解释活动,只重视了对模糊法律意义的解释。可以说大量法律解释是用法律解释事实的法律意义。法哲学家们一直在探讨理解和解释的区别。在早期哲学界的论述中,解释和理解是有区别的,起码理解是解释的基础。没有理解,解释就不可能进行。但在德国哲学家海德格尔和伽达默尔创建了本体论解释学以后,理解、解释和运用就被视为三位一体的了。即理解也是运用,解释也是理解,运用也是解释。然而,出于各种目的,多数学者同意维特根斯坦的论断,即不是所有的理解都是解释。① 我们基本赞成本体论解释学的观点,认为无论是否有需要进一步解释的文本,只要我们在具体案件中释放出法律的意义就属于法律解释。所有的待处理案件都需要法律解释。司法的过程就是法律解释的过程。法律解释就是赋予事实以法律意义的活动。就像拉伦茨所说的:"解释乃是一种媒介行为,借此,解释者将他认为有异议文本的意义,变得可以理解。"② 对此问题我们还将在后面进行论述。这是广义的法律解释概念。当然,所有的法律都需要解释说的是所有的纠纷只要用法律手段解决,就需要用法律赋予事实以法律意义。这里的解释是一种哲学意义上的解释,是本体论意义上的解释。它与后面要阐述的"法治反对解释"原则中的解释不是一个意思。后者指的是解释的日常含义,属于方法论意义上的解释。

在我国现行的法律解释体制下,多个国家机关具有法律解释权,因而法律解释根据其主体不同,也被分为立法解释、行政解释、司法解释。然而从法学原理看,真正的法律解释只能存在于法律适用领域。法律解释只有在法律的意义不明确时才能产生,但法律只有在同具体的案件事实相结合时才会暴露其缺点。所以,法律只有在应用过程中,在处理具体案件时才需要解释。立法机关的任务是向社会输出规则。法律虽然有缺陷,但在立法机关看来它应当是完美的,因而立法机关无需进行法律解释活动。即使法律在适用中暴露的缺陷反馈到立法机关那里,由立法机关说明,这种说明也只能是补充性立法或者解释性立法,而不能被认为是对应用法律的解释。显然,立法机关由于其特殊的角色不应当作出法律解释。正是基于这样的理由,有学者针对我国《立法法》中设置"法律解释"一节提出了质疑,并概括了法律解释的含义,认为从法理学的角度看,法律解释是介于立法和实施之间的"中介"环节;从实体法学角度看,法律解释是明确、丰富和完善法律规则的活动;从诉讼法学角度看,法律解释被视为司法权的一部

---

① 〔美〕布莱恩·H. 比克斯:《牛津法律理论辞典》,邱昭继等译,法律出版社2007年版,第111页。
② 〔德〕拉伦茨:《法学方法论》,陈爱娥译,商务印书馆2003年版,第19页。

分,甚至在有些国家被视为法院的一项独断权力。①

"法院的一个非常重要的任务,是把成文法实施到特定的案件中,通过审判对争议的问题作出具有权威性和法律效力的判决。在完成这一任务的过程中,它们必须在每一个案件中对成文法的意义作出可以运用到个案中的恰当的意见。这是清晰的意见,特别是当法院对成文法应当被怎样理解而公开表述意见时,应当认定法院的活动是一种解释。"②西方学者的这番话道出了法律适用与法律解释的关系。法律进入适用阶段后,抽象的法律同具体的案件相结合的过程就是发现成文法的缺陷和漏洞的过程,也是司法机关对法律进行理解、解释和完善的过程。这是因为:首先,司法机关不可能把有缺陷的法律退回到立法机关那里,由立法机关再作出说明,而且即使立法机关再作出说明,这种说明也是抽象的,适用起来照样有缺陷。其次,司法机关也不能求助于其他机关对法律进行解释,因为其他机关如果不是法律适用机关,它对法律的解释同样是抽象的,它的解释最后还要由司法机关来解释;其他机关如果是法律适用机关,就等于司法机关背后还有一个最终的司法机关真正地掌握着司法权,它剥夺了现在正在审理案件的司法机关的司法权。所以,无论在什么情况下,司法机关要适用法律都必须对法律进行解释,否则它将无法处理案件。司法权被称为维护社会正义的最后一道防线,司法机关不能以法律规定模糊或者有缺陷为由而拒绝审理案件,凡是需要司法机关作出最终裁决的案件,它必须依法审判。只要司法机关掌握了法律解释权,法律上的模糊和矛盾问题都会迎刃而解。

(二) 法律解释是把不清楚的法律规定说清楚

把不清楚的法律说清楚,这是法律解释的第二种含义。"法律必须解释,乃是基于三权分立的原理、法治主义的精神以及法律安全性的要求等因素,故法官在适用法律的时候必须先解释法律。"③按照立法者的设想,精致的法典是不需要解释的,因为立法者在通常情况下,对于可能出现的需要解释的情形,通过下定义的方法,已经解决一些词义争端。然而,在司法实践中人们发现,即使是再完美的法典也不能避免解释情景的出现,尤其是在法律与案件遭遇以后,需要解释的规定更是频频发生。这不仅是因为权力分立现象的存在,更是由语言本身的特性所决定的。语词的多种意义之间互不相容、多种相近的意义的重叠词汇、语词意义的相互包含、一词数义和数词一义等现象是大量存在的。在司法活动的多数有争议的场景中,所谓法律解释就是把不清楚的法律含义说清楚,并在此基础上赋予事实以法律意义。解释不是搞文字游戏,而是"在法律条文的文义

---

① 陈金钊:《何谓法律解释》,载《法学论坛》2001年第1期,第22—23页。
② D. Neil MacCormick and Robert S. Summers (eds), *Interpret Statutes: A Comparative Study*, Dartmouth Publishing Company Limited, 1991, pp. 11—12.
③ 杨日然:《法理学》,台湾三民书局股份有限公司2005年版,第93页。

所允许的范围内,来寻求标准判决的大前提"的活动。①

"法律的解释,即在阐明法律文义所包含的意义。"②这就是狭义的法律解释,是指有解释对象的活动。从这个角度看,法律解释有两种基本形式:一是对法律规定的意义阐释,主要是对模糊语词、相互矛盾的法律规定等进行解释。二是在理解和解释清楚文本含义的基础上,赋予事实以法律意义。其实,这两种形式只具有认识论上的意义,在法律思维过程中并没有严格的界限。因为在司法实践中,对这两个方面的思维是相互重合的。法律用语都有一个意义空间。词义上的模糊在方法上可以通过解释予以限缩,但要通过解释完全排除这种模糊地带是不可能的。"解释不是一种精确的方法,顶多只能在供讨论的多种解释原则和解释可能性之间做出选择。"③法律解释的界限实际上就是在法律文义射程范围内解决问题,包括体系解释以及可以在文本中窥见的法律目的解释方法都属于广义的文义解释,超出文义解释就需要用其他方法加以解决。"如果(穷尽)一切解释努力仍然无法导致对法律问题作出公正的、合乎法感的解决,这样的法律规范就需要予以补充。"④

(三)法律解释需要综合运用各种方法

法律解释方法是历史最为悠久的法律方法,现在已经基本形成了系统。如,文义解释方法、体系解释方法、目的解释方法、历史解释方法、社会学解释方法、逻辑、语法、语义解释方法,等等。新近出现的一些方法,如利益衡量、价值衡量、法律论证等在有些著述中也被称为法律解释方法。研习法律解释主要是掌握法律解释的各种方法,避免对法律的误解。对各种各样的法律解释方法,我们应该有清醒的认识。"解释意味着对法律用语的含义进行探究,也就是说,探究该法律用语所表达的事实、价值和应然观念。然而这些有关某一法律后果的本身的法律信息并不是十分确切的。这不仅是由于法律观念的内容很难被清晰和准确界定的。即使有可能清晰和准确地界定法律观念的内容,其赖以表达的理解工具,及语言也将不确定性带入这样一个信息传达过程。"⑤法律解释方法像人文社会科学的其他方法一样,都不是很精确,它只是帮助人们理解、应用法律的工具。在现实的司法活动中也很少用单一的解释方法来解决案件纠纷,各种具体解释方法的划分实际上也只是理论研究的需要,所带来的结果也只是认识论上的清晰,并不意味着人们的思维过程都像理论研究那样把一种方法贯彻到底。后来法学家们发现,法律"解释方法的优点是反映并说明了法律的变化和重塑

---

① 杨日然:《法理学》,台湾三民书局股份有限公司2005年版,第120页。
② 同上书,第95页。
③ 〔德〕齐佩利乌斯:《法学方法论》,金振豹译,法律出版社2010年版,第16页。
④ 同上书,第17页。
⑤ 同上书,第59页。

方式。这种方法的弱点在于,它过度强调修正的可能性而很少强调解决的可能性;这种方法推崇伟大法官对法律的全面反思,因而忽略了共识和共享的理解的重要作用"。① 人们在解决具体法律纠纷的时候总是会"手脚"并用,不会拘泥于一种方法的使用。

二、法律解释的必要性

我国的法理学教科书总是重复着法律需要解释的那么几点理由,有时也叫作法律解释的意义。这些理由主要是:(1) 法律具有概括性、抽象性的特点,需要用法律解释化抽象为具体,变概括为特定。(2) 法律具有相对的稳定性,只有经过解释,才能适应不断变化的社会需求,解决法律的稳定性与社会发展的矛盾。(3) 人能力的有限性以及语言的概括性等导致法律出现缺陷,需要通过法律解释来改正、弥补法律规定的不完善。(4) 由于在认识能力、利益动机等方面的差别,人们会对同一法律有不同理解,需要通过法律解释进一步论证与说明。(5) 各部门法、法律制度和法律规范之间存在矛盾,需要通过解释予以协调。这些理由归纳起来,实际上是从两个方面说明了法律解释的原因,一个方面是法律自身存在着各种各样的问题,另一个方面是法律在实践中存在着意义流变的可能性。此外还应当看到,在司法中有效力的法律解释活动是而且只能是以法官为主体进行的活动,法官具有人本身存在的解释本能和冲动。而当法官与法律相遇的时候,二者之间又进一步产生了解释与被解释的需要,在这种情况下,法官对法律作出解释也就在所难免了。

(一) 构成法律细胞的语词需要解释

拉伦茨说:"假使认为,只有在法律文字特别'模糊'、'不明确'或'相互矛盾'时,才需要解释,那就是一种误解,全部的法律文字原则上都可以,并且也需要解释。需要解释本身并不是一种——最后应借助尽可能精确的措词来排除的——'缺陷',只要法律、法院的判决、决议或契约不能全然以象征性的符号语言来表达,解释就始终必要。"②被解释是法律的必然宿命,法律在来到世间的那一刻就面临着被解释的问题。

法律是文字符号本身就决定了它必须在理解和解释中获取生命,模糊性本身更使得解释不可避免。

成文法是法律的主要形式,然而以文字形式表述的成文法,尽管立法者倾其全力使其清晰,但远远达不到精确。因为多数文字都有多种含义,在特定的语句

---

① 〔英〕布莱恩·比克斯:《法理学:理论与语境》,邱昭继译,法律出版社 2008 年版,第 112—113 页。
② 〔德〕拉伦茨:《法学方法论》,陈爱娥译,商务印书馆 2003 年版,第 201 页。

当中即使是同一个文字符号,其意义也可能是有差别的。"法律语言不能像其他一些学术语言,能独立于一般语言的用法之外。法律语言是一般语言的特例,但绝不是与后者完全脱离的符号语言。就像我们一再强调的,其影响是:法律语言不能达到像符号语言那样的精确度。它总是需要解释。"①用文字表述的法律尚且需要解释,那么以其他更为不精确的符号表述的法律当然就具有了更为不确定的意义,就更需要解释了。

(二)法官只有通过理解和解释才能适用法律

法律自身缺陷的存在,决定了它需要通过解释来进一步完善。作为一种人造物,法律总会有先天性的缺陷。在法律已经出台的情况下,要消除这样的缺陷有两种方法,一是对法律进行修改,二是对法律进行解释。修改法律本身还是立法活动,消除了旧的缺陷会带来新的缺陷;而且法律不能朝令夕改,否则就丧失了其固有的优良属性而无法发挥其功能。对法律进行解释则是最好的方法,虽然它也会因为在解释过程中加入了解释者的创造性而可能带有某种不足,但解释的效力范围显然要比修改法律的效力范围小得多,不会带来大的负面影响。解释的有利因素还在于:解释具有针对性,更能因地制宜地弥补法律的缺陷;解释不会破坏法律文本自身的稳定性,有利于维护法律的权威;解释的成本要远远小于修订法律的成本。为了补救法律的不足,充分发挥法律的作用和实现法律的价值,法律就必须接受解释。

人是理解和解释的动物,人会对自身遇到的所有现象和问题进行理解和解释,以理解和解释的方式作出行为决策和处理问题的方案。因为在一般情况下人们都会很自然地理解和解释法律,所以,法官在法律适用中进行法律解释活动也就理所当然了。在司法过程中,法官所面临的任务就是运用法律处理案件,但这个过程并不简单。法官在这一过程中首先所要做的事就是用法律对案件事实进行衡量,看看这样的案件到底应当运用什么样的法律以及运用哪几条法律来处理,这就是法律方法论所言的法律发现过程。法官必须从立法机关制定的法律文本当中进行发现,所以他必须首先要熟悉和掌握法律文本的规定,这是进行法律发现的前提。法官对法律文本的熟悉和掌握,其实就是对法律文本的理解和解释。这里的理解和解释是同一个过程,法官是按照自己对法律文本的理解来进行他的发现活动的,而理解的结果就是对法律作出的解释,也可以说法官是按照自己对法律文本的解释来进行他的发现活动的。

法官在法律发现的过程中对法律进行理解和解释,说明没有法官对法律文本的理解和解释,法律适用是不可能发生的。"法律适用是以法律解释为前提的,因而法律适用就意味着法律解释,没有法律解释就不可能有法律适用。作为

---

① 〔德〕拉伦茨:《法学方法论》,陈爱娥译,商务印书馆2003年版,第201页。

法律适用者的法官要想把法律个别化为判案的依据,这就要求法官首先得理解法律,而人们理解法律(按照伽达默尔的说法)都是在使用不同的方式理解,只要有理解,理解便可能不同,理解本身就属于解释。可以说,没有对法律的理解,便不可能有正确的法律适用。"[①]在对法律文本有了较为充分的理解之后,法官的司法活动才能够开展下去。

(三) 法律实施需要法律解释

在法律实施的活动中,文本性的法律和待处理案件之间会出现一些特殊的问题,其中法律的僵硬性和实施的复杂多变性之间就会出现矛盾。要协调这种矛盾就需要进行法律解释。法律的抽象性、概括性一旦在实施中遇到具体的案件,就存在着事实被法律剪裁的问题,然而过度的剪裁就会使法律显得僵硬而不能适用于复杂的社会关系,就会出现抽象的法律规范不能涵盖社会生活的问题。这就需要通过解释对法律进行完善,通过解释在法律与事实之间构建无缝的对接,因而不解释就不存在法律的实施。因为立法者不可能为每一个案件立法,并且,有许多情形法律不可能作出规定,也不可能规定清楚。作为法律实施者的法官,不能因为某些案件法律没有规定而拒绝审判案件。法官需要做的是进行解释,通过解释把模糊法律说清楚,给有漏洞的法律正当的填补。法律的僵化性还表现为法律的滞后性。随着社会的发展,法律所要规范和调整的对象会发生很大的改变,但法律本身却不能与时俱进。如果把"过时"的法律适用于"新生"的社会现象中,就会出现"孙女穿奶奶鞋"的荒唐局面。在对法律反复修订并不现实的情况下,可行的方案就是对法律作出与时俱进的解释,由法律的实施者不断赋予法律中的文字以新的社会意义,使法律可以因此而不断适应新的社会发展的需要。

另外,法律之间的冲突决定了法官需要解释法律。尽管法律体系具有明显的层次性,但其内部的复杂性决定了法律之间不可避免的冲突。无论是同一效力层级的法律还是不同效力层级的法律,在具体案件的处理中都可能发生冲突,法官在冲突当中无论是对它们进行调和还是作出取舍,其实都是在对法律进行解释。因为这些法律都是有效的,当法官拒绝适用某些法律或者对相互冲突的法律进行协调时,就意味着他已经对这个法律作出了某些改变,尽管只是细微的改变,但法官毕竟没有原封不动地适用立法者制定的法律,而是适用了自己所理解的法律。

三、法律解释的特征

有学者认为,与一般解释相比法律解释具有四个特征,即法律解释的对象是

---

① 陈金钊:《法治与法律方法》,山东人民出版社2003年版,第270—271页。

法律规定和它的随附情况,法律解释与具体案件密切相关,法律解释具有价值取向性,法律解释受解释学循环的制约。①有学者强调法律解释的独断性、探究性、循环性和融贯性。②有学者认为,从法律解释的任务看,法律解释具有对具体案件的关联性和价值取向性特征;从解释学视角看,法律解释具有文义的范围性和解释的循环性特征;从"宪政体制"看,法律解释具有(主观)历史性和"合宪性"特征。③有学者认为,法律解释的基本特征包括注疏性、判断性与超然性、创造性、造法性、价值衡量性、静态性与动态性、答案的唯一性与非唯一性等。④总之,从不同视角看,法律解释具有不同的特征。相比之下,法律解释的独断性、创造性、循环性和价值取向性更为突出。

(一)法律解释的独断性

独断性应当被认为是法律解释的最显著和最基本的特征。法律解释的独断性包含两层意思。裁判案件的法律在没有被解释出来前,它的意义就已经被假定存在于法律之中,法官等法律人的责任是去文本中发现已经"存在"的意义,这是独断性的第一层含义。由于法律解释的参与者很多,不能使每一个人的解释都具有法律上的效力,否则会出现更大的纷争。为了使问题有最终的解决办法,只能把有效力的法律解释权赋予某一个而不是多个主体,这是独断性的第二层含义。⑤在独断性的两层含义中,第一层含义更为突出。这是因为,法律解释是根据法律作出的解释,而不是对法律的任意性解释,否则这种解释就没有多大意义了。法律解释的独断性强调的是,法官尽管有权在个案裁判中解释法律,但他不能随意曲解法律;法官尽管在理解和解释中不可避免地会带有个人的因素,但必须遵循法律的基本原则和含义;法官尽管在解释中通过自己的创造而赋予法律新的含义,但这些含义应当被认为是法律自身本来就有的;法官尽管是身为个人而解释了法律,但这种解释应当被认为是在个案中法律所具有的意义。

法律解释的独断性维护的是法律的权威。"法律解释的独断性源自法治理念,在一般情况下不能脱离法律的规范作用,这是法治理念的基本要求,也是法律文本的权威性要求,人们解释经典,虽不能总是抱有战战兢兢的心态,但却不能任意向权威文本挑战。"⑥由于解释受到解释者个人因素的影响,并且具有明显的创造性,如果不坚持独断性,法律解释就不再是根据法律进行的解释,而变成了对法律意义的任意阐发,法治自然被瓦解了。独断性使法律解释具有了法

---

① 参见沈宗灵主编:《法理学》,北京大学出版社2003年版,第377—378页。
② 参见陈金钊主编:《法理学》,山东大学出版社2008年版,第460—467页。
③ 参见黄茂荣:《法学方法与现代民法》,中国政法大学出版社2001年版,第250—263页。
④ 参见孔祥俊:《法律解释方法与判解研究》,人民法院出版社2004年版,第41—91页。
⑤ 参见陈金钊主编:《法理学》,山东大学出版社2008年版,第461页。
⑥ 陈金钊等:《法律解释学》,中国政法大学出版社2006年版,第7页。

教义学属性。正如牧师在解读圣经时不能宣称圣经存在瑕疵一样,法官也不能怀疑法律解决纠纷的能力。法官必须坚信可以通过法律解释,在法律框架内消除缺陷。正如牧师不能宣称其对圣经的解读是自己的意思一样,法官必须认识到其消除法律缺陷的创造性解释是法律本来就具有的含义。正如牧师虔诚地信奉圣经一样,法官必须虔诚地信仰法律,并在法律解释中表达对法律的忠诚。法律解释的独断性在维护法律权威性的前提下,使法律与法官融为一体,通过法官的坚守和创造,通过完善法律、增强法律解决实际问题的能力,进一步维护法律的权威。

(二)法律解释的创造性

法律适用不是一个机械、僵化、简单重复的活动,法律本身也不会为解决各种纠纷提供现成答案。法官不可能像运用数学公式进行计算那样从现成的法律概念和条文当中推导出案件的判决结果,他们必须创造性地阐明法律的意义。法官只有在理解法律和事实的基础上,把二者结合起来进行创造,才有正确的法律运用。从哲学解释学的角度看,理解本身就是一种包含有创造性的活动。因为在理解过程中,理解者的知识水平、感情好恶、价值取向等因素都会起作用;每个人的理解也各不相同。法官把抽象的法律和具体的案件事实相结合的过程,是一个创造性的解释过程,法官在"创造性"地阐明法律和事实的法律意义。

法官在填补法律漏洞方面所呈现出的创造性更为明显,此时的创造性已经演化为造法。法律出现漏洞时,法官面对的是法律的空白,没有较为具体的法律内容为法官提供详细的参考。法官此时应当对法律的漏洞进行填补,并据此作出判决。法官填补法律漏洞的活动,拉伦茨称之为法官的法的续造。他说:"法官的法的续造,有时不仅在填补法律漏洞,毋宁在采纳乃至发展一些——在法律中至多只是隐约提及的——新的法律思想,于此,司法裁判已超越法律原本的计划,而对之作或多或少的修正。"①法官对法律漏洞的填补,使原本空白的法律在个案中具有新的意义,实际上是在为个案立法。只不过这种阐明已经超越了法律本身,带有法官造法的特征。法官造法的活动是法律解释活动的延续,是法官司法的必然内容。

法官在法律解释中的创造性和法官造法,尽管存在着一定的差别,但二者在根本上是一致的。正如拉伦茨所言,法律解释与法律续造并非本质截然不同之事,应视其为同一思考过程的不同阶段。他认为,一方面,法院单纯的法律解释已经是一种法的续造,尽管法官没有意识到;另一方面,超越解释界限的法律续造,从广义上说也是采用解释性的方法。在他看来,法律解释可以分为三个阶段。狭义的解释界限是可能的字义范围,超越此等界限,而仍在立法者原本的计

---

① 〔德〕拉伦茨:《法学方法论》,陈爱娥译,商务印书馆2003年版,第246页。

划、目的范围之内的法的续造,性质上乃是漏洞填补,属于法律内的法的续造;法的续造更超越此等界限,但仍在整体法秩序的基本原则范围内的,则属于超越法律的法的续造。虽然这三个阶段之间不能划出清晰的界限,但仍有区别。①法律解释和漏洞补充尽管在形式上有所不同,在实质上是一样的,即都是在创造性地赋予法律新的意义。法律解释的创造性尽管不可避免,但法律解释的要义仍然是独断性,在对创造性问题上法律人应该奉行克制主义。

(三) 法律解释的循环性

解释循环理论最早成熟在德国古典解释学中,由狄尔泰最明确完整地表达出来:"整体只有通过理解它的部分才能得到理解,而对部分的理解又只能通过对整体的理解。"狄尔泰是在历史意识的萌生兴起中提出这个问题的,部分与整体的关系因而有三层含义:一是指作品自身作为整体,包括意义、风格、结构等,作品的各个部分,诸如章节、词句等,必须放在这个整体中才能获得理解与意义。二是指作品相对于产生它的整个历史文化背景而言,是这一文化背景的一部分,作品必须放在这一历史文化背景的整体关系中,才能得到理解。历史文化背景与作品的关系又可以具体化为两种主要的联系:作品与作者的精神联系和作品语言与产生它的时代文化语言风格的关系,这些具体的内容形成了解释循环的第三层含义。②法律解释活动深受解释循环的制约,具有显著的循环性特征。从法律自身来说,法官要真正理解法律,就必须在法律的局部与整体之间循环,再往远处说还要在不同法律文本之间、法律文本与立法的时代背景之间循环等。从法律解释所要解决的个案问题说,法官要做好法律解释工作,还必须在法律文本与案件事实之间循环,甚至在法律文本产生的时代背景、案件发生的时代背景、不同时代立法者对同类案件的态度等要素之间循环。只有经过多重循环,法官才能真正理解法律文本在个案中的法律意义。

法律解释的循环性在法律文本的部分与整体之间、法律文本与案件事实之间的循环表现得最为明显,这两种循环是法律解释最基本的循环。法官要真正理解和解释法律文本的某些规定,就必须对法律文本的全部内容有一定的理解,而要理解法律文本的全部内容,又必须能够理解法律文本的某些规定,因此,法律人需要在法律文本的整体和部分内容之间不断地进行循环性的理解和解释。所谓"书读百遍,其义自现",法官经过无数次整体与部分之间的循环,精通了法律文本,才能有效消除误解和不当解释。法律适用还要以理解和解释事实为前提。法律人不可能直接就拿着法律往事实上套用,照着法律逻辑上的三段论进行推理,他必须首先对案件事实有较为准确的理解和定位。每一个案件的发生

---

① 参见〔德〕拉伦茨:《法学方法论》,陈爱娥译,商务印书馆2003年版,第246—247页。
② 参见殷鼎:《理解的命运》,生活·读书·新知三联书店1988年版,第145页。

都是由一定的事实引起的,事实本身又有许多琐碎的组成部分。法律人应当对案件事实的诸多内容进行筛选、判断和取舍,把没有法律意义的事实剔除出考虑的范围。同时,法官要对具有法律意义的事实进行判断,并对其法律意义和社会影响进行分析。法官所进行的这些活动,都是对事实的理解和解释。当然,法律人的这一过程并不是仅仅根据事实完成的,他必须把自己的理解和法律文本进行对照,按照自己对法律文本的理解来处理事实,同时又用对事实的理解来衡量自己对法律文本的理解,法官是在对法律文本和案件事实的相互循环当中完成理解和解释活动的。

(四) 法律解释的价值取向性

"法律解释并不像许多人所想象的那样,只是一个枯燥乏味的形式问题,它包含着对各种基本法律价值的分析和判断。法律解释上的争议,在深层次上往往反映了理性思考的人们在价值侧重或权衡问题上的争议。"①法律解释根本不可能摆脱价值因素的影响,价值渗透到了法律解释的每一个环节,弥漫于法律解释的全过程。法律是人造物,人在制定法律的时候,会把自己的价值取向融化到法律中去。不管立法者宣称他的立法过程如何客观和中立,法律永远不可能像客观存在的自然物那样与价值无涉。法律本身的非中立性决定了法律解释不可能摆脱价值取向的影响,法律所蕴涵的价值取向必定会渗入到法官对法律的解释当中。作为解释主体的法律人自身也有价值取向,他的价值取向会影响到法律解释活动。法律人是在根据法律裁判案件,但他也是无意识地在某种潜在的价值观念的操纵下裁判案件的,这种潜在的价值观念就是法律解释的价值取向。法律人对法律进行理解时,他的价值观念已经发生作用了,因为法律人的理解不是凭空产生的,而是在一定的前见的基础上进行的,这种前见在一定程度上来自于法官的价值取向。尽管法官会以中立的姿态作出法律解释,努力避免个人因素对解释的影响,但是法律解释还是避免不了价值取向的影响甚至支配。

在法律原则的解释中,价值取向表现得更为明显。由于法律原则自身的模糊性,每一个解释者在理解和解释法律原则的时候,他内心深处的价值观念、对事物作出评判的基本观点、对自己所向往的理想状态的追求等,都可以成为他解释法律原则的前见。所以,解释者实际上是在根据自己的价值取向来阐发法律原则的意义。有学者指出:"人类并不是为规范而规范,规范本身并非人类追求的目标,而是利用规范追求公平正义,因此必须予以价值补充,始克实现此项伦理的要求。"②他强调的也是通过在价值取向上追求人类普遍存在的公平正义原则的法律解释活动,来实现法律本身的正义性。

---

① 张志铭:《法律解释操作分析》,中国政法大学出版社1999年版,第193页。
② 杨仁寿:《法学方法论》,中国政法大学出版社1999年版,第180页。

第二节 法律解释的原则

法律解释的特征和原则都是在讲法律解释的属性,但二者有不同的面向。特征说的是法律解释的本质属性,原则讲的是法律解释的基本要求。从不同的角度看法律解释有不同的要求。如,过去的法理学教材中经常说的法律解释的原则有:坚持马列主义、毛泽东思想为指导的原则;合宪性原则;一切从实际出发、实事求是的原则,等等。这些原则也属于法律解释的原则,但讲起来总觉得似乎离司法解释活动有一些距离,具有太浓厚的意识形态因素。除了合宪性原则外,对具体的法律解释活动来说,更多的属于政治方面的指导思想。在本节中我们试图站在法治的角度,以司法活动为视角探讨几种法律解释理论原则。对这种解释原则传统的法理学中也多有研究,分为实质意义和形式意义的解释原则,如法律解释的明晰性原则、合法性原则、合理性原则等。

一、法律解释的明晰性原则

在司法过程中,抽象的法律与具体的个案之间存在着天然的缝隙,法官需要借助于法律解释来弥合这种缝隙。然而,司法过程中的大多数案件都是简单案件,法官无需对法律进行复杂的解释,只需要根据其掌握的法律知识和司法经验,就可以将法律与个案很好地结合起来。也就是说,如果针对个案的法律是明晰的,那么法官就无需进行解释;如果针对个案的法律是模糊不清的,那么法官也只能在有限的范围内进行解释,而不能进行过度解释。这就是法律解释的明晰性原则。

(一) 明晰性原则的可能性

法律解释的明晰性原则是否存在现实的可能性,有一个关键的前提,就是作为解释对象的法律和事实以及二者的关系是否清晰确定。在这里,我们似乎涉及三个方面的问题,即法律、事实及二者之间的关系。但在司法过程中,这三个方面的问题最终都可以归结为法律问题。因为,案件的客观真实无法复现,法官需要根据法律规定的证据规则将生活事实转化为法律事实。因此,事实的认定过程本身就是一个法律问题。进一步说,一个案件的法律事实一旦被认定,那么它与可适用的法律规范之间是否具有涵摄关系,以及它与哪一个法律规范之间的涵摄关系最为精准,这实际上也是一个对法律的理解问题。在司法实践中,受过统一法科教育、具有统一思维方式的法官,可以根据确定的法律事实寻找到适用于个案的确定的法律。因此,在引导法官作出裁判的各种因素中,法律是最为核心和关键的。那么,这种法律是不是清晰而确定的呢?如果是,则法官无需进行解释①,可以直接通过三段论推理而直接得出裁判结果。当确定了语境,法律可以具有确定的含义,这构成了法律解释明晰性的基础。当法律的意义已经被法官清晰地了解,法官就可以将其适用于个案,而这就是司法过程的直接目的,当目的已经实现,自然无需再画蛇添足。或者换一个角度说,如果法律语词的含义是清楚的,法律人就可以直接用来修饰事实,表述对事实问题的法律意义。

首先,法律语言的含义具有相对的确定性。整体而言,任何一种语言都必须具有相对确定的含义,这是在一个群体内人们能进行交流的前提。"事实上,一个社会所接受的任何表达手段,原则上都是以集体习惯,或者同样可以说,以约定俗成为基础的。"②与日常生活用语相比,法律语言具有更强的专业化特征。法律条文中所使用的语词一般都平实、准确,较少发生歧义,其中的关键性术语,一般都进行专门定义,或被要求按照同一的解释加以运用。因此,在一个国家内部,法律专业术语总是与该国法律体系、法律文化有机结合在一起的,这使其运用更加规范和理性,也具有较高的可识别性与可理解性。此外,法律语言尤其是专业术语的含义一般是稳定而不随意发生变化的。当然,语义的稳定性在于其语境和对象的稳定性,法律语言通过严格其使用范围而确保其语义的稳定性。③虽然,在某些情境下,法律语言的含义确实可能出现不确定的情形,但是,正如索兰所说,"如果我们把所有的精力都集中到这样一个事实上的话,那将是错误的,因为我们的语言知识严格地限制了我们对听到的和读到的句子进行理解的可能方式。并不是每句话都能够表达任何一个意思,这一点从直觉上来说应该是清楚的"④。

其次,法律规范体系具有内在逻辑性,这从整体上保证了法律规范的确定性。法律规范一般都具有严谨的内部逻辑结构,遵循以形式逻辑为主的逻辑运用规则,这使法律具有确定性和可预测性,可以作为衡量事实与行为的标准,能够给人们未来的行为提供指导。解兴权说,逻辑可以"最大限度地实现'规则治理的事业',排除个人因素的司法负面效应。逻辑的方法论意义根源于它的可预见性和安定性,它能最好地满足人们稳定性的心理需要"。⑤ 在一项推论中,

---

① 在这里,我们是在日常通俗意义上使用"解释"这一词语的,而不使用哲学诠释学上的解释概念。因为在哲学解释学看来,任何理解都是解释,应用的过程必然伴随着解释。伽达默尔在《真理与方法》中论述道:"因为它可以在已制定的法律的普遍性和个别事件的具体性之间弥补那无法取消的空隙——就这方面说,它是更原始和更本质的东西。对它的历史的反思表明,理解的解释问题与应用问题密不可分地联系在一起。"如果遵循这一解释的意义,则司法过程中的各种理解本身都是解释。见〔德〕汉斯-格奥尔格·伽达默尔:《真理与方法》,洪汉鼎译,上海译文出版社1999年版,第726页。
② 〔瑞士〕索绪尔:《普通语言学教程》,高名凯译,商务印书馆1980年版,第103页。
③ 参见林喆:《法律思维导论》,山东人民出版社2000年版,第198—218页。
④ 〔美〕劳伦斯·M. 索兰:《法官语言》,张清、王芳译,法律出版社2007年版,第173页。
⑤ 解兴权:《通向正义之路》,中国政法大学出版社2000年版,第22页。

如果前提确定,那么经过逻辑(主要是形式逻辑)推论出的结果便是确定的,它不依赖于推论者主体的意志而变更。此外,从法律规范的整体而言,与其他调整社会行为的各种规范,例如道德规范、宗教规范等相比,法律规范是最为明确的一种。法律的规范性、强制性、国家意志性等特征使其成为一种独立于其他社会事实的存在。在这种情形下,无论是成文法还是判例法,整个法律制度表现为一种独立的规范体系。在法治国家中,法律规范已经成为了衡量人们行为的标准系统。

法学作为一门学科,它也形成了很多关于法律的概念体系、原理体系,许多经过法学训练的人,能够形成统一的知识结构和思维方式,其对法律问题的认识容易达成共识。法律作为一种规范系统本身是具有确定性的,这使得法官严格依法裁判成为可能。

(二) 明晰性原则的内容

在司法过程中,法官需要从各种法律渊源中寻找适用于待决案件的法律。由于司法实践中大多数案件都是简易案件,而且现代法治国家通常都具有独立、统一、逻辑完善的法律体系,因此,对于拥有良好法律思维的法官来说,作出一个正确的裁判并非难事,很多法官甚至凭借其法律感就能准确判断出适用于个案的法律。对于这种简易或典型案件,法官无需再对法律进行解释就可以径直裁判。我们可以通过一个案例来具体说明。在某一长途汽车站,张某向周围的旅客吹嘘自己会变魔术,且能将 10 元币变成 100 元币。路过此地的林某信以为真,遂将自己携带的 3000 元现金交给张某,让其当场将 3000 元变成 3 万元。张某用红纸包着 3000 元钱,随后"变"来"变"去,趁机调换了红纸包,然后将调换过的红纸包交给林某,让林某 10 分钟后再打开看。之后,张某趁上厕所的机会溜走,林某随后发现红纸包内是餐巾纸,知道受骗,立即报告公安机关,协同公安人员将张某抓获。在这起案件中,法官根据我国刑法的具体规定和刑法相关理论,就可以明确判断此案中张某所犯罪行。从概念上来说,盗窃罪是指以非法占有为目的,秘密窃取公私财物,数额较大或者多次盗窃公私财物的行为,其最突出的特点是,行为人采用自认为不使他人发觉的方法占有他人的财物。在此案中,虽然林某有"受骗"的经历,但是其并不是自愿交出财产,也没有放弃自己对财产的所有权,张某取得 3000 元是趁机调包的结果,其性质仍属于秘密窃取,因而其行为属于盗窃而不是诈骗。在这样一个案件中,虽然生活事实使得本案看起来很像诈骗,但是法官通过对法律的理解认定事实之后,就可以直接依据相关的法律作出一个准确的判断。因为解释本质上乃是"一种澄清性的活动"[1],如果待决案件的裁判依据是清晰确定的,法官自然无需再进行解释。

---

[1] 〔美〕丹尼斯·M.帕特森:《法律与真理》,陈锐译,中国法制出版社 2007 年版,第 121 页。

由于法律的抽象性和社会关系的复杂性,司法实践中也会遇到疑难案件。这就需要法官通过法律解释寻找适用于待决案件的裁判依据。但是,法官裁判是建立在成文法律和裁判先例的基础之上,法官的解释权毕竟仍属司法权的范围,法官的解释也必须以法秩序的意义整体为准据①,解释结果应与既有法律和谐一致,从这一意义上说,法官的解释结果仍从属于立法者所制定的法律,而不能进行超出现行法律的过度解释。

关于法官的过度解释,有学者认为其可能存在三个方面的情形:一是背离立法者的意旨;二是背离法律的文义;三是离开语境谈论自己所想象的意义。② 我们期望法官严格按照法律文本的固有内涵来理解法律,将法律的本来面貌原样呈现出来,而避免出现过度解释的情形,这并不能仅仅依靠法官的自我约束,更需依赖于法律这种"不受主观愿望影响的理性"。③ 因此,法官的解释必须紧紧围绕已有法律条文。"法律条文已经提供给了我们确实的原则,如果远离法律条文,那么,任何理解也都变得不确实了。"④从一定程度来说,法律文本的"字义",不仅是法官探寻法律解释的答案的出发点,同时也为法官的解释活动划定了界限。⑤ 因为无论是对立法者原意的探寻还是对法律文本自身意义的理解,法官都必须围绕法律条文来进行。

法官的解释以法律条文的文义为中心,这不仅是对法律规则本身的尊重,也是对立法者权威的尊重,立法者在语词中表述或赋予了法律的价值与目的,法官要探寻这种立法目的或价值也只能在构成法律的语词中去寻找而发现。

当法律规定"大型装载机动车只允许在夜间使用市区范围内的公路",如果有人将阳光灿烂的中午解释为"夜间",则无疑是超出了文义的涵摄范围。此外,法官的解释也必须符合特定的语境。如果法官将儿童的小熊玩具解释为属于《野生动物保护法》中的"动物",则他已经抛弃了"动物"一词的含义。

总之,法律解释的明晰性原则要求,在司法过程中,法官面对简单或典型案件,作为裁判依据的法律清晰且确定,此时法官无需进行解释;而如果法律模糊不清,则法官也只能进行有限解释,在文义的射程之内,通过特定的解释方法,遵循其应用规则,来寻找裁判依据。在此过程中,法官应尽量避免将个人偏好带入司法裁判而出现任意解释的情形,同时,法官对一些政策性规范或社会效果的考量也应保持谨慎,从而防止法律解释出现过度化倾向。

---

① 参见〔德〕拉伦茨:《法学方法论》,陈爱娥译,商务印书馆2003年版,第248页。
② 陈金钊等:《法律解释学——立场、原则与方法》,湖南人民出版社2009年版,第341页。
③ 〔古希腊〕亚里士多德:《政治学》,吴寿彭译,商务印书馆1981年版,第163页。
④ 〔日〕野田良之:《注释学派与自由法》,载《法哲学讲座》(第3卷),有斐阁1956年版,第215页。
⑤ 参见〔德〕拉伦茨:《法学方法论》,陈爱娥译,商务印书馆2003年版,第202页。

（三）明晰性原则的意义

现代法治社会崇尚的是法律规则中心主义，即规则之治。作为以保守性为特征的司法权的核心内容，法官的裁判也必须以尊重法律的权威为前提。尽管法律并不能保证正义在每个个案中都能得以实现，但只要它基本上确定是为正义服务的，那它仍然还是法律规范。① 因此，法官遵守法律的义务并不因个案正义的偶尔失落而有所转移，更不能对法律添加超越法律体系的意义。"法官服务于法律并在思想上遵守法律，这是方法论的基本原则。"②"无论是谁，要是他擅自解释法律，甚至给法律加入另一层意思，使法律变得难以理解，他就是把自己置于议会之上，置于法律和全国人民之上。"③法官作为司法者，其使命是将法律适用于具体的案件而不是创制新的规范。法官进行法律解释的最重要任务就是发现法律中的固有意义，为实现法治服务。法律解释的第一要务是望文索义，而不是节外生枝、刻意寻求法律外的意义或者过去从没有看到的新意。④ 因此，服从法律是法官职业和司法过程的本质，对于基层法院的法官和裁判而言，尤其如此。对此，有学者认为："在司法过程中慎用解释是一个法官有责任心的表现。法治的许多风险，不是来自法律的制定者，而是来自解释者。"⑤法官必须严格遵守法律，在法律解释中贯彻明晰性原则，这不仅是对法律这种书写的理性的信任，也是对司法专制的防御。司法之所以具有权威乃是因为其保守的性质，司法权的任意和过度扩张不仅不能带来司法的权威，而且会从整体上消解法治实现的可能。从西方法治的实践经验来看，在法治建立的初期，无论是大陆法系还是英美法系，都表现出对法官解释的谨慎态度。根据庞德的考证，"在任何19世纪的法律史解释中，我们都没有发现诸如律师、法官、法学著作撰写者及立法人员等人的创造性活动这个因素。这些解释只字未提法律者通过创造性的理性或一种创造性的试错过程而在调试或协调人们所具有的各种相互重叠的权利主张的方面作出的不懈努力"。⑥

当然，我们在坚持法律解释的明晰性原则的同时必须明确，这一原则并不意味着要求法官死板、机械执法，而是反对"以解释的名义对法律含义进行转义解释或意义添加与减损"。⑦ 在司法过程中，法律为法官所预留的裁量空间是非常有限的，在相当多的案件中，尤其是典型案件和简单案件中，法官的裁量空间甚

---

① 参见〔德〕考夫曼：《古斯塔夫·拉德布鲁赫传》，舒国滢译，法律出版社2004年版，第125页。
② 〔德〕伯恩·魏德士：《法理学》，丁小春、吴越译，法律出版社2003年版，第244页。
③ 〔英〕温斯坦莱：《温斯坦莱文集》，任国栋译，商务印书馆1982年版，第150页。
④ 参见陈金钊：《反对解释与法治的方法之途》，载《现代法学》2008年第6期。
⑤ 陈金钊等：《法律解释学——立场、原则与方法》，湖南人民出版社2009年版，第357页。
⑥ 〔美〕罗斯科·庞德：《普通法的精神》，唐前宏、廖湘文、高雪原译，法律出版社2001年版，第173页。
⑦ 参见陈金钊：《反对解释与法治的方法之途》，载《现代法学》2008年第6期。

至是微乎其微的。这种有限的空间,并不仅仅是来自法律的限制,也来自于法律思维对法官自身的限定。接受法科教育所形成的法律思维,本质上是一种保守的具有定式性质的思维,而且,这种思维在法律职业尤其是法官职业内部具有统一性。这种思维方式使得法官如果超越了特定的界限,其行为不仅无法说服别人,可能也无法说服自己。

总之,法官的解释权是不得逾越法律规范的意义框架的。这不仅仅是法治初级阶段法官应该奉行的司法原则,同样也是法治成熟阶段法官所不应背离的解释准则。随着人类社会文明程度的逐步提高,制定法规范必然越来越严谨、明确、细致和完备,其所负载的现代价值也必然越来越讲究公平、公开、公正,法官的法律解释基本上具有了比较完善而确定的准据,此时法律解释者更有条件、也更有义务做到严格解释,更不应追求自由解释;更有条件、也更有义务遵循明晰性原则,更不应追求所谓的法律解释的普遍主义。[①] 在正处于法治建设初期的中国,对尚未获得应有权威的司法而言,我们更不能借用法律解释之名而滥用法律解释。因此,法官遵守法律解释的明晰性原则具有重要的现实意义。法官正是需要通过严格司法来排除解释泛化的倾向,杜绝以解释的名义任意裁判的可能,通过稳定、可预期的裁判来提升司法权威。

二、法律解释的合法性原则

在法律解释的诸多原则中,合法性原则是法律解释的一项基本原则,这一观点已得到学界的普遍认可。在很多阐述法律解释原则的论述中,学者们都将合法性原则作为重要的内容进行阐述。但是,法律解释的合法性原则中仍然问题多多,体现在司法过程中,表现为合法性原则无法为法官的法律解释提供一种可操作的标准。在当前中国研究法律解释问题的学者中,就法律解释合法性原则的概念、内容、标准等问题存在不同的认识,这也使得法律解释的合法性原则作为法律解释的根本原则并未实现应有的可操作性,从而影响整个司法裁判的作出和评价。

(一) 合法性原则的含义

在法学研究中,合法性是一个使用频率比较高的术语。但是自马克斯·韦伯开始,不同学术背景的学者们往往都是根据自己的论证目的而在不同意义上使用合法性概念,这造成了合法性概念在含义上存在一些混乱。

整体而言,我们至少可以在两个层次上理解合法性概念的含义。第一种是形式意义上的合法性,主要指合法律性。在司法过程中,合法律性主要强调司法裁判应符合现行法律制度,与过去类似判例的处理相一致。对法律解释而言,一

[①] 陈金钊等:《法律方法论研究》,山东人民出版社2010年版,第311页。

个解释结果是否是合法的,主要依赖于其是否遵守了现行有效法律的规定。我国不少学者都是在这一意义上来阐述法律解释的合法性原则的。有学者认为所谓合法性原则,是指法律解释应合乎法律的规定和基本精神,包括三个方面的基本要求:一是法律解释应依照法定权限和程序进行;二是对低位阶的法律的解释不得抵触高位阶的法律;三是对法律概念和规则的解释必须符合法律的基本精神。① 有学者认为,法律解释的合法性即合乎法律性,是指在司法过程中,法官的法律解释活动应当依据法律进行,解释必须符合法律特别是制定法的规定,而不能与之相悖。② 形式意义上的合法性主要强调法律解释与现行法的一致性。

第二种是实质意义上的合法性概念,它包含了对真理、价值合理性以及道德正当性的考量。这种观点的持有者通常认为合法性来自于合法律性的观点是一种悖论。与合法律性"不问法律承受者的态度和动机"不同③,实质意义上的合法性概念的支持者认为合法性概念应与作为法律承受者的认可或接受程度相关,它自身必须包含价值合理的内容。持这种合法性观点的学者往往是站在政治、哲学等学科立场上来进行研究,将合法性概念与民主、人民利益的表达等问题联系起来。正如有学者所阐述的,"主权在民是现代宪政民主制度设计与安排的一项根本原则,整个现代民主权利政治制度大厦即以此为基础而建构起来,其价值在于为权力统治提供了合法性的理论基础和现实的逻辑前提"④,由此人民的利益及其表达就构成了合法性的重要基础。

应当承认,实质意义上的合法性概念对于推进司法过程的民主化程度从而整体提高法治的正当性具有卓越意义。但是,在法律领域,我们认为还是应该坚持合法性概念的语义含义,即合法与违法都应以法律规范作为标准来进行衡量,合乎现行法律规定的法律解释即为合法,反之则为违法。本书中法律解释的合法性主要是指形式意义上的合法性,即解释权的主体合法、行为符合程序、解释结果与已颁布的法律有涵盖关系,至少不违背法律的明确规定。⑤

尽管如此,我们必须清楚地认识到,形式意义上的合法性和实质意义上的合法性只是一种理论上的区分。在现代法治国家,任何法律,包括法官的法律解释和裁判都不可能做到只考虑形式上的合法性,而不考虑其内涵的价值,价值就是法律本身的固有内容。因此,形式意义上的合法性和实质意义上的合法性的分

---

① 参见张文显主编:《法理学》(第二版),高等教育出版社、北京大学出版社2003年版,第323—326页。
② 魏胜强:《和谐社会中法律解释的基本原则研究》,载陈金钊、谢晖主编:《法律方法》(第7卷),山东人民出版社2008年版,第21—27页。
③ 〔德〕哈贝马斯:《在事实与规范之间》,童世俊译,生活·读书·新知三联书店2003年版,第40页。
④ 范进学:《权利政治论》,山东人民出版社2003年版,第55页。
⑤ 陈金钊等:《法律解释学》,中国政法大学出版社2006年版,第13页。

野只是相对的。哈贝马斯说道:"合法律性的合法性是不能用一种独立的、可以说与道德分离地居住在法律形式之中的合理性来解释的;相反它必须追溯到法律和道德之间的一种内在关系。"①因此,我们强调形式意义上的合法律性本身也包含着必要的价值考量,法律解释如同法律一样,其合法性是无法完全依赖自身的形式要素来取得的。同样,实质意义上的合法性概念同样包含形式上合法律的意义。虽然实质意义上的合法性概念主张"实定法不能仅仅通过合法律性而取得它的合法性基础"②,但其中隐含的意义已清晰可见,即合法律性是一种必要的前提。

(二) 合法性原则的内容

明确了合法性的概念主要指合法律性之后,我们需要了解,这里的法律是什么?站在法官的立场上,可能首先要问问这个法律是否有文本,这个文本是什么;其次要问一问这个文本的含义是什么,它相对于法官面对的待决案件的含义是什么。③ 这样才能保证法律解释的结果符合合法性的要求。

法官对法律意义的探寻,至少可以有两种思路,学界通常称之为主观主义与客观主义或主观说与客观说。主观主义论者认为,任何法律都包含了立法者的意图在其中,这种意图就是法律的意义所在。作为法律规范载体的法律文本没有自己的"意志",它所表达的是立法机关的意志。而在对作品的各种解释主体中,作者是最具权威的。④ 立法者就是法律的作者,立法者在制定法律的时候的确是持有某种具体的意图,这种意图是可以通过特定的方法来考证和获得的,对立法者意图的把握可能帮助法官准确理解法律的意义。如亚历山大所说:"如果我们想知道法律是什么,那就必须搞清楚权威者已经决定应该做什么的具体内容。为了弄清这一点,我们在看权威者的文本时必须着眼于发现他们的创作意图。因为他们的文本(与其他人可用痕迹或声音制作的文本相对)是他们向我们传达关于我们应该做什么的决定的工具,并且也仅仅意指他们想要文本意指的意思,如果我们试图发现法律的话,这种意思就是我们试图发现的。"⑤"在法律领域,如果对文本的解释与立法者意图有着表见的违背,那么这一事实就否

---

① 〔德〕哈贝马斯:《在事实与规范之间》,童世骏译,生活·读书·新知三联书店2003年版,第568页。
② 同上书,第40页。
③ 参见〔美〕迈克尔·穆尔:《解释的解释》,载〔美〕安德雷·马默主编:《法律与解释》,张卓明、徐宗立等译,法律出版社2006年版,第15页。
④ Greenstein, Richard K., The Intentionalism of Legal Interpretation, *Washington and Lee Law Review*, 1995, Vol.52, Iss. 1, p.106.
⑤ 〔美〕拉里·亚历山大:《全有抑或全无?权威者的意图和意图的权威》,载〔美〕安德雷·马默主编:《法律与解释》,张卓明、徐宗立等译,法律出版社2006年版,第455—456页。

定了它的合法性。"①举例来说,如果有一个法律规范的内容是"禁止在公园内行驶交通工具",那么,法官需要考察立法者制定这一规范时的意图,然后才能够按照法律的权威行事。具体而言,如果立法者禁止在公园里行驶交通工具的意图是为了减少污染,那么只有在法官将这一条文解释为允许溜冰板而禁止机动交通工具的情况下,他才是实现了法律解释的合法性要求,因为溜冰板不会排放污染物而机动交通工具却会。如果规范的意图是为了加强行人的安全,那么只有在法官禁止溜冰板而允许救护车的情况下,他才是与立法者权威保持了一致,因为这么做会增加行人的安全。② 主观主义最大程度地表达了对立法者权威的尊重,同时由于其拉近了历史与现实的距离,也更易于实现现行法律与历史的连续性与稳定性。但是,获知立法者的清晰意图有时候非常困难,而且立法者作为一个整体是否存在可探知的意图这本身就是存在争议的。在诠释学发生转变的背景之下,法律解释领域发展出客观主义理论,旨在探求法律本身所具有的意义。

客观主义论者认为,法律的意义是存在于文本之中的客观意思。法律从颁布时起,就与立法者脱离关系,获得了独立的"身份",具有了自己的生命和意义。如果我们认为立法者原意比法律文本更有效力,也就是说,如果法律效力不是源自己经存在的客观文本之规则,仍然是文本规则之外的因素,那么法治何以存在?③ 法律解释要做到合法性的要求必须了解法律文本的意义。正如宾丁所言:"最好是别去描述立法者的意思,而是表述法的意思,法的意思表现在作为整个法的体系的一个环节的某一条法律规则里。"④因为"制定法比立法者更聪明"。⑤ 与追求立法者原意比较起来,探寻法律本身所具有的客观含义似乎更易于操作,也利于公众对法官的监督;而且,如果历史上的立法者意图已经严重不符合社会正义的原则,法官探寻在现实社会中法律本身应具有的含义也更具合理性。但是,客观主义同样遭受到强烈的质疑,很多学者认为其事实上扩大了而不是缩小了法官的自由裁量权。因为所谓的客观解释事实上背离了立法最初的规范目的,而助长了法官的主观意志。在这一意义上说,"'客观解释'比'主观

---

① 〔英〕约瑟夫·拉兹:《无需重寻原意的解释》,载〔美〕安德雷·马默主编:《法律与解释》,张卓明、徐宗立等译,法律出版社2006年版,第211页。
② 参见〔美〕海迪·赫德:《解释权威》,载〔美〕安德雷·马默主编:《法律与解释》,张卓明、徐宗立等译,法律出版社2006年版,第511页。
③ 参见范进学:《宪法解释的理论建构》,山东人民出版社2004年版,第155页。
④ 科殷:《法哲学》,林荣远译,华夏出版社2002年版,第214页。
⑤ Vog. Engische, Einführung in das Juristische Denken (wie Anm. 4), S. 90. 转引自林立:《法学方法论与德沃金》,中国政法大学出版社2002年版,第156页。

解释'还要主观得多了"。①

从各国长期的司法实践来看,客观主义似乎是要强势于主观主义的。例如,在英国,直到最近立法辩论的记录都不能作为确定成文法意义的参考资料。解释的焦点集中在成文法的"字面的"或"明白的"意义上。② 但是,最近的司法实践表明了一种倾向,主观主义和客观主义可能是可以融合的。同样是在英国,Pepper v. Hart 案的重要判决公布后,英国法律体系中的立法意图经历了意义的变化。在该判决中,上议院作出了与250年的判例传统相反的决定,他们认为法官可以在某些环境下参考立法辩论中的记录以帮助其阐释立法的含义。③ 对此,有学者认为,"最近,在分析法学领域里试图复活一种观点,即当成文法文本在意义、目的和适用上不清楚或存有争议时,参考立法者的意图应该在对其的解释中占有一席之地"。④ 在法律解释中如何对待客观主义与主观主义之间的关系,拉伦茨认为,"除非它们抵触现今的宪法原则或普遍承认的法律原则,否则(可得认识之)历史上的立法者的规定意向及其明白的价值决定,解释时也不容弃置不问。法律解释的最终目标只能是:探究法律在今日法秩序的标准意义(其今日的规范性意义),而只有同时考虑历史上的立法者的规定意向及其具体的规范想法,而不是完全忽略它,如此才能确定法律在法秩序上的标准意义。"⑤ 拉伦茨的这种观点具有一定的代表意义。

无论是探寻立法者本意还是寻找法律文本自身的意义,都是为法律解释的结果寻找权威依据,这种依据就是"法"。为了保证司法裁判的合法律性,我们对这种"法"的理解不应过于狭隘,其应该既包含实体法,也包含程序法;既包含一般的普通法律,也包含宪法;既包含法律规范,也包含法律价值和法律精神;可以说,这是一种整体性的法。

(三) 合法性原则的意义

在法治社会,法官必须遵循严格受制定法约束的基本原则。卡尔·恩吉施指出:"现代法律者的思维首先对准的是制定法。……思考都是围绕着制定法的,它的范围,它的界限,它的漏洞和它的错误,尽管作为目标,法律发现总是出现在具体的案件中。"⑥正是在这一意义上,我们说,合法性原则是法律解释的根

---

① Uwe Wesel, *Juristische Weltkunde*, Frankfurt a/M⁵ 1990, S. 182. 见林立:《法学方法论与德沃金》,中国政法大学出版社2002年版,第157页、239页注[25]。
② 〔美〕布莱恩·比克斯:《法律解释中的问题》,载〔美〕安德雷·马默主编:《法律与解释》,张卓明、徐宗立等译,法律出版社2006年版,第179页。
③ 参见同上书,第182页。
④ 〔美〕杰里米·沃尔德伦:《立法者的意图和无意图的立法》,载〔美〕安德雷·马默主编:《法律与解释》,张卓明、徐宗立等译,法律出版社2006年版,第413页。
⑤ 〔德〕拉伦茨:《法学方法论》,陈爱娥译,商务印书馆2003年版,第199页。
⑥ 〔德〕恩吉施:《法律思维导论》,郑永流译,法律出版社2004年版,第226页。

本原则和要求。法律是法官等法律人行为的根本准则,与之相适应,合乎法律的要求是法律解释者的解释行为的基础原则。换句话说,是法律规则而不是法律解释者个人化的解释,设定了人们行为的规范性特征。法律解释者的解释如果脱离开法律本身所具有的规范性,其解释就不能说是"法律解释",而应归入其他解释类型之列,例如文学解释。① 因此,合法性原则强调法律意义的固定性,不能溢出法律的可能意义范围去解释法律。因为,这种合法之法就是法律解释的权威来源之一。法律作为解释的依据和范围,为法律解释结果的正当性提供了关键的论据。用哈贝马斯的观点来说,法律作为裁判的论据,它降低了判决的惊异值,提高了人们对判决的事实上的接受度。从社会学观察者的角度来看,参与者看做是论证的东西萎缩成了一些必要的虚构:"因为理由作为复杂的法律判决的担保是难以取代的,所以,对律师来说,似乎是理由决定了判决的正当,而不是判决决定了理由的正当。"②

对合法性原则的遵守使得司法裁判过程实现了"据法审判"③,而这种据法审判正是我们建构法治社会所必需的司法特质。因为法官有义务实现"根据司法上确保的合法性来进行的统治"④。因此要在司法过程中使法治得到实施并实现法律正义,合法性的要求永远是不可逃避的:"法治不仅要求判决是正当的(这是法治的价值要求),而且要求从成文法向判决的转换是合法的。"⑤法律解释是根据法律进行的解释,是以法律为基本准据的规范性解释,合法性原则从根本上讲是合乎法律的原则,它集中体现了解释者对于法律规则、法律原则和法律精神的高度尊重和信仰,这是法治论者必须始终坚守的理论内核。⑥ 虽然法律解释的合法性原则只是法律解释的基础原则,在一些案件中,单纯的合法性原则并不能帮助法官完成法律解释的使命,但是合法性原则对于法官的法律解释以及整个司法过程而言都具有关键性的意义。这是因为,合法性原则不仅在于要求解释过程和结果都要按照法律规定去做,而且在于解释者无论选择什么样

---

① 陈金钊等:《法律方法论研究》,山东人民出版社2010年版,第311页。
② 转引自〔德〕哈贝马斯:《在事实与规范之间》,童世俊译,生活·读书·新知三联书店2003年版,第63页。
③ 庞德并归纳出了据法审判所具有的六个优点:"第一,法律使得人们预测审判所采取的过程成为可能;第二,法律能够确使人们免遭个人判断失误的影响;第三,法律能够确使人们免遭审判者不良动机的影响;第四,法律为法官提供了那些明确阐明了共同体伦理观念的标准;第五,法律为法官提供了其先行者所有经验的益处;第六,法律阻止各种为了获得较显见且较适切但却比较不重要的即时性利益而牺牲终极的社会利益和个人利益的做法。"参见〔美〕罗斯科·庞德:《法理学》(第2卷),邓正来译,中国政法大学出版社2007年版,第373—379页。
④ 转引自〔德〕哈贝马斯:《在事实与规范之间》,童世俊译,生活·读书·新知三联书店2003年版,第577页。
⑤ 陈金钊:《拯救客观性》,载陈金钊、谢晖主编:《法律方法》(第1卷),山东人民出版社2002年版,第16页。
⑥ 陈金钊等:《法律方法论研究》,山东人民出版社2010年版,第304页。

的解释结果都应有一个合法性的追问。① 这种对合法性问题的关切,对一个法治建设初期的国家和司法而言都是至关重要的。

三、法律解释的合理性原则

法律解释的合理性来源大体有三:一是社会之理;二是自然之理;三是逻辑之理。社会之理主要包括道德伦理的基本要求、公平正义的价值观念、社会的本质和发展的必然趋势、善良风俗、商业惯例、公共利益等。这些做人与做事的道理,大多与法律规则一致。如果出现几种解释结果,人们可以用这些道理(或者说是规则)衡量取舍,在论证的基础上作为决策的纠偏之理。如果出现法律空白,这些道理或规则可以直接作为法源,由法官宣布为针对个案有效的法律。如果出现法律推论的结果与社会之理的冲突,法官要想用理来修正法律,则必须承担论证责任,找出充分的理由才能改变法律的规定。自然之理主要是指在法律解释过程中,不应违背自然规律的必然性。法律虽然与规律不同(法律中充分显示了主体意志),但法律也不能违背自然规律,违背自然规律的法律不会产生好的效果。虽然人类已经认识了大量的规律(在一定程度上可以说已经不是规律的奴隶,可以有限地运用规律造福人类),但还不能扭转规律,只能顺从规律。所以法律解释的结果必须符合自然规律的内在要求。现在,违背自然规律的法律解释已很少见,因为科学的观念已在许多方面主宰了我们的行为。但这种事情在有些情况下还时有发生,所以还须保持应有的警惕。逻辑之理是指理性的思维规律对法律解释的支配作用。

(一) 合理性原则的前提:法律解释结果的多样性

在司法过程中,面对特定的待决案件,法官有时会得出不同的法律解释结论。究其原因,不外乎两个方面:一是法律解释过程所关涉的一些客观性要素影响了法官对解释结果的选择,二是解释过程作为一种主观性的思维活动充满了变动性要素。具体说来包括:

首先,法律规范具有抽象、概括的特点,这在扩大其对社会关系调整范围的同时,也隐含了体系自身的不完备性。梅里曼说:"现存的法律规范对许多新发生的问题甚至根本没有也不可能涉及。而在当事人权利的确定通常必须依据法规来决定的场合,法律内容的确定性在实际存在的不确定的事实面前,就显得苍白无力。实际上,'完整、清晰、逻辑严密'并具有预见性的法典规定并没有使法官摆脱对必要的法律条文进行解释和适用的负担。"② 事实上,这种不完备的法律不仅没有使法官摆脱解释法律的负担,也使得法官往往要面对选择多种解释

---

① 陈金钊等:《法律解释学》,中国政法大学出版社 2006 年版,第 13 页。
② 〔美〕约翰·亨利·梅利曼:《大陆法系》,顾培东、禄正平译,法律出版社 2004 年版,第 43 页。

结果的境遇。

其次,就法律解释自身来说,在各种不同的解释方法还没有形成完整的位阶关系的前提下,具有不同指向的具体解释方法也是产生法律解释结果多样性的原因。从法律解释学的发展历史来看,各种具体的解释方法基本上都来自于司法实践经验的总结,尤其是一些争议较大的疑难案件和影响较大的宪法性案件。① 争论者从各自的立场出发提出特定的主张,这些主张经过后人的发展逐渐形成特定的法律解释方法。因此,这些方法从一开始就具有不同的侧重和指向。有时,针对同一待决案件,选择不同的解释方法可能会获得不同的结果。针对各种解释方法,波斯纳指出:"相应于当人们在阅读时起作用(经常是无意识的)的数量巨大的考虑因素。这些原则都是告诫性的而不是定向的,和类似于这些解释原则的普通生活格言一样,它们的指向经常对立,这些原则集合了成文法解释的大众智慧,它们回答解释疑难问题的能力并不比日常生活格言解决日常生活问题的能力更大。"②

再次,如果我们将哲学诠释学的观点适用于司法领域,则法官作为解释的主体,他自身的主观性因素也必然参与理解的过程,而每个法官的主观性因素是不同的,因此其解释结果也将呈现多样性样态。在法律解释的过程中,法官需要依赖于自己的前见完成对实在法的认识。正如新生婴儿只能进行人类本能的行为,艰深的相对论只有极少数人才能理解,人的理解之所以可能,乃是因为理解者已经具有关于这一事物的某些知识储备,这些知识储备表明解释者具备了理解的能力,前见是理解得以可能的前提。而前见的存在和获得不仅需要长期的知识积累,更重要的,对获得知识的辨别、吸收也是包含了理解者个体性因素在内的。每个法官有不同的家庭背景、学习经历、工作经验甚至是性格特质,这些都会导致法官前见的不同,这样一来,我们就能够理解为什么同类案件不同的法官会得出不同的结论,尤其是当法官需要在多元的价值之间作出选择时,更是如此。

正因为法官经常会面对解释结果的多样性,因此,他必须选择其中最为恰当的一种,也就是说,他要遵循法律解释的合理性原则。那么这里所说的合理性是什么?根据学者的研究,中西方学者对合理性内涵的把握有所不同。从学术进路上来看,西方哲学理论的探讨将合理性界定为"合乎理性"或者"合之于理性",即把理性作为一种基本的衡量标准;而合理性的含义在国内讨论中有着些许变化,在很多场合中演变成了"合理之性",即本身内在地含有某些符合既定

---

① 参见孙光宁:《法律解释结果的多样性及其选择》,载《甘肃政法学院学报》2009 年第 4 期。
② 〔美〕波斯纳:《法理学问题》,苏力译,中国政法大学出版社 1994 年版,第 353 页。

标准的性质。① 例如,有学者将法律解释的合理性原则阐述为,法律解释应符合社会现实的需要和社会公理,应尊重公序良俗、尊重科学、顺应事物客观规律和社会发展趋势。② 法律解释的合理性原则意味着,法官法律解释的结果,不仅应符合合法性这一基础性要求,还应具有公共道德上内在的善的价值。

(二) 合理性原则的标准:从唯一正确到可接受性

现代司法的基本理念是在法律的框架内公正地解决纠纷,这就意味着法官必须在各种可能的选择中作出一种判断,而且这种判断应该是唯一的。因为法律秩序的建构是以"客观正确性"的理想为目标而进行的③,也就是说,针对一个具体的法律关系而言,只能有一个决定具有正确性的意义。这也就意味着,即使是再具争议的法律问题都是具有唯一正确答案的,这种答案的正确性是独立于人们对它的看法而存在的。④ 而在诸多争议的答案中选择出这个唯一正确答案,就是法律解释的直接目标,也是判断法律解释结果是否具有合理性的理想标准。因为任何案件和任何法律问题都只有一个唯一正确的裁判,而法律者之间的观点之争并不是由于法秩序的规整欠缺,而仅仅是因为法官缺乏能力去认识"实际的"法。⑤ 用德沃金的话来说,"即使对理解本身有争议,法官仍有义务凭'正确'的理解去实施法律"。⑥ 虽然"唯一正确答案"的立场遭到质疑,德沃金仍用他的整体性法理论来维护这一立场。德沃金认为法律并非仅仅是指规则系统,还包含原则与政策,这二者都是法院或法官裁判案件的根据。⑦ 根据整体性法的理论,法律本身是不存在漏洞的,即使法律规则本身存在一些缺陷,如语言的不清晰、与社会生活的不适应、本身的不协调等,都可以通过对隐含法律的发掘而弥补。因此,整体性法是一种圆满的、具有自我发展能力的法律体系,法官可以在其中寻找到适合司法个案的"唯一正确"答案。

"法律职业界都很安全地相信自己有一套强有力的研究工具,主要是演绎、类推、先例、解释、规则适用、辨识和平衡相互竞争的社会政策、系统表述和适用中性原则以及司法自我约束,把这一切相加,就构成了它的方法论,有了它后,哪怕是最棘手的法律问题,也可以得出客观上正确的答案。"⑧法律解释的独断性

---

① 参见孙光宁:《法律解释结果的多样性及其选择》,载《甘肃政法学院学报》2009年第4期。
② 参见张文显主编:《法理学》(第二版),高等教育出版社、北京大学出版社2003年版,第323—326页。
③ 参见尹建:《不确定法律概念具体化的模式构建》,载《法学评论》2010年第5期。
④ 参见〔美〕朱尔斯·科尔曼、布赖恩·莱特:《确定性、客观性与权威性》,载〔美〕安德雷·马默主编:《法律与解释》,张卓明、徐宗立等译,法律出版社2006年版,第306—307页。
⑤ 〔德〕乌尔弗里德·诺伊曼:《法律论证理论大要》,郑永流、念春译,载《法哲学与法社会学论丛》(第6期),北京大学出版社2003年版。
⑥ 〔美〕德沃金:《法律帝国》,李常青译,中国大百科全书出版社1996年版,第119页。
⑦ 参见〔美〕德沃金:《认真对待权利》,信春鹰等译,中国大百科全书出版社1998年版,第40页。
⑧ 〔美〕理查德·A.波斯纳:《超越法律》,苏力译,中国政法大学出版社2001年版,第40—41页。

特征要求法官应坚守法律解释具有唯一正确答案的立场,这同样是法律解释合理性原则所追求的目标。如果说法律解释的独断性原则是要求法官坚信存在这种唯一正确答案,那么,法律解释的合理性原则就是要求法官寻找到这种唯一正确答案。因此可以说,在这一问题上,法律解释的合理性原则又前进了一步。

但是,"主观确定不是肯定如此的标准"①。设若有两个法官,如果一个法官同样经过凭良心的思考过程得到了与另一个法官不同的结论,那么,展示给这两个法官的只能有唯一正确答案——尽管这样的一个答案可以在法学家的脑海里浮现,但没有人能证明它是什么,因此只能有一个法官是正确的;这样的说法就是没有意义的。②德沃金自己也承认,"从不同背景陶冶出来的不同法官,可能会构建不同的并且相互冲突的赫尔克里斯理论;而且当事实的确如此时,很难说它们中的一个是唯一正确的而其他的统统错误。事实上,所有的都可能不对"。③尤其是,当法官必须处理与价值相关的问题时,更没有真实性可言。同样,法院的判决理由也不可能是绝对"正确"的。不同的法院对同样的纠纷作出不同的,甚至相互背离的裁判,这种情况也屡见不鲜。因此,对法律解释来说,完全正确的结果可能是不存在的,但是其可以是适当的、合理的和符合目的的。④退一步来讲,即使有正确答案,但如果无法获得这一答案的话,也就等于没有正确答案,或者等于这个问题没有意义。在法律中这种情况更严重。我们可以耐心——如果需要永久的话——等待历史学家来发现事实的真相;但一个法律案件必须在其出现时就加以决定,而且这个决定也许会成为以后判决的一个依据,即使最终发现"正确答案"时也不能对该决定重新考虑。⑤

在司法过程中,法官所需要的东西并不只是(主要不是)锲而不舍地追究终极问题,而且还要知道,此时此地什么是行得通的,什么是可能的。⑥与此同时,人们已经意识到,现代法治国家的司法裁判,绝不能仅仅期望于国家强制力的维护,还应该丰富自身的价值属性,增强作为裁判接受者主动认可、服从的可能。"规范性判断的正确性是无法在真理的符合论的意义上来解释的,因为权利是一种社会构造,不能把它们实体化为事实。'正确性'意味着合理的、由好的理由所支持的可接受性。"⑦由此,可接受性成为合理性的一种新标准。具体来说,

---

① 转引自〔美〕理查德·波斯纳:《法官如何思考》,苏力译,北京大学出版社2009年版,第112页。
② 〔英〕H.L.A.哈特:《英国人眼中的美国法理学:噩梦与高贵之梦》,载〔英〕H.L.A.哈特:《法理学与哲学论文集》,支振锋译,法律出版社2005年版,第148页。
③ 同上书,第147页。
④ 参见〔德〕伯恩·魏德士:《法理学》,丁小春、吴越译,法律出版社2003年版,第143—144页。
⑤ 参见〔美〕波斯纳:《法理学问题》,苏力译,中国政法大学出版社1994年版,第252页。
⑥ 参见〔德〕伽达默尔:《真理与方法》(上卷),洪汉鼎译,上海译文出版社1999年版,第16页。
⑦ 〔德〕哈贝马斯:《在事实与规范之间》,童世骏译,生活·读书·新知三联书店2003年版,第278页。

"可接受性"可以表述为"表示某种事物具有可能或能够被容纳而不被拒绝的属性"。① 在司法实践中,具体解释的合理性的确不得不接受来自对判决和解释结果的可接受性的审查,而这种审查往往是以态度的认可和接纳为外在表现的,因此,解释的可接受性成为一个更具有社会现实意义的标准。②

(三) 可接受性实现的可能与限度

按照数学家戈德尔的"不完备定理",任何一个证明系统都必定是不完备的,它们必定无法证明本身的一致性,都必须依赖一个系统外引进的定理,即给予某种共识。而可接受性本身是一个有针对性的动态的概念,一个法律解释结果的可接受性,取决于其与听众之间的互动进而达成共识的程度。因此,我们要判断一个法律解释结果是否具有可接受性,或者具有何种程度的可接受性,首先便要考察其听众。

听众是指"说话者在论证过程中所企图影响之人"③。佩雷尔曼提出三种听众的概念:(1) 普泛听众,除说话者本人之外,所有潜在的有智识的听众都是普泛听众。(2) 说话者所要说服的特定听众。(3) 说话者本人,即论证者不仅要说服他人,而且能够说服自己。对法官来说,其应着重关注哪类听众? 我们认为,对法律解释的结果以及裁判的结论,法官在进行判决书的写作的时候心中已有定论,如果说论证的过程也是说服自己的过程的话,那这种说服更多地只是增加确信。在具体的案件中,法官最关注的听众可能就是案件双方当事人了。我们知道,案件的双方当事人往往是站在不同的立场而持有相反或相对的观点,法官的裁判要获得一个案件双方当事人的认可是非常不易的。尽管如此,法官还是要将原被告双方作为直接和重要的听众。除此之外,我们可以认为,特定案件的裁判结果还有一个重要听众就是法官职业群体,尤其是作为一个初审案件的裁判,法官也会期待其裁判能够得到以上级法院为代表的法官群体的认可。但是,法官仅仅以特定对象、特定时间的实效作为目的无疑是不够的,法官可能关注的还有更广泛的听众,毕竟,一种论点能够获得普泛听众的接受是论证的最高境界。而且"法律人群体的理解和大众的理解并不是完全不可沟通的,而且也并不存在截然两分的社会大众的口味和法律人的口味"。④ 尽管如此,普泛听众的认可只是一种理想状态。虽然我们可以认为,法律职业共同体的同质性比较高,他们比较容易接受法官所要论证内容的一些基本前提,可以成为法官的理想听众,但是我们还必须清楚地看到,在当前的中国可能还并未形成这样的一个具

---

① 陈金木:《裁判可接受性的实证研究》,中国政法大学 2006 年博士论文,第 20 页。
② 孙光宁:《法律解释的评价标准:从合法性、合理性到可接受性》,载《内蒙古社会科学》2009 年第 5 期。
③ 廖义铭:《佩雷尔曼之新修辞学》,唐山出版社 1997 年版,第 49 页。
④ 蔡琳:《法官如何说理:基于司法职能与法律认识的追问》,载《兰州学刊》2008 年第 12 期。

有较高同质性的法律职业共同体。① 因此,法官的所谓理想听众实际上是不存在的,当然,这并不妨碍法官将其作为一个努力的方向。

虽然法律解释的可接受性是针对特定的受众而言的,但这并不是说裁判的可接受性标准完全取决于受众的主观感受,而与解释本身无关。事实上,一个法律解释结果具有可接受性的前提是其本身具有特定的属性,这种属性与听众所共有的特定社会认知背景和价值选择密切相关,因而能被听众接受。② 从这一意义上来说,法律解释的结果必须考虑特定的社会背景和社会稳定的价值观念,而不能单纯为了满足特定听众的需求而偏离社会这个大方向,因为,共识并不意味着真理。"事实上,如果假设有了共识就发现了真理,那样就会窒息探索。向确立的信仰挑战是智识进步的根本推动力。这意味着已确立的信仰经常是错误的,它们也确实如此。"③因此,"法院的标准必须是一种客观的标准。在这些问题上,真正作数的并不是那些我认为是正确的东西,而是那些我有理由认为其他有正常智力和良心的人都可能会合乎情理地认为是正确的东西"。④ 如此就可以在一定程度上避免单纯依赖合意所可能导致的"将形式正确的合意谎言(所有意见达成一致)作为真实的东西予以合理化"⑤的弊端。

尽管如此,我们仍需要看到法律解释可接受性实现的有限性。首先,法官法律解释的作出和听众的接受二者之间存在时间差,法律解释结果可接受性的检验往往是事后的,法官不可能随时修改自己的判决。这个问题虽可借助于法官丰富的知识储备和宽广的视域来努力克服,但可以肯定的是,法官在作出其法律解释时对于其可接受程度只能有大致的预期而无法完全把握。其次,不同层次的听众进入司法过程的可能性存在差异,这导致法官与受众之间的互动过程经常是充满了不确定因素的。例如,在一些社会热点案件中,强大的舆论压力可能会使得社会大众成为超越案件当事人甚至是法律职业群体的首要听众,而涌入司法过程的舆论或呼声是否能真正代表民意,或者说,其在何种程度上可以代表普泛听众,这是值得质疑的。最后,由于司法程序以及司法成本的限制,法官与听众的互动不可能实现理想商谈的条件,其注定是非常有限的,因此,在这一意义上说,"合理商谈之高要求交往预设,是只可能被近似地实现的",进而,法律解释的可接受性也注定是有限的。

可以肯定地说,以可接受性来衡量法律解释合理性不仅提升了这种衡量标

---

① 用苏力的话说,它还是一种"想象性的虚构"。参见苏力:《判决书的背后》,载《法学研究》2001年第3期。
② 参见张雪纯:《刑事裁判可接受性问题初论》,载《浙江社会科学》2010年第8期。
③ 〔美〕波斯纳:《法理学问题》,苏力译,中国政法大学出版社1994年版,第146页。
④ 〔美〕卡多佐:《司法过程的性质》,苏力译,商务印书馆2002年版,第54页。
⑤ 〔德〕考夫曼:《后现代法哲学——告别演讲》,米健译,法律出版社2000年版,第45页。

准的可操作性,更重要的是,它使法律解释以及司法裁判过程不仅仅依赖法律强力来获得认同,而更关注其听众的接受态度,这使得司法过程更加符合文明和民主的生活模式。① 但是,可接受性标准的使用并不意味着我们降低了对法律解释合理性的期待。在面对多样性的法律解释及其结果(特别是在疑难案件中)之时,法官仍然应当在进行总体比较和权衡之后形成并坚持唯一结论,这种形成和坚持并不应当因为各种不确定性因素的增加而退让和放弃。法院的审理被置于一种意识形态之下,那就是确信"事实就是事实"、"法律问题存在唯一正确的答案"、"存在唯一正确的判决"。这种观念不仅体现在法院撰写裁判文书的方式上,而且体现在法官的思维方式和对待判决的工作情感态度上。②

四、法律解释中维护法制统一的原则

法治的完整统一是一个国家主权的重要象征。一国的法律制度作为一个整体,它不仅为人们的社会生活提供了规范标准,也为法官的司法裁判提供了一个体系性的依据。法治社会要实现法律的至上权威,这种权威不仅是个别法律的权威,更是法律整体的权威。法制必须统一,即它必须适用于全国一切部门、组织和每一个公民。法制是国家建立的,因此具有国家强制力,它神圣庄严,不容侵犯。唯其统一,才有尊严;保持尊严,也即维护了法制的统一。③ 要保证司法权威,法官的法律解释也必须与整个法律体系相一致,这就是法律解释的法制统一原则。作为法律解释的一项基本原则,法制统一原则是指法律解释应在法治的范围内进行,解释活动应有助于加强法律之间、法律内在的统一性,要建立解释的约束机制,建立有助于法制统一的规范化的解释技术。④

在法治社会,任何一个国家的法律都应是一个有机统一的整体,法律体系的统一本身就是以法治为价值取向的。只有在统一的法律制度框架下,法律以及法官的裁判才可能具有稳定性和确定性。因此,法制的统一问题,不仅是立法追求的目标,也是一个司法领域的重要命题。对此,德沃金有精彩的论述:"法律的生命与其说是某种漂亮的迷信,不如说是整体性。把整体性的各种主张分成两个更实际的原则是有益的。第一是立法的整体性原则,它要求那些以立法制定一项法律的人在原则上保持该项法律的一致性。第二是审判的整体性原则,它要求那些负责确定法律内容的人在理解和实施法律时以上述方式保持一致

---

① See Massimo La Torre, Theories of Legal Argumentation and Concepts of Law, *Ratio Juris*, Vol.15, No. 4 December, Blackwell Public Ltd., 2002, p.377. 当然,在某种意义上,法治本身就已经包含了民主的内涵,现代法治国家的一些具体制度也实践了这一理念,法律论证则使司法过程中的民主色彩更为浓厚。
② 孙光宁:《法律解释结果的多样性及其选择》,载《甘肃政法学院学报》2009 年第 4 期。
③ 许崇德:《学而言宪》,法律出版社 2000 年版,第 89 页。
④ 参见张文显主编:《法理学》(第二版),高等教育出版社、北京大学出版社 2003 年版,第 323—326 页。

性。第二个原则解释了怎样和为何必须容许过去的决定在法院中有某种特殊的效力,这与实用主义者认为毋须如此的主张相反。这也解释了为什么法官必须把他们所控制的法律视为一个整体,而不是一套他们可以随意逐一制订或修改的互不相关的决定。"[1]在立法层次,我们期待"全部有效规范最终构成一个理想的融贯体系,这个体系对每一个运用情境只给出一个正确回答"。[2] 这虽然只是法制统一的一种理想状态,但是,这种理想状态是可以部分地实现的。因此,法官在进行法律解释时,必须遵循这样的原则,即首先将已有的法律系统视为一个相互协调的统一整体,从中寻找裁判依据。事实上,法学理论中的法律渊源理论所蕴含的正是这样一个理论前提,不同层次的法律渊源共同构成法官寻找法律依据的场所,而且,各类渊源之间是具有理论上的协作关系的。法官如果在制作司法裁判的过程中发现其依据之间存在冲突,那么,法官必须遵守特定的规则,并采取具体的方法来协调这种冲突。当然,这种协调只是在特定案件的裁判领域。法官的解释与裁判结果应实现三个层次的要求:第一,具有逻辑上的一致性,也就是符合逻辑规则;第二,法官的各个裁判理由之间相互协调支持,具有融贯性;第三,法官的解释结果与相关法律的规定相一致,这其中包括符合宪法规定。

具体来说,对法律解释的法制统一原则,我们可以从两个层次来理解其内容。

首先,就具体案件的裁判过程而言,法律解释的统一原则要求法官通过考察法律概念或者规范条文所处的语言环境进行解释,从而保证解释结果与法律体系的协调统一。根据拉伦茨的观点,作为法律规范的载体的法条主要可以分为两种:完全法条和不完全法条。完全法条既对人们的行为具有约束力,也可以作为法官的判断规范。而不完全法条中,有些是用来详细规定完全法条的构成要件、构成要件要素或法效果;有些则将特定案件类型排除于另一法条的适用范围之外,借此限制起初适用范围界定过宽的法条;再有一些法条,它们或就构成要件,或就法效果的部分,指示参照另一法条。这些不完全法条仍属法条,这就意味着,它们也具有法律效力,但其只有与其他法条结合,才能共同创设法律效果。[3] 在现代国家,随着立法技术的提高,为了实现法律语言的简洁以及逻辑的严密,产生了大量不完全条文,这种条文不能独立完成规范作用,而需要引用和借助于其他条文。正因为法律条文之间存在重要的内在关联,这种关联将所有法律制度和法律规则连成一个大的整体。"如果一项法律规定属于一个更大的

---

[1] 〔美〕德沃金:《法律帝国》,李常青译,中国大百科全书出版社1996年版,第150—151页。
[2] 转引自〔德〕哈贝马斯:《在事实与规范之间》,童世俊译,生活·读书·新知三联书店2003年版,第284页。
[3] 参见〔德〕拉伦茨:《法学方法论》,陈爱娥译,商务印书馆2003年版,第138页。

系统——无论是一项法律还是一组相关的法律,那么就应该把这一项或一组法律视为一个完整和谐的体系,把所要解释的法律规定作为其中的一个有机部分、根据上下文的联系予以解释。"①

其次,对作为解释主体的法官群体而言,法制统一原则意味着同类案件应获得相同或相近的法律解释结果,即实现"同案同判"。在判例法国家,前例对以后类似案件的审理具有法律上的拘束力,法官们形成了成熟的案例识别技术和适用前例的统一思维方式,而且,由于推翻先例需要经过复杂的程序并承担较高的论证负担,因此,对前例的遵守是一种司法常态,这样就形成了裁判结果上的"同案同判"。可以说,在判例法国家,"同案同判"既是法律解释的标准,也是法律解释的结果。但是,成文法国家,法官对同类案件要统一适用法律,应以什么为标准?显然,我们无法以"同案"作为标准,因为在我国,判例不是正式法源,也没有正式的案例指导制度,法官在审理一个案件时,没有权力审查另外一个案件,以判断二者是否属于"同案",即法官没有识别"同案"的制度和途径。以案件事实的一致(即"同案")作为法制统一的起点是难以操作的。因此,司法过程中的法制统一的实现就必须依赖于法律本身的统一解释和适用。② 在这一意义上说,同案同判是法律统一解释和适用的一个结果,而不是法制统一原则的出发点。

最后,在整个法律制度框架内,法制统一原则要求即使针对不同的案件,法官在适用同一法律时,也应有统一的标准,避免各解释结果之间的冲突。无论在民事案件、行政案件还是刑事案件中,只要适用了物权法,就应该统一适用。③ 同一法律规范,在对应不同的案件时,不应出现意义不统一甚至相互矛盾的情形,这样才能在整体上维护法律的统一和权威。

总之,法制统一是法官进行法律解释过程中必须遵循的基本原则,它要求法官在具体个案中要考虑相关法律之间的内在关联,对不同的案件也要在法律的整体性框架内统一适用法律。只有在个案中实现了法制的统一,才能够在更广泛的层次上统一适用法律,即实现"同案同判"。

第三节 法律解释方法

法律解释的方法很多,主要包括文义解释、论理解释、比较法解释、社会学解释,其中论理解释包括体系解释、法意解释、扩张解释、限缩解释、当然解释、目的解释、合宪性解释。④ 法律解释方法可以划分为两种基本序列,即按照解释手段

---

① 张志铭:《法律解释操作分析》,中国政法大学出版社1998年版,第110页。
② 参见范明志:《消解成文法中法律统一适用之痛》,载《人民法院报》2010年4月16日。
③ 同上。
④ 参见梁慧星:《民法解释学》,中国政法大学出版社1995年版,第214页。

或者解释角度划分为文理解释、法意解释和论理解释,按照字面含义是否与解释结果相符,分为字面解释、扩充解释与限制解释。在法学著作中,按照解释标准宽严的不同,法律解释又被分为严格解释与自由解释。①关于法律解释方法的划分在目前的研究中仍然存在较大的争议,不同解释方法在内容上有不同程度的交叉融合。这里仅介绍几种常见方法。

一、文义解释与体系解释

文义解释与体系解释是各自独立的解释方法,但与其他解释方法比起来,二者的关系显然要近得多。因为无论是文义解释还是体系解释,都强调对法律文本的重视,所不同的是前者重视法律文本中某些文字的意义而后者重视整个法律体系中的各个法律文本,体系解释的对象在范围上远远大于文义解释的对象。文义解释探求的是在对语言文字的常规理解所形成的诸多意义中某一法律条文的确切含义,体系解释探求的则是在整个法律体系中某一法律条文的确切含义。因此,文义解释可以被视为微观视角的体系解释,体系解释可以被视为宏观视角的文义解释。

(一) 文义解释

法律条文是由文字构成的,理解法律必须从解释文字入手,文义解释是最基本的解释方法,关于法律解释方法的介绍和探讨总是从文义解释开始。学者们给文义解释所下的定义不少,但其基本含义是指按照法律条文的字义和语法规则,对法律条文中的字词句进行分析,以说明法律条文的含义。有学者认为,文义解释的方法还可以细分为平义方法和特殊文义方法,前者的基本要求是,法官和律师以及其他阅读法律文本的人追求法律文字的习惯的和通常的含义,后者强调法律文字的专业性,即不能按照常人的使用习惯来理解,而必须按照法律界的习惯意义来理解。法国学者对《法国民法典》的评价和德国学者对《德国民法典》的评价,可以分别作为这两种文义解释的代表。②

文义解释有两个明显的特征:(1) 解释的依据仅限于法律文本。文义解释既然是根据法律条文的含义进行的,法律文本就成为法律解释的唯一依据,其他因素至多对法官的理解活动产生一定的影响,但不具有决定作用。法官必须在法律文本从文字上看可能具有的意义范围内阐释法律在个案中的意义,任何超越此等意义的解释都属于法官的越权解释。(2) 排斥了法官个人因素对法律解释的影响。法官的解释活动在一定程度上受其个人因素的影响,特别是在对法

---

① 参见孔祥俊:《法律解释方法与判解研究》,人民法院出版社2004年版,第255—256页。
② 参见苏力:《解释的难题:对几种法律文本解释方法的追问》,载梁治平编:《法律解释问题》,法律出版社1998年版,第33页。

律原则的解释中,个人因素的影响很明显。但文义解释显然排斥了法官个人因素对法律解释的影响,因为它强调解释出的意义不能超出文本可能的意义。

文义解释方法有两方面的意义。一是有利于树立法律文本的权威。文义解释强调法律文本为解释的唯一依据,突出了法律文本在法律解释中的根本地位和作用,其他任何资料和文本都不能改变哪怕是冲淡法律文本,法律文本在裁判案件中具有绝对的地位。在这种情况下,法律文本自身的权威性不言而喻。二是有利于维护法律的稳定性和法律意义的安全性。文义解释追求的是法律文本的基本意义,限制了法官自由裁量权的发挥,增强了法律解释的客观性,避免了法律被解释得面目全非的厄运。"在法治现代化的初始阶段,对法律解释客观性的强调具有特殊意义,是培养社会公众法律信仰情感的重要因素,这也是文义解释方法被推为首要方法的重要原因。"①

在法律与社会的关系上,如果过度强调文义解释方法的意义也会出现问题。文义解释将法律的意义集中到法律中的语言文字上,有时候就不能完全不顾及法律与社会的关系,仅仅根据语言文字进行解释可能会出现不公正或与社会关系不吻合的结果。如果机械地坚持文义解释,可能导致解释结果表面上合乎法律的规定而在实质上违背法律的精神。尤其是,当法律文本往往不会随着社会的变迁而及时修正时,过于坚持文义解释会使法律文本的弊端暴露无遗,通过法律解释而维护法律文本稳定性的作用也会大打折扣。总之,法律自身所具有的各种僵化性,在文义解释中都会遇到,这时的文义解释就面临着尴尬局面:如果法律的意义很明确,还需要法官进行文义解释干什么?如果法律的意义模糊不清,文义解释所坚持的文义,又如何被认定为是法律的文义呢?但是在法治社会中文义解释仍是最基本的解释方法。

(二) 体系解释

体系解释也称整体解释或者系统解释,是指从法律条文在法律文本中的位置出发,联系上下条款的相关规定,从整体上对法律条文的含义进行说明。进行体系解释,需要理清所要解释的法律条文与其他法律条文和相关法律制度之间的关系,并解决不同法律条文之间的矛盾,全面系统地分析该法律条文的含义。学者们对体系解释的界定有较大的差别,但对体系解释的基本理解是一致的,差别仅仅在于体系的范围到底有多大。

狭义的体系解释,仅指把被解释的法律文本作为一个体系,融汇其上下文的关系而作出解释。如有学者指出,尽管美国宪法并没有明确的三权分立的文字规定,但是美国学者认为从宪法的结构来看,由于宪法第1、2、3条分别规定了国会、总统和法院的权限,因此三权分立被认为是不言自明的。又如,美国宪法第

---

① 陈金钊主编:《法律方法论》,中国政法大学出版社2007年版,第115页。

一修正案虽然规定的只是国会不得制定限制言论自由的法律,但从宪法总体来看,既然只有国会能制定法律,行政部门的命令不能违反宪法和法律,法院只能执行法律,因此任何部门都不能制定限制言论自由的法律。①这种解释实际上是仅仅限于宪法文本的体系解释。

广义的体系解释,除了把被解释的法律文本从整体上进行考量外,还包括把被解释的法律文本置于国家的整个法律体系中全面考量。在解释中,不但要理顺同一法律文本内部不同条文之间的冲突,还要理顺不同法律文本之间在某些规定上的矛盾,进而探求法律在个案中的意义。有学者从更为广泛的意义上理解体系解释,认为体系解释还包括法律与宪法相冲突时所引发的合宪性解释。②

关于体系解释的功能,学者们作了不同概括,其中两个功能非常突出。一是体系解释有助于全面理解法律规范的意义。"通常只有了解法律规范在规范群、法典、部分领域(劳动法、社会法、税法)或者整个法律秩序中的地位,才能对规范内容进行切合实际的理解。这里适用一个原则:没有一个法律规范是独立存在的。它们必须作为整个法律秩序的部分要素来理解。"③单独理解法律规范的含义可能存在断章取义的情况,体系解释要求从整体上全面和宏观地理解法律,这可以消除文义解释的某些不足。二是体系解释有助于维护法律秩序的统一性和权威性。体系解释可以理顺不同法律条文之间的关系,摆正不同法律文本之间的位置,明确某些法律概念和规范在整个法律体系中的基本含义,消除法律规范中的某些混乱现象,进而确立法律秩序并维护法律秩序的权威。当然,体系解释也有一定的局限性。尽管立法者一直追求建立结构严谨、内部协调、形式完备、逻辑严密的法律体系,然而这样的法律体系可能并不存在,不同法律之间总是存在冲突。由于体系自身并不完美,体系解释的结论也会面临一些疑问。同时,由于法律体系所包含的法律非常多,法官在审理个案中未必能全面和深刻地理解所涉及的其他法律文本,其解释的体系性可能并不周全。而且从逻辑上说,为了探求某一条文在法律体系中的确切含义,法官在解释该条文所在的法律文本时,也应当解释相关的其他法律文本,越解释需要解释的法律文本就越多,可能会陷入无限的解释中而偏离个案审理的主题。

二、历史解释、目的解释与社会学解释

历史解释、目的解释和社会学解释这三种方法,分别是依据法律(立法者)的原意、法律的目的和社会目的进行解释的,它们的依据具有相似之处,即都是

---

① 苏力:《解释的难题:对几种法律文本解释方法的追问》,载梁治平编:《法律解释问题》,法律出版社1998年版,第49页。
② 参见陈金钊等:《法律方法论研究》,山东人民出版社2010年版,第360页。
③ 〔德〕魏德士:《法理学》,丁晓春、吴越译,法律出版社2005年版,第320页。

透过法律而探索某种目的或者价值取向。与文义解释和体系解释不同的是,它们在解释中重视的是法律背后的某些因素,而不是法律文本和法律体系自身,解释者的主观性更为明显。

(一) 历史解释

历史解释是指通过研究有关立法的历史资料,如立法的历史背景、立法机关审议情况、法律草案说明等,来说明立法当时立法者赋予法律的内容和含义。进行历史解释,主要是探求某一法律概念如何被吸收入法律条文中,某一法律条文、法律制度如何纳入法律体系中,立法者是基于哪些考虑而制定了某些法律等。魏德士认为,历史解释涉及规范产生时发挥共同作用的各种情况和影响因素:(1) 历史—社会的上下文,即导致立法的社会利益、冲突状况和目的观。(2) 思想史和信条史的上下文,即必须注意酝酿和表达立法时的概念史和信条史的初始状态。同样的概念在产生时刻可能有完全不同的含义。要理解规范的语言,就必须了解立法者的语言。只有它才能介绍最初的要求内容。(3) 立法的调整意志,就是要查明立法的法政策上的意图和调控目标,它们决定性地影响着立法过程的表达以及法政策的贯彻。这是历史解释的核心目标。这三方面的研究使法律适用者能够了解被适用的规范的最初含义。[1]说到底,历史解释主要是探求法律条文中的立法者的原意,将立法者的原意作为解释法律文本的含义的根本标准。

法律是各种利益博弈和各种矛盾调和的结果。了解法律制定、修改的来龙去脉,从历史角度对法律进行解释,可以充分贯彻立法者的意志,防止法律在适用过程中走样。"历史解释的价值在于,通过重建立法者赋予法律规范的意义和目的,来形成对现实问题的判断。一旦能够从历史上的立法资料的解读中获得了立法者的立场,那么由此也较为容易地形成立法者如何解决现实问题的判断。"[2]历史解释一度很盛行,但也面临着一些质疑,其中最大的问题是,立法者的原意是否存在?许多学者明确指出,所谓立法者的原意其实根本是不存在的,因为在民主社会的立法活动中,立法者并非一人,而是由众多代表组成的委员会。法律是众多代表协商、争论和表决的产物,是公共意志的体现,而且一般说来也不是全部代表意志的体现,只是大多数代表意志的体现。立法活动充满了斗争与妥协,即使一些代表同意某个法律也可能只是同意它的部分内容而非全部内容。所以有学者指出:"那些投票赞同获得通过的法案的人可能共同拥有国会的意图。但是非常重要的一点是,我们应当记住是法案本身展示了意图。由此看来,反对派的成员仅仅是因为他们认为法案拥有多数派的意图而投票反

---

[1] 〔德〕魏德士:《法理学》,丁晓春、吴越译,法律出版社2005年版,第331—332页。
[2] 陈金钊等:《法律方法论研究》,山东人民出版社2010年版,第353页。

对该法案,他们当中也应当被认为存在国会的必不可少的意图。如果投票赞同一个法案的人不是以同样的方式阅读它,被国会多数派认定的法案的意义就可能会出现不同的意图。在对成文法进行解释的时候,我们应当怎样选择?这依赖独立于这些意图之外、以根本不参阅这些意图的方式妥善处理它们而作出的判断。"①

(二) 目的解释

目的解释是指以法律的目的为根据来解释法律的意义。这里的目的,既可以指原先制定该法律时的目的,也可以指在当前条件下实施该法律的目的;既可以指整部法律的目的,也可以指个别法律条文或者制度的目的。作为社会利益的调节器,任何法律的制定都有其特定的目的,有的目的在法律中开宗明义地表达出来,有的则隐含在法律原则和规则中。法官是法律的直接实施者,在解释法律时应当贯彻该法律的目的。为了明确法律的目的,解释者需要考虑比法律本身更为广泛的因素,如政治经济形势、公共政策、社会发展状况等,因而目的解释有较为自由的解释空间,可以最大限度地发挥法律的作用。

目的解释有助于贯彻法律的意图,充分实现法律的价值。特别是当同样能够适用于个案的法律规则发生冲突时,通过探寻法律的目的来明确该法律规则的含义和适用的对象范围等因素,可以正确把握法律的精神和原则,实现法律调整的初衷。当然,目的解释的弊端也不容忽视。有些法律的目的并未在条文中明确标出,需要解释者多方探寻,而解释者所探寻的目的未必就是法律的目的。即使法律的目的很确定,随着社会的变迁,过去的目的也未必适用于当前的社会情况。这都给法官的解释活动带来混乱,需要法官从中取舍判断。"目的解释放松了对法律服从的要求,因而在加大目的在法律推理中作用的同时,却扩大了自由裁量权,因为目的是有多种的,目的论冲突也加大了法官等人的选择权;虽然目的解释使法律解释具有更宽广的开放性和灵活性,有助于克服法律的僵化性,但同时也使规则意义上的法治时刻处在危险之中。"②

(三) 社会学解释

社会学解释是指将社会学方法运用于法律解释,着重于社会效果预测和目的衡量,在法律条文可能文义范围内阐发法律规范的意义。③一般认为,社会学解释方法的出现是自由法学的贡献。在这一学派看来,真正的法律是那些在社会生活中切实起着调节作用的各种规范,而不是文本上的法律规定。因此,应当从一种社会学的视角来审视和解读法律。由于这种观点的影响,社会学解释方

---

① Michael Freeman (ed.), *Legislation and the Courts*, Dartmouth Publishing Company Limited, 1997, pp.137—138.
② 陈金钊等:《法律解释学》,中国政法大学出版社2006年版,第193页。
③ 参见梁慧星:《民法解释学》,中国政法大学出版社1995年版,第236页。

法应运而生。由于我们强调法律解释主要是根据法律的解释,因而所谓社会学解释更多的是运用法律社会学的一些研究成果作为论证法律判断的依据,而不完全是用法律社会学的方法代替规范法学的方法,是把法律社会学和规范法学有机地结合起来。

社会学解释方法是从法律所具有的多种意义中择一而用时,法官应当考虑法律的社会效果并进行目的考量。从这一点说,社会学解释与目的解释具有相通之处。二者的区别在于,目的解释考虑的是法律自身的目的,而社会学解释虽然也考虑法律的目的,但它主要考虑的是社会目的,看重的是解释结果对社会的影响。"社会学解释的功能就在于它将对法律因素之外的其他社会因素的考量通过一种思维方式和解释的方法纳入到了符合法治的轨道之内。"[①]社会学解释方法主张对法律的社会目的和实施的社会效果进行考量,与我国司法活动要求实现法律效果与社会效果的统一是一致的。法官在进行解释时,必须充分考虑案件所处社会的文化习俗,在维护法律权威的同时提高判决在社会上的可接受性。这就要求法官必须研究民间规则,充分发挥善良风俗、乡规民约、道德观念等在民间具有重大影响的社会规范对法律的支持和补充作用。当然,过于重视民间规则可能会冲淡法律的权威,因此社会学解释方法的运用不能违反基本的法律规定和法律原则。

三、各种解释方法之间有无排序规则

各种解释方法的出发点不相同,考虑问题的角度不一致,采用不同的解释方法可能会得出不同的甚至完全相反的解释结果,带来不同的判决结果。问题随之而来:法律解释活动中是否存在对法律解释的方法进行选择的规则?学者们对这一问题的回答主要有三种观点。

第一种观点认为,虽然并不存在一个严格的排序规则,但基本上存在一种确定各种解释方法在选择使用上的先后顺序的规则。如梁慧星把运用各种解释方法时应遵循的大致规律称为解释规则,并对该规则作了如下归纳:(1)首先采用文义解释方法,只有在文义解释方法出现复数解释结果的可能性时才能进行论理解释。(2)在作论理解释时,应先运用体系解释和法意解释方法,以探求法规范意旨;在此前提下可继之以扩张解释或限缩解释或当然解释,并进一步作目的解释;法律规范意义内容确定后,可再以合宪性解释进行审核。(3)若采用论理解释的各种方法仍不能确定解释结论,可进一步作比较法解释或社会学解释。(4)所作解释,不得完全无视法条之文义。(5)经过解释存在相互抵触的解释结果,且各种解释结果均言之成理时,应进行利益衡量或价值判断,从中选出具

[①] 陈金钊主编:《法律方法论》,中国政法大学出版社2007年版,第190页。

有社会妥当性的解释结果作为解释结论。①

第二种观点则相反,不承认有解释规则的存在。如桑本谦认为,解释方法的排序不是固定不变的。所谓解释方法的"优先性",只是说前位的解释方法比后位的解释方法具有更高的被采用的概率。正因为如此,对解释方法的排序并不形成一个真正的程序性指令,它不是规范性的,而是描述性的,或者说,这种一般性排序只具有统计学意义。对于解决疑难案件而言,它的功能仅仅是告诫性的。当某个案件被确认为疑难案件时,意味着这个案件很特殊,已经成为统计学上的特例,此时排序的统计学意义也消失了。②

第三种观点是折中观点,既不认为各种解释方法之间有一种固定不变的位阶关系,也不认为解释者可以任意选择一种解释方法。如王泽鉴认为,法律解释是一个以法律目的为主导的思维过程,每一种解释方法各具功能,但亦有限制,不可绝对化。每一种解释方法分量有不同,但需相互补充,共同协力,才能获得合理的解释结果,于个案中妥当调和当事人利益,贯彻正义的理念。③黄茂荣谈到了法律解释当中应当被考虑进来的五大因素,即文义因素、历史因素、体系因素、目的因素及合宪性因素。关于这些因素相互之间的关系,他指出:文义因素首先确定法律解释活动的范围,接着历史因素对此范围再进一步加以确定,同时并对法律的内容,即其规定意旨,作一些提示。紧接着体系因素与目的因素开始在这个范围内进行规范意旨的发现或确定工作。这个时候,"合宪性"因素也作了一些参与。最后,终于获得了解释的结果。于是再复核一下看它是否合乎"宪法"的要求。④

以上三种观点均有很强的说服力,而且都可以通过一些具体的法律解释实例来证明其具有正确性。显然,仅仅就法律解释的方法来说,要确定它们之间到底有没有选择使用的排序规则,是很难找到答案的。应当透过法律解释方法的选择,寻找法官支持某种选择的背后的因素。法官在作出法律解释的时候,必然要对各种解释方法进行取舍。假如法官在众多的解释方法之间进行选择时并没有一个明确的规则对这些方法进行排序,要求法官必须先采用此方法,当此方法不能奏效时再采用彼方法,或者法官必须在某种情况下采用某种方法,那么,法官的选择就会是多元的,而法律解释也必然是杂乱无章的。但事实并非如此。"真实的情况是,解释非常依赖于上下文,但是上下文的弹性并没有得到充分的

---

① 参见梁慧星:《民法解释学》,中国政法大学出版社1995年版,第245—246页。
② 参见陈金钊等:《法律解释学》,中国政法大学出版社2006年版,第327—328页。
③ 转引自梁慧星:《民法解释学》,中国政法大学出版社1995年版,第245—246页。
④ 参见黄茂荣:《法学方法与现代民法》,中国政法大学出版社2001年版,第287—288页。

认可。案件和问题的延伸的上下文造成了动态的解释。"①由此看来,这种假设未必能够成立,至少法官不能任意选择解释方法,法律解释活动背后总是有一种潜在的东西在限制着法官的选择。

梁慧星虽然提出了法律解释方法选择时的解释规则,但是他并没有说明,解释规则为什么是这样而不是那样,他何以作出了这种归纳而不是那种归纳。桑本谦认为,对解释方法的先后顺序作仔细的考察就会发现,排在前面的解释方法相对简单,由于只需要考虑较少的解释因素,所以耗费的信息成本也较低,解释透明度较大,解释结果也较容易预测;排序越是靠后的解释方法就越复杂,解释需要考虑的因素越多,因此耗费的信息成本也越高昂,解释透明度越低,解释结果也越难以预测。不难发现,在法学家对各种解释方法排序的背后隐含着一条逻辑——尽量使用简单的解释方法,除非简单的解释方法不能获得令人满意的解释结果。这种逻辑没有什么高明之处,无非是一种类似于"杀鸡不用宰牛刀"的生活常识。但除此之外,稍稍具备法学理论知识的人还能从中发现另外一种逻辑——尽量从法律文本的范围内完成解释活动,并尽量使解释结果清晰可靠,一目了然。②桑本谦运用了经济分析法学的基本原理对法律解释方法的排序规则作出评判,在他看来,法官作出法律解释时对各种解释方法进行评判和取舍的标准是法律的经济效益。这就是说,哪一种解释方法带来的判决最符合效益最大化的原则,法官就会选择哪一种解释方法。这种分析挺到位,即法律活动也会追求效益的最大化。但还应当看到,法律解释活动绝不能以追求效益为其最终目标。司法是维护社会正义的活动,而不是商业或者经济活动。法律解释虽然不可避免地会考虑效益问题,但它总的追求还是实现正义。

对于法官来说,能够制约着他对法律解释的方法进行取舍的应当是一种法律的精神追求,这种精神追求更接近于法官的价值取向。即使是效益,也不过是法官的价值取向中的一个方面。应当看到,虽然法律解释的方法有多种,但在简单案件中不同的法官会采用同一种解释方法,即使在疑难案件中对法律解释方法有很大争议时,不同的法官也会把争议的焦点集中到某一两种解释方法上,这是因为法官往往具有相同或者相似的价值取向。或许,法律解释总是被法官的价值取向这种无形的东西支配着,使之不能过于分散,价值取向可能是决定法律解释的方法选择的最深刻的因素。苏力说:"在某种意义上,对法律文本的作者原意和目的的考察也是为了排斥某些解释,接受另一些解释。例如,只要诉诸原意,一个新的法律解释以及——更重要的是——与之相伴的法律实践的改变就

---

① William N. Eskridge, Jr., *Dynamic Statutory Interpretation*, Harvard University Press, 1994, pp.48—49.
② 参见陈金钊等:《法律解释学》,中国政法大学出版社2006年版,第320—321页。

可以得到正当化,获得某种合法性;以前的解释则可被视为对作者原意的背叛而加以谴责并清除。"①法官排斥某些解释,正是因为这些解释会导致有悖于自己价值取向的判决结果出现。法官接受某些解释,也是因为这些解释能带来符合自己价值取向的结果。

在疑难案件的审判中,即使合法的判决也会受到社会大众的质疑,出现所谓的"合法"与"合理"的矛盾。这种矛盾的出现,除了可能因为法律滞后于社会现实的需要或者社会大众没有跟上蕴含在法律中的先进理念之外,法官与社会大众的价值取向不一致也是一个重要原因。一般说来法官作为社会中的成员,与社会大众的价值取向应当是相同的。但法官毕竟是社会中的专业人士,在价值取向上可能与社会大众有某些差异。为了消除判决结果的"合法"与"合理"的矛盾,法官应当多接触社会大众,深入了解他们的思想观念,尽量使自己的判决易于为社会接受。卡多佐说:"作为一个法官,我的义务也许是将什么东西——但不是我自己的追求、信念和哲学,而是我的时代的男人和女人的追求、信念和哲学——客观化并使之进入法律。如果我自己投入的同情理解、信仰以及激情是与一个已经过去的时代相一致的话,那么我就很难做好这一点。"②当然社会大众的价值取向未必总是正确的,法官的价值取向有时可能更符合社会的发展趋势,这就要求法官通过个案判决引导社会大众的价值取向。但是不管怎样,法官不能脱离社会。"一个法官必须知道他作为法官所服务的社会的心情。他必须知道这个民族和它的问题的多样性。因此,他必须与普通的公众接触。"③法官不能使自己在价值取向上与社会大众相去太远,作出的判决不能与社会大众的期望值差距过大。这样的判决既能实现个案的正义,又符合或基本符合在社会中占主导地位的正义标准,在一定程度上克服"合法"与"合理"的矛盾,实现个案正义与社会正义的统一。

【思考练习题】

1. 如何理解法律解释方法?
2. 在司法中为什么必须对法律进行解释?
3. 简论法律解释的原则。
4. 如何理解法律解释的循环性和独断性特征?
5. 如何理解法律解释是限制法官创造性解释的方法?

---

① 苏力:《解释的难题:对几种法律文本解释方法的追问》,载梁治平编:《法律解释问题》,法律出版社 1998 年版,第 47 页。
② 〔美〕卡多佐:《司法过程的性质》,苏力译,商务印书馆 1998 年版,第 109 页。
③ Aharon Barak, *Judicial Discretion*, Translated from the Hebrew by Yadin Kaufmann, Yale University Press, 1989, p. 24.

6. 简论文义解释方法与其他解释方法的关系。
7. 如何理解目的解释方法？
8. 社会学解释方法有什么意义？
9. 试举例说明体系解释方法的运用。

第五章 法律论证

在法治时代讲法说理是法律人的主要任务。这就使得法律论辩、论证的方法显得特别重要。尤其是法律的自足性和封闭性被打破以后,论辩、论证的方法在法律方法论体系中的地位更加显赫。法律论证方法不仅重视传统的涵摄理论,保持了一般规范和正义优于个别的思维线路,而且强调尊重案件中个别正义,它把一般与个别置于同等重要的地位,实现了一般法律与个别正义的结合。讲法说理虽然离不开法律感,但更主要的是要有论辩、论证思维系统的支持。法律论证方法是近三十年来逻辑学、修辞学与法学交叉融合发展的结晶,是法哲学对法治实现理论的一大突出贡献。认真研究法律论证与论辩的方法对法律执业有重要的意义。

第一节 法律论证的概念

在汉语中,论证与论辩常常紧密联系在一起。"论证"所对应的英文单词是"argument",而"论辩"所对应的英文单词是"argumentation"。论证即"论辩、证明"之意,而"论辩"则是指"论证、辩护"之意。因而,在汉语中,"论证"与"论辩"通常被看做是两个不同概念。事实上,根据当代非形式逻辑或论证理论的流行观点,论证通常包含三个层面的内容,即作为结果的论证、作为程序的论证和作为过程的论证。作为结果的论证(argument-as-a product)是这样一种论证:一个命题真取决于其他命题真的命题序列,其中,其真取决于其他命题真的命题被称为结论,其他命题都被作为前提;作为程序的论证(argument-as-procedure)是这样一种论证:论证者企图用一组陈述的可接受性在批判性讨论基础上让目标听众承认另一特定陈述的可接受性的言语交际行为,其中,企图让目标听众接受的陈述被称为主张,用来支持主张的陈述被称为理由;作为过程的论证(argument-as-process)是指这样一种论证:论证者理性地说服目标听众接受其主张的过程。换句说话,论证的这三个层面实际上已经涵盖了上述"论证"和"论辩"的含义。因此,论证有狭义与广义之分。狭义论证仅仅是指上述三个层面的第一个,而广义论证涵盖了上述三个层面。① 法律论证是一种语言思维活动,重视提

---

① 参见陈金钊、熊明辉主编:《法律逻辑学》,中国人民大学出版社2011年版,第六章"论证与法律论证"。

出论据、理由,因而也可以把它称为论辩的活动。从不同的角度观察,人们可以从多个角度定义法律论证。

一、法律论证的基本界定

作为一种重要的法律方法,法律论证理论作为单独的研究主题时间并不长,从 20 世纪 70 年代以来,法律论证理论逐渐受到了法律方法论研究者的关注,并日益显示出较强的活力。其重要标志就是国际法哲学与社会哲学协会(IVR)自从 1971 年布鲁塞尔会议之后就一直将法律论证作为其会议主题之一。现在国际法理学和法哲学中,法律论证理论研究的著名学者包括诺依曼、阿列克西、佩策尼克、阿尔尼奥、麦考密克、图尔敏、佩雷尔曼,等等。当然,还有其他一些学者会涉及法律论证理论的研究,例如哈贝马斯、魏因贝格尔等。从研究的整体现状来看,法律论证理论并没有形成完整而统一的学术谱系,而是在多种学科的交叉研究中不断深入发展。造成这种情况的原因在于法律论证理论兴起的背景。法律论证理论并不是完全独立发展的,而是在复杂的思想背景中逐渐被学者们所认知与关注的。其中作为背景的因素包括语言学转向、非形式逻辑兴起、语言哲学、商谈理论、实践哲学、分析哲学,等等。在这个意义上,法律论证理论更多表现为一种研究的主题,学者们可以借此表达自己的观点。这种学术研究意义上的法律论证包括的内容非常广泛,司法实践中的法律论证可以借鉴这些研究成果。

一般认为,法律论证是基于一些根据和理由,来证成或者正当化(justify)某种观点和意见,说明该观点和意见的正确性。在司法过程中,这些观点和意见包括原告和被告提出的请求,法官在诉讼过程中作出的裁定或者认定,甚至还包括最终的裁判结果。法律论证的总体目标并不完全是追求真伪之辨,而更多的是证明某种观点或者意见的正确性或者可接受性,这一点与对客观真实的追求并不相同。

二、法律论证的主要特征

由于法律论证理论涉及的问题比较多样和复杂,因此,其特征也随之具有多样性。特别是在司法的立场上进行考察,法律论证有着很多自身的独特之处,主要包括以下几个方面[①]:

第一,法律论证是贯穿整个司法裁判过程的一种思维方式,是法律思维的一种特殊方式。广义的法律论证可以涉及生活的各个方面,比如,法学家们单纯就某一法学问题所进行的理论论辩,法官之间就案件裁决的商讨,当事人在法庭上

---

① 陈金钊主编:《法律方法论研究》,山东人民出版社 2010 年版,第 417—418 页。

的争议,立法机关对法律问题的讨论,学生之间、律师之间、政府或企业的法律顾问之间的论辩,以及媒体有关法律问题所进行的带有法律论辩性质的争辩,等等。但是,典型的法律论证是存在于司法裁判中的一种论辩过程。现代司法裁判方式应该在程序上保证诉讼当事人表达诉求的机会,使之能够平等表达自己的诉讼请求,并使争讼各方就各自的主张展开充分的论辩。一个人主张某个观点,他必须提供充分的理由论证自己观点的正确性,司法过程尤其如此,任何法律观点必须得到充分的论证才能成立,法律论证是贯穿于整个司法裁判过程的一种思维方式,它是一种基本的法律思维方式。但法律论证与根据法律的解释的涵摄理论不一样,它强调了个别与一般的同等重要性,因而是一种特殊的法律思维方式。

第二,法律论证是对判决结论的证立过程,是一个说服听众、讲法说理的过程。法律解释是通过各种解释手段阐释蕴含在文本式的法律规范中的恰当含义,以便在法律规范和待解决的争议案件之间建立逻辑关系,也就是在大前提和小前提之间建立逻辑关系,然后进行演绎推理得出结论。而法律论证恰恰是对这一过程与结论的证立过程,提供充分的理由论证法律规范和案件事实之间的逻辑关系,以及为什么选择这一法律规范而不是其他的。法律论证应当说明判决结论不仅在法律上是合法的,而且在事实上是合理的、可接受的,因此,法律论证不仅要讲法,而且要说理,说服争讼当事人、法律职业共同体以及社会公众有效接受判决结论。

第三,法律论证是论题学取向的思维方式,强调通过对话寻求对纠纷的解决途径。所谓论题,是指许多立场、观念的组合。其基本特征是可以容纳多种观点共存,所以论题学的思维方式就是以或然性的原理、知识或"普遍接受的意见"为起点,论证结论的可接受性,因此,论题学思维方式的本质就是可论辩性。论题学的思维方式,可以导致价值多元化,允许多元价值观的并存,反对单一权威价值。司法裁判过程中,论题学的性质一方面体现在裁判结论是在争讼当事人充分论辩的基础上作出的,注重通过对话、协商解决纠纷;另一方面,法官必须对法律进行解释,他不但要考虑使判决为争讼两造、法律职业共同体以及社会公众所能接受,而且要根据自己的价值观念,使公平、正义等价值因素融入其中,法官对各种因素的衡量也有论题学之性质。法官的任务,就是在各种价值冲突中,寻找一种和谐状态的平衡点,以便被当事人所接受。

第四,法律论证是排除司法专断的有效措施,是对法治理论的证立。再完善的法律也难以涵盖多样的案件事实,法官不可能像自动售货机那样,这头输入案件事实,那头输出判决结论,他们必须根据自己对法律的理解、并采用各种方法来解释法律条文,以应对复杂多变的现实世界。在这种情况下,法官极有可能主观地根据自己的价值取向任意解释法律,作出专断的判决。法律论证理论要求法官断案必须说明理由,而且理由也必须能够被证立。论证的要求在一定程度上可以约束法官裁判的任意和专断,使其行为符合法律的规定。

三、法律论证与法律解释的主要区别

在法律方法论的研究中,其内容有不少共通之处,法律解释(法律诠释)、法律论证是其基础性的共性内容,而利益衡量、漏洞补充等内容则各有偏重。这一点已经得到了一些法律方法论综合性学术专著的印证。从国内对法律方法论研究的历程来看,法律解释首当其冲,而法律论证方兴未艾,其他方法则是各领风骚。而对这些法律方法的分析和论述,更多地集中在其技术性和操作性上,着重于这些方法的含义及其司法实践。无论学者们的具体表述为何,法律解释和法律论证已经成为法律方法论研究中最主要的内容。但是,对于法律解释和法律论证之间的关系,目前的研究中仍然较少涉及。这两种主要的法律方法并行不悖,虽然略有交叉之处但并不影响各自发展。在建构法律方法论体系的过程中,法律解释和法律论证都是不可忽视的,二者之间的关系甚至在一定程度上决定着整个法律方法论体系的建构走向,所以,法律解释和法律论证的界分是一个非常值得关注的问题。

第一,从发展沿革来看,法律解释早于法律论证。与国内相关的研究历程相似,法律方法论在西方法学中的发展也是从法律解释开始的。在萨维尼时代,法律解释是主要的法律方法,其解释的要素也只有逻辑、语法和历史三种。法律解释的历史从12—13世纪开始,经历了注释法学时期、评注法学时期、荷兰法学派、德意志法学派等。[①] 但是,这种法律解释学(法律诠释学)的思考方式,在20世纪70年代受到了不少学者的批评,这些批评可以归纳为三个方面[②]:(1) 对于一个总体性法秩序的存在固然不必全面反对,但这样一个命题却不是很重要的;(2) 基于此理论转向,学者重新肯定了逻辑分析的重要性;(3) 在逐步脱离了总体性法秩序的预设后,新的理论发展便逐渐转向于规范论的解析。法律论证理论正是在此种背景之下逐渐兴起的,它吸收和借鉴了20世纪中后期语言哲学、解释学、逻辑学、修辞学等成果,成为语言学转向在法学领域中产生深刻影响的产物和表现。可以说,法律论证吸收了法律解释研究的重要成果,是在法律解释难以推进的特定方面和领域进行的延伸探究。正是从这个意义上说,有学者认为,法律论证是法律解释发展的新阶段。

第二,从理论来源上来说,法律解释和法律论证并不相同。法律解释的理论

---

① 〔德〕萨维尼、格林:《萨维尼法学方法论讲义与格林笔记》,杨代雄译,法律出版社2008年版,第92页以下。

② 参见颜厥安:《法与实践理性》,中国政法大学出版社2003年版,第48—50页。

来源包括解经学、形式逻辑、科学理性等,是典型的现代性思维方式的表现和结果。由于吸收了包括法律解释在内的众多理论成果,法律论证在理论来源上更加多元和复杂,例如非单调逻辑、非形式逻辑、反基础主义、可辩驳性(可反驳性),甚至后现代哲学思潮,等等。这些理论来源与法律解释形成的历史时期有着相当的差异。例如,就非形式逻辑来说,其兴起于20世纪60、70年代,从一开始就显露出很多不同于形式逻辑的面貌:以日常生活中的论证为研究对象,颠覆了传统上作为范式的逻辑形式的分析标准和正确性(真前提+形式有效推理)评价标准。非形式逻辑的出现并非突兀之事,而是有着深厚的社会基础。① 法律解释与法律论证之间在理论来源上的这种关系类似于语义学和语用学的关系:英美哲学家们对语用问题的研究不仅推进了他们对意义问题的进一步理解,而且使当代语言哲学研究发生了重要转变,即从对意义和真理的一般性探究转向了对更为具体的话语使用场景的研究,其中无论是意会的知识和命题态度还是索引表达式,它们的意义都依赖于使用的具体语境。因而,这样的研究就更具有语言学科的专业性特征。② 这种"语用转向"所导致的直接后果是经典有效性概念的扩展,而扩展的有效性概念使逻辑学从先验导向的科学演变成为经验的、历史的导向的科学。经验导向意味着逻辑学家要考虑不同领域实际出现的论证形式;历史导向意味着逻辑学将从静态的先验分析转向动态的历史考察。通过对法律论证评价的哲学认识论考察,作为非经典逻辑的法律论证评价是可以不断修正的。因此,对法律论证的证成不是绝对无误的,而是相对的,在动态过程中不断展开的。③ 以上理论来源上的差异对法律解释和法律论证各自的研究进路与方法都有着深刻的影响。

第三,法律解释与法律论证有着不同的目标指向与评价标准。传统的法律解释以追求或者还原立法者原意为宗旨,在这种努力不断受到质疑的背景下,当代的法律解释推崇规范的一般含义,也即规范在一般场景中所具有的通常含义。在进行法律解释时,首先需要通过文义解释来获得对案件事实或者规范的一般性理解,绝大多数的普通案件都可以通过这种理解而得到解决。正是基于这种语义学式的理解,"法治反对解释"的命题才能够成立。反对解释是法治初级阶段的一个重要原则。这一原则要求法官奉行司法克制主义,对明确的法律条文必须无条件遵守,在解释中不能附加法官个人的意思。反对解释不是说不要解释,而是说不能过度解释,法官只能行使有限的创造权力,对法律文本已明确的含义,法官的解释就是认同。④ 与之相对应,法律论证则主要是追求规范在特定

---

① 参见武宏志等:《非形式逻辑导论》(上),人民出版社2009年版,第25页。
② 江怡:《当代语言哲学研究:从语形到语义再到语用》,载《外语学刊》2007年第3期。
③ 张玫瑰:《基于语用理论的法律论证评价模式研究》,载《政法论丛》2009年第2期。
④ 陈金钊:《法治反对解释的原则》,载《法律科学》2007年第3期。

场景中和特定条件下的含义。如果说法律解释侧重于一般性,那么,法律论证则推崇特殊性,它强调根据特定的场景及其听众来有选择地对规范适用的结果进行阐释。基于以上的目标指向,法律解释和法律论证的评价标准也不尽相同:前者以合法性、合理性、正确性和确定性等为标准,而后者则以融贯性、一致性、可普遍化以及可接受性等为评价标准。

第四,法律解释与法律论证在适用条件上也存在着一定差异。如果说司法过程主要是处理事实(小前提)和规范(大前提)之间的复杂关系,那么,法律解释的适用条件是:对小前提来说,描述事实的词语意义不清;对大前提来说,词语意义不清导致规范适用于事实有怀疑。法律论证的适用条件是:无论对小前提还是大前提来说,推论不能满足建构前提中各种结论的正确性和可接受性。① 从这个角度来说,法律解释主要是站在规范的立场上对词语意义进行阐释和说明,而法律论证则是从后果角度来分析最终结论的正确性和可接受性。这种适用条件上的差异根源于二者在理论来源上的不同。

第五,法律解释与法律论证有着不同的具体方法。法律解释的具体方法包括文义解释、目的解释、体系解释、历史解释和社会学解释等②,在这些主要的分类之下,还包括扩张解释、限缩解释、当然解释和反对解释等多种方法的运用。这种复杂分类的形成原因至少有二:一方面,法律解释的研究传统较早,而从司法实践中不断总结的各种具体解释方法也不断充实着其体系的整体内容,另一方面,在科学理性的光辉照耀下,对各种具体解释方法的分类也不断被归纳为各种体系。于是出现了学者们各自归纳的法律解释的方法体系。从具体名称上来看,有文意(文义、法意、字面、文学)解释、历史解释、逻辑解释、论理解释、文理解释、体系解释、社会学解释、目的解释、比较解释、语法解释、平意(平义)解释、扩张(扩充)解释、限缩(限制)解释、合宪性解释、相反解释、当然解释、类推解释,等等。从萨维尼提出法律解释的四个基本方法之后,在法律解释的具体方法的划分上就不断涌现出各种观点,似乎建构自身独特的法律解释方法体系成为法律方法研究中的一种"现象":或者从以上列举中挑选几种论述,或者将其中几种列为基本方法,其他方法成为这些基本方法的补充(至于具体将何种解释方法归于何种方法之"类",其间的排列组合是相当可观的)。与法律解释各种具体方法所构成的复杂体系不同,新兴的法律论证理论还没有形成多少可供直接借鉴的、操作性较强的方法,复杂的理论来源是形成这种情况的主要原因。

法律解释和法律论证都具有较强的法律方法论属性,其共性内容也是相当丰富的。法律解释与法律论证之间有着比较密切的关联。法律领域的解释活动

---

① 参见郑永流:《法律方法阶梯》,北京大学出版社2008年版,第256页。
② 参见陈金钊等:《法律方法论》,中国政法大学出版社2007年版,第111页以下。

可以说是无处不在。但何为法律解释？依照麦考密克的看法："它是法律实践论证的特定形式。在此人们主张对权威文本和资料的某一特定理解当作证立法律判决的某种特定理由。因此法律解释应当在论证，特别是法律论证的框架内予以理解。"①其实，不仅在法律领域，而且在一般论证理论当中，论证跟解释都存在这样的关联。论证是一种沟通（或者"交往"）的形式，而不是形式逻辑的一种运用。因而，解释构成对话论证的内在的、重要的方面。法律论证与法律解释之间在方法上的关联是分析哲学与解释学趋于融合在法律领域的某种表现。②还有学者认为，法律解释只是为法律论证提供了命题，命题本身的正确与否不是靠命题来完成的，它只能通过法律论证的方法来加以解决。通过法律论证，法官们可以进行比较与鉴别，从各种解释结果中找出最好的答案。③

第二节 法律论证的基本方法

从法律论证理论的发展来看，不仅法律理论家而且论证理论家和哲学家对法律论证的兴趣日趋高涨。在多种学科如一般论证理论、法律理论等的共同关注下，法律论证方面的研究展现出多种多样的论题、方法和原则。学者们对此作了不同的总结。例如荷兰法学家普拉肯提出了法律论证的四个层次理论即逻辑的层次、对话的层次、程序的层次和策略的层次。德国法学家诺伊曼区分了法律论证理论的逻辑分析方法、论题学—修辞学方法以及涉及对话商谈理论的方法。弗特瑞斯将法律论证的研究方法分为三种即逻辑学方法、修辞学方法和对话的方法。另外，魏因贝格尔在讨论理性法律论证的同时也论及佩雷尔曼的新修辞学、菲韦格的论题学、哈贝马斯的商谈程序理论以及哲学解释学等知识对法律论证研究的影响。依哈贝马斯之见，论辩不仅要满足"理想言谈情形"的形式要求，也要满足特定、实质性的道义要求。他区分了三个层次的交往理性：作为结果的逻辑论证层次、作为程序的对话论证层次和作为过程的修辞论证层次。简而言之，逻辑、对话和修辞已经成为法律论证理论中最具操作性的三种主要方法。

一、逻辑方法：法律论证的基础前提

在论证的各种方法中，最为悠久的就是逻辑方法。我们都知道，古希腊时期盛行论辩之风，那时，是否符合逻辑被当作评价人们讲话、论辩质量的基本标准。

---

① MacConmick, D. Neil, Argumentation and interpretation in law, in *Moral Theory and Legal Reasoning*, New York: Garland Pub., 1998, p. 250.
② 焦宝乾：《法律论证导论》，山东人民出版社2006年版，第365页。
③ 参见刘晓兵：《法哲学思考》，知识产权出版社2005年版，第335页。

直到今天,我们在肯定一个人讲话、行事时,最常用的评价之词就是:这个人讲话、行事比较有逻辑。在论辩中,我们攻击对方主张、辩护己方观点时,是否符合逻辑是最直接、最有效的方法或手段:你方主张不符合逻辑,我方观点在逻辑上是有效的。在法律领域,尤其是法庭论辩当中,逻辑也是各方论证本方观点、攻击对方观点的最有效方法。总体来说,逻辑论证方法实质上是发挥了逻辑以及逻辑推理在司法过程中的作用,与法律推理方法之间有着千丝万缕的联系。

(一) 逻辑论证方法及其价值

在法律论证中,逻辑方法的基本要求就是形式有效性,无论什么样的法律结论,它必须在逻辑上可以被重构。也就是说,法官经过解释、推理得出判决结论这一过程,应当使用逻辑语言被表述出来,大前提、小前提和结论这三者之间的关系必须在逻辑上是有效的。只有当某一判决在逻辑上有效时,才能从法律规则和案件事实当中得出结论。在这里,逻辑的方法就是形式三段论的方法。比如,任何人都会死,苏格拉底是人,所以苏格拉底会死。这是典型的三段论推理,任何人都不会怀疑它的有效性,这是我们在日常论辩中经常使用的一种逻辑方法。在法律论辩中,这种逻辑方法也是法官、律师所经常使用的。比如,凡杀人者都应当被判死罪,李四杀了人,所以李四应当被判死罪。这是司法过程中必须使用的一种逻辑方法,任何一个有效的判决都应当能够被表述为这种逻辑形式。

逻辑方法的另一层含义是前后一致。逻辑上前后一致的要求,在日常论辩中经常被用来指责他人"前言不搭后语"的缺陷。在法律论证中,前后一致的要求即是法律裁决应当基于一种普遍规则。这种要求也被称作"一般化原则"或"可普遍化原则"。当有人主张一个法律裁决是基于一种普遍法律规则时,他即主张这种解决办法也适用于同类案件。英美法系国家的"判例法"制度,就是逻辑方法在前后一致含义上的应用。逻辑论证方法是适用最为广泛的,为其他法律论证方法提供了一种基础性的前见。虽然逻辑方法自身也有多种类型,但是,典型的逻辑方法主要指的是形式逻辑。具体到司法过程中,经典的司法三段论是其主要的表现形式。虽然近代以来司法三段论受到了很多方面的攻击,但是,这种传统的逻辑方法仍然发挥着很大作用,具有重要的理论和现实意义。

第一,以司法三段论为代表的逻辑方法仍然是司法过程中主要适用的方法。"既然法官思维是以法律适用作为基本内容,也就决定了法官的思维形式应该是逻辑推理,因为法律规范的结构就是一种逻辑结构,法律规范与具体个案之间的关系也是一种逻辑推理的关系,即以法律规范为大前提,以案件事实为小前提,两者结合,推出案件的处理结论。"[①]也就是说在法官的思维活动中,司法三段论仍然居于中心的地位,面对众多的个案,法官仍然是要"以事实为依据,以

---

① 王纳新:《法官的思维》,法律出版社 2005 年版,第 90 页。

法律为准绳",最终实现二者的结合。在司法实践中,最基本的要素还是事实和规范,基于此种结构建立起来的司法三段论并没有因为理论界的批评而有多少改变,甚至面对着日益增加的案件数量,司法三段论还有逐渐强化的趋势。

第二,逻辑论证方法也是较为便捷的实现证立的途径。如前所述,整个法律论证过程都是围绕着证立展开,以司法三段论为代表的逻辑方法从结构上看只有大小前提以及结论三个部分,相对于那些替代方案来说更为简洁。这种简洁的特征不仅可以为当事人更好地了解判决及其理由提供有利条件,也是间接地对司法过程进行了监督,一旦发现了不符合逻辑的地方就可以诉诸其他救济程序来纠正判决结果。这些不仅是对法官提出的要求,也有利于法官素质的提高。从现实的角度来说,在形式逻辑推理得到广泛应用的前提下,应当对这种现状予以尊重。既然已经得到了广泛的应用,说明形式逻辑推理已经受到了接受和认同。在没有整体制度调整的情况下,就不需要对这种现状进行改变。毕竟,如果真的要进行这种所谓的"改革",虽然在宣传效果上非常动听,但是,在现实中所要付出的代价显然过于高昂。

第三,在中国语境中,逻辑论证方法能够起到维护法官的地位和权利的作用。也许任何法治国家都要面对"是树立法律的权威还是树立法官的权威"这一问题。在英美法系之中,法官的权威优于法律的权威,原因就在于其主要的法律渊源——判例法的存在。与之相对应,大陆法系强调的却是法律(法典)的权威,这种对司法者的不信任从法国大革命时代就开始了。那种企图使得整个法律的运行都置于立法者的理性之下而严格限制法官进行裁量的观点与树立法律的权威是内在一致的。严格的司法三段论也是这种理想的产物。虽然这种对法官的不信任有一定的负面影响,但是,从另一方面说,也是有利于保护法官的:案件的判决是根据法律作出的,而并不是法官"创造"的产物。特别是就刑事案件来说,其惩罚的严重性在最大程度上甚至可以剥夺个人的生命。如果这种裁判的作出总是在社会公众心目中留下与法官密切联系的强烈印象,那么,这将对法官的个人利益产生严重的负面影响。"作为一种法律技术的形式逻辑,也具有一般化和非人格化的面向。……从实践的角度观之,形式逻辑强调前提的权威性和结论的必然性,不但能突出大前提——法律规则——的权威性,而且还能为结论——司法判决——提供终极性的说服力。"[①]如果司法判断是根据司法三段论得出的,那么,以上的印象也将随之改观:这些判断都是源于法律的而不是法官的。这样,法官个人的心理压力和权利受到侵害的可能性都将降低。从以上的角度来说,法官对司法三段论予以接受也是理所当然的。

第四,逻辑论证方法可以维护法治所追求的价值。在法治的各种价值中,确

---

① 陈林林:《裁判的进路与方法》,中国政法大学出版社2007年版,第84页。

定性具有相当典型的意义。在确定性和不确定性上的不同追求也是传统法学和后现代法学的主要分歧之一。逻辑方法(特别是形式逻辑方法)是以追求真为终极目的的,强调结论可以由前提得出,而这一追求隐含着确定性的存在。虽然后现代法学的很多观点都指出了传统法学的不足,但是其批判性多于建设性的特征使我们很难将后现代法学及其主张的不确定性作为法治建设的总体方针。在司法过程中总是强调裁判结果的不确定性,将严重损害司法的权威性,进而会导致对判决结论不认同、不接受的后果。这是我们在法治进程中所不愿看到的。

总之,逻辑论证方法在整个法律论证体系中仍然具有十分重大的理论和实践价值。虽然司法三段论和逻辑推理面临着许多质疑和责难,但是,在现实的司法实践中还是必不可少的,毕竟它可以在限制法官权力的同时起到保护法官的作用。当然,最重要的意义还是在于使得司法判断能够得到社会大众的接受和认同。很多学者也都认识到了法律推理的过程并不是那种纯粹形式逻辑意义上的严格证明,而是内含价值判断的过程。例如麦考密克就认为,像司法三段论这种"演绎证明并不做详细阐释,它只是一个由各种价值构成的框架中的作用,正是这些价值,使得演绎证明作为终局性方式有了坚实的根据"。[①]

(二) 逻辑论证方法的局限

虽然逻辑方法是其他法律论证方法的基础,在司法实践中也发挥着巨大作用,但是,对逻辑方法(特别是单纯的形式逻辑)的批评声音仍然不少。"迄今提及的作者们在一点上倒是意见一致,简言之,对于借助逻辑涵摄(即将案件事实归属一法规范的构成要件之下,由法律推得裁判的程序),他们或者认为根本无法做到,或者认为其意义并非想象般重大。"[②]在充分肯定了逻辑方法的价值之后,仍然需要对其不足之处进行反思和提高,才能使逻辑论证方法在司法实践中发挥更重要的作用。

法律论证理论的一个基本特征是"似真性",这一特征可以从两个方面来分析:"似"和"真"。逻辑论证方法强调从前提到结论的必然性,追求的是一种"真"的结果,相应地,其在"似"这个方面就显示出其不足和局限了。如果按照严格的逻辑方法来得出结果,那么就没有审级制度的必要了,因为所有的案件都可以在一审中得到"真"的结果,这显然与司法过程的实际情况是不相符的。虽然司法过程的终极目标是追求"真",但是,由于各种现实条件的局限,这种"真"的程度是很难达到的,例如从自然事实到证据事实再到法庭认定的事实,这一过程中每个环节都可能由于实体或者程序上的原因而发生偏差,进而对案件的结果产生影响。这些问题都与逻辑论证方法所追求的"真"的效果相违背,也是对

[①] 〔英〕麦考密克:《法律推理与法律理论》,姜峰译,法律出版社2005年版,第136页。
[②] 〔德〕拉伦茨:《法学方法论》,陈爱娥译,商务印书馆2004年版,第33页。

逻辑方法的削弱。这是从法律论证的内部视角对逻辑方法的局限性所作的分析，逻辑方法还有其他方面的局限，针对这些局限所进行的调整至少包括以下几个方面。

首先，从研究背景来看，近代以来的逻辑研究已经出现了与传统逻辑相比的"软化"现象。也就是说，为了克服传统逻辑方法对真理的执着（甚至偏执），现代逻辑研究强调的是一种较弱意义上的逻辑，不是追求终极真理而是更多地关注具体语境下的个例。这一趋势也表现为从逻辑的绝对主义到逻辑相对主义，从形式逻辑到认知逻辑，从逻辑一元主义到逻辑多元主义的宏观转向。这些都是在新的历史条件下，逻辑方法进行的有效回应。这与从近代以来法治理念的转变有着内在一致：在传统法治结构中，司法只是严格服从立法者的意志而没有多少能动性。"自动售货机"的比喻就是典型代表，而服从的基本形式就是严格的形式逻辑推理。在现代社会中，法律的发展与社会的发展已经出现了不少明确立法所难以有效解决的问题，需要利用司法的自由裁量来应对，严格的形式逻辑已经出现了很多松动，逻辑方法自身也随之进行着调整。

其次，从法律论证理论内部来说，为了克服逻辑方法天然的缺陷，需要采用其他方法予以弥补。典型的逻辑方法强调在形式上从前提到结论的必然性，结论的必然性依赖于前提的真实，但是，逻辑方法自身却无法保证前提的真实性，而法律论证的其他方法则可以为前提的建构提供有效的帮助，例如对话方法，在司法过程中，双方当事人都认可的事实或者规范就构成其"共识"，由此出发就可以确定特定逻辑推理和论证的前提；即使双方在一些事实认定或者规范适用上没有形成一致意见，也可以经由对话（包括由法官参与的对话）来形成最低意义上的共识，同样可以为逻辑论证提供帮助。也就是说，虽然逻辑方法自身有一定程度的局限，但是，通过利用其他论证方法的优势，可以将这些局限尽量降低。

再次，在司法实践中，逻辑方法在一定程度上忽视了参与者（尤其是法官）的能动性。由于逻辑方法强烈追求"真"，所以在这一过程中就特别强调"去个人化"，强调将参与者的因素降到最低而实现让事实自己发言的效果。但是，司法过程毕竟是一个有各种个人参与的社会活动，完全消除个人因素的影响作用是不现实的。"理解者带着客观与主观进入'理解世界'，他不是纯消极地反映要被理解的现象，而是构建被理解的现象。易言之：他不是简单地按照法律对案件进行'推论'，自己完全置身于这个进程之外，而是在那个所谓的'法律适用'中，发挥着积极的创建作用。"[①]特别是对于具有裁判权的法官来说，其个人因素对案件判决的质量有着非常重大的影响。"逻辑本身并不能给我们提供答案，

---

① 〔德〕考夫曼等主编：《当代法哲学和法律理论导论》，郑永流译，法律出版社2002年版，第154页。

就证明过程中提出的可能主张而言,逻辑是没有发言权的。一个被认为正确的法律命题,往往并非经由严格的逻辑演绎而来,而是基于一批论据的论证支持而来,因此其并非逻辑推论(logical inference)的结果,反而带有从前提'直接跳到'结论的性质。"① 虽然现实主义法学对法官个人因素的强调有些极端,但是,留给我们的启示是要重视法官因素在司法裁判中的地位和作用。在当下中国司法过程中,对法官司法能力的强调已经成为一个重要的话题。在既有的法律规范还不够精致的前提下,如何在社会中灵活处理具体案件而将法律效果和社会效果妥当结合,都是对法官的司法能力提出的要求。虽然逻辑方法可以作为检验法律结论的标准之一,但是,它并不是唯一的标准,司法过程本身就是一个各种利益之间相互博弈和妥协的过程,对"真"的强调并非是其唯一追求,对很多逻辑方法的怀疑者而言甚至不是主要的追求。这些司法实践的现实因素都决定了逻辑方法在适用上具有一些局限性,法官的个人能力仍然是要强调的因素。反过来说,对逻辑方法的强调本身就是增强法官能力的途径之一,只有首先在逻辑上对案件作出准确的判断,才能以此为基础对各种论证方法及其结论进行综合考量,进而对案件作出全面的、合乎法律精神的裁判,毕竟,所有的"似"都是以"真"为基础和目标的。

总之,面对基础性的逻辑论证方法,我们应当充分认识其价值和意义,同时对其局限所在保持必要的警惕,强调利用其他论证方法的优势进行消解。虽然其他方法的引入带有一些不确定的色彩,对追求确定性的逻辑论证方法可能形成一定冲击,但是,却更加符合司法过程运作的现实。也只有综合考量和运用各种法律论证方法,才能够使得司法在社会中发挥最大的积极作用。

二、对话方法:法律论证的架构平台

对话方法源于亚里士多德的论题学理论,或称为论辩术。在古希腊时期,论辩术就被当作一种专门的技艺传授,主要应用于公众集会场合和法庭上,论辩行为在当时是被当作是发现真理、展现智慧的一种方式。根据当代逻辑学家的总结,对话的概念包括7个要件:(1) 有两个参与者(a 和 b),而且每一个都有一个包括命题集的承诺集。命题集也可能表征参与者的内在知识或策略。(2) a 发送讯息(Ma)给 b。(3) b 接收讯息 Ma 并且发送讯息 Mb 返回给 a。(4) b 理解该讯息,他所送回的 Mb 基于 b 所具有的内在知识或策略。(5) b 所发送的讯息 Mb 受到他所接收的 Ma 的影响。(6) 较长的对话一般包括具有某种顺序的讯

---

① 李安:《裁判形成的思维过程》,载《法制与社会发展》2007 年第 4 期。

息序列。(7) 讯息序列必定向某个最终阶段或目标移动。①

(一) 对话论证方法及其价值

对话方法的基本程序是这样的,首先确定一个需要讨论的论题,通常是作为一个问题出现,比如"世界上是否有完全相同的两片叶子",然后讨论者提出一个构成这一论题的肯定观点,并举出支持这一观点的若干理由;接着又提出一个反对的观点,并列举相关理由;继而衡量正反两方面理由的轻重,最后给出对这一论题的一种回答,并说明原因。最初对话式的论辩是一个人的问答逻辑,后来演变为双方共同论证一个问题,一方持肯定态度,另一方持反对态度,双方按照事先约定好的程序顺次列举各自的理由,最后得出一个答案。这种对话的论证方法,与我们常见的辩论赛相近。在法庭上,当事人之间对诉讼问题的争论也是如此进行的,民事诉讼中的对抗式诉讼模式就是这种对话方法的典型制度表现。因此,对话的方法有助于我们提高论辩能力,并能使我们从正反两方面认识问题症结所在,尤其是在疑难案件中,通过对话更有助于我们的法律思维能力以及分析问题能力的提高。从现代法治理念的角度讲,如果把古希腊时期当作法治理论发轫的源头,那么,对话之于法治的意义则在于给予论辩者一个平等参与、表达自己意见的程序性权利,这对于司法公正尤为重要。因此,对话成为现代司法诉讼过程中的基本论证方法,只有在给诉讼当事人提供足够的对话空间、并充分听取对话各方论证理由的基础上,法官才能作出判决。②

从理论来源来说,对话论证方法是哈贝马斯著名的"商谈理论"在法律领域(特别是司法领域)的具体体现。由于哈贝马斯和阿列克西等学者对商谈理论在法律领域中的适用进行了广泛而深刻的论述,可以说,在法律论证领域内,对话和商谈基本上具有相同的内涵和外延。在更为宏观的领域中,商谈理论在实质上强调了交往理性和程序主义的观点。这一观点不同于传统的形式主义和实质主义(或者基础主义、本质主义),而是强调各方通过程序的运作而获得某种特定结果,对话论证方法的主旨也在于此。"在当代社会中,法治提供了正当性的来源,但是法治需要新的论证,即规范意义上的民主程序。法治的正当性,在于以道德论辩,以制度构建,以程序反思。弘扬生活世界的交往理性是实现社会合理化的可能出路。"③追求程序正义的商谈理论在西方的出现,标志着对以往的各种法治范式的反思,威权主义、自由主义、共和主义等模式都在人类文明的高速发展中日益暴露出其局限性,而具有综合性的程序主义逐渐成为被广泛接受的范式,商谈理论也成为一种极具影响力的理论主张。"程序包括通过试行

---

① Douglas N. Walton, *Arguments from Ignorance*, University Park: Pennsylvania State University Press, 1996, pp. 180—181. 转引武宏志等主编:《批判性思维》,陕西人民出版社 2005 年版,第 23 页。

② 孙春增:《法理学要义》,北京大学出版社 2008 年版,第 322—323 页。

③ 郑召利:《程序主义的民主模式与商谈伦理的基本原则》,载《天津社会科学》2006 年第 6 期。

错误而摸索适当解决方案和与此相关的相互作用以及对话、商谈、论证的沟通过程,共识基本上表现为罗尔斯(John Rawls)所说的那种'重叠性共识',或者哈贝马斯所说的那种'暂时性共识',而没有先验的价值、确定的真理以及大一统的意识形态作为由程序合成的共识的前提或标准。"①

可以说,以上论述为对话方法奠定了坚实的理论基础。通过在司法活动中贯彻对话方法,有利于以上理论设计在现实中得到理想结果。当然,由于对话论证方法毕竟主要是在司法领域中适用,与宏观视野有着一些不同,我们就需要在司法的语境中具体分析对话方法的价值所在。

首先,在司法过程中,对话论证方法可以实现拟制的平等。为了能够保证商谈的顺利进行,参与者应当在进入商谈程序之前就具有平等的地位,唯此才能保证各种意见得到平等的对待和交流。司法程序正是为了这一目的而进行的制度设计,"冲突主体在从不平等的社会实存状态进入诉讼领域后,抹去了一切不平等,以同一身份,即诉讼当事人,步入一个法律拟制的空间。诉讼当事人实质上是诉讼空间拟制的概念,过滤了包括不平等因素在内的实质内容"。② 正是在诉讼过程(主要是民事诉讼)中享有几乎相同的诉讼权利和义务,才使得当事人在表达和交流意见上实现了平等。虽然这种平等只是拟制的,但是,较之于现实中严重的不平等,拟制的平等已经是一种比较理想的状态了。这一拟制平等与程序主义本身并不设定先验的价值和真理有着内在联系,这样可以真正发挥程序的中立性作用,进而在观点的交流中达成共识性结论。

其次,对话论证方法可以充分发挥各方(特别是当事人)的积极性。在当下中国司法领域中,由于诉讼的对抗机制仍然不够完善,法官承担了过多的任务(突出表现在根据证据认定事实的环节),一方面导致了自身负担过重,另一方面导致诉讼当事人的积极性发挥得不充分。对话论证方法的引入将使得当事人在平等的基础上为了更好地维护自身利益而加强对相关事实和规范的"挖掘",不但提出自身诉求,更要提供相关的理由和论证。对于法官来说,以上状况不仅可以减轻负担,而且可以将更多的精力放在对事实和规范之间的关系判断以及判决书制作等环节中,从繁琐负担中的解脱将有利于法官提高案件裁判的精致程度。正是从这个意义上来说,"程序是一个合理性商谈过程。形式合理性司法中的程序是一个司法竞技和对抗的过程,实质合理性司法程序基本上由家长式的法官主导。程序合理性司法并不完全否定当事人双方的对抗和竞技,但是,这种对抗和竞技必须以当事人双方的举证能力的相应性为条件,避免雄辩等于真理、金钱决定胜诉的诉讼富人游戏现象,并通过一系列制度保障这种平等交往

---

① 季卫东:《法律程序的形式性与实质性》,载《北京大学学报(哲学社会科学版)》2006年第1期。
② 张世全:《当事人诉讼地位平等的程序原理》,载《山东社会科学》2004年第2期。

权的切实实现"。①

再次,由于参与者积极性的发挥,司法过程可以实现"兼听则明"的效果。法律论证在对话论证方法中表现得尤为明显。在对话商谈过程中,各方都可以提出观点和意见,只要有支持该观点和意见的合法和合理的理由,都会对案件的最终结果产生直接或者间接的影响,有些甚至是决定性的影响。这种开放性使得法官可以在对各方意见及其论证进行综合把握后作出裁判,也许在效率上有些缺陷,但是相对于整个案件的妥当裁判来说,这些都是必要的代价。一般地说,各方观点表达得越充分和全面,越是有利于法官作出合法又合理的判决。也正是从这个意义上,可以说,对话方法为其他论证方法提供了一个整体的运行框架和平台,其他论证方法都是在这一平台上各显其能的。对话方法"将对法律实质正义的追求转化为一个程序问题,建立在程序正义的基础上。依据这种理论,一个正当的、也是正确的法律决定必须通过民主的理性的协商、交流与对话制度才能形成,把法律意义上的真理与通过沟通理性形成的共识联系起来"。②甚至可以说,法律论证的价值很大程度上就在于对话方法的良好运用。

当然,对话方法在很多其他方面也有重要的理论和实践意义。尤其是对法律论证的核心问题——证立(正当化)问题来说,一个司法判决的正当性或合理的可接受性(rational acceptability),不仅取决于判决所适用规范本身的正当性——这取决于作为规范证成对话(商谈)的立法程序是否符合理性对话(商谈)标准和要求,而且取决于作为规范适用对话(商谈)的司法程序是否符合理性对话(商谈)的标准和要求。③也就是说,整个法律论证的证立结果能否被接受是与对话论证方法直接相关的。而对话论证方法所具有的所有价值都来源于其对程序主义和交往理性的推崇。

(二) 对话论证方法的局限

虽然对话方法具有以上种种理论和实践中的价值,但是,任何一种理论都不可能在任何条件下都发挥其积极作用,都不可能解决所有问题,特别是对有着严格限定条件的对话方法来说,尤其如此。换言之,对话论证方法也有其自身的局限性,只有对此有着清醒的认识,我们才能在司法过程中具体把握对话方法的适用条件、范围和程度,发挥其最大效用。对话方法的局限性至少应当包括以下三个方面:

首先,虽然对话方法意在推行拟制的平等,但是,仍然无法完全消除事实上的不平等。哈贝马斯所设定的"理想商谈情景"被批评者认为是一种无法实现

---

① 夏锦文:《现代性语境中的司法合理性谱系》,载《法学》2005 年第 11 期。
② 葛洪义:《试论法律论证的源流与旨趣》,载《法律科学》2004 年第 5 期。
③ 何邦武、马作武:《现代诠释学视野下的自由心证》,载《山东社会科学》2005 年第 5 期。

的乌托邦,由此种理论引发而来的对话方法也带有一些这样的色彩。在诉讼过程中,双方当事人在事实上的不平等对其观点和意见的表达有着巨大影响,虽然部分立法也对此有所限制(例如对格式合同的解释问题),但是其范围毕竟有限。由事实上的不平等导致的对观点论证的充分程度也相应地对法官的决策产生不同的影响。如何将一种理想化的设计付诸实践(特别是司法实践)是我们急需解决的问题,这实质上涉及了拟制的平等和事实上的不平等之间在诉讼过程中的博弈。出于不断增加拟制平等程度的需要,对涉及诉讼的法律程序进行精致的规范设计是非常必需的。

其次,各方当事人通过对话方法充分表达其观点,有可能由于观点之间的复杂关系引发某种混乱,从而对司法过程造成不利影响。虽然开放性是对话方法的突出特征,但是,如果当事人在司法过程中滥用诉讼权利,例如对对方的所有观点逐一进行质疑和反驳,就会导致诉讼过程过于冗长,很有可能使得整个案件的主体性内容受到冲击,这是与对话方法的初衷相违背的。阿列克西在法律领域中评论商谈理论的时候就说:"只有当法律商谈中所必需的道德的、伦理的和范式的辩论失去它们被使用时的一般特征而拥有某种特别的法律特质时,任何其他事情才是正确的。"①也就是说,如果将道德、伦理等多种因素都在司法过程中充分讨论,虽然名义上展示了对话的充分性,但是实质上却对法律问题的讨论产生了消极的影响。这种倾向已经在中国的司法过程中出现,典型的例证就是所谓"媒体审判",借助舆论对案件进行影响。虽然在司法过程中需要考虑一些社会因素,但是,这种考虑不应当达到影响法律判断的程度。

再次,对话方法能否在司法过程中取得预设的理想效果,很大程度上取决于法官的素质,这就带有一些不确定的因素。由于司法程序规定了时间和相关的限制,审前程序和审理规则限制了可能被提出的问题以及可能花在这些问题上的时间。哈贝马斯也承认,当事人策略地追逐利益,即他们对法庭商谈的贡献,不是公正地追求正确答案,而是辩护。举证责任在商谈角色间的分配是不均衡的,哈贝马斯把法官的作用看做对源自这种商谈模式的这些分歧的弥补。哈贝马斯自己也认识到:法庭的法律商谈结束于一个程序法的真空,以至于判决的作出就取决于法官的职业能力。② 这就对法官的综合能力提出了较高的要求。即使是在对抗制的英美诉讼模式中,法官在刑事案件中也会指导陪审团如何认定控辩双方的论点及其论据,在民事案件中更是言简意赅,这些对对话方法的掌控都是以法官高超的司法能力为前提的。而我国当前的法治相对而言还比较落

---

① 〔德〕阿列克西:《法律的论证、重构与实践》,万平译,载《中南财经政法大学研究生学报》2006年第4期。
② 程德文:《现代司法的合理性》,载《金陵法律评论》2006年秋季卷。

后,法官的素质和能力也有欠缺之处,只有多方面共同努力,才能通过高素质的法官将对话方法贯彻在司法过程中。

总之,对话论证方法具有重要的理论和实践价值,这一点即使是后现代法学也不得不承认,"在分离已经不再可能的社会秩序中,在很多领域内,暴力之外的唯一选择是'对话性民主'——即相互承认对方的真实性,准备聆听对方的看法或对其展开辩论"。[①] 在认识到对话方法价值的基础上,我们也同样要警惕其局限性可能产生的消极影响,无论是价值还是局限都要在司法过程中通过博弈而获得证立,这也是与法律自身的实践性内在一致的。

三、修辞方法:法律论证的说服方法

所谓修辞,一般的理解就是使用各种语言方法与技巧以达到说服他人的目的。它最早源自于古希腊时期的法律诉讼中,许多土地因政制更迭在暴政时期被没收,在法庭上请求归还土地时,修辞手段大量被运用,并由此衍生出一套关于演说与论辩之技巧的学问即修辞学。在这种情况下,修辞的产生与运用,含有目的正当的意蕴。这是修辞与诡辩的不同之处,虽然二者都是以论辩的技巧说服他人,但诡辩的意图却是有意使用谬误的推论来颠倒是非。因此,在法律论证中,修辞的方法就是以适用法律、有效解决纠纷为目的,使用各种语言技巧说明判决结论在内容上是正当的,说服他人接受判决结论的一种方法。

(一) 修辞论证方法的基础理论

修辞与逻辑是两种方法,有很大的不同。如前所述,法律论证中的逻辑方法是基于有效的演绎推理、必然得出某种结论的三段论式的论证方法。这种论证方法,只能保证判决是由前提到结论进行推理这一过程的正确性,却无法保证推理大前提的正确性。而用以作为裁判依据的法律规范面对具体案件时,由于规则本身的开放性结构,它经解释可以释放出多样性的含义来。比如,刑法中对于抢劫罪与抢夺罪区别对待:抢劫罪是八种严重危害社会安全和人身安全的罪名之一,年满14周岁者犯此罪即应承担责任;而犯抢夺罪者只有年满16周岁才承担刑事责任。单从刑法规范上抽象地看,二者界限似乎很是明显,但面对具体案件时就会显现二者界限的模糊,如行为人趁人不备,将他人背包抢走,同时致被害人胳膊轻伤,行为人的行为是抢劫还是抢夺则会存在争议。此时,如果最高人民法院没有明确的司法解释予以明确规定,主审法官欲适用抢劫的有关规则定罪时,他必须说服与其意见不同的其他法官接受他的观点,这恰恰是修辞方法的用武之地。

[①] 〔英〕吉登斯:《生活在后传统社会中》,载〔英〕贝克等:《自反性现代化》,赵文书译,商务印书馆2001年版,第133页。

与逻辑方法不同,修辞是以已经获得普遍接受的命题——共识为出发点,旨在说服他人接受某一具有争议性的命题或观点。在法律论证中,修辞方法的应用场合一方面是针对逻辑推理的大前提的可论辩性,在这个阶段,当事人及其律师会尽其所能说服法官采纳己方所援引的法律规定,法官也应当就其所据以裁判的法律规定说明理由;另一方面,判决结论作出后,法官应当使用正当的修辞方法,说服当事人、法律职业共同体以及社会公众接受该结论,以使判决产生相应的社会实效。在强调修辞方法在法律论证中积极价值的同时,也应当注意避免诉讼过程中修辞方法的滥用。在英美法庭上,修辞的方法已经臭名昭著。它经常被律师们不择手段地使用,借以博得陪审团和法官的同情,因此经常出现官司赢了、但判决未必正确的结果。这样的判决结论是不会具有持久法律效力的,所以,在法律论证过程中应当注意修辞方法使用的场合和程度。

就修辞的本义来说,主要是一种说服的技巧。这种观点已经成为西方学术界的一般共识,当然,这种观点与日常生活中"仅仅是空洞的辞藻"这一观念有着一定区别。作为修辞论证的哲学背景,"语言转向"是我们无法回避的重大问题。西方哲学中经历了两次主要的转向:一次是认识论转向(哲学的基础由本体论和形而上学转向认识论),另一次就是语言转向(研究客体转为主体间的交流工具——语言)。狭义的语言转向主要是20世纪初由弗雷格、罗素开创的逻辑分析哲学传统,而广义的语言转向则是20世纪以来整个人文社会科学的一种总体态势。在19世纪末,弗洛伊德、尼采和叔本华等人开始对根深蒂固的"永恒理性"等观念进行了批判,为语言转向扫清了道路。而语言转向最初发端于胡塞尔的现象学,又经过海德格尔、伽达默尔和萨特等人的努力,将人的存在和语言紧密地联系在一起,甚至提出了语言即存在的观点。同时,索绪尔的结构主义语言学又为这一转向过程提供了语言学上的证据。经过众多哲学家们的探索,逐渐形成了声势浩大的语言转向。

语言转向渗透进了各种人文社会科学之中,法学也不例外。语言转向的代表人物之一是维特根斯坦,其后期作品《哲学研究》建立了以语言游戏为核心的理论体系,倡导运用日常语言来描述、分析和解决哲学问题,这种观点对牛津日常语言哲学学派有着重要影响。而哈特正是在与牛津日常语言哲学学派中的领军人物进行交往时获得了相关的启发,可以说,其语义分析法学开启了法学中语言转向的序幕,其主要内容可以概括为:(1)语境原则;(2)多样性原则;(3)语言的模糊性;(4)语言的实施效用等方面。[1] 哈特的思想被其弟子拉兹和麦考密克等人继续发扬和传播,这些弟子的代表作也都充满了语言分析的因素,这种

---

[1] Enditott, Law and Language, in Jules L. Coleman and Scott Shapiro (eds), *Handbook of Jurisprudence and Legal Philosophy*, Oxford University Press, 2002, p. 762.

第五章 法律论证

语言转向对欧陆法学研究也有着深刻影响。

语言学法哲学的合理性有三个方面:其一,它揭示了关于法律术语、概念的意义研究的重要性。法律术语、概念是法律思维与表达的工具。法律术语、概念的意义是否清晰、合理,决定法律思维与表达是否正确、有效。因此,对法律概念、特别是基本概念的研究已成为现代法哲学的重要内容。其二,它强调了法学研究所必须有的语言意识。法学研究人员在进行法律思维与表达时,必须有正确使用语言的意识,保证语言的意义明确、一致,避免因语言的混乱而引起思想混乱。其三,它展示了法律概念研究的新方法。语言分析是通过分析语言的要素、结构,考察词语、概念的语源、语境和语脉,来确认、选择或给定词语、概念的意义,而不是抽象地、武断地直接给词语、概念下定义。[①]

修辞学在当代的复兴也与语言转向有着内在关联。从古希腊时代开始,对修辞学就有着褒贬不一的评价,柏拉图坚决否认修辞学是一门艺术,而认为它只是进行演说甚至蛊惑的技巧;亚里士多德则通过其《修辞学》一书奠定了修辞学的地位。其后的代表人物是古罗马的西塞罗和昆体良(M. Fabius Quintilian),此时随着古罗马民主制度的衰落,修辞学已经变为专门研究文体风格和临场演说的学问。在此后相当长的时间内,追求纯粹客观的科学主义和理性主义成为绝对的主流,逻辑法和辩证法获得了较高的推崇,而被视为仅仅是研究表达方法的修辞学则受到了冷落,对修辞的研究也大多只是局限在演说性和纯文学的范围。这种情况直到20世纪才有所改观。由于与语言哲学在先天上的内在关系,伴随着哲学范围内的语言转向,修辞学在研究范围上逐渐扩展和突破,不仅着眼于演说论辩的修辞术和文学中的文体、文法结构范围,更是以一种修辞的视角重新审视整个人类世界,这实质上使得修辞学具有了某种本体化的倾向,特别是修辞论证具有了一定的批判功能,更加明显地体现了其本体化倾向。这与语言哲学通过语言来分析和描述哲学文体是相当一致的。在范围和方法上的扩展和突破也使得修辞学提升了自身的层次,修复了长久以来与哲学的分裂关系,从而获得了研究上的重视,实现了修辞学在20世纪的复兴。

在语言转向背景下出现的修辞学转向,对于法律论证理论来说是十分合适的理论借鉴。如果说古典修辞学对文体和语法等问题的关注距离法律领域还较远的话,那么,新修辞学在分析和适用范围上的扩展则可以给法律领域以有益启发。例如,对于听众的分析,由于任何法律都是在具体的时空中运行的,总是要面对特定的听众,所以,如何取得法律听众的认同和接受就成为相当重要(甚至

[①] 黄文艺:《法哲学解说》,载《法学研究》2000年第5期。

唯一重要)的问题。法学的现实主义运动就是一个典型:它将法官作为最重要的听众,强调依靠对法官的整体分析(特别是心理分析)来预测"法律是什么",这里就具有明显的新修辞学痕迹。美国语言交流学家迈考和舒茨已经将新修辞学的成果应用于法律实践:前者揭示了最高法院如何面对不同的听众,后者则描述了墨西哥刑事法庭如何运用判例对某种法律立场进行有效的辩护。[①] 其根本原因在于,法律领域的实践性符合新修辞学的论域。在林林总总甚至光怪陆离的法律理论中,在天花乱坠的"论述"之后,可以具体付诸实践的却总是少数,新修辞学大致就是其中之一,而修辞论证方法实质上就是新修辞学在法律方法论领域中的具体展现和应用。

虽然论证理论与修辞理论并不完全相同:前者是一种理性的、客观的说服活动,它不主张诉诸听众或读者的情感,反对利用他们的思想和心理上的缺陷达到使他们接受某个观点的结果。而后者高超技巧的表现恰恰在利用听众的心理状态和感情激发。所以,在修辞术的使用中,存在一个说服手段的社会道德问题。[②] 但是,法律论证中的修辞论证却能够将以上两种并不相同的逻辑相互结合,个中原因在于,修辞论证具有极其广泛的适用空间。尤其是在法律中,修辞论证更显得重要,因为有很多法律问题无法用逻辑或者实证证明的方式来解决。法律问题或难题大多必然会涉及价值判断,这一点在佩雷尔曼看来是不可能被证成的,因此修辞论证方法在法律中大有用武之地。在法律领域中,受形式逻辑学主导的传统论证理论往往重视静态的作为结果的论证,而忽视了法律论证的动态性、交互性、多主体性目的性、开放性与可辩驳性。因此,作为过程的修辞论证已然成为一种必要的论证层次。[③]

总之,在语言转向的背景下,修辞学在完善和突破自身之后,其价值在当代得到了重新认识和重视。特别是新修辞学与强调实践性的法律领域有着重要的契合,这也决定了修辞方法在法律论证理论中的重要地位和作用,是需要我们深入分析和探讨的。由于修辞理论(特别是新修辞学)的派别众多,无法具体论述其在法律论证中的适用,这里选取对法律领域最为重视的佩雷尔曼等学者为主线予以论述,并以佩雷尔曼与奥尔布莱希特—泰提卡合著的《新修辞学》一书为主要线索对修辞论证展开宏观上的论述。

(二) 宏观视角中的修辞论证框架

在任何修辞论证的操作过程中,我们总是应当首先确定进行论证的宏观框架,进而在这种框架中具体地运用各种修辞的技巧来界定和影响言说者与受众

---

① 参见〔荷〕菲特丽丝:《法律论证原理》,张其山等译,商务印书馆2005年版,第13页。
② 武宏志等主编:《批判性思维》,陕西人民出版社2005年版,第96页。
③ 焦宝乾:《修辞方法及其在法律论证中的作用探讨》,载《法律方法》(第七卷),山东人民出版社2008年版,第79页。

之间的关系。所以,宏观和微观是修辞论证运行应当具备的两个分析视角。从修辞学的发展史也可以看到,修辞学在古罗马之后沉寂了相当长的时间,其主要原因之一就是仅仅局限于语法研究、辞格研究等过于微观的视角;而在语言转向的裹挟之下,在突破了研究视角的局限之后,修辞学才重新焕发了生机。从这个意义上说,宏观视角的分析是修辞论证在当代赖以生存的根本。"与逻辑的方法强调法律论证的形式方面相对应,修辞的方法注重的是法律论证的内容及其可接受性(acceptability)这一方面。其实,在法律论证理论产生的过程中,修辞学本身就是其重要的思想来源。……法律论证理论所注重的可接受性即取决于论辩本身对听众(audience)所产生的效果。而修辞术是就每一事物觅出所有可能的说服方式的技能。"①从当代修辞学的定位来看,对听众(受众)的重视是其核心要义,也是进行与修辞论证相关活动的出发点和归宿,是修辞论证运行的首要分析对象。从佩雷尔曼与奥尔布莱希特—泰提卡合著的《新修辞学》一书来看,修辞论证的宏观框架还应当包括共识和论据(data)等内容。

普泛听众是论证理论所设计出来的应然状态,在具体的司法过程中,任何参加者都不可能完全保证其普遍特征。更重要的是,这些论证过程中的普遍特征所直接注重的是司法过程的结构以及法律论证所应当采取的形式,对于论证的内容只是间接关注,而恰恰是论证的内容才是案件参与者所最为关注的直接对象。任何案件参与者(特别是当事人)都有一定的预期,一旦无法达成其预期,或者结果偏离其预期达到一定的程度,无法接受或者不能认同就成为当然的结果。这就决定了修辞论证中,"普遍听众"的概念只是具有相当有限的意义,如果把主要精力放在普遍听众身上,无异重新走向了理性主义和科学主义。"普遍听众意味着一群能回应逻辑的谈话的合乎理性的人。这一类型的论证,尽管是对形式逻辑的补充,但是并非使用计算器的计算。相反,它是以影响特定听众为指向的劝说推理。因此,言说者了解其听众是基本的要求,这种了解间接地取决于主题事实。"②这些都意味着特殊听众才应当是法律修辞论证所关注的重点。

由于特殊听众总是处于特定的场域之中,无论是群体还是个人都有可能成为特殊听众,这就给对特殊听众的分析带来了较大困难,因为其中包含了太多的不确定因素。但是,法律论证的场景却可以部分地消解这一不确定的困难,毕竟,在法律论证的场景中,听者的身份类别是确定有限的。特别是在对案件事实或者适用规范进行论证的时候,言说者和听者大致是一对一的关系(英美法系

---

① 焦宝乾:《法律论证的几个基本理论问题》,载《比较法研究》2005年第6期。
② 〔比利时〕佩雷尔曼:《旧修辞学与新修辞学》,杨贝译,载《法哲学与法社会学论丛》(第八期),北京大学出版社2005年版,第40页。

陪审团例外),例如交叉询问阶段的律师和证人之间、总结陈词阶段的律师和法官之间等等,所以,新修辞学采取的单一听者(a single hearer)的分析路径对法律论证来说是十分合适的(虽然佩雷尔曼和奥尔布莱希特—泰提卡并没有特别针对法律论证采取此种分析进路)。单一听者是对普遍听众的具体化(incarnate):一方面,单一听者具备作为普遍听众中一员的推理和分析能力,另一方面,对该听者进行影响的评价性因素都是与其社会身份和地位相符合的。也就是说,单一听者既具有普遍听众的共性的一面,更具有其个性特征的一面。例如,在具体法律论证中的法官,"以明确的法律论辩为基础的法官裁决是带有个人色彩的裁决:我们提出事实问题是为了令法官相信,我们归结问题的特点是为了获得法官的判决,解决法律问题的是法官的法律知识与公平感。"①而"法官的法律知识和公平感"在每个法官身上都是千差万别的,从这个意义上说,法律现实主义者和其极端的反对者各自强调了个性和共性的一个方面。

单一听者的分析可以给司法过程中的法律论证以有益启示:在追求普遍听众的认可无法在现实中达成的前提下,获得特殊听众(尤其是单一听者)的接受就是修辞论证最主要的任务,围绕着这一任务才可以确定具体的修辞策略和技巧。在司法过程中,对特殊听众影响最大的因素之一就是利益,从利益最大化的角度可以分析各个参与者所采取的修辞方式:检察官和律师面对着具有决定权的法官和陪审团,出于其代表的公共利益和委托人利益,无论是引诱、迷惑、反驳以及致敬等等,都是可以采用的修辞方法;而这些方法也是间接维护法律及法律人利益的手段。这对于表面中立的法官来说同样适用:"判决论证不是抽象的,是有目标的,是法官试图向败诉一方、向有可能接受'意见'的其他人、也向行业共同体证明他的判决。作出该结论的理由,必须可让这一共同体视为客观、合法的判决前提来接受。"②

如果说听众的细致分析成为实现可接受性的前提,那么共识(agreement)就是贯彻可接受性的出发点。如果要保证论证的听众针对性,就必须知道听众的共识是什么,才能为进一步的论证和接受奠定基础。由于听众的分类是新修辞学的基点,它也决定了共识的分类:与普遍听众对应的是"基于现实的共识",而"偏好性(preferable)共识"则主要对应于特殊听众。其中,基于现实的共识包括事实、真理和推断(presumption),而偏好性共识则包括价值(抽象价值和具体价值)、等级和论域(loci)三个方面。从这两种共识分类所包含的具体内容也可以看到,无论是事实、真理还是从事实得出的推断,都具有较高的"真"的成分,是

---

① 〔比利时〕佩雷尔曼:《法律推理》,朱庆育译,载《法律方法》(第2卷),山东人民出版社2003年版,第139页。
② 陈林林:《裁判的进路与方法》,中国政法大学出版社2006年版,第57页。

普遍听众的要求；而特殊听众则更加注重具体的价值，而具有不同等级的具体价值又是在不同的论域中才能够确定的。简而言之，是论证所面对的特殊论域及其中的论题最终决定了具体共识的内容，从而这种具体内容才能够成为决定修辞策略的出发点。

在对共识的分析中，修辞论证可以获得大量的信息，如何对这些信息进行选取和利用，就涉及"论据"的问题。即使是面对特殊听众，其共识的内容也是相当丰富的，从修辞论证的角度来说，选取其中对增强自己主张作用最大的内容以及放弃（或者消解）其中减弱自身主张的部分是首要的任务，这与传统修辞学中的抽象、客观的记叙体（narration）截然不同。在有关论据的探讨中，展示（presentation）是核心问题。言说者需要确定如何展示对自己主张最有利的论据，这也是论证与纯粹的说明（demonstration）的不同。修辞策略的选取对法律论证来说尤为重要，特别是在陪审团制度的英美法系中，对陪审团的影响主要就是通过律师展示的证据及其主张。（这里需要说明的是，在目前国内的论证理论研究中，大多是把法官作为适用论证的主体，但是，从法律职业共同体的视角来看，法律方法（包括法律论证）应当定位于司法过程中所涉及的所有法律人，从推行"律师—法官"一体化的国外实践来看，方法论上的内在相通是相当重要的。）"叙事正像讲故事一样，在向法庭陈述案件的时候，如果能够构造一个'语言的画面'，就能获得很大的帮助：使陪审团成员对案件有个清晰的印象。……这是我们在分析和报告案件时企图改变人们兴趣时采用的方法。律师要想把案件的事实变成自己的描述，就必须把握好尺度。"①虽然如何具体把握修辞叙述很大程度上是一个经验而非理论问题，但是，如果能够自觉地在司法实践中锤炼这一方法，则可以大大提高运用的技巧，这一点无论是对律师还是法官来说都是如此。例如，对于证据展示来说，"系列位置效应（serial position effect）表明，在一个系列中，人们对第一个和最后一个项目的了解和记忆，要比系列中间的项目快得多。尽管将最强证据（strongest evidence）放到第一个和最后一个更有效，但是，证据的顺序也应当考虑在开场陈述中对故事的介绍。"②在重视与心理学关联的修辞学看来，言说时间的限制、潜在前提的叙述、措词的使用等等，都是展示论据过程中的技术性问题，需要言说者仔细分析和把握。③ 当然，这也是传统修辞学中最为丰富的部分，对文体风格的众多论述可以在这里发挥作用。

总之，"听众—共识—论据"构建了修辞论证的宏观框架，也是一个逐渐细化和深入的过程：在对特殊听众的分析中获得其共识，在共识中寻求利己论据，

---

① 〔英〕安迪·布恩：《法律论辩之道》，姜翼凤、于丽英译，法律出版社2006年版，第23页。
② 〔美〕赖茨曼：《司法心理学》，吴宗宪等译，中国轻工业出版社2004年版，第185页。
③ See CH. Perelman and L. Olbrechts Tyteca, *The New Rhetoric: A Treatise on Argumentation*, University of Notre Dame Press, 1969, pp. 143—163.

并注重论据的选择和展示方式。在司法过程的论证性不断增加的今天,修辞论证的宏观框架对其中的参与者都有着重要的启示和指向意义,而要在这一宏观框架中尽可能地获得听众的接受和认同,还需要一些特定的修辞技巧。

(三) 微观视角中的修辞论证技巧

在新修辞学的众多派别中,各个学者几乎都对如何具体地使用修辞技巧有着一些论述。例如,Richards 在《修辞哲学》(*The Philosophy of Rhetoric*)和《意义的意义》(*The Meaning of Meaning*)等著作中,就详细论述了定义理论(包括符号化、相似性、空间性和法律关系等内容)、抽象理论、隐喻理论和理解理论等方面;伯克则论及了否定理论、同一理论等级系统模式等方面。应当说,修辞学者们在研究领域中有很多交叉之处,这些前期成果也为佩雷尔曼和奥尔布莱希特—泰提卡提供了研究的参照,他们也由此提出了新修辞学中的各种修辞技巧。总体来说,这些修辞技巧可以分为联合性方法(association)和分解性方法(dissociation)。

联合性方法是《新修辞学》中重点论述的内容,该方法包括准逻辑论证(quasi-logical arguments)、基于现实结构的论证(argument based on the structure of reality)和创设现实结构的关系(the relations establishing the structure of reality)三种。准逻辑论证主要是借助于形式逻辑的形式来进行论证,由于在法律论证中,逻辑方法是在形式上适用最广的方法,而且形式逻辑所追求的必然结果具有很强的说服力。这样,逻辑方法就可以成为促进听众接受性的重要因素。准逻辑方法的论证力量就来源于其与逻辑有效性的关联,例如定义(definition)、矛盾(contradiction)、不可共存(incompatible)、荒谬(ridiculous),等等。这些在形式逻辑中经常使用的方法在新修辞学的准逻辑论证中也有类似的表现,但是,这些方法都归属于准逻辑方法的总体特征:在任何一个准逻辑论证中,必须首先确定的是构建论证所涉及的主题(scheme),然后再展示简化(reduction)的操作步骤,只有这样才有可能将利己证据安排进(insert)论证的主题。① 而准逻辑论证之所以不是完全意义上的逻辑论证,在技巧层面上可以得到说明。例如对同义反复(tautology)的使用,在形式逻辑中是一种逻辑错误的典型表现,但是,在修辞论证中,巧妙地利用同义反复则可以更加突出利己论据的地位和作用,从而争取更大程度的接受。在准逻辑论证中的互易性(reciprocity)、传递性(transitivity)以及整体对部分的包摄关系(inclusion of the part in the whole)等也大多是以上情况。

基于现实结构的论证是以社会生活中既存的某些关系作为基点而运用修辞

---

① CH. Perelman and L. Olbrechts Tyteca, *The New Rhetoric: A Treatise on Argumentation*, University of Notre Dame Press, 1969, p. 193.

手段进行的论证,分为历时性(sequential relations)和共存性(the relations of co-existence)两种:前者包括因果关系、实用主义、手段与目的等内容,强调的是在时间上的顺序关系;而后者包含个人及其行为、权威论证、团体及其成员以及行为及其本质等关系。应当说,虽然无法完全归纳,但是,社会实践中对论证有所影响的主要因素基本上都有所涉及。从法律论证的角度来说,因果关系、实用主义和权威论证是在司法过程中着重需要探讨的因素。例如,因果关系问题是整个法律领域中的核心问题之一,偶然与必然、多因与多果、主体与附带等复杂关系,不仅包括民法和刑法等部门法之别,还有传统理论和现代发展之间的对立[①]。实用主义则涉及多种利益之间的比较和衡量等问题,而权威性论证则不仅包括事实问题(例如专家证人的选择),还包括规范本身的问题(例如不同等级规范、判例法与制定法之间的权威性)。

与基于现实结构的论证保守既定状态不同,"创设现实结构的关系"这一修辞论证技巧侧重于从既有的现实结构中推导出新的结论,其具体内容包括例证(illustration)、典型(model)和类推(analogy)等方面。其核心要义在于从已知和现状出发来获得关于未知的认识。例如,如何在判例法中选取最有利的相似性来论证自己的结论,实质上就是例证的作用;我国司法领域目前探索的案例指导制度也是"典型"所适用的场合。当然,其中对法律论证最具启发意义的应当是"类推":如何确定类推得以进行的比较点是整个类推的中心问题,而这一比较点的确定很大程度上是一个修辞的问题:尽管适用类推作出决定的法官可以为其结论建构冠冕堂皇的论据,但是,"类推的有效性相当根本地取决于比较点(比较的第三者)的选择,……比较点的确定主要不是根据一个理性的认识,而是很大程度地根据决断,因而取决于权力的运用"。[②] 当然,这并不意味着司法过程中法官之外的参与者对类推无足轻重,相反,各个参与者(特别是律师)在裁判权作出决定之前,都可以对类推的运用进行影响,尤其是在关于比较点的选择上。"对于类推来说,我们可以尽取所需,但是,其危险是一旦过度(too far),我们将亲眼看到它的毁灭。"[③]而新修辞学则为我们针对这一问题提供了一些有益的启发。"术语之间的相似点(相对于比较点——引注)几乎总是导致可笑的结果,说明这是一种对类推论证的错误使用。……当然,类推与相似点之间的区分并不是绝对的,术语之间在相似点上的成分通常被视为类推的开始,尽管并不

[①] 参见〔美〕哈特、〔美〕奥诺尔:《法律中的因果关系》,张绍谦等译,中国政法大学出版社2005年版,第73页以下。
[②] 〔德〕考夫曼:《法律哲学》,刘幸义等译,法律出版社2003年版,第116页。
[③] I A Richards, *The Philosophy of Rhetoric*, Oxford University Press, 1965, p. 133.

在类推结构中扮演重要角色。"①也就是说,抽象地、静态地在各种法律术语之间进行类推并没有多少意义,重要的是,在具体案件的司法过程中,针对具体要进行的类推本体(theme)和喻体(phoro)进行比较,此时可以将术语之间的相似点作为比较的开始,而以上比较的直接结果大多是概念含义的扩展。当然,这种扩展同样有可能带来概念的混乱,但是,这已经是在个案之后的间接结果了。一旦获得了长期的接受,即使是原初的混乱同样可以成为概念新含义的成分。除了相似点的比较之外,新修辞学还提供了一些其他类推的具体技巧,例如,借助于已经被广泛接受的类推来要求对该类推扩展(extension)的接受;利用几个喻体同时来作为本体类推的结果,来增加类推的效果;多维的类推可以相互支持;类推的本体和喻体都来源于公认的基础性原则,等等。

与类推密切相关的另一种修辞技巧是"隐喻"。根据经典的定义,隐喻是将某一词语或短语从一个含义到另一个含义的艺术性转义。在新修辞学中,隐喻被视为一种浓缩的类推。在那些较为隐蔽地使用类推的场合,使用者往往利用从类推中获得的隐喻从侧面使得受众接受其观点。这就是隐喻与直接类推的不同。"以喻体(phoro)为出发点进行类推并产生一定效果,并通过此种方式来得出与本体(theme)有关的结论,其论证力量就会增强,因为基于喻体和本体之间的融合(fusion),喻体已经先前依据本体被充分地描述了。"②可以说,隐喻的发明、确证和理解三个层面都显示了不明推理逻辑的特征,其所关联的解释项与被解释项之间的逻辑关系,超越了传统意义上的归纳—演绎逻辑关系,体现为一种"近似符合"的关系。其认知内容不能由归纳—演绎逻辑单独地决定,而是通过语境系统的其余部分、解释项和被解释项所蕴涵的一般经验可接受性以及许多其他变量因素联合作用而形成的。这种近似符合的隐喻作用不仅是在法学领域,即使是对理性和严密逻辑推理最为注重的科学领域,也同样如此。③

与联合性方法相对的是分解性方法。如果说联合性方法是整合各种因素而共同服务于统一目标的话,那么,分解性方法则是要打破各种因素之间的关联(links),证明各种因素共同依存的基础并不存在。其具体方法包括利用实际经验、势态变化和科学中的验证,等等。这些具体技巧的目的就是展示,本来相互独立,并不构成一个整体的种种因素却被联结在一起。在这里,佩雷尔曼和奥尔布莱希特—泰提卡引入了"哲学对"(philosophical pairs)的概念,例如表象—现实、整体—部分、抽象—具体、手段—目的、事实—法律,等等。基于普遍承认的"哲学对",可以重新分析联合性方法中所涉及的各种因素是否存在一致性,一旦其

---

① CH. Perelman and L. Olbrechts Tyteca, *The New Rhetoric*: *A Treatise on Argumentation*, University of Notre Dame Press, 1969, p. 397.

② Ibid., p. 400.

③ 参见郭贵春:《隐喻、修辞与科学解释》,科学出版社 2007 年版,第 67—68 页。

中出现了本来根本对立的"哲学对",那么,其联合的基础就会被质疑,进而影响其说服力。可以说,分解性方法是站在联合性方法的反面,并对其进行检验的各种技巧,这种检验充分体现了法律论证中的可辩驳性(可反驳性)。

作为总结,各种论证之间的互动(interaction)是应当提及的。这种互动中最重要的衡量标准就是论证的说服力(strength of arguments),它与两个因素相关:言说者依据前提论证的强度(intensity)以及论证与特定论题的相关度(relevance)。根据受众和目标的不同,论证的说服力也会随之变化。而中心原则是根据听众及其接受的命题进行不断调适(adaptation),同时注意保持这些接受命题的一致(或者说融贯)。当然,由于论证的说服力也涉及对其相反命题的反驳,所以就需要关注听众所承认的所有观念,即使这一观念并非在直接意识层面,但却有可能对论证产生消极影响。这也同时说明,新修辞学在当代的学术倾向之一就是对心理学及其成果的借鉴和运用;出于对听众的关注,修辞论证学家们很自然地关注起论证对听众头脑或心灵产生影响的过程。尽管他们都不愿意承认自己学说的心理学基础,但是,心理学无疑影响了各种修辞论据的提出以及对各种修辞论据的强弱的判断。①

总之,在语言转向、"法律与语言"和法律论证等各种理论的兴起之下,修辞论证也成为其中观察和分析司法过程的一种重要视角和理论。虽然当前还没有完全进入法学研究的主流话语,但是,修辞论证已经开始受到了越来越多的重视。程序层面的法庭问答、法律文书制作,实体层面的司法参与者的相互关系,都在体现着修辞论证的广泛适用;而作为修辞论证的直接来源,佩雷尔曼等学者正是从法律领域中获得了最初的观念,《新修辞学》一书中大量的修辞技巧都可以在司法实践中获得印证。这些都说明了修辞论证与法律领域天然的亲和性与适应性。在我国当下的司法过程中,如何获得法律效果和社会效果的统一,如何尽可能地获得包括法律职业群体在内的社会接受性,修辞论证在对这些问题的回应中都可以发挥重要作用,这也决定了修辞论证理论进一步发展的可能性与方向性。

第三节 内部证成与外部证成

内部证成与外部证成的区分,关系到法律论证的基本结构。它对于分析、重构和评价法律论证具有重要的意义,可以说,这个区分构成了当今法律论证的一个重要理论基础。2008年司法考试大纲将这一区分作为新增考点,可见国内对

---

① 杨贝:《法律论证的修辞学传统》,载《法律方法与法律思维》(第4辑),法律出版社2007年版,第71页。

此问题也开始重视。不过,严格说来,学界对此的研究并不成熟,其中的一些基本理论还没有搞清楚。基于此,本节结合国内外学术背景,对内部证成与外部证成的区分予以探讨。

一、区分的标准

传统的法律论证模式主要体现为司法三段论推理。它主要是在形式逻辑的支配下意图赋予法律陈述以客观有效的稳定性。法官的作用只在于通过对法律的机械适用,依照大前提(规则)—小前提(事实)—结论(判决)的方法得出判决。相应地,人们在研究法律推理时,将更多的精力投入到推理形式及其规则的研究中,而对推理的前提关注不够。例如,应当如何选择可适用的成文法条文?如何正确理解成文法条文?如何依法对案件事实予以定性?对这些选择、理解及定性的过程应该怎样?诸如此类的问题,在法律推理的研究中处于受轻视的地位;或者将这些问题作为与法律推理无关的问题分别予以研究,以至于最终将法律推理仅仅理解为形式逻辑规则在法律活动领域中的运用。法律推理似乎成了严格依循形式逻辑规则,实现从前提到结论的转化。

不过,波斯纳认为,"司法三段论表面上的严谨往往只是一种假象。对前提的选择在很大程度上取决于法学家的直觉,这会使结论变得不确定"。① 司法经验表明,对前提的选择实际上是非常关键的步骤。可以说,推理形式的有效性与否是一回事,推理的前提的选择是另一回事。因此,波斯纳主张区分三段论的有效性和它的真实可靠性(soundness,即它产生真实结论的力量)。"真实可靠性不仅取决于个别三段论的有效性,而且取决于前提的真实性。"②三段论的功能只是表明某个推理过程是正确的而不是确定这一过程的结果的真理性。一个三段论不管表面上看起来多么具有逻辑性,实际上它不过是其大小前提及大小前提的逻辑关系而已。传统司法三段论之缺陷还在于,三段论中的小前提也难以满足法律格式化的要求。按照形式逻辑的要求,需要强制将事实削足适履适于相关规范之中。这将不可避免地发生对事实或者法律的扭曲。

有学者开始对传统法学方法论进行整体反省。如在考夫曼看来,传统法学方法论注意到的,只是法律发现过程的最后行为,即包摄,而它使得所有在包摄之前的一切程序都陷入迷雾,混沌不清。法律发现过程的科学性不在于把这个过程化约为包摄的逻辑推论,相反地,它的科学性只在于:澄清这个过程的复杂性,而且合理地反思所有在该过程中不是以形式逻辑得出的一切事物。③ 考夫

---

① 〔法〕雅克·盖斯旦、吉勒·古博:《法国民法总论》,陈鹏等译,法律出版社2004年版,第38页。
② 〔美〕波斯纳:《法理学问题》,苏力译,中国政法大学出版社1994年版,第55页。
③ 参见〔德〕考夫曼:《法律哲学》,刘幸义等译,法律出版社2004年版,第132—133页。

曼认为,法律发现的过程依其本质并非逻辑的推论,而是一种比较、等置。法律发现绝非单纯只是一种逻辑的三段论法,而是一种逐步进行的,从存在的领域探索前进至当为的领域,以及从当为的领域探索前进至存在的领域,是一种在事实中对规范的再认识,以及在规范中对事实的再认识之过程。① 考夫曼的这种观点重新反思了法律发现过程的真实结构。

在上述背景下,如今人们对三段论推理的理解发生了深刻的变化。简言之,即从将其作为法律发现的最后阶段,转变为对大、小前提的确定;从对确定性结论的探求,转变为对更为精致的推理结构和过程的关注。传统的形式逻辑学三段论法作为一种论证图式,依其自身的逻辑推理结构,即便能实现其所欲保障的推理过程的合法性和确定性,但是这种论证图式以其刻板的形式,实际上过分简化了实际进行的论证,隐蔽了论证的复杂性。因此,现今的法律论证理论主张将论证从形式逻辑学的框架中释放出来。法学家们引入了 20 世纪以来的强调论辩和对话的修辞学、商谈理论等思想资源,以此来处理外部证成的法律难题。在法律论证理论视域中,人们不仅区分法的"发现的过程"(context of discovery)与"证成的过程"(context of justification)②,而且进一步将"证成的过程"区分为内部证成和外部证成。这些都深化和提升了人们对法律推理过程的理解。内部证成和外部证成的区分是当今法律方法研究所产生的重要理论成果,同时也构成了当今法律论证的重要理论基础。

二、内部证成和外部证成的学说

当代大陆法系的法学家中,波兰学者卢勃列夫斯基(Jerzy Wróblewski)最先对内部证成与外部证成进行了界定。后来,德国法学家阿列克西、芬兰法学家阿尔尼奥区分了法律判决的内部证成和外部证成。瑞典法学家佩策尼克也作过类似的区分,即"语境充分的法律证成"(contextually sufficient legal justification)和"深度证成"(deep justification)。在英语世界,美国法学家沃瑟斯特姆(Richard A. Wasserstrom)则是比较早地提出类似区分的法学家。③ 沃瑟斯特姆明确地主张:法学领域中,关于证成(justification)的问题应区分成两个层次,以推导出正当的判决,即"二阶段正当化程序(two-level procedure of justification)"理论。英国麦考密克的法律论证理论,则区分了演绎证成(deductive justification)和次级

---

① 〔德〕考夫曼:《类推与"事物本质"》,吴从周译,学林文化事业有限公司 1999 年版,第 95 页。
② 这个区分,可参见焦宝乾:《法的发现与证成》,载《法学研究》2005 年第 5 期。
③ 参见 Richard A. Wasserstrom, *The Judicial Decision: Toward A Theory of Legal Justification*, Stanford, Calif.: Stanford University Press, 1961. 沃瑟斯特姆的这本书是第二次世界大战后美国推出的一本非常重要的法理学作品,它对此前的现实主义法学派进行了批判性反思,并提出一种建设性的法学理论。

证成(second-order justification)。① 此外,英国的阿蒂亚和美国的萨默斯也提到了类似的区分,即在实质性依据之外,还有更为一般化的"次级依据"或"第二层次依据"(second-level reasons)。② 而日本学者平井宜雄也作过类似的区分,分别称为"微观正当化"和"宏观正当化"。③

上述法学家中,比较典型的是德国阿列克西的区分。阿列克西认为,内部证成处理的问题是:判断是否从为了证成而引述的前提中逻辑地推导出来;外部证成的对象是这个前提的正确性问题。④ 并且认为,与内部证成相关联的问题业已在"法律三段论"这个关键词下被多层面地加以讨论。关于外部证成,后文还将论及。不过,内部证成和外部证成的区分的观点并非不可动摇,也有学者反对这种区分,但主流观点还是倾向于作此区分。一般而言,一个良好的法律说理,基本上要满足下列两个要求:(1) 在论证中所欲证成之判决或法律命题必须由论证中所使用的前提逻辑推导而出;(2) 这些前提本身必须是正确或真实的。人们通常是依据这两个标准将法律论证区分为内部证成和外部证成。总之,内部证成与外部证成区分的重要意义在于,表现了法学家们将法律论证过程清晰化与精制化的理论努力。而在国内传统法学研究视域中,并不存在内部证成与外部证成的区分。不过,与此区分相关,教材中往往将法律适用的阶段区分为:调查、分析和确认事实;确定适用的法律规范;作出决定;执行程序。⑤ 跟国内教材对法律适用阶段的描述相一致的法律适用模式中,法官只须严格以法律要件涵摄案件事实。这在司法实践中往往隐含着如下一些假设⑥:

(1) 在一个案件中,有两个各自独立的领域:事实和法律。

(2) 事实是绝对客观的,而人类理性把握客观实在的能力也是足够的。执法者通过遵循特定的程序,采用特定的技术,可以完全地揭示事实真相。

(3) 法律是一个内部逻辑一致的、指称和意义显明的、天衣无缝的实体,它与事实之间有一种一一对应关系。

(4) 法官所要做的只是确定案件事实,并从法律条文体系中找出与该事实

---

① 参见 MacCormick, D. Neil, *Legal Reasoning and Legal Theory*, Oxford: Clarendon Press; New York: Oxford University Press, 1994。中译本将 second-order justification 译为"二次证明"并不准确,法律论证理论上的 justification 一语有着特定的含义,意指"证成、证成、正当化"而非"证明"。参见[英]麦考密克:《法律推理与法律理论》,姜峰译,法律出版社 2005 年版。

② [英]P. S. 阿蒂亚等:《英美法中的形式与实质》,金敏等译,中国政法大学出版社 2005 年版,第 18 页。

③ 参见张钰光:《法律论证与法律解释方法》,载 http://www.law-thinker.com/show.asp? id = 1601。

④ 参见[德]罗伯特·阿列克西:《法律论证理论》,舒国滢译,中国法制出版社 2002 年版,第 274 页。

⑤ 参见沈宗灵主编:《法理学》,北京大学出版社 1988 年版,第 388—390 页。

⑥ 郑戈:《法律解释的社会构造》,载梁治平编:《法律解释问题》,法律出版社 1998 年版,第 66—67 页。

相对应的条文,然后分别以这两者为大、小前提,从中推出法律结论。

这显然是一种严格法律决定论的构想。这种构想在我国司法实务中有着很强的影响。它将推理与论证建立于简单的形式逻辑的基础之上。然而,当代法律理论发展早已超越这种简单的想法。近年来,国内学界对法律适用步骤的理解,已经发生了很大变化。如有学者区分了法律人的若干思维步骤①:

处理事实和提出案件问题;
寻找规范;
分析事实构成;
构建大前提;
涵摄;
作出结论。

该观点还认为,在处理事实和提出案件问题;寻找规范;分析事实构成;构建大前提之间存在往返流转。这种观点体现了当代法律方法论研究的最新成果。作为外部证成之前提的法律发现和事实确定,二者通过在法律与事实之间的"往返流转"而作出。由此可见,对法律人思维步骤的这种界分,实际上隐含着内部证成与外部证成的区分,因为"处理事实和提出案件问题;寻找规范;分析事实构成;构建大前提"这一系列步骤,均可认为属于构建外部证成前提的活动。而随后的涵摄构成内部证成。可见内部证成与外部证成之理论区分,与实践中体现司法决策的法律适用步骤之间也有一定的对应和关联。

另外,国内传统法学教材中区分的形式推理与辩证推理(实质推理),与如今谈的内部证成与外部证成的区分也有一定关联。比如,法律逻辑教材中,有人区分了法律推理的实质论证与形式论证。实质论证是对法律推理大、小前提的合理性、真实性及其同一性的证明。包括对案件事实的确认、价值判断与司法归类、裁判规范的推导、法律解释等内容。大小前提与结论是否有必然的逻辑联系,则必须由形式论证来解决。② 这里将"推理"改为了"论证"。其实在西文中,"推理"往往就是"论证",没有像中文这样明确的字面界分。近年来,确实也有人在并列意义上探讨形式推理与辩证推理(实质推理)、内部证成与外部证成的区分这两对概念问题。③ 因此,大体上可以说,国内传统教材中区分形式推理与辩证推理(实质推理),而今人们则开始区分内部证成与外部证成。

---

① 郑永流:《法律方法阶梯》,北京大学出版社2008年版,第40页。
② 张继成主编:《实用法律逻辑教程》,中国政法大学出版社2004年版。
③ 参见疏义红:《法律解释学实验教程》,北京大学出版社2008年版。

三、内部证成中的三段论推理

在法律论证理论视域中,某一法律证成之可接受性的一个必要条件是:支持该证成的论证必须可被重构为逻辑上有效的论证时,才能从法律规则和事实(前提)当中得出判决(结论)。法律论证的合理性标准在很大程度上立基于这种形式上的有效性。因此,作为一种最为常见的有效推理形式,三段论推理在法律论证(主要是内部证成)中发挥重要作用。

在法律方法论研究传统中,概念法学主张一种建立在严格形式推理基础上的司法三段论。这里就涉及另外一个常见词,即"涵摄"(Subsumtion)。涵摄就是在法律规范所确定的事实要件的大前提下,寻找具体的事实要件这个小前提,最后依三段论得出判决结论的过程。考夫曼将这一思维方式概括为"涵摄推论模式"(Subsumtionsmodell)。在当代德国以拉伦茨为代表的评价法学中,涵摄推理模式得到了延续和发展。拉伦茨所提出的评价模式是一种取代传统涵摄推理的法律适用模式。所不同的是,涵摄推理"必然地得出"结论的观点在拉伦茨理论中已被淡化。拉伦茨将法学三段论表述为以下形式:

  假使任何一个案件事实实现 T,则应赋予其法效果 R(大前提)
  特定案件事实 S 实现 T,质言之,其系 T 的一个"事例"(小前提)
  对 S 应赋予法效果 R(结论)

拉伦茨将上述三段论称为"确定法效果的三段论法",并在省略大前提中的假定形式的情况下,将其用符号形式化为:

  T→R(对 T 的每个事例均赋予法效果 R)
  S = T(S 为 T 的一个事例)
  S→R(对于 S 应赋予法效果 R)[①]

我国台湾地区学者王泽鉴与黄茂荣同样采取了拉伦茨的三段论形式。在对三段论法的具体表述上,王泽鉴与拉伦茨也有所不同[②]:

  T→R(具备 T 的要件时,即适用 R 的法律效果)
  S = T(特定的案例事实该当于 T 的要件)
  S→R(关于该特定案例事实,适用 R 的法律效果)

王泽鉴注意到,法律规范的要件(T),通常由多数的要件特征(M)组成,因此特定的案例事实必须该当于所有的要件特征,才能发生该法律规范所定的法

[①] 〔德〕拉伦茨:《法学方法论》,陈爱娥译,商务印书馆 2003 年版,第 150 页。
[②] 参见王泽鉴:《法律思维与民法实例》,中国政法大学出版社 2002 年版,第 201 页。

律效果：

$$T = M1 + M2 + M3 \rightarrow R$$
$$S = M1 + M2 + M3$$
$$S \rightarrow R$$

黄茂荣同样将三段论推理的过程描述如下[①]：

(1) 假使构成要件 T 为任何法律事实所充分，那么法律效果 R 应用于该法律事实(大前提)；

(2) 某具体的法律事实 S 已充分了该构成要件 T，亦即该法律事实是构成要件所指称之法律事实(小前提)；

(3) 则该法律效果 R 应适用于该具体的法律事实 S(结论)。

可以说，上述各种三段论推理模式大体上如出一辙。和传统的法学方法论相比，这些理论更具合理性。以拉伦茨为代表的"确定法效果的三段论法"对裁判过程的描述更接近实际。但近些年来，随着法律论证成为当今法律方法研究的主流以后，上述推理模式自身所具有的弊端也逐渐暴露出来。拉伦茨提出的三段论法的缺陷主要源于其所使用的逻辑符号无法恰当地分析法律适用过程在形式结构上的重要特征。早在 20 世纪 70 年代初，德国的法律逻辑学者 Rödig 即曾指出，拉伦茨三段论形式最大的缺陷即在于其采用等号"＝"来表现小前提。"＝"通常是用来表示等同的关系，而等同具有对称性，亦即如果 S＝T，则 T＝S。但问题在于：具体、个别的案件事实陈述如何能够等同于抽象、一般的构成要件？因为 S 和 T 毕竟分属不同的层面，二者只能等置而无法等同。德国法学家科赫与吕斯曼亦附和 Rödig 的批评，认为拉伦茨所使用的符号并不能妥当地表达其想法，拉伦茨本人后来亦接受了这一批评。[②] 拉伦茨也认为，"'确定法效果的三段论法'尚不能精确规定法效果，毋宁只是划定一个仍须继续填补的范围而已"。[③] 因此，在具体的案件中，尚有待法官与当事人结合特定案件以为具体的评价与判断。因为在法律适用中，法律规范无法以脱离具体案件而存在。

法律论证理论正是在批判地继承了三段论推理模式的基础上所形成的法律方法研究新领域。在当代法律方法研究中，法律论证理论意图解决三段论推理模式的上述缺陷。论证理论主要源于分析哲学传统，逻辑学方法依然构成法律论证的重要方法之一。波兰法学家卢勃列夫斯基指出，作为一种推理图式，法律

---

① 黄茂荣:《法学方法与现代民法》,中国政法大学出版社 2001 年版,第 182 页。
② 王鹏翔:《论涵摄的逻辑结构》,载《成大法学》2005 年第 9 期。
③ 〔德〕拉伦茨:《法学方法论》,陈爱娥译,商务印书馆 2003 年版,第 155 页。

三段论是一种充分的工具,来将司法判决正当化为一种理性判决。① 美国法官亚狄瑟(Ruggero J. Aldisert)也认为,作为一种演绎论证的定言三段论法是法律论证的核心。② 但是,三段论推理在裁判中的具体运用已经不同于传统理论。

在当代法律方法论中,三段论推理的重心已然从对确定性结论的寻求,转向对作出决定或判断的过程与结构的探索。因此,当今法律论证理论家均关注于法律论证过程的理性重构。这一过程或结构的合理性与可接受性很大程度上有赖于这种理性重构。应当指出,在具体的裁判中,法官固然可能作出比较详尽的论证,不过限于各种现实条件,这种论证往往未必能够充分展开。而法学家在学理研究上所进行的法律论证则有所不同,"法学家运用其所受到的严格规训的智识想象力,来将判决制作者的零乱的资料信息,重构为理性的、融贯的、系统的整体"③。为了表明整个论证是一个有效的演绎论证,有必要精心安排每一步推理过程。通过涵摄进行法律适用时,法官需要在法律规范与事实之间建立起一种联系。准确地说,这种联系是在特定的事实构成要件与事件的特定部分之间逐步建立起来。④ 法律论证中的三段论推理一般是在内部证成的环节进行的。在阿列克西的论证理论中,内部证成的最简单形式则被形式化为:

(J. 1. 1). (1) $(x)(Tx \to ORx)$
   .(2) Ta
   (3) ORa (1),(2)

这也就是法学三段论的基本逻辑结构,可用语言表达为:
(1) 对于所有的 x 而言,若 x 满足构成要件 T,则法律效果 R 适用于 x。
(2) a 满足构成要件 T。
(3) 法律效果 R 适用于 a。   (1),(2)

以近年来我国彭宇案为例,初审判决书认为该案责任的分配"应根据侵权法诸原则确定",故其明文引用的法律依据为我国《民法通则》第 119 条和最高人民法院《关于审理人身损害赔偿案件适用法律若干问题的解释》第 17 条等侵权责任条款。但判决书同时又指出,原、被告对损害均无过错,"因此,本案应根据公平责任分担损失"。这里法官实际上依据的主要是我国《民法通则》第 132 条之公平责任条款。所以法官才判决彭宇所应承担的是补偿责任,而不是赔偿责任。因此,若以法院实际推理,即以公平条款为大前提重构本案三段论推理,

---

① Bengoetxea, Joxerramon, *The Legal Reasoning of the European Court of Justice: towards a European Jurisprudence*, Oxford: Clarendon Press; New York: Oxford University Press, 1993, p. 209.
② 〔美〕亚狄瑟:《法律的逻辑》,唐欣伟译,台湾商周出版社 2005 年版,第 75 页。
③ MacCormick, D. Neil and Summers, Robert S. (eds), *Interpreting Statutes: a Comparative Study*, Aldershot, Hants, England; Brookfield, Vt., USA: Dartmouth, 1991, p. 19.
④ 〔德〕伯恩·魏德士:《法理学》,丁小春、吴越译,法律出版社 2003 年版,第 305 页。

结构如下:

(1) 大前提:当事人对造成损害都没有过错的,可以根据实际情况,由当事人分担民事责任(《民法通则》第 132 条)

(2) 原、被告相撞造成原告损害且双方皆无过错

(3) 由原、被告分担民事责任

内部证成的重点之一在于论证在逻辑形式上的有效性。该案中初审判决书这种推理形式本身没有什么问题,但是在这里,法官在大前提的构建上犯了明显错误,并且小前提也不能在三段论推理中直接获得,其构建必须添加其他内容。本案中,法官添加的内容是经验法则。不过,就本案而言,法官运用经验法则的行为本身并无不当,需探讨者乃在经验法则的内容及其认定。① 这就涉及后文将予论述的外部证成问题。

在阿列克西看来,(J.1.1)仅能适用于一些简单的法律问题,而不足以来解决所有更复杂的情形,如(1) 一个规范包含多个可选择的构成要件特征;(2) 规范的应用要求通过某些说明性的、限制性的或参照性的法律规范作为补充;(3) 可能存在多个法律后果;(4) 用来表达规范的陈述允许有多个解释。由此,阿列克西进而提出了适用范围更广的复杂的内部证成形式:

(J.1.2). (1)(x)(Tx →ORx)

. (2)(x)($M^1 x$ →Tx)

. (3)(x)($M^2 x$ →$M^1 x$)

⋮

. (4)(x)(Sx →$M^n x$)

. (5) Sa

(6) ORa   (1)—(5)②

上述证成形式虽然尚未考虑到含有多个构成要素或法律效果内部的复杂形式,但其已将涵摄的逻辑结构清楚地表达出来。③ 如果说(J.1.1)至少满足了阿列克西提出的可普遍化这一实践理性原则所规定的证成要求,那么阿列克西同时也为内部证成的复杂模式(J.1.2)规定了两条规则:

(J.2.4)需要尽可能多地展开逻辑推导步骤,以使某些表达达到无人再争论的程度,即:它们完全切合有争议的案件。

---

① 黄伟文:《司法过程中的技术与立场》,载《法哲学与法社会学论丛》(第 13 卷),北京大学出版社 2008 年版,第 53 页。

② 〔德〕罗伯特·阿列克西:《法律论证理论》,舒国滢译,中国法制出版社 2002 年版,第 275—281 页。

③ 王鹏翔:《论涵摄的逻辑结构——兼评 Larenz 的类型理论》,载《成大法学》2005 年第 9 期。

(J.2.5)应尽最大可能陈述逻辑的展开步骤。

阿列克西讨论了一个例子:在没有正当免责理由的情况下,a 在妻子熟睡时将其杀死。而这就涉及以下《德国刑法典》第211条关于谋杀的规定:

(1) 谋杀者处终身自由刑。

(2) 谋杀者是指出于杀人嗜好、性欲的满足、贪财或其他卑劣动机,以残忍、残暴或危害公共安全的方法,意图实现或掩盖其他犯罪行为而杀人的人。

上述内部证成的复杂模式可以论证如下[①]:

(1) 任何人犯谋杀罪(T),将被处以终身自由刑(OR)。

(2) 任何人恶意杀人(M1),即为谋杀(T)。

(3) 任何人故意在受害方未觉察或毫无防备的情况下,将其杀死(M2),即为恶意杀人(M1)。

(4) 任何人在受害方未采取任何具体防备措施的情况下,杀死熟睡的人(S),即为故意在受害方未觉察或毫无防备情况下,将其杀死(M2)。

(5) a 杀死了未采取任何具体防备措施的熟睡的人(S)。

(6) a 将被处以终身自由刑(OR)。

这一个案充分地展示出该个案进行三段论推理的具体论证结构。内部证成的复杂模式显示出,涵摄的过程往往不是简单的三段论形式,而是含有多个前提的推论。基于有待适用的规范(第211条),由此具体展开每个步骤的任一前提,均可推出另一个更为具体的规范。这一系列具体规范即可构成一个连贯的链条,由此在具体个案事实和所适用规范之间,建立起严谨的法律论证过程。为了尽可能充分地展开逻辑推导步骤,一般需要通过法律解释等方式将法律论证的具体步骤详细予以展开。[②] 法律论证的优势即在于,具有比较清晰的规则和形式,来使法律决定或判断正当化。这跟传统的涵摄推论模式有着根本的不同。

四、外部证成的过程

内部证成固然构成整个论证过程不可或缺的一环,不过相比之下,外部证成更为重要,更为棘手。在阿列克西看来,外部证成构成法律论证的焦点,因而也构成法律论辩理论的核心主题。外部证成的中心问题是:按照法律的标准,在内

[①] Robert Alexy, On Balancing and Subsumption, A Structural Comparison, in *Ratio Juris.*, Vol. 16, No. 4, December 2003(433—449).

[②] 比如通过语意解释,"三段论法仅是涵摄的最简单形式,如果小前提之事实描述与大前提之构成要件中所使用的概念并不相同时,则必须透过语意解释增进新的前提,直到两者之间能够逻辑的联结起来,才能使涵摄过程成为一个有效推论。"参见王鹏翔:《目的性限缩之论证结构》,载《月旦民商法研究·法学方法论》,清华大学出版社 2004 年版,第 23 页。

部证成中所运用的论证(论据)是否可以接受?① 对外部证成的关注显示出当代法学家开始超越传统的逻辑形式与逻辑推演,而将个案法律前提之价值判断及论证问题,纳入研究的视域。在实际司法中,三段论的大前提和小前提往往并不表现为既定的因素,而是需要人们去认真探索、发现的。他的目光将在事实与法律秩序的相关部分之间来回穿梭。这构成了法律适用的普遍特征,也对法律论证具有重要的理论意义:它凸显出法律决定过程是一种双向而非单向运行的特征。

如果作为推理或论证的前提是清楚的、众所周知或不证自明的,那么运用形式推理即可得出有效的结论。但如果作为推理前提的论据本身显然具有争议性,按照亚里士多德在《论题篇》中的观点,此时需要采用辩证推理,即要寻求"一种答案,以对在两种相互矛盾的陈述中应当接受何者的问题做出答案"。②根据博登海默的研究结论,在法律领域当中,法官在解决争议时有必要运用辩证推理的情形主要有三种。这三种情形是:(1)法律未曾规定简洁的判决原则的新情形;(2)一个问题的解决可以适用两个或两个以上互相抵触的前提但却必须在它们之间作出真正选择的情形;(3)尽管存在着可以调整所受理的案件的规则或先例,但是法院在行使其所被授予的权力时考虑到该规则或者先例在此争议事实背景下尚缺乏充分根据而拒绝适用它的情形。③

根据各个前提在性质上的不同,其证成方式也有所不同。如阿列克西将外部证成的前提区分为:(1)实在法规则;(2)经验命题;(3)既非经验命题,亦非实在法规则的前提。④ 如果前提为实在法规则,则通常只须指出其符合法秩序中对于法效力的形式判断标准即为已足。只有在例外情形下,才必须对其内容的正确性进行实质的证成。如在碰到所谓的法律漏洞时,有时必须经由法之续造创设出一条新规范作为论证的大前提。第二类前提是对于具体案件事实描述的证成,主要是诉讼法上事实认定与证明的问题。第三类前提的证成则是法律论证理论研究的重点,其包括了传统的法律解释方法、运用判决先例与法释义学之论证、经验论证,乃至一般实践论证等不同的论证形式。

如果说在内部证成中,越是多地展开逻辑推导步骤,越是能够逼近问题的核心,那么外部证成中,问题则往往没有这么简单。外部证成的最终依据往往似乎并不那么确定。如有学者认为,从根本上,法律证成的最终前提就取决于法律共

---

① 参见 Eveline T. Feteris, *Fundamentals of Legal Argumentation, A Survey of Theories on the Justification of Legal Decisions*, Kluwer Academic Publishers, 1999, p. 103。
② 〔美〕E. 博登海默:《法理学:法律哲学与法律方法》,邓正来译,中国政法大学出版社1999年版,第497页。
③ 同上书,第498页。
④ 〔德〕罗伯特·阿列克西:《法律论证理论》,舒国滢译,中国法制出版社2002年版,第285页。

同体中的理性可接受性的元标准：生活形式(form of life)。生活形式的概念指的是社会中法律理性具体观念背后共同的文化基础。因而，理性法律论证的最终前提即深深体现在相关的生活形式中。①

比如，近年来受到热议的"泸州情妇遗嘱案"中，小前提是大体确定的，但大前提有争议，不能进行常规推理。然而，人们以为大前提是可以选择的，可先对大前提进行价值权衡，即权衡善良风俗或社会公德与遗嘱自由何者具有优先性，权衡的结果可能是 A，也可能是 B，接下来再推出结论，这就是所谓"实质推理"。其推理过程为：②

A.

大前提：遗嘱违反"法律规定和公序良俗，损害了社会公德，破坏了公共秩序"，因为遗嘱基于婚外同居关系，而婚外同居关系在根本上是不道德的

小前提：黄永彬立下遗嘱

结论：遗赠的法律行为无效

B.

大前提：遗嘱并不违反善良风俗或社会公德，因为遗赠人与受赠人的婚外同居关系与遗嘱是两个独立的活动

小前提：黄永彬立下遗嘱

结论：遗赠的法律行为有效

如所周知，法院采取了做法 A，而不少批评者认可的是做法 B。人们在推理依据的大前提问题上形成重大争议。这里的结论也许并不重要，重要的是这里的思维方法，在这种截然相反的大前提选择过程中的意义。法律论证主要是通过以三段论为代表的形式逻辑来完成的，但由于法官在对法律推理大前提的选择过程中会融入价值评价的因素，这需要法官通过对话等方法使论证结果获得更高的可接受性。对话或论辩构成法律论证研究的一个比较贴近实际的问题。

【思考练习题】

1. 什么是法律论证？法律论证与法律解释有什么区别？
2. 简论法律论证的特征。
3. 简述法律论证的主要方法。
4. 什么是内部证成？试举例说明。

---

① 参见 Raino Siltala, *A Theory of Precedent*, Hart Publishing Ltd, 2000, pp. 220—221。
② 参见郑永流：《道德立场与法律技术》，载《中国法学》2008 年第 4 期。

5. 什么是外部证成？试举例说明。
6. 简论法律修辞方法的基本特征。
7. 试举例说明法律修辞的意义。
8. 试举例说明逻辑在法律修辞中的意义。

第六章 利益衡量

当今是价值多元和价值冲突、利益多元和利益冲突的时代。人们对利益的追求,既体现了民主社会对多元价值的宽容和尊重,也体现了法治社会对实质正义的向往。在法理学的研究当中,法的价值论和法的利益论是法理学研究的重要领域之一,甚至任何法律哲学都必须努力地关注法的价值论和法的利益论问题,因为,"法律只有在涉及价值的立场框架中才可能被理解。法律是一种文化现象,也就是说,是一种涉及价值的事物"。① 在法律方法论的研究中,价值衡量论和利益衡量论也是两个重要的研究领域,现代社会中的法律必须面对诸如公平和效率、发展和稳定、环境与安全等诸多具有不可通约性的价值之间的衡量和抉择,也要面对诸多法律上的利益和社会现实中的利益、多数人的利益和少数人的利益、眼前利益和长远利益等诸多不同利益形态的确定和选择。可以说,法律方法论离开了对价值和利益问题的思考和判断,就会陷入到价值虚无主义和利益绝对主义的陷阱当中,"法官或行政官员应以'社会中具支配力的法伦理'、'通行的正义观'为其评价行为的标准"。② 而在具体的司法裁判领域中,对涉讼双方所主张的相关价值和利益进行衡量也是实现实质法治的重要方法。

第一节 利益衡量的概念

近些年来,利益衡量论所主张的为保护社会中的某种特定利益而牺牲其他利益的法律方法论得到了很快的发展。与概念法学相比,利益法学是一种以诉讼为导向的法学研究,将诉讼看做为法律规范的试验场所,主张对法律规范的研究不应当仅仅局限于一种历史性和概念性的研究,还必须从法律的目的、技术、文化等多角度来展开。③ 在利益衡量论看来,法律的宗旨既要促成立法者所欲保护的利益在个案裁判当中实现,也要对社会中的不同利益冲突进行评价,赋予特定利益以优先性地位,以实现个案裁判当中的实质正义和一般社会正义。为了避免司法裁判中法官以自己的利益判断来取代立法者和法律的利益判断,需要借助严格的法律论辩和加重法官法律论证责任等途径来规制利益衡量论的具

---

① 〔德〕G.拉德布鲁赫:《法哲学》,王朴译,法律出版社2005年版,第4页。
② 〔德〕拉伦茨:《法学方法论》,陈爱娥译,商务印书馆2003年版,第7页。
③ 〔德〕拉伦茨:《德国民法通论》,王晓晔等译,法律出版社2003年版,第97页。

体运用。利益衡量论引发了价值衡量论和相关评价法学的迅速发展,人们在承认通过某种"超越法律"的司法来追求和实现个案"正当裁判"重要性的同时,围绕着价值衡量论的相关"方法论上的论辩"和司法意识形态上的论辩也就成为了现代成熟法治社会所必须面对的普遍性现象。价值衡量论主张,司法裁判需要对社会中的不同价值主张和价值立场予以尊重;对社会中的不同道德观念和主张需要进行理性的认识与论证;司法裁判的任务需要对隐藏在法律中的相关正义观念、法律的内在道德和外在道德、不同目的进行考量并付之于实现。

一、利益衡量的界定

司法裁判的全过程必须正视价值衡量论对于实现个案中正当裁判的重要性。"为了做出一个正义的判决,法官必须确定立法者通过某条特定的法律规则所旨在保护的利益。"①利益衡量是一种常见的法律方法,但是人们对于"利益衡量"一词的使用并不尽一致,如日本的星野英一使用的词汇是"利益考量",其所追求的是比利益衡量范围更大的价值判断,学界一般将其称为广义的利益衡量论或者利益考量论。② 跟利益衡量比较接近的另一个用语是"价值衡量"。从当下国内学者的论述来看,不同的学者对这一对概念在用法上并不尽一致。有的学者认为这两个概念比较近似,所以对二者不作区分,即认为利益衡量就是价值衡量,在表述中相应采取了诸如"利益(价值)衡量"这种方式;而有的观点认为这是两个不同的概念,如有人认为:"之所以称为'价值衡量',是由于本文够不上严谨精细的经济分析,而更多基于生活经验的论辩;它也将超越具体案件当事人的'利益',而权衡普遍的社会'价值'"。③ 也有人认为利益衡量与价值衡量实质上是两个不同的概念,价值衡量是从超验哲学层面来认识问题,利益衡量则是在经验实证层面上来分析评价问题。④ 梁慧星教授在20世纪90年代将利益衡量理论介绍进国内时,即采用了"利益衡量"一语,此后国内学者在论述该理论时,也比较多地使用"利益衡量"的词汇。所以,笔者主张采用"利益衡量"的用语,并不将其跟"价值衡量"作严格界分。

(一) 利益衡量:作为一种法律方法的论辩

从某种意义上,整个司法裁判均可被视为一个利益考量和价值权衡的过程。在裁判的过程中,法官需要对各种利益进行综合权衡与判断。这对法官提出了很高的要求,法官个人的主观性在此得到了明显的体现;不过,从另一方面这也

---

① 〔美〕E.博登海默:《法理学:法律哲学与法律方法》,邓正来译,中国政法大学出版社1999年版,第144页。
② 李军:《利益衡量论》,载《山东大学学报》2003年第4期。
③ 何海波:《举证责任分配:一个价值衡量的方法》,载《中外法学》2003年第2期。
④ 李秀群:《司法过程中的利益衡量》,载《法律方法》(第2卷),山东人民出版社2003年版。

加大了裁判结果的不可预测性。正是基于这种主观性与不可预测性,利益衡量作为一种法律方法的观点,往往遭到人们的质疑。比如有一种有代表性的看法是,"方法"一词指在各类似情形下能够重复适用的处事程序,具有规律性、可预测性。由此观之,利益衡量方法无法满足这些要求,因此,它并不能成为一种独立或自足的法学方法。[①] 这一观点的确也不无道理,但是大多数学者还是倾向于将利益衡量作为一种法律方法。

在法学史上,利益衡量方法是20世纪初德国利益法学等流派在批判概念法学过程中发展出来的一种法律方法。换言之,这一方法也是利益衡量等流派在法律方法上的重要贡献。当然,跟传统的概念法学相比,这种方法较大程度上释放了裁判者的主观性。因此,利益衡量也是必须严格谨慎使用的一种方法。在国外,这种方法是否妥当还存在争议,并且其本身也处于不断完善和发展之中,但这种方法在处理一些比较复杂疑难的个案中还是无可避免的。

(二) 利益衡量在法律方法体系中的地位

作为一种法律方法,利益衡量与法律解释的方法具有比较密切的联系。有人甚至是在法律解释的标题下去谈利益衡量,将其作为某种法律解释方法。一般说来,利益衡量论主张对法律的解释应当更自由、更具弹性,解释时应当考虑实际的利益。在处理两种利益之间的冲突时,强调用实质判断的方法,判断哪一种利益更应受到保护。笔者认为,利益衡量固然与法律解释的方法具有比较密切的联系,但是二者毕竟分属不同的方法。法律解释一般是对法律进行的意义阐明的活动;而利益衡量往往是在欠缺明确法律规定情况下,基于个案中各方利益情势进行决断。

由于"利益衡量"是在法律所确认的权利或利益之间发生相互冲突时,由法官对冲突的权利或利益确定其轻重而进行权衡与取舍的活动,利益衡量方法能够帮助裁判者针对疑难个案形成稳健的法权感,或者说,它本身就代表了法权感的高级形态。[②] 在法律方法体系中,利益衡量处于其中的最高境界。因为跟法律解释、法律推理、法律论证等其他法律方法相比,利益衡量作为一种主观性比较强的裁判方法,法官在裁判中需要对法律、正义、情理等因素有较为准确合理的直觉把握。可以说,裁判活动在此成为某种"艺术"。

利益衡量在法律方法体系中具有其特定的功能与意义。一方面,它有助于保证法律的稳定,另一方面又能实现个案裁判的正义。作为一种法律方法,利益衡量方法着眼于个案裁判的实质正义与公正,在既有法律秩序的框架内解决实

[①] 陈林林:《裁判的进路与方法——司法论证理论导论》,中国政法大学出版社2007年版,第198—199页。

[②] 同上书,第199页。

际问题。没有利益衡量的司法判决就可能缺少正义的成分。

（三）利益衡量的概念

对于利益衡量的概念，学界有不同的界定。日本有学者认为，利益衡量是在解释、适用法律时着眼于当事人的利益状况的做法。[①] 梁慧星认为："法官审理案件，在案情事实查清后，不急于去翻法规大全和审判工作手册寻找本案应适用的法律规则，而是综合把握本案的实质，结合社会环境、经济状况、价值观念等，对双方当事人的利害关系作比较衡量，作出本案当事人哪一方应受保护的判断。"梁教授把这种判断称为"实质判断"。"利益衡量"就是"在实质判断的基础上，再寻找法律上的根据"。[②] 杨仁寿在《法学方法论》一书中对利益衡量的概念作过这样的阐述：

> 法官在阐释法律时，应摆脱逻辑的机械规则之束缚，而探求立法者与制定法律时衡量各种利益所为之取舍，设立法者本身对各种利益业已衡量，而加取舍，则法义甚明，只有一种解释之可能性，自须尊重法条之文字。若有许多解释可能性时，法官自须衡量现行环境及各种利益之变化，以探求立法者处于今日立法时，所可能表示之意思，而加取舍。斯即利益衡量。换言之，利益衡量乃在发现立法者对各种问题或利害冲突，表现在法律秩序内，由法律秩序可观察而得知立法者的价值判断。发现之本身，亦系一种价值判断。[③]

尽管存在具体表述上的差异，但从总体上看，利益衡量指的是在裁判中，结合社会环境、经济状况、价值观念等具体情形，对各种不同的利益进行比较与衡量，寻求一种妥当合理的裁判结论，并在既有法律秩序内，寻求法律依据，将结论予以正当化与合理化。

二、利益衡量的特征

利益衡量有如下四个方面的特征：

第一，利益衡量是一种在个案裁判中进行价值判断的方法。利益衡量的内容，是对各利益重要性之评价及彼此冲突利益之间的选择和取舍。这往往牵涉到法官的价值判断，可以说，价值判断始终是利益评判乃至整个裁判的核心元素。对衡量者来说，利益的取舍主体具有可选择性。因此，利益衡量是一种主观性比较强的裁判活动。相应地，利益衡量方法的运用，对法官的知识与素养也有更高的要求。大部分通过利益衡量进行判决的案件是由高级别法院的法官

---

① 〔日〕大村敦志：《民法总论》，江溯、张立艳译，北京大学出版社2004年版，第94页。
② 梁慧星：《裁判的方法》，法律出版社2003年版，第186页。
③ 杨仁寿：《法学方法论》，中国政法大学出版社1999年版，第175—176页。

作出。

第二,利益衡量是一种以结果为取向的方法。从思维方式上,利益衡量是在目的合理性支配下,以结果为取向,遵循向前看,而非"遵循既往"的思维路线。因此,从思维进程看,利益衡量方法具有预决性、倒推性。所谓倒推,就是先得出裁判结论,再为结论寻找正当的法律依据。具体而言,法官在运用利益衡量的方法进行判决时,不是直接通过法律规定来得出结论,而是首先通过利益衡量得出结论,然后再从法律条文中寻找根据,以便使结论正当化或合理化。可见,利益衡量不同于常规的法律思维路径。常规的法律思维强调的是根据法律进行思维。

第三,利益衡量具有明显的妥协性。实践中的利益与权利冲突都不是以单纯的"非此即彼"、"你死我活"的方式予以决断,而往往是在两相冲突的利益中进行裁量。这就要求各方利益主体相互忍让,使其均有所节制与收敛。因而,利益衡量的解决方式往往表现为某种妥协。裁判结果往往没有百分之百的对与错,而是相对的。所以,在作出裁判结果的过程中往往不乏妥协的成分。这种妥协还表现在法律规定对某种价值或利益的妥协或屈从。

第四,利益衡量追求的目标是,使判决合法、合理、合情。作为一种裁判方法,利益衡量首先应当在既定法律框架内进行,因此应秉持依法办事的基本原则,使作出的法律决定合法化。但是利益衡量方法所要追求的并不限于单纯实证法内的合法性,而是某种广泛意义上的正当性与合理性。可以说,利益衡量是对形式正义的某种修正,是一种实质正义或矫正正义。利益衡量寻求的是情、理、法兼顾的理想境界。当前司法裁判服判息诉率不高,涉法涉诉上访案件居高不下,一个重要的原因就是少数司法裁判所认定的事实、作出的判断与案件的本来事实、与社会公认的人情事理有距离甚至相距甚远,致使当事人难以服判息诉。这在一定程度上既影响司法的公正价值,也造成当事人纠纷解决成本的增加和国家司法资源的浪费。

三、价值衡量与目的解释、利益衡量的界限

价值衡量是法律方法论体系中的重要方法论之一,也是最富艺术性色彩的一种司法裁判方法,"表现司法决定和判决中的国家意志就是以法官固有的主观正义感为手段来获得一个公正的决定,作为指南的是对各方当事人利益的有效掂量,并参照社区中普遍流行的对于这类争议的交易的看法"。[①] 作为一种重要的法律方法,价值衡量不完全等同于对法律的目的解释和利益衡量,它们之间存在着非常紧密的内在关联性。一般认为,目的解释与文义解释相对,是指根据

---

① 〔美〕卡多佐:《司法过程的性质》,苏力译,商务印书馆2000年版,第45页。

法律规范的目的来阐释法律文本含义的一种法律解释方法,即法官对模糊法律的解释应该首先明确法律的目的为何,"目的解释,是指以法律规范目的,阐释法律疑义的方法"①。从法律解释发生的一般序列来看,大致可以界定为:(1)文义解释,即严格固守法律条文的字面含义而作的法律解释;(2)论理解释,即考虑法律的整体性、立法原意、立法背景和立法目的等因素对法律而作的整体性解释;(3)目的解释,即从法律规范自身的目的、法律规范的对象、欲调整和解决的问题等而作的法律解释。②目的解释是继文义解释和论理解释之后所需要采用的一种法律解释方法,相对文义解释和论理解释而言,目的解释更侧重于对法律背后的相关法律目的进行认识和判断,是以法律规范自身的目的为基础来阐释法律文本的涵义。而价值衡量是从法律之外的一般社会价值观念来修正和发展法律。

目的解释和价值衡量之间存在着一定的交织之处,即法官在解释法律时,不可避免地要探寻法律规定的目的取向以及该目的取向与一般社会价值之间的内在关联性。"目的解释不单是指法律问题解决的具体目的与其手段之间的慎思论证,而且包括关于法律终极价值目的的价值论证。"③目的解释要探寻法律规范的价值取向及其内容界定,尤其是在宪法解释当中,如果解释者是以宪法规范的价值取向为内容去探知宪法规范的意旨,他所采用的就是目的论解释方法。④不过,相对于价值衡量而言,目的解释更侧重于法律规范自身的目的性,即"依可得认识的规整目的及根本思想而为之解释"。⑤

目的解释和价值衡量的区别在于:第一,目的解释强调对法律规范的立法目的进行探寻,而价值衡量强调对社会中一般价值理念的认识和探寻;第二,目的解释强调对法律的整体性目的进行认识和解释,而价值衡量强调对具体法律规范所涉及的相关价值理念进行认识和判断;第三,目的解释是在法律存在疑义时所进行的一种解释,而价值衡量是基于法律规范与价值之间的冲突所进行的一种判断;第四,目的解释是一种侧重追求法律正当性的法律解释方法,而价值衡量是一种侧重追求法律可接受性的法律解释方法;第五,目的解释是一种立足于法律内在立场的法律解释方法,而价值衡量是一种立足于法律外在立场的法律评价方法。概括而言,目的解释是一种以探寻符合立法者客观立法目的为出发点,必须经过法官深思熟虑的判断,并以捍卫法律秩序安定性价值为取向的法律

---

① 杨仁寿:《法学方法论》,中国政法大学出版社1999年版,第127页。
② 潘维大、刘文琦:《英美法导读》,法律出版社2000年版,第179页。
③ 刘孔中、陈新民主编:《宪法解释之理论与实务》(第三辑上册),台湾"中央"研究院中山人文社会科学研究所2002年版,第105页。
④ 陈滋阳:《宪法学》,台湾元照出版公司2004年版,第74页。
⑤ 〔德〕拉伦茨:《法学方法论》,陈爱娥译,商务印书馆2003年版,第210页。

方法论。拉伦茨在谈及目的解释方法的运用时强调："解释者虽然以历史上的立法者所确定之目的为出发点,对此等目的的推论结果却必须深思熟虑,使个别法律规定均取向于确定的目的,因此,解释者事实上已经超越了历史事实上的'立法者的意志',而以法律固有的合理性来理解法律。"① 而价值衡量是一种以探寻法律的一般社会价值为出发点,以捍卫法律的合理性价值为取向的法律方法论。庞德在谈及价值衡量方法在司法中运用的具体操作时指出,价值衡量在法律实践与理论研究上是存在着显著差异的:"如果我们着眼于各种法令的实际制定、发展和适用,而不是着眼于法学理论的话,这样我们就有了三种在实践中真实的在发挥作用的价值尺度:经验;立足于一定时间和地点的文明的法律假说;关于法律秩序的一种公认的、传统的权威性观念。"② 经验、法律假说和权威性社会观念等都是价值衡量在现实法律运用中的相关具体操作方法。

利益衡量是指透过现行法以探寻立法者对社会利益取舍的评价,并以此标准来衡量当下案件中相互冲突的诸利益之间的关系,在尽可能不背离法律秩序安定性的前提条件下来谋求具体司法裁判的正当性。利益衡量作为一种法律方法,一方面要求法官对法律所意图保护的相关社会利益进行考量和评价,在相互冲突的社会利益中进行利益衡量以作出符合立法者立法意图的判决,"……若有许多解释可能性时,法官自须衡量现行环境及各种利益之变化,以探求立法者处于今日立法时,所可能表示之意思,而加以取舍"。③ 另一方面要求法官立足于社会利益的一般考量来发展法律,故而承担着补充法律漏洞的功能,"'个案中之法益衡量'是法的续造的一种方法,它有助于答复一些——法律未明定其解决规则之——规范冲突的问题,对适用范围重叠的规范划定其各自的适用空间,借此使保护范围尚不明确的权利得以具体化"。④ 因此,利益衡量的思维过程也存在着一定的价值衡量。"利益衡量乃在发现立法者对各种问题或利害冲突,表现在法律秩序内,由法律秩序可观察而得之立法者的价值判断。发现之本身,亦系一种价值判断。"⑤

需要指出的是,利益衡量和价值衡量之间还是存在相对明确界限的,表现为:第一,利益衡量方法主要集中在私法领域中的适用,而价值衡量方法则是一种更为普遍适用的法律方法;第二,利益衡量方法主要是对具体法律利益的一般衡量,而价值衡量方法则是对抽象法律价值的一般衡量;第三,利益衡量方法的

---

① 〔德〕拉伦茨:《法学方法论》,陈爱娥译,商务印书馆2003年版,第210页。
② 〔美〕庞德:《通过法律的社会控制 法律的任务》,沈宗灵、董世忠译,商务印书馆1984年版,第58页。
③ 杨仁寿:《法学方法论》,中国政法大学出版社1999年版,第235页。
④ 〔德〕拉伦茨:《法学方法论》,陈爱娥译,商务印书馆2003年版,第286页。
⑤ 杨仁寿:《法学方法论》,中国政法大学出版社1999年版,第235页。

思维过程受制于客观法律利益的规制,而价值衡量方法的思维过程则受制于社会一般价值理念的规制;第四,利益衡量方法的评价标准在于立法者对利益的客观界定,而价值衡量方法的评价标准在于社会对社会价值的主观界定;第五,利益衡量的思维过程更体现了法官的独断性思维属性,而价值衡量的思维过程则体现了法官的探究性思维属性,强调听众对价值衡量结果的可接受性是价值衡量思维的一般属性。利益衡量强调法官在司法裁判时,需要具体地分析各方的利益主张和利益冲突,是一种对法律纠纷的实质性判断和考量。相对于利益衡量而言,价值衡量则强调各种利益主体在社会一般价值取向上的可接受性,而寻求不同主体在价值认识和价值认同上的一致性和共识性则是价值衡量实现的最终理想。在法律方法论的研究当中,人们探讨法律价值的目的就在于使自身所赞同的价值理念与社会所接纳的价值评价融合在一起。人们所追求的或许并不是这些价值理念的现实操作,而是这些价值理念是否能令人信服,并被人们所接受。"法学在法律史的各个经典时期,无论是古代和近代世界里,对价值准则的论证、批判或合乎逻辑的适用,都曾是法学家们的主要活动。"①而在司法裁判的实践当中,价值衡量方法如果运用得当,则可能是各种方法中实现社会正义最理想的一种方法。不过,"由于这种方法的运用增大了法律的不可预测性,因而在法治原则下,它只能是一种谨慎使用的方法,也即只有在按照法律办事出现判决结果与社会所奉行的正义有严重冲突的时候才使用的一种方法"。②

第二节 利益衡量的理论

德国在经历了一个世纪的法典化运动之后,促成了1900年《德国民法典》的产生。自此,一种新的批判概念法学的思想在萌动。利益衡量论就是作为对概念法学的批判而出现的。概念法学强调法律适用的形式性,主张法律规范必须按照严格的字面含义进行解释,必须依循刻板的逻辑推理规则进行裁判,由此将法律以外的政治、经济、社会、文化等方面的评判因素予以隔绝。实际上,这就从根本上杜绝了法官的价值评判。利益衡量之法律方法发轫于20世纪初的欧洲自由法运动(尤其是利益法学派)。可以说,这一时期法学思想观念发生了一场深刻的变革,如格梅林说的:"司法的全部功能都已经……转移了。表现在司法决定和判决中的国家意志就是以法官固有的主观正义感为手段来获得一个公正的决定。"③利益法学的典型特征,就是以诉讼为导向,将诉讼视为法律规范的

---

① 中国社科院研究生学位办公室编:《博士文萃》,社会科学文献出版社1997年版,第338页。
② 陈金钊:《法治与法律方法》,山东人民出版社2003年版,第227页。
③ 〔美〕本杰明·卡多佐:《司法过程的性质》,苏力译,商务印书馆1998年版,第45页。

试验场所。

一、德国的利益法学

利益法学的思想直接渊源于德国法学家耶林。耶林认为,法律是对利益的分配与保护,法律与法律科学的最重要的任务,就是平衡生活中互相冲突的各种利益。当裁判中无法依逻辑结构圆满地处理社会生活之需要时,法官须自行审查,衡量案子所牵涉的各方利益,协助较有理由的利益以及更值得保护的利益在冲突中胜出。耶林的思想对后来利益法学派的赫克产生了重要的影响。跟德国当时的通说相反,赫克首先认识到了《德国民法典》生效之后的"法律漏洞"问题。在赫克看来,新的方法所追问的是:生活和符合生活要求的秩序。各种法律命令要从生活需要和利益状况出发来进行解释,并根据利益的要求予以补充。①赫克认为,利益法学的出发点是:"首先,根据我们的宪法,法官应受法律约束。法官也要像立法者一样界定利益,并对利益冲突进行判决。其次,与大量生活中出现的问题相比,我们的制定法是有缺陷的。……因此期待法官不是依循字句,而是合乎利益要求地服从法律。"②

在"利益法学"看来,任何法律纠纷都是利益的冲突。法官在对利益冲突作出裁判时,必须符合立法者通过法律所表达出来的对利益状况的评价。③赫克的利益法学意图将法官设想为不单纯留意于法条词句的"立法者的助手":"新的利益法学运动是以社会现状为基础,法官不可能仅依逻辑结构而满意地处理社会生活之需要。立法者希望的是对利益的保护,他希望平衡生活中互相冲突的利益,但是他知道他不能捕捉到生活的多样性,也无法完整地利用逻辑的小前提在每个案件中划出一条很适当的线来规范它。立法者只有在法官不仅仅是一部依照法律的逻辑机器来运作法律功能的自动贩卖机,才能实现他的意图与满足社会生活的需要。"④利益法学提出的利益衡量方法乃是当今法律解释学的一种重要发展走向。季卫东将其表述为:"是在承认主观价值判断和保持演绎思维的结构的同时,通过对于各种价值判断的先后、轻重、优劣进行科学的理由论证和交换计算来实现法律决定的客观性、妥当性的尝试。"⑤由此,法官在裁判中需要掂量彼此相互冲突的利益,并应当帮助那些更有理性基础的、更值得保护的利益获得胜诉。"利益法学"的功绩,在于它超越了法律的字句和概念的表述,而将视线转向了法律条文所依据的价值观念和一般评价标准。赫克的利益法学

---

① 〔德〕菲利普·赫克:《利益法学》,傅广宇译,载《比较法研究》2006年第6期。
② 同上。
③ 〔德〕拉伦茨:《德国民法通论》,王晓晔等译,法律出版社2003年版,第97页。
④ 〔美〕佛利曼:《法理学》,杨日然等译,台湾司法周刊杂志社1989年版,第361页。
⑤ 季卫东:《法治秩序的建构》,中国政法大学出版社1998年版,第98页。

自产生以后虽然遭到不少批判,但是还是经受住了时间考验,并成为法律方法论史上一种重要的学说。利益法学的影响远远超出了德国本土,如瑞典的务扑萨拉学派将"社会效益"看做法官裁判的重要目标。① 美国法学家庞德对利益衡量方法也作过一些探索与发展。②

二、日本的利益衡量论

德国的利益法学派所主张的作为补充法律漏洞方法的利益衡量和日本民法学者所提出的利益衡量论有着很大的不同,属于不同的知识,但在我国却被不加区分地使用着。③ 日本的利益衡量论同样是在批判概念法学思考方式的基础上发展起来的。它直接渊源于自由法学,并且直接导入了美国的现实主义法学,却没有德意志利益法学的痕迹。④ 20世纪60年代日本利益衡量论的兴起有着特定的经济社会背景。随着战后经济高速发展与城市化水平的提高,市民的生活利益显得多样化、复杂化。公害、住宅、交通等社会问题浮出水面。法官裁判的方法急需适应这一社会形势变化的需要。概念法学式的裁判思维方法显然已经无法满足这种需要。

20世纪60年代,日本学者加藤一郎的《法解释学中的逻辑与利益衡量》(1966)和星野英一的《民法解释论序说》(1967)分别提出了各自的利益衡量论。加藤一郎看来,那种认为仅从法律条文就可以得出唯一正确结论的说法,只是一种幻想。真正起作用的是实质的判断。他主张在个案情形下,关于究竟应该保护哪一方当事人的利益,法官应在进行各种各样的利益权衡基础上综合判断,得出结论,再考虑应附上什么样的理由,亦即结合条文,怎样从伦理上使该结论正当化或合理化,以形成判决。⑤ 跟加藤一郎不同的是,星野英一主张在适用于具体事件以前,首先依据对条文的文理解释、逻辑解释、立法者意思的探究得出结论,然后对此结论的妥当性依据利益考量和价值判断进行检讨,有必要时对结论加以修正和变更。

除了上述德、日利益衡量各法学流派,在现今西方法学中,跟利益衡量理论与方法比较近似的还有"经济分析"方法(以美国的经济分析法学为主要代表),二者在运用上均以效率为指归,但是也存在一定的区别。

---

① 〔德〕伯恩·魏德士:《法理学》,丁小春、吴越译,法律出版社2003年版,第241页。
② 〔美〕罗斯科·庞德:《法理学》(第3卷),廖德宇译,法律出版社2007年版,第18页。
③ 张利春:《关于利益衡量的两种知识——兼行比较德国、日本的民法解释学》,载《法制与社会发展》2006年第5期。
④ 段匡:《日本的民法解释学》,复旦大学出版社2005年版,第251页。
⑤ 〔日〕加藤一郎:《民法的解释与利益衡量》,梁慧星译,载梁慧星主编:《民商法论丛》(第2卷),法律出版社1994年版,第78页。

三、美国的相关学说

美国体现利益衡量论的相关学说主要是以庞德为代表的社会学法学和卡多佐所代表的实用主义法学。庞德其在《法理学》第3卷中集中探讨利益衡量论的相关问题。庞德指出,利益衡量之所以重要,就在于:在确定了要求法律予以保护的利益是什么以后,所有利益不能全部得到保护也不能彻底地得到保护,因为许多利益是相互交错的、或多或少存在着相互冲突,由此,如何衡量这些利益就成为摆在我们面前的一个问题,该问题对于立法者来说是根本问题,也是法院在选择推理起点、在解释和标准的运用中也经常要面对的问题,由这些问题所引发的相关难题又集中表现为诸如:如何评价它们的价值?用什么原则来断定它们的相对分量?在有冲突时哪个该做出让步?① 庞德的利益衡量论深受詹姆斯的实用主义哲学的影响,主张从最大限度地满足需要的角度来思考法律的目的。庞德认为,利益就是人类社会中的个人所提出的请求、需求或需要等,如果文明要得到维持和发展,社会要避免无序和解体,法律就要为利益提供支持。他把利益划分为个人利益、公共利益和社会利益三大类。其中,个人利益就是那些直接涉及个人生活和从个人生活的立场来看待的请求、需求和欲望等,这些是以个人生活的名义而提出的;公共利益就是指那些由有关的个人提出或从政治生活——有组织的政治社会的生活——的立场提出的请求、需求和要求,它们以该组织的名义提出,是作为法律实体的有组织的政治社会的请求;社会利益是从社会生活的角度考虑,被归结为社会集团的请求的需要、要求和请求等,是事关社会维持、社会活动和社会功能的请求,是以社会生活的名义提出、从文明社会的社会生活的角度来看待的更为宽泛的需求和要求。② 立足于判例法的传统,庞德所代表的利益衡量论更具有启示意义。在现代法治社会中,司法裁判的过程不可避免地要对涉诉各方的不同利益主张进行界分和平衡,正是在这种界分和平衡当中的实体性判断构成了法律所必须认真对待的创造性,"法律中的创造性在极大程度上包括争鸣相似性判断的工作,这种相似性似乎构成思维,而实际上却取决于有争论的实体判断;反之亦然"。③

如果说庞德的利益衡量论侧重于对规则适用的社会效果分析,那么卡多佐的利益衡量论则直接强调法官造法的重要性,即主张法官应该根据实际的需要进行造法,而且这种造法行为有时还要运用不同的价值观(包括宗教的、道德的价值观或社会正义感等)。在卡多佐所探讨的各种不同裁判方法中,尽管逻辑、

---

① 〔美〕罗科斯·庞德:《法理学》(第3卷),廖德宇译,法律出版社2007年版,第246—247页。
② 同上书,第18—19页。
③ 〔美〕凯斯·R.孙斯坦:《法律推理与政治冲突》,金朝武等译,法律出版社2004年版,第83页。

历史和习惯等不同的方法都是非常重要的,但是社会学方法尤为重要,社会学方法的核心就是以规则对社会的价值作为最高检验标准,并促进法律目的的实现。"逻辑、历史和习惯都有它们的地位,当我们可能时,我们会影响法律使之符合它们;但只是在一定的限度之内。法律所服务的目的将支配所有这些方法。"①卡多佐讨论了一些情形,在这些情形当中,社会学方法优先于逻辑、连贯性和一致性等要求,不过,在法官执行社会政策方面,社会学方法要背离规则却难以促进社会正义,相反,保持法律的一致性、公正性却是最基本的社会利益。法官运用社会学方法实现法律的目的必须根据社会利益来确定路径、方向和背离的远近。在卡多佐看来,社会利益(social welfare,又称为社会福利)是一个非常宽泛的概念,有着多样性的含义。大致而言,"社会利益可以指人们通常所说的公共政策,集体组织的善。在这类案件中,社会福利所要求的经常仅仅是便利或审慎。而另一方面,它也可以指由于坚守正确行为的标准——这在社区风气中得以表现——而带来的社会收益。在这类案件中,社会福利的要求就是宗教的要求、伦理的要求或社会正义感的要求,而不论它们是表述为信条或是体系,或者是一般人的心灵中所固有的观念"。② 在某种意义上,社会学方法是法官造法正当性的依据,也是限制法官造法程度的依据。美国学者 A. L. 考夫曼在概括卡多佐的社会学方法时指出:"卡多佐认为生活与经验有助于法官权衡相互冲突的利益,这在卡多佐的意见书中也是一个熟悉的主题。他也相信,各位法官不同的生活阅历相辅相成,有利于上诉法院集体断案。这至少是他与他所属的法院的经验。"③

亚狄瑟把卡多佐的利益衡量论概括为三种情形:第一,法律规则及其适用同样明确;第二,法律规则很明确,而唯一的问题就是如何将之适用到呈堂事实上;第三,法律规则及其适用皆不明确。④ 在这三种情形下,利益衡量之所以重要,就在于面对具体的个案事实需要法官选择具有支配性意义的法令。在对规则的解释时存在着多种可能解释结论,以及构成小前提的案件事实在抗辩或审判各环节都会发生相互冲突等情形,而逻辑的形式规则无法告诉法官应该作如何的抉择,只能通过法官的利益衡量来解决。这种利益衡量的最终目的就在于在不同的社会利益之间达成某种平衡。"显而易见,在诸如这些问题之中,社会利益之间需要达成平衡,选择应与价值保持和谐。人们往往惊讶地发现,即便其他程序或方法在表面上似乎占据了主导甚或独占地位,但这一需要仍然存在,尽管潜

---

① 〔美〕本杰明·卡多佐:《司法过程的性质》,苏力译,商务印书馆 2000 年版,第 40 页。
② 同上书,第 43—44 页。
③ 〔美〕A. L. 考夫曼:《卡多佐》,张守东译,法律出版社 2001 年版,第 220 页。
④ 〔美〕鲁格亚·亚狄瑟:《法律的逻辑》,唐欣伟译,法律出版社 2007 年版,第 20 页。

伏于表面之下。"①利益衡量除了要解决上述难题之外，还需要在具体的操作上进行必要的理性化的利益计算，理性计算的标准就是理性人需要注意的标准；法律根据行为所促进利益的价值来确立行为人所冒险的合法限度，法官每时每刻都需要不停地权衡、折中和调整。判决的可能结论是建立在这种理性计算的基础上的。"答案的背后是一种利益的计算，一种价值的平衡，一种诉诸社团、群体与行业的经验、观点、道德和经济判断的吁求。"②需要指出的是，在以实用主义法哲学为理论基础的判例法传统中，利益衡量方法的运用不仅来自于类比推理中案件之间相似性比较的需要，来自于法律效果和社会效果之间平衡的需要，来自于原因和结果之间认定的需要，更来自于法律的静止和运动、一个与多个、个体与群体、群体与社会以及自由与政府之间相关复杂社会利益比较的需要。因此，美国的利益衡量论不仅是美国实用主义法学在司法裁判过程中的具体操作方法，也是美国实用主义法学所主张的以实用主义哲学的立场来看待"法律是什么"这一问题的法律观和司法观的集中体现。

关于利益衡量论的发展前景，有学者着眼于民法解释理论的变化，认为知识经济时代是现代社会的延续，但也给民法带来了一些值得探讨的新课题。这表现在民法解释方法从利益衡量论向关联性理论发展。③ 这固然是因为利益衡量论本身存在的内在局限性，还因为其作为一种个别化的处理方式，已经无法满足当代民法发展的需要。尤其是，法律解释与价值判断在过去被认为是个人进行的工作，而现在被认为是通过主张、讨论进行的共同作业。其实，这也是当代法律论证理论这种新兴的法律方法论对利益衡量论的挑战。利益衡量方法的出路在于，应当认真对待裁判结果正当化这一环节。在当今法律论证理论视域中，人们区分了"法的发现"与"法的证立"。依据利益衡量得出判决结论以后，尚需开启并完成一个对该结论进行正当化与合法化的阶段。而这就是法律论证方法所要解决的问题。

第三节 利益衡量方法的应用

从各国立法史来看，立法过程是一个利益衡量的过程。但是立法的结束并不意味着斗争的终结，利益的冲突与协调在司法中仍会继续，司法中的利益衡量甚至比立法活动更为激烈。同一项法律规定，适用于不同的个案，如依照不同的价值取向进行解释与适用，就会产生截然不同的解决方法或效果。实际上双方

---

① 〔美〕本杰明·卡多佐：《法律的成长、法律科学的悖论》，董炯等译，中国法制出版社2002年版，第138页。
② 同上书，第140页。
③ 易继明：《知识经济时代民法的变迁》，载《法学》2001年第8期。

当事人面对切身利益,对法律会产生针锋相对的理解。当此之际,法官更需要对冲突的利益进行公正的衡量,并据此作出合理、合法的裁判。

一、应用的领域

在英美的司法理论中,人们往往把司法过程的问题分为两类:事实问题与法律问题。相应地,法律应用也被区分为法律解释与事实认定两个环节。利益衡量方法在这两个环节均有其应用吗? 一般说来,法律解释中往往可能会涉及利益衡量,这一点没有多大争议;但是在事实认定环节中,一般认为无法进行利益衡量。因为假如能够进行利益衡量的话,即意味着在纯粹"事实"的领域,混入了主观性较强的价值因素,因而是一种危险的做法。不过也有一种观点认为,即使是事实认定中,也有利益衡量方法应用的余地。

在各个部门法领域,利益衡量方法的运用也不尽一致。长期以来,利益衡量方法主要在民法解释学中居于重要地位。如有学者立足于知识产权法的基本原理,通过分析知识产权法对知识产权人利益和公共利益的协调,透视其背后的利益平衡机理,研究知识产权法中知识产权人利益和公共利益的内涵,以及两者平衡的表现、机制、规范形式、实现方式等。[①] 赫克的利益法学在民法学中已经成为一种比较重要的学说,"但是在公法和刑法中受到青睐的所谓的客观解释方法则是对赫克的抛弃。其原因显而易见,因为'客观方法'使法律适用者摆脱了立法的规范目的与宪法规定的刑法禁止类推的束缚"[②]。可见,在这些法律部门,利益衡量一般不易适用。此外,综合相关方面的研究,在诸如行政诉讼原告资格认定、行政执法自由裁量、竞业禁止、税法、民事举证责任分配、高校学生权利保护、生态安全及环境侵权救济等范围广泛的领域,利益衡量方法均有其用武之地。在诉讼法上,利益衡量方法有其适用的空间,如有学者认为"诉的利益的判断过程实际上就是一个利益衡量的过程"。另有学者主张以重大违法作为排除非法证据的实质性标准,并引入利益衡量确定是否构成重大违法。另外,还有学者研讨了利益衡量方法在司法审查中的运用。[③]

总之,可以说只要存在主观性的价值判断,往往即有使用利益衡量方法的可能。只不过,在不同的法律部门,利益衡量的方法具有相当的差异。一般而言,在民法等私法领域,因为是平等主体之间出现的争议,"属于哪一方获胜,是甲胜或者乙胜的问题,因此进行利益衡量容易,适于依充分的利益衡量以定胜负的

---

① 冯晓青:《知识产权法利益平衡论》,中国政法大学出版社2006年版。
② 〔德〕伯恩·魏德士:《法理学》,丁小春、吴越译,法律出版社2003年版,第246—247页。
③ 参见常怡等:《司法裁判供给中的利益衡量:一种诉的利益观》,载《中国法学》2003年第4期;李浩:《民事诉讼非法证据排除规则探析》,载《法学评论》2002年第6期;甘文:《行政与法律的一般原理》,中国法制出版社2002年版,第5章。

场合较多"。① 甚至在刑法这一公法领域,利益衡量方法也有一定的适用。②

二、应用的前提条件

利益衡量的过程,首先应看法律本身规定是否明确,如果法律规定明确,表明立法者对此已有明确的利益判断,法官自当只需尊重文字,秉持立法者的意旨,进行裁判即可。因此,一般而言,只是在法律没有明文规定的情况下,法官才进行利益衡量。相反,如果法律存在漏洞,或有规定但模糊不清,法官则可进行价值判断,予以利益衡量。在此过程中,案件中涉及什么样的利益、利益冲突是什么、法律对各种利益如何取舍、如何协调,只有明确了这些问题,法官才能作出合理的价值判断。

不过,即便在法律有明文规定时,也很有可能存在法条之内的价值判断。比如,我国《商业银行法》第39条规定了商业银行贷款应当遵守资产负债比例管理的规定,如"资本充足率不得低于百分之八"、"贷款余额与存款余额的比例不得超过百分之七十"等。按照《合同法》第52条第5项关于"违反法律、行政法规的强制性规定"的合同无效的规定,商业银行违反上述资产负债比例管理的规定签订的贷款合同,似应认定为无效合同。不过问题并没有这样简单,实践中对此存有争议。仅从文义解释看,《商业银行法》第39条规定既可以解释为《合同法》第52条第5项的强制性规定,又可以解释为内部管理性规定,这两种解释如何取舍,即涉及要维护哪一种价值。如作前一种解释,乃是有利于维护商业银行的贷款安全,但不利于维护商业银行与第三人签订合同的安全;如果作后一种解释,乃是不利于维护静的安全,而有利于维护交易安全。当前司法中比较统一的认识是,《商业银行法》第39条虽然表面上为强制性规定,但属于商业银行内部管理性规定,不具有约束第三人的强制性效力,故不按《合同法》第52条第5项规定的强制性规定对待。这一个案例典型地说明了价值取舍在法律解释中的决定性作用。

三、利益衡量方法的具体应用

使用利益衡量方法时,首先应考虑区分利益的结构层次问题。通过对案件中当事人各方的不同利益进行博弈分析,可以直观地显示法官利益衡量的方法与步骤。针对日本学者加藤一郎提出的利益衡量理论容易导致恣意的缺陷,有学者构建了利益的四个层次结构:当事人的具体利益、群体利益、制度利益和社

---

① 〔日〕加藤一郎:《民法的解释与利益衡量》,梁慧星译,载梁慧星主编:《民商法论丛》(第2卷),法律出版社1994年版,第80页。
② 沈志先主编:《法律方法论》,法律出版社2012年版。该书论及刑事审判中的证据审查、罪名确定、刑罚裁量过程中的利益衡量,参见该书第276—281页。

会公共利益,主张在实践中应当区分不同的类型进行仔细的剖析和论证,从而增强衡量结果的妥当性与科学性。① 一般来说,法官在裁判中对利益进行综合比较并衡量"优劣"后,合理地适用法律,让优先的一方胜诉,这是利益衡量的直接适用,也是最理想的状况。在大多数的案件中,或是涉及位阶相同的权利(例如同种人格权)间的冲突,或者正因涉及的权利如此歧异,因此根本无从作抽象的比较②,例如,个人自由权与社会法益的冲突等。在此情形下,在利益与价值难以分出优劣时怎么办?

抽象地在不同类型的法律价值与利益之间作出排序,既不现实也无必要。但这并不意味着所有利益均位于同一水平线,亦不意味着不能进行任何质的评价。关键是如何在个案中斟酌情势,以实现法律价值的衡平。③ 因此,有不少法学家,没有放弃在利益衡量的适用次序问题上的探索,如拉伦茨认为在法益衡量问题上,可以归纳出如下原则:"相较于其他法益(尤其是财产性的利益),人的生命或人性尊严有较高的位阶,因为言论自由权及资讯自由权对于民主社会具有'结构性的意义'。"④因而,生命权、人格权优先原则、生存权优先原则、自由权优先原则等成为利益衡量的一些基本原则。例如,最高人民法院2002年6月公布的针对《合同法》第286条建设工程款优先受偿权的批复中认为,"消费者交付购买商品房的全部或者大部分款项后,承包人就该商品房享有的工程价款优先受偿权不得对抗买受人",就是"生存权益优于经营权益"的明证。另外,保护弱者原则也是一个重要的利益衡量原则。倾斜保护弱势群体权益和社会公益是"利益衡量理论"倡导合理裁判的基本理念。通过对弱势群体和社会公益的倾斜保护,彰显司法的本质和法律的精神实质,与利益衡量理论的实质精神是一致的。

四、对利益衡量方法的反思

利益衡量方法缺乏统一的明确标准,完全是法官的一种内心主观活动,是由法官根据自己的经验、知识和价值标准作出的。因而,它赋予了法官比较广泛的自由裁量权,往往容易导致恣意。与利益法学有着某种共同理论趋向的社会法学家庞德,甚至主张"无法司法",即法官可以依据其个人意志和直觉进行裁判,而不必遵循任何既定的一般规则。利益衡量方法的这一局限性从根本上构成对一般法学思维方式的挑战和背离。因为法学的思维方式一般需要从既定法秩序

---

① 梁上上:《利益的层次结构与利益衡量的展开——兼评加藤一郎的利益衡量论》,载《法学研究》2002年第1期。
② [德]拉伦茨:《法学方法论》,陈爱娥译,商务印书馆2003年版,第285页。
③ 高翔:《利益衡量的具体方法》,载《人民法院报》2007年1月9日第6版。
④ [德]拉伦茨:《法学方法论》,陈爱娥译,商务印书馆2003年版,第285页。

或规范出发,具有明显的教义学属性。利益衡量的思维方式显然抛弃了传统法学思维对客观性、合法性与确定性等理念的诉求,难免沦落为方法论上的"盲目飞行"之讥。

利益衡量方法的上述缺陷,源于多方面的原因。比如,利益评估基准的不确定,是利益衡量方法常受诟病的重要原因。利益评估之所以不易,是因为利益评判的选择从根本上是个价值评判的问题。而一旦涉足价值评判,即往往容易陷于哲学上的"明希豪森三重困境"之难题。利益衡量诸理论虽然将法律制度和裁判过程还原并提炼为"利益",但是对于这一概念的内涵与外延,各种利益法学理论均未给出令人满意的说法。比如赫克只是比较宽泛地指出,利益是"生活价值"和"对生活价值的追求",包括个体利益、群体利益、共同体利益、公共利益和人类利益等。这种开放式、生活化的定义,固然克服了概念法学的机械化和吹毛求疵的倾向,却抛弃了专门学科中的专业化和精细化的术语要求,因此难保沦落为一个空洞、无用的概念。① 另如庞德划分了个人利益、公共利益和社会利益,但其界定实际上并不清楚,在实际适用中也不具可操作性。可以说,利益概念的含糊、宽泛,是导致利益衡量方法不确定的一大缘由。

出于如上理由,利益衡量方法在实际中非常容易被滥用。也就是说,利益衡量作为当前法院判决疑难案件的常用方法,存在被滥用的可能性。② 甚至有人将利益衡量批判为一种决疑论。③ 也正因如此,有学者认为利益衡量方法无法构成一种独立自足的法律方法。

五、对利益衡量方法的制约

利益衡量固然是一种主观性较强的裁判方法,但这并不是随意妄为。如德国法学家恩吉施所论:"以从权利人那里善意取得动产的规定为基础的利益权衡,不是任意的,它不是简单地将冲突利益中的一个置于另一个之前,而是呈交出这种优待的权利行为的'许多理由'。"④在利益衡量过程中给出理由,也就意味着利益衡量需要有相对客观的标准,由此才能避免这一方法被滥用。如何确定利益衡量的标准,对于利益衡量论作为一种独立的方法论十分关键。有学者认为"社会需求"即为其中的标准之一。他通过对"公众舆论"、"社会价值观

---

① 陈林林:《裁判的进路与方法——司法论证理论导论》,中国政法大学出版社2007年版,第192页。
② 如,有学者将利益衡量的滥用分为"因缺少对利益结构的整体衡量而导致的滥用"和"因超越利益衡量的边界而导致的滥用"。参见梁上上:《利益衡量的界碑》,载《政法论坛》2006年第5期。
③ 所谓决疑论,是指对每一个问题给予解答的思考方式。这种思考方式正好跟从一定的教义中推导结论的教义学(dogmatik)相反。
④ 〔德〕恩吉施:《法律思维导论》,郑永流译,法律出版社2004年版,第237页。

念"、"社会效果"三个基本范畴的分析,将"社会需求"的内容与尺度进行具体化。① 一般说来,具体化的利益衡量,应参酌社会上可探知、认识的客观伦理秩序及公平正义原则,以期能适应社会经济发展及道德价值观念的变迁。特别是当前正处于社会转型、经济转轨、利益调整的特殊历史时期,各种利益冲突也呈现出前所未有的复杂性,法治供给与法治需求还不相适应,立法滞后于社会及生活的发展,司法功能与人民群众日益增长的公正需求尚有较大差距,在利益衡量中融入更多社会利益考虑,是现阶段实现公平正义的现实需要。

除了在方法上力求实现衡量标准的客观化外,还有必要确定利益衡量的界限,对利益衡量予以必要的节制。运用利益衡量必须遵循有限适用原则。它一般不能背离制定法和最高司法机关的统一解释。利益衡量只能在法律的疆界内发挥其应有的作用。赫克曾将利益衡量适用的范围限定于两种情形②:一是法律指示法官运用自己的判断;二是从现行法中找不到针对类似情形所作的利益评判,或者相关利益评判相互抵触。此外,法官要使利益衡量运用公开化,即法官在裁判文书中要进行充分说理,详细论述利益衡量的理论构成,不仅要依据法规赋予利益衡量结论以形式理由,也要公开利益衡量的具体过程,展示利益衡量的实质理由。只有这样,司法人员的利益衡量和价值判断的过程才能得到充分的制约。

既然利益衡量方法受到诸多规制,那么这一方法的适用必须慎重,一般应在法律有明确规定或者授权时方可进行。在学界和实务界,应当尽量避免利益衡量泛化的倾向。利益衡量范围的无限扩大,势必将危及法律的安定性与可预见性。利益衡量方法具有较强的主观性与相对性,所以对法官素质与能力有很高的要求。利益衡量的正确运用,更需要司法者的社会责任感、正义感和道德良知。如同加藤一郎所述,"既然最终的决定不能不取决于裁判官健全人格的判断,因此应要求裁判官负责任地判断"。这种"负责任"即是要求司法者秉承良知、恪守职业道德,探求法律精神,运用良好的司法技能,在作出实质判断和利益衡量时,力求作出妥当的、公正的价值判断,使司法裁判承载公平,昭示正义。

【案例分析】

江某,男,江苏镇江人,为当地一家保险公司的推销员。2006 年 6 月 27 日上午约 10 时 30 分,江某开着自己的面包车在镇江市中心一个十字路口等绿灯,前面一辆由一女士开着的别克商务车也在等绿灯。此时一男子(甲)走向前去,

---

① 胡玉鸿:《利益衡量与"社会需求"——诉讼过程的动态分析之一》,载《法商研究》2001 年第 3 期。

② 〔德〕菲利普·赫克:《利益法学》,傅广宇译,载《比较法研究》2006 年第 6 期。

向该女士打招呼,用手指着车的后轮胎,示意她的车后轮胎出问题了。该女士下车正想看看自己的车究竟出了什么问题,而另一男子(乙)则从旁边突然窜出来,迅速打开车前门,将该女士放在副驾驶位置上的钱包取走,并迅速骑上自行车,逃进了一条名叫腰刀巷的小巷子。江某见状,迅速开动自己的面包车追了过去。眼见就要追上乙了,此时,从菜场买菜回家的杜某老太太,正沿着小巷子墙边行走。小偷看到江某开着面包车从后面紧追过来,为摆脱江某的追赶,骑着自行车从墙的内侧将杜某逼到了巷子的过道上。由于江某开车的车速太快,猝不及防,遂将杜某撞倒,导致其十五处受伤,两处八级伤残,江某面包车的挡风玻璃也被撞碎了。同时,开别克车的女司机也已经追到巷中,小偷惊惶中撞上了一名男子并跌倒,该男子一把将其抓住,女司机也从后面冲了上来,两人一起将小偷抓住,扭送到派出所。另一名小偷取包得手后逃逸。在派出所,女司机告诉警察,她姓魏,是镇江一家企业的财会人员,包里除1.3万元现金外,还有公章、现金支票、转账支票、4张信用卡、身份证等物。后来群众在路边捡到被盗的包并交到了派出所,但盗贼已将包内的1.3万元现金取走。小偷虽然被抓住了,但是,江某也从一个见义勇为的英雄成为了一个交通肇事者。几天之后,当地媒体报道了江某"飞车抓贼、撞伤路人"的消息,当地的见义勇为基金会给江某颁发了见义勇为证书,并奖励了800元现金。杜某看到撞人者江某得到了如此高的荣誉,不服,要求其承担自己的医疗费,并质疑江某的行为是否符合见义勇为的标准;同时认为,无论江某是否是一个见义勇为的英雄,但他同时也是一个交通事故的肇事者,自己作为受害者,住院治疗的费用应该由江某来支付。交警认定,江某对这起交通事故应该负全责。随后,杜某将江某告上了法院,要求江某承担她的全部医疗费,同时还需要支付一笔赔偿金。当地法院通过民事调解的方式来解决本案的纠纷。其中,除了由见义勇为基金会、江某所在的单位和社会捐赠的款项之外,江某个人还需要承担医疗费1万多元,赔偿金4万多元,法院强制执行了江某在银行的1.4万元存款,其余的则由江某以按月支付的方式来支付。①

  本案涉及的主要的争议在于:杜某的医疗费究竟应该由谁来出?杜某向江某要求支付一笔赔偿金的做法是否合法与合理?如果要求这笔赔偿金的做法是不合理的,那么这笔赔偿金又应该由谁来出?本案涉及的以上难题就需要采取利益衡量的方法来加以探讨。

  首先,我们需要界定江某的行为是否属于见义勇为。通常人们把"见义勇为"看做为一个道德概念,在我国各地方条例的规定当中,大致将其概括为"为

---

① 案例来源参见:江西卫视《传奇故事》之"令人尴尬的见义勇为",2011年4月10日访问。

保护国家、集体利益或者他人的人身、财产安全,不顾个人安危,与正在发生的违法犯罪作斗争或者抢险救灾的行为"。见义勇为主要分为两种类型:第一类是同违法犯罪分子作斗争的行为,第二类是抢险救灾的行为。见义勇为的法律特征主要有:(1) 见义勇为的主体是非负有法定职责或者义务的自然人。负有法定职责或者义务的主体,在履行法定职责或者义务时,不能成为见义勇为的主体。(2) 见义勇为所保护的客体,是国家、集体利益或者他人的人身、财产安全。公民为保护本人生命、财产安全而与违法犯罪作斗争的行为,不能认定为见义勇为。(3) 见义勇为的主观方面在于积极主动、不顾个人安危。(4) 见义勇为的客观方面,表现为在国家、集体利益或者他人的人身、财产遭受正在进行的侵害的时候,义无反顾地与危害行为或者自然灾害进行斗争的行为。在本案中,江某开车抓小偷不是因为自己的钱包被偷,而是为了帮助开别克商务车的女司机把小偷抓住,保护的是他人的利益。因此,从见义勇为的以上四个构成要件来看,江某的行为完全符合。也正是因为如此,当地的见义勇为基金会才给江某颁发了见义勇为证书和奖金。尽管我们希望见义勇为行为的作出尽量不要伤害无辜第三人的利益,但我们不能因为见义勇为行为的作出已经伤害了无辜第三人的利益就因此否定见义勇为行为本身的定性。

其次,江某与杜某之间是否构成了一种侵权之债?如果单独就江某开车撞伤杜某行为的本身来看,江某完全构成了对杜某的侵权,而且应该负全责。我国《民法通则》第106条规定,侵权行为一般是指行为人由于过错侵害他人的财产、人身,依法应承担民事责任的行为;行为人虽无过错,但法律特别规定应对受害人承担民事责任的其他致害行为,也属侵权行为。侵权行为的构成要件主要有,在客观要件上:(1) 侵权损害事实,即一定的行为或事件造成了人身或财产上的不良后果或不良状态;(2) 加害行为本身具有违法性,包括作为的违法行为和不作为的违法行为;(3) 违法行为与损害结果之间有法律上的因果关系,即某一损害行为与相应的损害结果之间存在特定的引起与被引起关系。在主观要件上:(1) 行为人须有行为能力;(2) 行为人在主观上有过错。如果直接从侵权行为的以上构成要件上来判断,江某开车撞伤杜某的行为,构成了对杜某的一种侵权,即从法律上来看,江某对杜某的医疗费和相关的赔偿应该承担责任。

最后,由江某一人来全部承担杜某的医疗费和赔偿金是否合理?如果从上述侵权行为的一般构成要件来判断,由江某来承担对杜某的侵权责任明显出现了"英雄流血又流泪"的悲壮局面,即江某作为见义勇为的英雄,其所得到的社会认同并不足以支付由见义勇为行为所导致的赔偿义务。而且,如果让江某一人来承担责任,就会在社会上形成一种因"见义勇为"会引发诸多不合理的责任而导致人们不愿进行见义勇为的"恶"的结果。因此,由江某一人来全部承担甚至是部分承担杜某的医疗费和赔偿金又是不合理的。如果这样,那么对于江某撞伤杜某所导致的高额医疗费用和赔偿费用应该由谁来承担呢？

我们认为，在江某、小偷、开别克车的女司机以及社会和国家之间的利益进行衡量，不应该由江某来承担赔偿义务，表现为：第一，对于江某而言，其侵害杜某的行为是由于追赶小偷的行为而引发的，主观上的过错是没有尽到足够的注意义务，但这种主观上的过错是由于在突发事件时主观上无法控制所导致的。而且，小偷也存在主观过错，即江某对杜某的侵权是由于小偷为了逃避追赶，把杜某从小巷的墙角边逼到小巷道路中间所导致的，所以小偷对杜某的损害也负有责任。需要指出的是，这种不让见义勇为者承担责任的做法，在国外就有类似的规定。例如，1959年，加利福尼亚州制定了美国各州中最早的一部《好撒马利亚人法》，该法第1799.102条规定如下："任何出于善意并且不求回报的个人，不承担在紧急情况下提供紧急救助并因为其救助行为的疏忽和大意导致的损害赔偿责任。"①依据该条规定，善意救助人在危难紧急情况下，享有损害赔偿责任的豁免权。因此，让见义勇为者不承担由于见义勇为行为所导致的侵害后果有利于激励人们实施见义勇为的行为。在我国，虽然没有法律明确地规定实施见义勇为的行为人不承担因见义勇为所导致的相关损害赔偿的责任，但是，我国的司法一向是以追求"法律效果和社会效果相统一"为导向的，在司法实践中，法律效果和社会效果相统一的落脚点往往是在社会效果的追求上。有学者指出，社会效果的考量主要应该从以下三个方面来加以把握：一是考察利益衡量的结论是否符合社会主流价值观念；二是法官必须考虑公共政策，使得判决的作出符合社会民众的一般预期；三是法官要力求利益衡量的结论符合社会风俗习惯以及社会公众舆论的要求。② 以此为依据，如果由实施见义勇为行为的江某来承担赔偿义务，既违背了社会主流的价值观念，也与民意相背离，更背离了社会对见义勇为的舆论支持。

第二，开别克车的女司机作为见义勇为的受益人，也需要承担责任。我国《民法通则》第109条规定："因防止、制止国家的、集体的财产或者他人的财产、人身遭受侵害而使自己受到损害的，由侵害人承担赔偿责任，受益人也可以给予适当的补偿。"最高人民法院《关于贯彻执行〈中华人民共和国民法通则〉若干问题的意见》第142条规定：为维护国家、集体或他人的合法权益而使自己受到损害的，在侵害人无力赔偿或者没有侵害人的情况下，如果受害人提出请求的，人民法院可以根据受益人受益的多少以及其经济状况，责令受益人给予适当的补偿。这一规定的基本精神是，在国家的、集体的财产或者他人的财产、人身遭受

---

① From Division 2.5 of the California Health and Safety Code.
② 王刚：《司法的自由与限度》，载万鄂湘主编：《司法能力建设与司法体制改革问题研究》，人民法院出版社2006年版，第123页。

侵害的时候，公民见义勇为，是应当鼓励和大力提倡的高尚行为，法律充分肯定这种行为的社会价值。同时，从民法中的公平责任原则来看，见义勇为的受益人也应该承担责任。公平责任原则是民法中民事责任归责原则的一种，其基本的含义是指在同一事件中导致损失产生的任何一方都没有责任，基于公平，未受损害的一方应该给予受损方以适当的补偿。在见义勇为事件的处理中，要求受益方对见义勇为行为所导致的侵害承担赔偿责任符合公平责任原则的规定。

第三，在以上各方都无法承担赔偿责任的情形下，应该由社会和国家来承担赔偿责任。见义勇为行为所保护的利益既是受益人的利益，也是一种公共社会利益，因此，其所导致的民事赔偿责任既不能推卸给见义勇为的个人，也不能推卸给受害人本身，而应该由社会和国家来加以解决，例如相应的慈善机构和见义勇为的基金会。这些慈善机构和基金会是完善社会保障体系的一个组成部分，给见义勇为行为提供强有力的社会保障。否则，就会损害整个社会的公德体系，也会滋生出更多的社会信任危机和社会不安全感。因此，法院的民事调解让江某来承担杜某的医疗费和补偿费存在着不合理之处，这种做法不仅不能起到鼓励人们见义勇为的社会效果，反而滋生了人们对见义勇为的漠视，会危及社会的公德体系。

【思考练习题】

1. 利益衡量的概念及其特征是什么？
2. 谈谈利益衡量的限度及其规制。
3. 西方利益衡量的相关学说主要有哪些？如何评价各种不同的利益衡量学说之间的相互差别？
4. 如何立足于中国语境来探讨中国司法裁判当中利益衡量方法的相关理论意义和实践意义？
5. 司法裁判当中的利益衡量具有哪些基本特征？利益衡量展开的一般步骤大致可以如何进行划分？
6. 试举例来说明利益衡量方法的具体应用。

第七章 法律推理

法律推理是法律运行的一个中心环节,然而,这又是一个常常被误解或误用的概念。按照弗里德曼以信息论的观点对法律制度运行的一般过程的分析,法律制度的运行至少要经过以下环节:第一,输入,即从制度一端输入原料。例如,法院要等某人或公诉机关提出控告,才开始工作。第二,加工,法院工作人员和当事人开始对输入的材料进行分析。法官行动起来,有秩序地加工原料。他们考虑、整编、下命令、提交文件,进行审理。当事人和律师也各自起作用。第三,输出,法院作出判决或裁决。第四,反馈。"输出有时可能被置之不理,影响可大可小。一些有影响的信息流回体系,这一过程被称为反馈。"① 其中第二个阶段主要是对第一阶段输入的新法律信息处理和思维加工的过程;第三个阶段是法律理由论证和判例法惯用的书面法律推理过程。在弗里德曼看来,这样一个过程完全如同在一个黑箱子里操作,让人不可捉摸:"变为要求的社会势力从制度的一端输入,判决和规则从另一端流出。我们应该把多少功劳归于中间的黑盒子?机器如何操作,做些什么?"② 这样一个操作流程至少从形式上像一台绞肉机,上面投入条文和事实的原料,下面输出判决的馅儿。加上人们对判决一致性和确定性的要求,所以,人们对法律推理的认识最初就是演绎的三段论。谈到法律推理,人们头脑中最初的表象也许是公式化的"法律规则+案件事实=判决结论"。的确,法官受理公诉人或原告方的控诉,听取被告方律师的辩护,检验各种证据材料,寻找一般法律规定并思考它们与特殊案件事实之间的一致性和差别,通过法律规则的解释权衡有关罪名能否像"帽子"一样戴在被告"头上",最后作出适合该案件的判决。这个认定事实和适用法律的过程,反映了法官在诉讼活动中用得最多的可能是演绎推理。对于这样一个推理过程,人们进行了类似逻辑三段论的刻画,但事实证明法律推理绝不是一个可以如此机械操作的过程。

第一节 法律推理及其过程

推理是思维的一种基本形式,其中最典型的逻辑推理,是指根据已知知识和

---

① 〔美〕弗里德曼:《法律制度》,李琼英、林欣译,中国政法大学出版社1994年版,第13—14页。
② 同上书,第16页。

信念推断未知知识和信念,或者为已知知识和信念确定理由、根据的思维形式。通常把已知的知识和信念称为推理的前提,而把推断出的知识和信念称为推理的结论。因此,也可以说推理是一组命题(语句)序列,可以从其中一个或一组命题(语句)推导出另一个命题(语句)。其中据以推出的命题(语句)是推理的前提,被推导出的命题(语句)是推理的结论。

一、法律推理的界定

通常认为法律推理是逻辑推理在法律领域中的应用,例如,有学者认为,"推理通常是指人们逻辑思维的一种活动,即从一个或几个已知的判断(前提)得出另一个未知的判断(结论)。这种思维活动在法律领域中的运用就泛称法律推理"。① 这种定义是不妥当的,因为在法律领域涉及的推理是多样的,既包括法律推理又包括事实推理等,而法律中的事实推理与一般的推理形式本质上并无不同,所以,该定义犯有定义过宽的逻辑错误。另外这种观点也不能反映法律推理的过程和特点。还有一种观点认为,法律推理是指法官以法律规定、法律事实为前提,推导并论证审判结果的过程。从这个意义上讲,法律推理不仅仅指从前提中推导出结论,还包括推理前提的发现、识别、解释,结论的合理正当性证明等过程,因而法律推理成为了法律方法的同义词,其缺陷是混淆、遮蔽了其他法律方法,优势在于能够较好地刻画整个司法过程。这种观点主要流行于英美法学研究的一些文献中,我们可以称之为广义的法律推理。

之所以说法律推理不是逻辑推理在法律中的应用,主要的根据是逻辑命题都假定具有真值,即一个命题要么为真,要么为假。逻辑推理的有效性基础就在于前提与结论的真假之间的制约关系,根据一个有效的推理模式,如果一个推理的前提为真,则结论也必然为真。然而,构成法律推理的法律命题则不具有通常意义上的真值,所以对它们不能用前提与结论间的逻辑推理进行处理。这个问题首先由约根森提了出来:"因此,我们面临着如下难题:按照通常对逻辑推理所做的界定,只有具有真假值的语句才能够作为推理的前提或结论。但是,很显然也可以根据至少有一个为规范语句的两个前提得出一个具有规范语句的结论。我们该怎么处理这个难题呢?"② 这就是著名的"约根森困境"。

决定法律推理有独立的结构形式和特点的另一个发现是关于事实与规范关系的"休谟问题"。"在我所遇到的每一个道德学体系中,我一向注意到,作者在一个时期中是照平常的推理方式进行的,确定了上帝的存在,或是对人事作了一番议论;可是突然之间,我却大吃一惊地发现,我所遇到的不再是命题中通常

---

① 沈宗灵主编:《法理学研究》,上海人民出版社1990年版,第337页。
② Jorgensen, J., *Imperatives and Logic*, Erkenntnis, 1938, pp.288—296.

的'是'与'不是'等连系词,而是没有一个命题不是由一个'应该'或一个'不应该'联系起来的。这个变化虽是不知不觉的,却是有极其重大的关系的。因为这个应该或不应该既然表示一种新的关系或肯定,所以就必须加以论述和说明,同时对于这种似乎完全不可思议的事情,即这个新关系如何能由完全不同的另外一些关系推出来的,也应当举出理由加以说明。不过作者们通常既然不是这样谨慎从事,所以我倒想向读者们建议要留神提防,而且我相信,这样一点点的注意就会推翻一切通俗的道德体系。"[1]根据该问题所揭示的,以事实命题作为前提集合不可推出规范命题作为结论,也就是说规范推理的前提集必须包含至少一个规范命题,当然,以规范命题作为前提的推理也只能以规范命题作为结论。

据此我们可以将法律推理定义为:以法律规范命题为前提和结论的推理。当然法律推理的前提集合既可以是纯粹的规范命题,也可以包含相关的事实命题。前者刻画的是规范命题之间的逻辑关系。例如,根据"应当蕴含允许"的康德原则,即要求某人实施某种行为意味着允许该人实施该种行为,则可以根据一个义务性命题"应当 A"推出一个授权性命题"允许 A"。我们把这类推理称为关于法律的推理。后者刻画的是基于不同的事实条件,规范之间的逻辑关系。例如:

(1) 我国《刑法》第 232 条规定:故意杀人的,处死刑、无期徒刑或者 10 年以上有期徒刑。

(2) 张三故意杀人。

所以,(3) 张三(应当被)处死刑、无期徒刑或者 10 年以上有期徒刑。

其中(1) 表示一个法律规范命题,充当规范前提;(2) 表示一个事实命题,充当事实前提;(3) 表示由以上前提推出的结论,也是一个规范命题。我们把这类推理称为适用规范的推理。

法律方法论研究中的法律推理通常是适用规范的推理。

需要说明的是,这种作为法律推理前提的规范既可能是现成的,也可能是需要证成的,多数情况下是需要用包括法律推理在内的各种法律方法建构的。法律推理是指根据法律的推理,但这里的法律在面对可修正性和可废止性的时候,需要运用法律方法才能得以确立。

二、法律推理的过程

有学者将法律推理的过程刻画为:

---

[1] 〔英〕休谟:《人性论》,贾广来译,商务印书馆 1980 年版,第 509—510 页。

第七章 法律推理

L——法律规定
F——确认案件事实
……
J——裁决、(定性)判处结论①

还有学者对此虽采用了不同的表述方式,作出的也是类似上述那样的刻画:"若以法律规范(T)为大前提,以待决案件事实(S)为小前提,以特定法律效果之发生为其结论",则法律适用的逻辑结构可表述为:

T→R(具备 T 构成要件者适用 R 法律效果)
S = T(待决案件事实符合 T 的构成要件)
S→R(该待决案件事实适用 R 法律效果)②

基于对法律推理的广义理解,一个法律推理过程可能非常繁琐,涉及多种因素、方法和评价标准,为了表述的方便,我们借用 FRANCISCO J. LAPORTA. BARTOSZ BRO. ZEK 模型,对法律推理的一般过程作以下刻画:

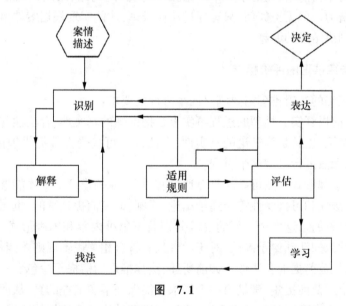

图 7.1

根据该模型,法律推理一般过程可分为以下几个环节:案情描述;经验判断;寻找、解释法律;适用规则;论证评估;结论表达。其中前两个阶段主要是建构法律推理的小前提的过程,通过直觉经验对案件事实进行范畴归类,识别、分析相

---

① 雍琦:《审判逻辑简论》,四川人民出版社 1990 年版,第 11 页。
② 王泽鉴:《民法实例演习·基础理论》,转引自梁慧星:《民法解释学》,中国政法大学出版社 1995 年版,第 191 页。

关法律因素和意义,确定相应案件的法律性质,进行基本的法律定位,作出初步的性质判断。中间两个阶段是建构法律推理大前提的过程。对于一个典型的案件,如果案件事实清楚,法律规定明确,可以直接形成案件事实和法律规定的逻辑联结。而对于一个非典型案件,则需要通过对法律规定的解释、漏洞补充以及不同规则间的衡量,才可能确定可供适用的法律规定,实现案件事实与法律规定的逻辑联结。后两个阶段根据相应标准对法律推理的结论进行衡量、筛选。正如后文要论述的法律推理的特征所揭示的,法律推理的大、小前提往往都不具有认知上的唯一性,因而不同的案件事实认定、不同的法律规定的选择会形成不同的法律推理链条,得出不同的法律推理结论,因而,还需要根据相关标准对法律推理进行评估,如所作出的判决结果是否真正符合相关价值要求,是否保持了与类似案件判决结果的一致,是否实现了法律效果与社会效果的统一等。如果结论是否定的,则需确定新的推理的大小前提,得出新的结论,再进行评估,如此循环往复,最终得出一个最具合理性的法律判决结果。对于一个典型案件,法律推理的过程简单而清晰,而对于一个复杂案件,前提的构建、结论的评估也许会花费更多的精力。但无论如何,只有通过法律推理,才能实现根据案件事实和法律规定得出判决结果的跨越。

三、法律推理的评价标准

做到正确的逻辑推理需要满足四个方面的要求:

第一,前提真实。推理的过程事实上是把前提的真实性、合法性和可接受性等传递给结论,也就是为结论的真实性、合法性和可接受性等提供理由,没有前提的真,就无法进行推理这个过程。

第二,推理形式有效可靠。只有通过有效、可靠的推理形式才能够把前提的真实性、合法性和可接受性等传递给结论,否则,即使前提是真的,也无法因而确认结论也是真的。这两个方面的要求分别属于思维内容和思维形式,对于前者需要经验性认知活动给予确认,对于后者只有符合相关逻辑规则才能得以保证。

第三,规范前提的合法性。如前所述,法律推理的前提至少包含一个事实前提集合一个规范前提集,满足第一个要求只能保证事实前提的真,从而使法律推理的结论建立在事实的基础之上,而要做到推理结论符合法律的要求,就必须使规范前提也符合法律的要求。这一点可以说最能反映法律推理的特点和作用,也决定了法律推理对于其他方法的不可替代性。

第四,结论的可接受性。这又可以区分为三个层面,一是诉讼当事人服判,从而达到息讼止争的目的;二是司法共同体的认同,维护法治本身的稳定、一致;三是社会民众的认可,达到法律效果和社会效果的统一。

事实上由于认知结构、价值诉求等因素的多元性,对于应当如何认定案件事实、解读法律规定,从而认为应当得出什么样的裁判结论,不同主体(诉讼当事人、律师、法官、检控方、民众等)之间很难达成共识,甚至可能会产生完全相反的意见,因此完全满足以上要求是非常困难的事情。如此就有一个当以上要求存在冲突时,如何进行优先选择的问题。

首先,是事实前提的真实性问题。这应当也是满足其他几个要求的前提条件,即只有保证事实前提的真,才有必要进一步讨论推理形式的有效性、规范前提的合法适用,以及结论的可接受性问题。需要注意的是,这里的事实指的是在案件审理过程中,司法人员根据相关法律规定和相关证据重构的案件事实,而不是所谓的客观事实。因此在法律推理过程中,绝不是在确定了案件事实后再寻找法律规定,而是在事实与规范之间的往复穿梭的过程中,认定事实及其法律意义。但是,无论如何信息的输入和加工总是从案件的描述开始的,保证事实前提的真实应当是满足法律推理正确的首要条件。

其次,是推理形式的有效性问题。按照逻辑学对有效推理形式的要求,"一个必然性推理是否为有效的推理,并不决定于前提的真假,而是决定于它是否具有有效的推理形式。什么叫有效的推理形式(简称为有效式)?就是如果赋予这种推理形式一真前提,按照这种形式进行推理,它的结论就必然为真的;反之,如果赋予某种推理形式一真前提,按照这种推理形式进行推理,结论并不必然是真的(既可能真,也可能假),这种推理形式就是非有效的(简称非有效式)。普通逻辑研究必然性推理就在于研究必然性推理的有效性问题"。① 法律思维必须建立在理性基础之上,而逻辑是最基本的理性。法律推理之所以能够将前提所具有的真、合理性、合法性、正当性等性质传递给结论,主要是依赖于这种有效推理形式的功能。因此,在法律推理的过程中遵守基本的逻辑规则是完全必要的。需要注意的是,对于推理形式的有效性要求需要澄清以下两个问题:(1)保证推理形式有效仅仅是法律推理正确的必要条件而非充分条件,保证推理形式有效,并不能必然保证推理正确。"逻辑只涉及前提和结论之间的形式关系,而对从实质意义上前提是否能够令人接受,以及在各种法律规则之间做出的选择是否得以证立的问题不置可否。在逻辑方法中,合理性并不等同于形式有效性。要全面评价法律论证,除了形式标准以外,还要求实质标准。"②(2)根据推理有效的推理形式可能得出不可接受的结论,这说明推理的前提本身是不可接受的,而非由逻辑负责。例如,假设有法律规定"年满60周岁的老人一律处死",而存在的一个事实是"张老汉年满60周岁了",那么,根据有效的推理模式"如果 p 那么 q,p,所以 q",我们得出"张老汉应当被处死"的结论。这是一个正确的推

---

① 河南大学普通逻辑学编写组编:《普通逻辑学》,中国国际广播出版社1993年版,第140页。
② 〔荷〕伊芙琳·T.菲特丽丝:《法律论证原理》,张其山等译,商务印书馆2005年版,第36页。

理,但是根据常识,这样一个结论显然是不可接受的。那么,这样的错误应当由逻辑负责吗?很显然不是,这是因为该推理的大前提是不可接受的,有效的推理模式只不过是把前提的荒谬性传递给了结论而已。事实上这也是有效推理形式的一个功能,它可以把表面的观念的分歧回溯至产生这些观念的理由和根据,从而使我们能够更清楚地认识到这些分歧产生的原因。

再次,是规范前提的合法性问题。每一个法律推理都必须包含一个规范前提,尤其是在适用规范的法律推理中,这个规范前提通常是一个抽象的法律规定,它通常包含一个假定的语境条件以及基于该语境产生相应的法律后果的规定。结合事实前提描述的事实语境,则可以分离出一个对于该事实语境应当产生的法律后果,从而实现从抽象规范到具体规范的转换。通常作为法律推理的规范前提的是一个或一组法律规范,从实证法学的角度看它们的合法性是不言而喻的。但相对于自然法学等理论而言,当对一个法律规范的适用导致明显有违公平、正义等法治价值诉求时,该规范是否具有合法性就成为一个问题,很显然这是由于不同法律理论关于什么是"合法"、法律是什么等理论假定的不同而决定的。另外,有时候法律原则、国家政策、习惯法等也可能作为法律推理的规范前提,这时候它们的合法性就需要进一步的论证。无论如何,规范前提的合法性是法律推理结论具有合法性的基础,没有具有合法性的规范前提,就无法得出具有合法性的结论。

最后,是结论的可接受性问题,也就是通过法律推理得出的结论是否符合普遍的理性标准和价值诉求的问题。法官不是在真空中,也不是在高度抽象的理论假定中审理案件,在法律推理的实际运作过程中,法律法规也许是模糊不清的,而案件事实更可能是错综复杂的,在推理的前提都模糊不确定的情况下,即使推理形式是完全有效的,也难保推理结论的正确性。这时候必须根据实际情况作出各种考虑,它们都可能成为支持判决的理由。这些考虑范围是广泛的,既包括制定法,也包括各种各样的个人和社会利益,社会的和政治的目的,以及道德和正义标准。它们一般可以用原则、政策和准则这样的术语表达出来。在某些案件中,也许只有某个考虑是相关的,它可以像一条法律规则一样明确地作为判决的根据。但是在许多的案件中并非如此,法官也许会将这些考虑结合起来加以思索,安排其先后,并以为这样就足以支持他作出的判决,尽管每项单独的考虑做不到这一点。根据实际情况作出的考虑经常是相互冲突的,法院不得不权衡它们以确定何者为优先。① 从理论上来说,法律推理的结论是复数的,但在司法实践中,法律判决又必须是明确的、唯一的,这就存在一个选择问题,法院不可能通过逻辑的方法解决问题,而必须借助于运用正义观念、利益原则、人际标

---

① 〔英〕哈特:《法律推理问题》,刘星译,载《法学译丛》1991年第5期。

准、社会政策等价值尺度,对其选择之合理性进行价值评价和论证,以保证作出的判决的合理、正当。因此,法律推理比其他推理活动更需要通过论辩达到弄清事实真相、作出公正判决的目的并发挥以理服人的教育作用。

丹尼斯·劳埃德曾论证说,法官所作的选择"并不符合从特定前提中用归纳方法推知结论的逻辑,但它却有一种自身的逻辑。这种逻辑是建立在理性考虑基础之上的,而这就使它同武断的判断完全区别开来"。[①] 尽管必须承认人类能够达致的这种推理论证的客观性还存在诸多限度,但是,这比认为法律推理只是逻辑的推理形式和规律在法律领域的运用(或法律推理是非理性的选择)的观点更为可取。第一,因为这种观点是同日常语言用法相一致的,它拒绝把理性判断的范围局限于那些只能借助于传统逻辑的帮助才能得到的东西,具有更广泛的运用领域和价值。第二,那种认为法律推理只能是逻辑的演绎推理的观点,必然留下大量的演绎推理不能解决的问题,这些问题的判断和结论必然要依赖感觉、情感和专断等形式,不能解决法律推理的必然性和有效性问题。从而动摇整个法律大厦的稳定,而严格说来,这些判断和推理实属理性范围。第三,这种推理的特征不仅仅是形式有效的,而且必须合理、正当,它们都是正确法律推理的必要条件,能使我们对疑难情形进行透彻的探究,以揭示某个具体问题的所有方面并将它们置于关注的中心,进而发现解决问题的合理的方法。

一个法律推理的可接受性包括:第一,推理所依据的前提和推出的结果必须同该法律制度保持一贯性和一致性。这意味着必须赋予法官不同的自由裁量权,这种裁量权有可能被滥用,必须加以约束,约束的方法除了法官的自律和制度的监督外,还必须对法律推理本身提出严格的要求,法律体系是一种具有一贯性和一致性的规范体系,对它的遵守能够确保我们实现某些值得珍视的目标,这就要求无论是对大前提的确定,还是对不同法律理由、裁判结果的选择,都必须"依法作出",即不论法官本人认为自己所持的价值观如何的正确合理,也不论其作出的结论如何的具有可接受性而令人向往,他在进行法律推理时必须以实在法为依据,以法律上的理由为理由,而不是随心所欲。第二,司法裁判的结果必须合理正当。无论是前提的确定、法律理由的形成、不同理由的裁断选择,都必须以一定的价值标准进行选择,这些标准包括正义、善风良俗、公共政策等。第三,以上两点并不存在矛盾,因为法律的创制并非是立法者的心血来潮之作,而是诸多的法律规定共同遵循着特定的价值和目标,法官在司法裁决中保持依法裁判和自由裁量权的平衡也许是有困难的,但必须以此为追求目标。

需要注意的是以上提出的法律推理的要求或评价标准目的在于实现法治的

[①] 转引自〔美〕E. 博登海默:《法理学:法律哲学与法律方法》,邓正来译,中国政法大学出版社1999年版,第500页。

不同价值。形式有效性的要求保证法律推理的明确性、一致性、必然性,从而强化法律的严肃性,培养人们对法律的忠诚,而结论可接受性的要求则保证推理的合理性、正当性,培养人们的法治信仰。只强调法律推理的形式有效性要求,虽然可以得到明确、唯一的法律裁判结论,但这一结论却可能是不公正、不合理的,从而背离法律的原有目标,使法律成为奴役人类的暴君。相反,如果从对形式要求的批判走向另一个极端,以实质可接受性为理由轻易突破法律的界限,人们对法律判决的明确性、一致性、必然性的要求就会落空,它所追求的公正、合理的价值目标也不可能实现,反而却有极大可能陷入法律虚无主义的泥淖,使法律成为某些人翻手为云、覆手为雨的工具。我们认为,如何在这些标准中作出取舍并没有一个固定的模式,而是基于一个社会的发展状况作出策略的选择,一般来说,当一个社会的法制基础较为薄弱,民众还缺乏对法律的足够忠诚的时候,应当优先考虑法律推理的形式有效性要求,从而有利于维护法律的稳定,培养民众对法律的敬畏之心和遵纪守法的意识。与之相反,当一个社会具有较稳定的法治传统的时候,应当更多地考虑法律推理的结论可接受性标准,使其有利于克服机械、僵化地适用法律的倾向。

四、法律推理的特征

从不同的角度看,法律推理有不同的特征。本书从逻辑学和法学的角度概括了三个特征。

(一) 法律推理的可废止性

根据克林斯英语词典,可废止性最初就是一个法律专门术语,指对于不动产的权力或者土地的收益权作废的效力,或者——可以说其他相同的事情——归于无效。哈特在其论文 *The Ascription of Responsibility and Rights* 中,把这个观念的用法扩展到所有具有这种属性的概念,即其应用都有一定的条件,同样的,一种或多种情形一旦存在,就会终止这个概念的初始的运用。合同这个概念就是一个典型的例子。一个要约被提出并被接受之后一个合同就成立了,但是,它可能因为一方涉及一个违约条件而无效,例如,欺诈性的错误意思表达,不适当地施加影响。在这种情况下,作废条件的激活是关键的;只有事实的发生并不足以废止合同。所以,可废止性区别于合同存在的一般条件,这些条件并不需要直接包含在内。[1] 如今,可废止性已成为法律推理研究中最受重视的特征之一,这一特点又涉及以下几个方面:

第一,前提的缺省性和开放性。所谓前提的缺省性是指前提的认知、表达具有完全、充分性的假定。因为法律推理包括规范前提集合和事实前提集合,所

---

[1] Jaap Hage, *Studies in Legal Logic*, Dordrecht, The Netherlands:Springer, 2005, p.22.

以,法律推理的前提的缺省包括规范的缺省、事实的缺省,以及对所确认的事实予以法律解释的缺省三类。规范的缺省是指规范的情境假定通常仅仅涉及一类情形的典型、常规状态,而忽略其例外的情形。但是,这些例外在具体的语境下可能为真。所以,缺省的规范前提表达只能是一个概然命题,而不是通常所理解的假言命题。例如,前面提到的我国《刑法》第 232 条规定:故意杀人的,处死刑、无期徒刑或者 10 年以上有期徒刑。就存在着对主体资格、行为语境的假定,假设该主体没有达到法定年龄、实施某种合法的职业行为等,那么,即使该主体符合规范的情境假定,也不会触发相应的法律后果。在制定法律规范时,客观上不可能将各种例外情况一一列出,主观上这样的做法也可能使立法显得繁琐而成本增加,因此,这些规范往往表现为一种开放的状态。在司法过程中,尽管可能存在这些例外,但是,我们可以假定这些例外是不存在的,从而径直适用这些规范,除非明确地表明了一个例外的存在并提出质疑,那么,支持适用该规范的一方就有义务回应这个质疑,从而实现证明责任的转移。这种回应有可能被接受,也有可能不被接受,如果不被接受则质疑者有义务提供论证。如此循环往复形成多轮的论辩,直到论辩各方在法律和论辩规则的限度内达成共识或者被终止。需要注意的是,首先,在论辩过程中达成的共识都有可能被随后的论证所推翻,因而都是可废止的。其次,每一个论证都必须遵守相应的法律、论辩程序、逻辑的规则。最后,这些论辩过程就其局部来看是为了构建法律推理的前提。事实的缺省、解释的缺省的理论与此类似。我们一般要求通过推理得出的结论具有必然性,这就要求推理的前提是结论的充分条件,只要前提真,通过推理得出的结论也必然真。然而,对于包括法律推理在内的实践推理而言,推理的前提往往是不充分的信息,案件事实可能模糊不清,法律也存在着诸多漏洞,但是不得拒绝审判是近现代法治国家适用法律的一条通用原则,法官不允许在信息不充分的条件下拒绝对案件的审理。在这种情况下,法律推理要求尽可能地考虑各种相关形式化的实质要素,从中作出较合理的选择。同时,关联要素作为补充信息或前提参与论证,但是,关联要素总是以隐含、默示的方式存在,具有不确定性和开放性。"法院判决时所面对的实际情况不是在真空中,而是在一套现行的法规的运作中出现的……在这种运作中,根据实际情况而作的各种考虑,都可以被看做是支持判决的理由。这些考虑是广泛的,包括各种各样的个人和社会的利益,社会的和政治的目的,以及道德和正义的标准。"[1]因此,法律推理通常包括寻找前提的环节。例如:在法学之"提问辩难"或对话论辩的过程中,参与对话的人们所讨论的问题与其说是法律推理过程本身,不如说更多地是在争论、寻

---

[1] 〔英〕哈特:《法律推理问题》,刘星译,载《法学译丛》1991 年第 5 期。

找、确定推论的前提(尤其是大前提)。① 按照现代科学哲学所揭示的,它属于发现的脉络。

第二,推理机制的弗协调性和实质论辩性。这里说的弗协调性是一个逻辑术语。根据经典逻辑的基本假定,假设一个前提集合包含矛盾,那么就可以推出所有命题作为其结论,显然这样的推理是逻辑不足道的,即没有现实的意义,具有这种假定前提集合不包含矛盾的性质的逻辑,我们称之为协调逻辑。经典逻辑都是协调逻辑。法律推理要考虑的相关要素通常是复式的,并且可供发现的要素通常是不一致的,根据演绎逻辑的矛盾命题蕴涵一切命题的原则,当前提存在矛盾时演绎推理就会束手无策,因此,经典逻辑无法为法律推理提供可靠的逻辑模型。我们需要的是另一类逻辑,一方面它允许在前提集合中存在矛盾,同时并不允许推出所有的命题为结论,我们把这类逻辑称为弗协调逻辑。通常情况下,弗协调逻辑可以通过修正逻辑推导规则得以实现。而对于法律推理则选择不同的要素作为推理的前提,从而得出不同的子结论,并对最终结论的合理性、可靠性给出具有说服力的理由,这样一个说服的过程属于论证的脉络。由于前提的开放性和推理机制的弗协调性,法律推理得出的结论是或然的,思维主体如果要求其结论具有必然性,就必须基于支持度、价值量、确信度等确定一个对子结论的评估标准,这些标准与特定领域的实质内容相联系,以外显的方式作为元规则参与论证。

第三,结论的可废止性和似真性。与法律推理的前提的缺省性和推理机制的弗协调性有关,其结论具有似真性。似真推理被认为是不同于演绎推理和归纳推理的第三个类型的推理模式。演绎推论的特征是:如果前提均真,则结论必然(逻辑上必然)真。归纳推论的特征是:如果前提均真,则结论可能为真(在某种程度上可能表示为 0 与 1 区间上的一个值)。似真推论的特征是:如果前提真,则结论似然为真。② 似真性的思想是:它把一个支持力放在命题的背后,给出了暂时接受那个命题的基础,其中存在着在接受与否之间或在接受和拒绝之间进行选择的一个理由。③ 因此,似真性结论仅仅是作为一个假说或暂时假设而得出的。但是,因为存在概然性前提的支持,如果不接受这个假设,反对者有责任提供理由证明。很显然如果反对者的主张得到证明,则似然性的结论就会被废止。因为与问题关联的要素总是在不断变化之中,原本得出的结论可能因某些因素的变化而不再成立,面对新的情况,旧的结论或者被废止,或者被修正,

---

① 参见〔德〕罗伯特·阿列克西:《法律论证理论》,舒国滢译,中国法制出版社 2002 年版,第 285 页及以下页。
② 〔美〕道格拉斯·沃尔顿:《法律论证与证据》,梁庆寅等译,中国政法大学出版社 2010 年版,第 111 页。
③ 同上书,第 112 页。

即使要保持也要在融入新的因素后被重新论证。

（二）法律推理的规范性

这里的规范主要是指法律推理不仅要遵循逻辑思维的规则，还必须遵循法律规范。与其他的思维形式比较，法律推理的规范性更强。因为法律推理的合逻辑性以及合法性是所有法律思维的特征。假如说实质推理在某种程度上还能够增强法律结论的合理性、可接受性的话，合法性要求基本上是通过形式推理来实现的。这主要是因为形式推理具有权威的形式性、内容的形式性、解释的形式性和强制的形式性四个特点。内容的形式性和解释的形式性如前所述。权威形式性是指特定规则或其他法律事实（例如合同或裁决）成为一个形式依据所属的等级，一旦完成这种转化，该规则或法律事实就成为了法律的一部分，从而使以其作为依据进行的推理获得了法律的支持。强制形式性是指形式性依据所具有的至上性，排除权衡考虑，或至少是弱化一些相反的实质性依据的影响。这几个特征是法律推理具有合法性的有力保证。

（三）法律推理的现实性

很多法学理论研究存在着定位混乱的逻辑错误，没有正确把握法学理论的目的取向和价值取向，把法学混同于一般性的人文社会科学。我们必须看到，法学理论研究的目的在于为法律实践提供理论的指导和规范，而法律活动的核心目标在于息讼止争，促进多元化社会的主要目标的实现："在必须达成一致意见的情况下，使一致意见成为可能；在不可能达成一致意见的情况下，使一致意见成为不必要。"[①]基于这一目标的导向，法律方法论具有以下功能：第一，能帮助法律人在复杂的矛盾分歧中形成一个最优的问题解决方案，该方案也许不符合绝对理性的最高标准，但它具有最大的可接受性，被当事人及社会等主体认可。第二，能帮助社会人对自己或他人的行为作出法律意义的解读，按照法律的标准进行明确的预测和规范。第三，维护法律自身的稳定和发展，通过捍卫法律自身内部的一致、明确，来达到法律与社会之间的协调。这些功能的实现要求法学理论研究必须具有规范性、可操作性、确定性的特征。尽管社会本身错综复杂，社会主体因情感、意志、价值、欲望的多元而充满非理性的特征，但这不能成为法律本身也必然是矛盾、模糊、多元的借口，而是更加要求法律必须能够提供唯一确定答案的动力。

第二节　法律推理的理论形态

法律推理只是法律理论体系的一个组成部分，它以法学的基本理论如法律

---

① 〔美〕凯斯·R.孙斯坦:《法律推理与政治冲突》，金朝武等译，法律出版社2004年版，第7页。

的概念、性质、价值、目的等作为理论预设。不同的法律理论学派对于法律推理理论有不同的认识。这些对于我们全面地理解法律推理以及恰当地运用法律推理方法有积极的意义。当然这种概述并不全面,只是一种抛砖引玉式的介绍。

一、形式主义的法律推理理论

在近代西方资本主义制度建立之后,第一个制度形态的法律推理理论是形式主义法律推理。这一理论主要为分析法学家所持有。其主要特点是:第一,以法治为基础,第一次确立了作为制度形态的法律推理。第二,在法律推理标准上,法律推理要求适用内容明确、固定的规则,并将其法典化,裁判者根据纠纷各方实质上的是非曲直作出决定,追求形式正义和正当性。它把一致地适用普遍的规则看做是正义的基石,并认为只有独立于相互冲突的价值观而选择的标准或原则,其推理结论才具有真正的有效性。第三,在推理方法上以逻辑推理为主导形式。这种观点认为,一切法律问题都可以通过应用明确的、不变的规则而作出决定,因此,一切法律问题的答案都在人们的意料之中,唯一可用的法律推理方法就是逻辑的演绎三段论。在这种模式中,法律规则是大前提,案件事实是小前提,法官只需通过逻辑的演绎推理便能得出明确、唯一的法律判决结果。[①]

这些观点建立在以下理论设计之上。第一,每一项具体的法律决定都是某一抽象的法律命题对某一具体"事实情景"的适用;第二,在每一具体案件中,都必定有可能通过逻辑的方法从抽象的法律命题中导出判决;第三,法律必须实际上是一个由法律命题构成的"无空隙"(gapless)的体系,至少也要如此被看待;第四,所有不能用法律术语合理分析的东西都是与法律无关的;第五,人类的所有社会行为都必须构成或者是对法律命题的"适用"或"执行",或者是对它的"违反",因为法律体系的"无空隙性"必然导致对所有社会行为的无空隙的"法律排序"(legal ordering)。但是,事实证明,这种认定制定法律完整无缺、法律和事实严格对应、法官如同"自动售货机"的法治观念,不过是一种幻想,一种"法律神话"(legal myth)。

二、现实主义法学的法律推理理论

现实主义法学的代表人物是美国的弗兰克以及霍姆斯大法官。这一学派以经验为武器对形式主义推理理论进行了全面的批判。霍姆斯大法官的格言"法律的生命并不在于逻辑而在于经验"成为这一理论最鲜明的旗帜和引用频率极

[①] 这方面的成就之一是1804年《法兰西民法典》,按照拿破仑的观点:"将法律化成简单的几何公式是完全可能的,因此,任何一个能识字的并能将两个思想连接在一起的人,就能做法律上的裁决。"转引自沈宗灵:《现代西方法理学》,北京大学出版社1992年版,第329页。

高的一句话。这里的经验指的是:"可感知的时代必要性、盛行的道德和政治理论、公共政策的直觉知识,甚至法官及其同胞所共有的偏见。"①该理论认为,所谓的法律就是法官的行为和对法官行为的预测。"官员们关于争端所作的……即是法律本身",从根本上否定了分析法学所坚持的"法官必须依照现存的法律规则作出法律决定"的观点。这一理论认为形式主义的法律推理所赖以成立的大前提法律规则和小前提法律事实都是不确定的,因此,对许多法律判决的细致分析表明,它们是基于不确定的事实、模糊的法律规则或者不充分的逻辑作出的。在案件审理中,法官的个性起着关键的作用。法律推理的过程是法官在接收事件与情况的刺激以后,根据个人的主观评判先得出结论,然后再去寻找有关法律规则,这个推理过程的公式是:刺激 + 法官个性 = 判决。在审理疑难案件时,靠法官"拍脑门"定案并非什么新奇的事情。现实主义法学在对形式主义法律推理理论进行批判时走向了另一个极端,从而导致了法律怀疑主义的法律推理观,它主张"应该把法律视为一种政治,那么,法官将依据他们自己的社会正义观来裁判案件,……这种怀疑态度把司法权扩大到了前所未有的范围,并且把法官设想为没有有效法律约束而治理的哲学王。它放弃了法治,寄希望于法官将发现具有广泛基础的可令人接受的社会正义"。"官员的个性、政治因素或各种偏见对判决的影响比法律要大。"②怀疑主义的法律推理理论虽然强调法律推理的灵活性,从而摆脱了形式主义法律推理观的僵化性、机械性,但是它所强调的法律只存在于具体的判决之中,根本不存在法律推理所必须遵循的标准的思想,最终将导致人们法律信仰的危机,这一点成为怀疑主义者难以圆满回答的难题。

三、新实用主义法学的法律推理理论

新实用主义法学的代表人物是美国的波斯纳等。与现实主义法学一样,新实用主义法学的法律推理理论也是建立在对形式主义法律推理理论进行批判的基础之上的,并且将法律推理定位于关于法律内容的实质推理。比利时哲学家佩雷尔曼认为形式主义的法律推理建立在法律的明确性、一致性和完备性的基础之上,当不具备这三个条件时,法官必须首先要消除法律中的模糊和矛盾,必要时还要填补法律中的空隙。这些手段是法律逻辑而不是形式逻辑,因为问题涉及的是法律内容而不是形式推理,形式逻辑不能帮助消除法律中的矛盾或填补法律中的空隙。1968 年,他提出了被称为新修辞学的实践推理(practical rea-

---

① 〔美〕奥利弗·W. 霍姆斯:《普通法》,转引自张保生:《法律推理的理论与方法》,中国政法大学出版社 2000 年版,第 43 页。
② 〔美〕史蒂文·J. 伯顿:《法律和法律推理导论》,张志铭等译,中国政法大学出版社 1998 年版,第 4 页。

soning)理论,佩雷尔曼的新修辞学是指通过语言文字对听众或读者进行说服的一种活动。他认为形式逻辑只是根据演绎法或归纳法对问题加以说明和论证的技术,所以它属于手段的逻辑。新修辞学要填补形式逻辑的不足,是关于目的的辩证逻辑,是关于讨论、辩论或选择根据的逻辑,不仅可以使人们说明和证明他们的信念,而且可以论证其决定和选择,因而是进行价值判断的逻辑。法律推理就是在法律领域运用新修辞学的方法,通过对话、辩论来说服听众或读者,使他们相信、同意自己所提出的观点的价值,在持有不同意见的公众中争取最大限度的支持。与佩雷尔曼的新修辞学方法相比较,美国法学家波斯纳对法律推理的"实践理性"的解释更被人们所熟悉,1990年波斯纳出版了《法理学问题》,系统地阐述了"实践理性"的法律推理理论。与现实主义法学对逻辑推理学说的批判不同,波斯纳充分肯定了演绎逻辑的三段论推理对于维护法律的确定性和法治原则所起的重要作用。然而,波斯纳认为形式主义的法律推理方法只有在简单案件中才起作用,对于疑难案件和一些涉及伦理问题的案件,逻辑推理的作用是极其有限的。在法庭辩论等场合,仅凭逻辑演绎不能决定对立的主张中哪一个是正确的,这一问题需要实践理性的方法来承担。所谓的实践理性实际上是指当逻辑方法用尽时人们所使用的多种推理方法,它是相对于逻辑推理的"纯粹理性"方法,注重行动、实践的方法。纯粹理性决定一个命题的真假、一个命题的有效或无效,实践理性则是人们用以作出实际选择或者伦理的选择而采用的方法;它包括一定行为的正当化论证和相对于一定目的的最佳手段的确定,其中起决定作用的因素是经验智慧。实践理性不同于实践感性或生活感情,但又不拘泥于对法律规范的机械理解,而是以推理主体对法律条文与法律价值的内在联系的深刻领悟为基础;它不是以刻板的形式逻辑为手段,而是以灵活的辩证逻辑为手段,因此,实践理性既体现了法律的实践性,又体现了法律推理主体的能动性和创造性。①

四、新分析法学的法律推理理论

虽然分析法学派的理论受到了广泛的批判,但是,这一理论所倡导的实证分析的方法的作用是十分重要的,在消沉了一段时间后,经过对自身部分理论的改造和修正,又逐渐地盛行起来,这其中有代表性的人物是哈特、拉兹、麦考密克等。针对现实主义法学基于法律规则模糊性而对分析法学的发难,英国法学家哈特认为构成法律规则的语言既有"意思中心",也有"开放结构"。意思中心指语言的外延涵盖具有明确的中心区域,在此中心区域,人们不会就某物是否为一词所指之物产生争议。开放结构是指语言的外延涵盖具有不肯定的边沿区域,

---

① 张保生:《法律推理的理论与方法》,中国政法大学出版社2000年版,第49—51页。

在这种情况下，人们会争论语言的意思、内容和范围。由于语言具有意思中心和开放结构的双重特点，所以，由语言所表达的法律规则也具有明确性和模糊性的双重特点，并且语言本身的含义虽然在不同的语境中会有不同的理解，但在确定的语境中会有相同的理解，那么，人们就有必要遵循这些规则，而不是以法律规则的模糊性为借口规避法律的要求。而法官在法律的适用中也应该并且也有可能遵循法律规则进行法律推理。

同哈特一样，英国法学家拉兹也承认法律体系中存在着空缺，因此，"法官的自由裁量权普遍的存在着，在不存在适用任何法律规则的义务的情况下，法官的行为是不可捉摸的，将会导致极端的不确定性和不可预测性，法律将成为一种绝对的自由裁量系统"。[1] 拉兹认为，法律在本质上是对法律适用机关自由裁量权的限制，它不但指引私人的行为，而且也指引法律适用机关的行为。法官不具有绝对的自由裁量权，他们必须遵守法律所确定的行为标准。即使他们不认为这些标准是最好的，也不能根据自己的主观好恶来断案。拉兹将法院管辖的案件分为两个基本类型，所运用的法律推理方法也有不同：一种是法律有规定的案件，它们不需要法官使用裁量权来解决，也就是说法官的法律推理必须以法律规则或判例为依据。一种是法律未规定的案件，这些案件都归因于语言和意图方面有意或无意的不确定性，这些不确定性是由法律概念所使用的标准的模糊性，或者是由在它们的适用中几个标准之间的相互冲突导致的，产生不确定性的另外一个原因是法律规则的冲突，存在相互冲突的规则，或者缺乏解决冲突的规则，这些情况会使规则的选择无所适从。对于这些案件，法官在审理过程中势必要使用裁量权，甚至创法也是不可避免的。

在麦考密克的法学理论体系中，法律推理占据着重要地位。他认为法律推理就是法官行为的正当化，逻辑演绎的推理方法在法律推理中有着重要地位，但也存在着不足，因为法律推理也体现了实践理性在行为正当化过程中的形式——目的论的辩证过程，这一过程依赖于实践理性的方法。因此，他把法律推理分成两个层次：第一层次的法律推理，即演绎推理；第二层次的法律推理，即实践理性的推理。在司法审判过程中，存在着一定的基本预设：法官有责任作出正当的判决，而且法官作出的判决必须是正当的，他们不仅要进行法律推理，而且必须公开地陈述和阐明法律推理所使用的理由，以及理由与判决之间的联系。他们在审理案件的时候有责任适用可以适用的法律规则。每一个法律制度[2]都包括一系列可以通过共同的承认标准加以确认的规则；构成一个法律制度的承

---

[1] 李桂林、徐爱国：《分析实证主义法学》，武汉大学出版社2000年版，第269页。

[2] 制度是社会科学领域广泛采用的概念，它指容纳人们的组织或机构；亦指相对稳定的规范和行为模式，其中包括社会习惯、宗教教规及法律等。参见〔英〕麦考密克等：《制度法论》，周叶谦译，中国政法大学出版社1994年版，第20页。

认标准的那些规则是法官共同接受的,他们的职责就是适用可借助于这些承认标准加以确认的规则。演绎推理是从亚里士多德以来就被确定为一种证明一定结果为"真"或"正确"的有效工具,因此,某些案件是可以应用严格意义的演绎推理的。

但是,麦考密克认为演绎的法律推理的局限性也是显而易见的,形式逻辑本身不能够确认或保证前提的真实性,前提的真实性属于规范和经验领域考察的范围。在运用演绎推理的时候,它面临着以下难题:一是"相关性"问题,即在什么法律规则同案件相关的问题上产生争论;二是"法律解释"问题,即法院在法律用语含糊不明而必须在两种不同解释中作出选择的情况;三是事实"分类"问题。而这些问题是经常出现的,它们涉及如何在相互矛盾或竞争的裁决间进行选择的问题,此时,纯粹的演绎推理就不足以解决法律决定的正当化,而必须借助于第二层次的法律推理。这一层次的法律推理包含两个因素:第一,它涉及法律推理实质上的评价性和主观性。它要考虑各种裁决结果的社会效果的可接受性,因此是结果论的推理形式;对裁决结果的社会可接受性的评价有多重标准,包括正义、常识、公共福利、方便、功利等,法官对各种可能的裁决结果按照这些标准进行评价,选择那种他认为最好的结果,因此,这一推理又是评价性的;法官评价相竞争的可能性裁决的结果是可以给予不同的评价标准以不同的分量,这一选择带有主观性。第二,法官作出的判决与现有的法律制度必须保持一致性和一贯性。法律作为一种规则体系,诸多的法律规则遵守着共同的价值和目的上的一致性和一贯性,法官在一定程度上具有一定的裁量权,但这种权力又必须受到法律的限制,即法官必须依法裁判,他所作出的裁决必须以法律上的理由为根据,这一根据包括法律的价值、法律目的和法律原则。麦考密克认为,"实践推理可以而且应该在不同的层次上进行。在行为理由相互冲突时,一个理智的行为人必须进入到第二序列或层次上进行推理,以便解决第一层次上的矛盾。"① 需要指出的是,在新分析法学领域,许多人运用了20世纪逻辑科学的尖端工具,如德国的乌尔里克·克格卢和奥地利的伊尔玛·塔曼鲁,他们通过不懈的努力建构了一种以大量运用数学符号为特点的法律逻辑体系。这一理论虽然有助于我们对法律规则体系的逻辑结构更清楚地把握,然而,这一成就的前提是将法学上的实质问题剔除了出去,因它的纯粹而疏离了法律现实本身,以至于他们不得不从其他方面对其理论予以补充。例如,塔曼鲁就是通过仔细思考法律有序化的实质性问题,尤其是以正义问题来增补他的逻辑法学研究的。②

---

① 〔英〕麦考密克等:《制度法论》,周叶谦译,中国政法大学出版社1994年版,第230页。
② Tammelo, *Justice and Doubt* (Vienna, 1959); Tammelo, *Rechtslogik and MaterialeGerechtigkeit* (Frankfurt, 1971), pp. 50—83, 149—155; Tammelo, *Survival and Surpassing* (Melbourne, 1971). 转引自〔美〕博登海默:《法理学:法律哲学与法律方法》,邓正来译,中国政法大学出版社1999年版,第127页。

第三节 形式推理与实质推理

从认识论的角度讲,根据前提推断结论有两条模式可供选择:一是根据前提与结论之间的历史的、社会的、政治的、价值的等实质性联系进行推断,例如根据特定主体认知能力和精神状况推断其是否应为自己的某种行为负责;一是根据前提与结论之间的形式联系进行推断,例如根据某一个特定的权威法律规范的存在,推断某一行为应当引起某个特定法律后果。前者之所以能够根据前提推出结论是因为存在一个实质依据。所谓实质依据,是指道德的、政治的、习俗的或者其他社会因素。后者之所以能够根据前提推出结论是因为存在一个形式依据。所谓形式依据,是指一种权威性的法律依据,法官和其他人被授权或要求以其为基础作出判决或采取行动,这种依据通常排斥、无视或至少是弱化出现在判决或行为过程中的、与之相对抗的实质性依据。①

一、法律推理的形式和实质

根据形式依据进行的推理我们称之为形式推理,根据实质依据进行的推理我们称之为实质推理。按照理性主义的标准,任何法律结论的作出都必须借助法律推理的形式,而任何法律推理都必须存在至少一个推理依据,至于说实质依据还是形式依据,我们认为这主要取决于一个国家的法律制度、历史传统、社会文化特点等,但很多情况下是根据以上因素所作的一种策略选择。

把推理分为形式推理和实质推理似乎有一个很悠久的传统,在古希腊,亚里士多德根据前提对结论的支持以及各自的性质特点,把推理分为四种类型,其中证明性推理可以对应于形式推理,而论辩性推理可以对应于实质推理。② 近代也出现过形式推理和辩证推理的论争,但就其实质而言更倾向于哲学层面的世界观和方法论的争论。③ 真正在我国法学界产生较大影响的形式推理与实质推理的二分理论来自美国法学家 E. 博登海默④,他将法律推理分为分析推理和辩证推理。所谓分析推理,"意指解决法律问题时,所运用的演绎方法(有时用对

---

① 相关内容可参阅〔美〕阿迪亚等:《英美法中的形式与实质》,金敏等译,中国政法大学出版社 2005 年版。

② 当然,这样一种对应并不十分贴切,但因为证明性推理要求"推理借以出发的前提为真实而原始、或者我们对它们的知识来自原始而真实"似乎更适合数学、数理逻辑等形式科学;而论辩性推理是"推理从被普遍地接受的意见出发",会涉及更多的道德、伦理等实质内容,因此更适合于伦理、法律领域。

③ 张传新:《通过法律推理形式的历史考察看法律思维的性质》,载梁庆寅、熊明辉主编:《法律逻辑研究》,法律出版社 2005 年版,第 114—124 页。

④ 当然,这种影响并非仅仅是因为其理论的前沿性和深刻性,很重要的一面是因为其著作《法理学:法哲学与法律方法》在我国广泛的发行。

某个模棱两可的术语所作的解释来补充)、归纳方法和类推方法。分析推理的特征乃是法院可以获得表现为某一规则或原则的前提,尽管该规则或原则的含义和适用范围并不是在所有情形下都是确定无疑的,而且调查事实的复杂过程也必须限于该规则的适用"。① 所谓辩证推理实际上就是亚里士多德所讲的论辩推理,指"寻求一种答案,以对两种相矛盾的陈述中应当接受何者做出回答"。"由于不存在使结论具有确定性的无可辩驳的'首要原则',所以我们通常所能做的就只是通过提出有道理的、有说服力的和合理的论辩去探索真理。"②

之后把法律推理区分为形式推理和实质推理似乎就成为了一种通行的做法,但又因为受到西方,特别是美国的现实主义法学、批判法学等后现代法学的影响,似乎对形式推理更多持一种批判的态度,而过分地强调实质法律推理的作用,例如,认为"法律推理的风格越是形式化,越容易被法律家以装作不考虑利益的名份加以操纵。而且,单纯的形式法律推理实际上是不存在的,否则,法官就可以作机械的操作了,成为'自动售货机式的判决机器'"。③ 而实际上,实质推理的运用具有明确的条件和限制,博登海默认为:"在法律领域中,法官在解决争议时有必要运用辩证推理的情形主要有三种。这三类情形是:(1)法律未曾规定简洁的判决原则的新情形;(2)一个问题的解决可以适用两个或两个以上互相抵触的前提却必须在它们之间做出真正选择的情形;(3)尽管存在着可以调整所受理案件的规则或先例,但是法院在行使其所被授予的权力时考虑到该规则或先例在此争议事实背景下尚缺乏充分根据而拒绝适用它的情形。"④并且,实质推理也离不开形式推理,甚至可以这样说,实质推理仅仅是形式推理的一个环节,最终依然要通过形式推理的形式得以表达。即"只要我们通过辩证筛选程序确立一个可行的前提——这个前提有可能成为一个可被接受的结论的基础,那么我们就可以用三段论演绎方法把这一前提适用于某个具体问题的解决"。⑤

二、形式推理的特点及策略选择

首先我们要明确地区分这里所讲的形式推理与传统上被横加批判的"唯形式逻辑"推理之间的区别,我们不认为历史上确实存在一个人或者一种观点相

---

① 〔美〕博登海默:《法理学:法律哲学与法律方法》,邓正来译,中国政法大学出版社1999年版,第491页。
② 同上书,第497页。
③ 郝建设:《法律逻辑学》,中国民主法制出版社2008年版,第192页。
④ 〔美〕博登海默:《法理学:法律哲学与法律方法》,邓正来译,中国政法大学出版社1999年版,第498页。
⑤ Aristole, "Analytica Priora", in *Organon*, transl. H. Tredennick (Loeb Classical Library ed., 1949), Vol. I, Bk. I. ii.

信仅仅依靠逻辑的力量就可以解决所有的法律问题,或者说法律运行中只有逻辑一种力量,正如斯科特·鲁尔所指出的,如果霍姆斯坚持认为法律的生命不在于逻辑,而在于经验,那么,他就必须说明是什么人、什么观点坚持逻辑是法律唯一的力量源泉,"他必须说明攻击的不是个稻草人"。① 当然,形式推理与形式主义法学之间具有密切的关系,例如对明确规则的遵守,按照文本意义解释法律规则是形式推理的基本要求,也往往被视为形式主义法学的基本特征。但是,就法律推理而言,形式推理与"唯形式逻辑"推理之间的区别是显而易见的,形式推理仅仅强调法律推理必须存在一个形式依据才能根据前提推出相应的结论,其所采用的推理形式当然只能是普通逻辑的推理方法,但它仅仅将逻辑视为一个必要的因素,法律推理的力量还源于形式依据的权威性。例如,在我们判断一个主体是否应承担完全的刑事责任的时候,往往并不实质性地考量其实际的精神智力状况,而是看是否达到了法定年龄等形式要件,当然在存在对其精神智力状况进行测试的必要性的时候,也必须是依据特定形式标准作出的判断,从这个意义上讲形式依据并不仅仅局限于逻辑形式,就具体表现而言应包括以下内容:(1) 规则;(2) 法官判决和陪审团裁决;(3) 程序法;(4) 身份状况,诸如婚姻情况或公民身份,也可以成为确认某些权利或义务的形式性依据;(5) 关于时间、地点或数量的强制性规范;(6) 从众多变数中确认权利或义务的规则。②

法律推理的最理想的模式就是制定一个详细、严密的规则体系,使任何行为、事件都与特定的法律后果对应起来,从而当该行为、事件出现时,就按照特定的规则推导出相应的法律后果,这就是所谓的最弱的逻辑,因为所有的逻辑规则都被法律化了,都成为了某条法律规则,也就是在这个时候,人们才不需要逻辑。然而,正如很多理论所批判的,这样的逻辑体系根本不可能存在。当然,任何规则都不存在的所谓法治也不存在,任何法律制度和理论都必须在最强和最弱的推理模式的中间地带进行选择。至于选择的标准,最终取决于法律制度背后的历史文化和社会传统。我们这里把法律推理定位于形式推理也仅仅是一种策略选择,所以有必要论述这种策略选择的理由,也就是形式推理的特点和优势:

第一,形式推理具有较强的可判定性。矛盾冲突之所以转化成为一个法律案件是因为双方都认为自己会得到法律的支持,而之所以作出矛盾的判断又恰恰是因为法律蕴涵着不一致的价值追求,假如诉诸实质考量的话,往往因为价值立场的多元性而受到指责。而形式推理所要求的恰恰就是把实质的考量转化为形式的判定,例如,道路交通法规定靠右行驶,并在道路中间画出一条标志线;红

---

① 〔美〕斯科特·布鲁尔:《从霍姆斯的道路通往逻辑形式的法理学》,载〔美〕斯蒂文·J. 伯顿:《法律的道路及其影响》,张芝梅等译,北京大学出版社2005年版,第137页。

② 〔美〕阿迪亚等:《英美法中的形式与实质》,金敏等译,中国政法大学出版社2005年版,第9—19页。

灯停绿灯行,并设立相应的设施,这要比仅仅实质论证谁更有理由优先行驶,或者比应承担更多的交通事故责任更具有可判定性。事实上,我们要限制实质推理的一个重要的理由是无法为复杂的实质因素划分出一个优先等级,而形式推理则可以根据形式依据的权威等级进行排序,例如,根据制定颁布法律规则的机构的上下级关系进行的排序等。"在一个井然有序的法律体系中,根据各个规则的优先性程度,所有的形式性依据都有一个各自所属的等级。但是,纯粹的实质依据不具有任何程度的等级形式性。"①这种有序的形式性依据等级就为某个推理是否有效提供了一个严格的标准。另一个理由是法律推理的逻辑形式标准,逻辑推理成为理性思维的最根本的基础就在于通过几千年的发展,逻辑学等确立了严格的推理的形式有效性规则,违背这些规则就意味着不讲理,就意味着放弃了法律的支持。

第二,形式推理具有更强的确定性。确定性是法治的一个必要条件,没有确定性我们将无法以法律指导、约束我们的行为,无法预测特定行为会导致什么样的法律后果,也就没有法治。"法院的存在主要是要以一种有序的和相关的非暴力手段解决纠纷。为了便于预测,就要求法院严格地把现有的规则运用到已经发生的事件的可确定的事实中。普通法就是运用先例,从个别的判决中创造出一系列的规则,并且通过拟制和衡平使规则适应社会的变化而形成的。随着现代社会变化的加速,清晰、明确的朝前看的立法变成了规则细化和法律改革的重要手段。"②这里必须面对的是如何实现抽象的法律规定与具体的案件对接的问题。霍姆斯在批判形式逻辑的时候所坚持的一个观点是"一般原则不能决定具体的案件"。③ 如果霍姆斯的指责是正确的话,又该如何决定一个具体的案件呢?我们通常有两种选择,一是诉诸有很大不确定性的实质推理,一是制定详尽的具体规则,第一个选择是要极力避免的,第二个选择是不断努力也难以达到的。事实上这两种选择都是不可取的,也是不必要的。形式推理的核心价值或者最根本的特点就在于它的内容形式性和解释形式性,也就是通过特定的程序使特定的内容及其解释成为一个形式性依据。如同我们后面将要讨论的,法律规定的不仅仅是抽象的法律概念的内涵是什么,它还要不断地通过形式化一个概念的外延标准使法律概念变得更加具体,并依据逻辑的分析确定其相应的种属关系,甚至传统的反形式主义者也把它作为法学家的一项重要工作。霍姆斯认为:"法学家的工作就是要让人们了解法律的内容:也就是从内部进行研究,

---

① 〔美〕阿迪亚等:《英美法中的形式与实质》,金敏等译,中国政法大学出版社2005年版,第11页。
② 〔美〕斯科特·布鲁尔:《从霍姆斯的道路通往逻辑形式的法理学》,载〔美〕斯蒂文·J. 伯顿:《法律的道路及其影响》,张芝梅等译,北京大学出版社2005年版,第175页。
③ 同上书,第178页。

或者说从最高的属到最低的种,逻辑地整理和分类,以满足实践的需要。"①当然,这项工作的目的不仅仅是为了霍姆斯所讲的"更易于记忆和理解",而是各种法律推理形式中最重要的环节之一。对法律概念、法律规则的解释多少也是形式化的,它按照特定规则确定某种解释的优先性,并且判断某种解释的可接受性。尽管有些解释方法看起来更倾向于实质推理,如对法律规则创制者本意的探究,但它也要遵守某种形式的要求,也就是说形式推理并不排斥实质内容的考量,而是将各种实质要素纳入到相应的形式标准之中。从这个意义上也就可以理解为什么西方的法律女神往往被塑造成为一个蒙着双眼,一手持剑,一手持天平的少女。她为什么要蒙上双眼呢?有人给出的解释是她始终保持中立,从不偏袒任何一方当事人;手中的天平象征着公平,而剑则象征着斩除邪恶势力。我们认为这种解释似乎欠妥,天平已经象征着公平中立,蒙上双眼显然是为了不想了解世界的真相到底是什么,她只需要倾听诉讼双方有什么诉讼请求以及有什么依据支持其诉讼请求;她也不去探究实质上的孰是孰非,而是按照内心的标准判断谁更应该得到法律的支持。

第三,形式推理具有较强的可操作性。法律不是纯粹的理论知识,归根结底要能应用于司法实践,较强的可操作性是判定一种法律推理方法的一个重要标准。而形式推理的确定性为其提供了较强的可判定性。几乎所有案件都会涉及实质利益之争,然而并非所有的案件都要借助利益衡量的方法,甚至会有意识地回避直接的利益衡量。这是因为中国人羞于言利的传统,还是法院本是讲理的地方?大概都不是,而仅仅是因为价值利益因其多元性、对立性、标准的主体性等因素,从而使其很快转化为不可调和的纷争。因此,实质利益衡量方法不具有简明的可操作性,也不易维持法院中立的立场。特别是在面对具体案件时,往往借助于形式或程序,借以表现其思维的刚性原则,是非分明,容易界定,避免无谓的争执。同样,解释的方法也具有很大的局限性,如果说解释就是翻译的话,解释出原意是不可能的。很多解释不是因为语言的模糊歧义,很多所谓的口舌之争仅仅是利益之争的外在表现。产生冲突的根本原因并非因为对于具体的事实或者对事实的描述存在争议,或者对法律文本的理解存有先在的分歧,而是因为不同的理解遮盖着实质的利益冲突。如果法院以实质的利益衡量方法介入,则很容易被其中一方,甚至双方指责为拉偏手。俗话说"清官难断家务事",为什么家务事难断,盖因家务事多为鸡毛蒜皮的小事,法律并没有严格的形式规定,从这个意义上讲,没有形式就没有裁判;没有形式,就无法裁判。

第四,形式推理具有公正性、稳定性、效率性等衍生特征。公正是法律的核

---

① 〔美〕斯科特·布鲁尔:《从霍姆斯的道路通往逻辑形式的法理学》,载〔美〕斯蒂文·J. 伯顿:《法律的道路及其影响》,张芝梅等译,北京大学出版社2005年版,第178页。

心价值之一,但公正必须借助于特定的手段才能得以实现。支持实质推理的最大理由之一是它具有实现个别正义的更大可能性。然而,这样的公正价值的实现可能要付出更大的代价,首先是法律的不稳定性,因为每一个具体的案件都必然存在其特殊性,而每一个法官都会有不同的价值、政治倾向,法律很容易被个别的法官以案件的特殊性为由而突破和放弃。因此,在实质推理时很容易导致类似的案件难以得到类似的处理,从而动摇人们对法律的信念。朝令夕改是法治大忌,而失去了法律的刚性更无所谓法治,最终使法律失去公正的保障功能。另外,过度地推崇实质推理还容易导致法律运行的成本增高,效率下降。因为形式推理具有更强的可判定性和确定性,从而使法律具有更强的可操作性,也较容易被理解。当当事人可以很好地预测不利的法律判决结果时,他可能就会为了减少损失而放弃必然要输掉的官司。即使在诉讼过程中也可以减少因法律推理的模糊性而导致的不必要的环节,使正义尽快得到实现,这也就是为什么更倾向于形式推理的英国法律比更倾向于实质推理的美国法律更具效率的重要原因。"较之始终根据实质性考虑行事的做法,根据形式性依据形式,会更具确定性和可预测性(并且形式性依据会更有效地进行自我适用)。这就是为什么具有高度内容上之形式性的、详尽又精确的规则,通常比具有低度内容上之形式性的宽泛规则更为优越。举例来说,管理工业作业场所的成文法规(例如在英格兰广泛存在的那些法规),常常极为详尽地规定了那些安全状况的精确尺度,譬如脚手架的宽度,安全屏障的尺寸,等等。很显然,雇主们肯定会发现,较之普通法上的合理注意规则,这些法规大多数更容易理解并遵照执行,也更容易查明这些规则是否被违反。"①

最后,我们必须强调的是纯粹的形式推理也许仅仅是一个永远不可企及的理想模式,但不能因为现实的不足而放弃对理想的追求;从另一个角度讲,实质正义才是法治的根本目标,形式推理仅仅是实现这个目标的工具和途径。但是我们要说,借助该工具和途径我们会离法治的目标越来越近,而缺乏形式约束的实质推理最终可能背离我们追求的目标。

第四节 法律推理的基本模式

关于法律推理存在着不同的分类体系,其中最流行的做法是形式法律推理和实质法律推理二分法,但是分类确定的形式推理和实质推理还是存在着很大的区别。形式推理借助的仅仅是前提与结论之间的逻辑联系,而实质推理也许称为推理前提的建构更为贴切。它们并不是一种独立的法律推理模式,而是法

---

① 〔美〕阿迪亚等:《英美法中的形式与实质》,金敏等译,中国政法大学出版社2005年版,第20页。

律推理的一部分,或者说法律推理的前期准备工作。第二种分类体系是将法律推理分为事实推理、规则推理和判决推理。第三种分类是分为法官推理、律师推理、检察官推理等。这两种分类方法虽然都有助于对法律推理有更加细致、深入的理解,但无助于分析法律推理模式到底有什么性质特点。为了更加全面地了解法律推理的过程,我们按照推理的逻辑特征将法律推理分为以下四种类型:演绎推理、归纳推理、类比推理和假说推理。这种分类实际上依据的是逻辑标准,属于形式推理的模式。除此之外还有一种广泛应用的推理,即合情推理,它是实质推理的一种形式。鉴于我国是一个成文法国家,并且在法律方法论领域主要研究适用法律的推理,所以,我们主要分析演绎推理、假说推理和合情推理三种主要形式。

一、演绎推理

演绎推理是根据真前提必然推出真结论的推理。它的这种保持性为如何论证一个法律结论的真实、可靠性提供了最强有力的支持,从最严格的意义上讲,如果结论存在着或然性,或者合理的怀疑,就必然存在引起一个反驳的可能,那么,这个结论就不具有必然的可接受性。所以,要保证法律结论的确定唯一性,就必须借助演绎推理的方法。当然,这里讲的法律结论的确定唯一性是相对于单个推理进程而言的,不同的法律推理进程当然会得出不同的结论。

(一) 多种形式的三段论及其逻辑形式

在法律的实践活动中,最常见的推理模式是三段论推理。"三段论的推理非常有力,又为人熟知,因此,渴求自己的活动看上去尽量客观的律师和法官都花费了很大力气使法律推理看上去尽可能像是三段论。"[1]"多数法律问题却还是以三段论方式解决的。"[2]这种三段论往往仅指直言三段论,而实际上直言三段论只是演绎推理的一种形式,只不过它是最普遍的一种演绎推理形式,而对逻辑学理论发展并不很熟悉的法律界人士而言,似乎所有的演绎推理都是三段论,从而形成一种约定俗成的表达方式。另外一个原因是,其他逻辑系统对法律推理的刻画往往也可以归结为三段推理的形式,为了后面论述的方便,我们首先一并列出它们典型的逻辑形式:

(1) 直言命题三段论:

$$
\begin{array}{ll}
M & A & P \\
\underline{S \quad A \quad M} \\
S & A & P
\end{array}
$$

---

[1] 〔美〕波斯纳:《法理学问题》,苏力译,中国政法大学出版社2002年版,第50页。
[2] 同上书,第54页。

例如:所有杀人者都应当偿命,

<u>张三杀人</u>,

所以,张三应当偿命。①

(2) 命题逻辑三段论:

P→Q

<u>P</u>

Q

例如:如果杀人,那么偿命,

<u>张三杀人</u>,

所以,张三偿命。②

(3) 谓词逻辑三段论:

∀x(Fx→Cx)

<u>Fa</u>

Ca

例如:对于任意主体 x 而言,如果实施行为 F,那么应承担法律后果 C,

主体 a 实施行为 F,

所以,主体 a 应承担法律后果 C。

从逻辑的角度看,谓词逻辑的表达能力是最强的,但是,直言三段论最接近自然语言的表达方式,也最容易被非逻辑专业的人所理解,所以,我们仍然以直言三段论(以下简称三段论)作为典型进行分析。

(二) 法律三段论的力量渊源和问题

三段论推理是一个形式公理系统,其公理是:一类事物的全部具有或不具有某一属性,那么这类事物中的部分也具有或不具有该属性。即:如果对一类事物中的全部有所断定,那么对它的部分也就有所断定。

图 7.2 告诉我们,M 的全部都是 P,S 是 M 中的一部分,所以,S 也是 P;图 7.3 告诉我们,M 的全部都不是 P,S 是 M 中的一部分,所以 S 也就不是 P。从中我们可以看到三段论的构成和特点:它由三个性质命题组成:两个前提,一个结论。包括三个不同的项:中项(M)、小项(S)、大项(P),每个项分别出现两次。

---

① 很显然,我们所举的例子的小前提是一个单称命题,这往往是法律推理最典型的情况,而形式表达的小前提是一个全称命题,但是,考虑到单程命题可以被视为外延分子为一的全称命题,所以,我们采用如此表达。

② 同上例,该例也涉及主体问题,严格来讲,大前提应当是:"如果张三杀人,那么张三应该偿命。"但为简便起见采用如此表达。

根据该公理可以确定三段论推理有以下推理规则:(1)有且只有三个不同的概念。(2)中项至少周延一次。(3)前提中不周延的项,结论中不得周延。(4)两个否定的前提没有必然的结论。(5)如有一否定前提,结论必否定;如结论否定,必有一否定前提。这些规则既可以使我们方便地判定一个三段论推理是否形式有效,也可以指导我们怎样建构有效的推理模式,为复杂问题提供简便的方法。简便的可操作性可以说是为什么三段论推理成为常见的推理模式的重要原因。"法律由个别调整发展到一般调整,就是想用简单方法解决复杂的问题。问题再复杂,法官律师等人也得解决,其途径就是把复杂的问题转换成简单的问题。"[①]该公理也直观地揭示了三段论推理之所以被人所信赖是因为它建立在概念与概念之间涵摄的逻辑基础之上,而这种涵摄关系是因为大小前提之间可以进行某种同质的类型思维,这成为三段论推理首先应该解决的前提条件,只

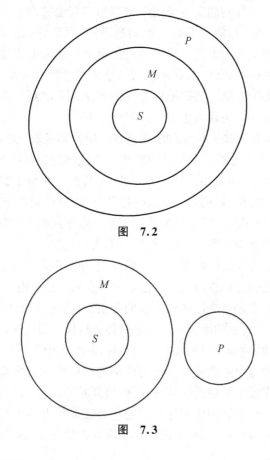

图 7.2

图 7.3

---

① 陈金钊:《法律推理及其对法治的影响》,载陈金钊、谢晖主编:《法律方法》(第3卷),山东人民出版社2004年版。

有在大前提与小前提之间寻求到具有涵摄关系的共性,推理才能进行下去。但问题的关键在于我们如何把握法律推理中的涵摄关系。数学推理,乃至于一般的科学推理的概念都可以以集合的形式揭示出它的外延,因此,基本上可以不考虑推理的具体内容就能保证推理形式的有效。而法律推理不同,构成法律规范的概念一般是通过人为建构的形式给出的,出于一般治理的需要,这些概念通常是通过内涵的形式加以界定的,而在司法实践中面对的案件却是以外延形式表现出的个体,因此作为一般的法律与作为个体的案件在思维形式上并不相容,而必须通过具体的法律分析,才能实现法律三段论推理的大小前提在思维形式上的同质,然后根据法律规范与法律案件是否存在涵摄关系,最终才能确定在二者之间能否建立起逻辑推理关系。对于这一点,有学者曾经论述道:"我们应清楚的是:作为规范性法律从演绎推理的角度讲确实不能直接调整事实,因为,它们属于不同质的事物,因而,现实主义法学很容易找到法律与事实的不同。但是,关于法律推理的研究,恰恰不是寻找他们的不同,而是寻找法律与事实的共同点——即具有法律意义的事实。法律能直接调整的是人的思维,正是在思维中我们才能发现事实的一致性,然后通过法律推理调整社会关系。这正是法治在哲学上能站得住脚的根据。法律推理过程绝不是从一般到特殊,而是从一般到一般。是通过思维来解决现实生活中的纠纷。"①

  以上分析使我们清楚地认识到法律推理三段论和逻辑三段论在形式上的同构性,但是在建构三段论的时候法律三段论又表现出与逻辑推理明显的不同,就是法律三段论的大、小前提往往是不明确的,尤其在一些疑难案件中,一个案件裁判最难的不是进行推理,而是为推理创造条件,即发现究竟什么是这个案件中的事实,什么是这个案件可以适用的法律规范。由于这些工作的重要性,而在操作上往往比逻辑的推理更棘手,所以更能吸引人们关注的目光,因此有一种观点认为这些工作只是在为法律推理作前提准备,本身却不是法律推理。事实上,这恰恰暴露了强调逻辑分析方法的分析法学的特点和不足。边沁和奥斯丁强调的法律概念的分析主要是对法律概念内涵的分析,以有助于对法律概念核心和本质属性的把握,但就其目的而言并没有把这种分析作为司法应用的一种方法,而仅仅作为完善法律体系的一种方法,在司法过程中,运用三段论进行推理的首要条件就是将法律规范中的概念与具体案件中的相应概念对接起来,传统的理论认为这种对接的实现主要借助法律解释、价值判断等方法,而这很大程度上取决于法官究竟选择一个怎样的价值评判立场作为法律推理的出发点,来对规范进行解释,对事实进行裁剪。很显然这属于实质推理的立场,而最终必然导致法律

---

  ① 陈金钊:《法律推理及其对法治的影响》,载陈金钊、谢晖主编:《法律方法》(第3卷),山东人民出版社2004年版。

不确定性的增加。对于该问题的解决似乎仅仅是一个视角转换的问题,只要把法律概念的界定由内涵的阐释尽可能地转换为外延的标准,即可逐步地缩减法律推理的不确定性。例如,我国《刑法》第 382 条规定:

> 国家工作人员利用职务上的便利,侵吞、窃取、骗取或者以其他手段非法占有公共财物的,是贪污罪。受国家机关、国有公司、企业、事业单位、人民团体委托管理、经营国有财产的人员,利用职务上的便利,侵吞、窃取、骗取或者以其他手段非法占有国有财物的,以贪污论。与前两款所列人员勾结,伙同贪污的,以共犯论处。

如果仅仅以以上条文作为推理的依据必然会留下太多的空白,一方面造成法律的不确定性,另一方面增加司法的困难。好在我们发现法律很少如此粗疏,《刑法》第 383 条对如何处罚贪污罪罪犯作出了更加详细的规定,而相关条款,如《刑法》第 91 条、第 93 条等对相关概念也作了更加具体的界定。体系性的界定是提高法律形式化程度的重要途径之一。另一个重要途径是在司法实践过程中,通过法律的补充、修改、废止等手段使其越来越能够满足形式推理的需要,例如,2000 年全国人民代表大会常务委员会通过的《关于〈中华人民共和国刑法〉第九十三条第二款的解释》,1988 年以中华人民共和国主席令的形式颁布的《关于惩治贪污罪贿赂罪的补充规定》,以及 1999 年最高人民检察院发布的《关于人民检察院直接受理立案侦查案件立案标准的规定(试行)》等,对存在的相应法律漏洞、冲突和模糊之处予以补充和澄清。有些人会强调,这些只是我们看到的表象,我们没有看到而可能大量存在的是司法过程中这些存在的漏洞、冲突和模糊所造成的司法困难。然而事情的另一面恰恰是通过这些司法活动而促使新的形式性依据不断融入到法律体系之中。我们说静止、孤立地评价分析、批判法律中存在的漏洞、冲突和模糊是没有意义的,只有司法才能提供缩减、消除这些立法瑕疵的根本动力,而这样一个过程永远处于不断的运动、变化之中,只要我们把握好正确的方向,法治就会得到不断的完善。

(三) 三段论推理模式的改进——一个基于常识推理模型的法律推理

三段论推理最大的优点是它的直观性、简明性,从而使我们能够明确地发现因违背三段论推理规则所犯的错误,但是,恰恰因为错误是如此容易被发现,所以,真正在法律论辩中出现三段论错误的可能性少之又少。反而,三段论因为其简单,而导致其表达能力有限,至少不能表达我们前面提到的法律推理的可废止性特点。为了表述的方便,我们将三段论表述为命题逻辑的形式。我们说一个规则 p→q 被认为是可废止的,如果下面的一种或几种情况成立:

(1) 如果 p→q 是真的,那么,p∧r→q 并不必然成立。(前件增强原则不成立);

(2) 如果 p→q 和 p 是真的,那么,q 并不必然是真的;

(3) 如果 p→q 和 p 是真的,那么,q 并不必然地能有效推出(这里有效是一个比演绎有效更广义的概念,否则,第三点与第二点就是相同的)。①

在法律推理中,普遍存在着这类规则被废止的情况,例如法律规定:如果以暴力手段伤害他人,则应负相应的法律责任。经查明:张三以暴力手段伤害他人。那么,根据三段论推理就必然有效地推出结论:张三应负相应的法律责任。然而,这个结论是否具有必然性呢? 我们说不必然,因为张三可能是在正当防卫,那么,正当防卫就构成了这条规则的一个例外。通常情况下,法律规则都存在例外。例外的情形大致可分为以下两类:

第一,相对于典型的例外。作为社会规制的一种手段,任何一个现代国家的法律体系,都内含着"将宽泛的行动原则具体化为相对稳定、明确、细致和可以客观地加以理解的规则形式,并提供一个应用于人际间的可信赖的和可接受的程序,以使得这些规则付诸实施"。② 这样一个规则既不是一事一议的个案规则,也不是一个同一、抽象的价值理念,而是对各种现象、行为的一种类型化处理,"没有一个一般公式能够告诉我们什么行为是不道德,从而是不正当的,因为这个问题在很大程度上取决于一个国家的文化传统,以及当前商业生活所面临的问题;除此之外,人们的观念也在不断地变化。因此,讲求实际的法学家所关注的是将各种不同的情况加以归类,并找出每一类情况所应适用的特定原则。有时,立法者在确定具体的法定禁止事项时,实际上就是在将各种情况加以分类"。③ 然而,由于外在世界的复杂多样以及人类理性的局限性,既不可能对法律规制的对象作截然的分类,更不可能对于每一个分类制定对应的规则,所以,当制定法律规则时,通常考虑的只能是一些典型的情形。相对于这些典型情况就会存在很多模糊的边缘地带,对于处在这些边缘地带的情形有时可以通过解释、类推的方法适用该规则,有时却可能更偏重于考虑其所具有的与典型情形不一致的性质,从而将其驱除出该规则适用的范围,这时被排斥的情形就是典型情形的一个例外。严格说来,在进行法律推理时,除了论证当前案件属于特定规则的适用范围之外,还必须考虑它是不是一个例外。因此,通常的法律推理并不是这样的逻辑形式:

P→q
P

---

① Jaap Hage, *Studies in Legal Logic*, Dordrecht, The Netherlands:Springer, 2005, p. 25.
② 〔英〕麦考密克:《法律推理与法律理论》,姜峰译,法律出版社 2005 年版,前言第 2 页。
③ 〔德〕罗伯特·霍恩等:《德国民商法导论》,楚建译,中国大百科全书出版社 1996 年版,第 313 页。

Q

而应当是：

P→q
P∧¬ab(P→q)
Q

举例来说，有一规则"鸟会飞"，我们又知道 a 是一只鸟，根据三段论推理，我们可以得出结论 a 会飞。但是，很显然该规则揭示的只是一种典型情况，即一般来说鸟会飞，但对于一些例外情况，如 a 是一只鸟，但是它折断了翅膀，或者它是一只鸵鸟，那么，我们就需对结论予以修正。因为例外的情形可能很多，那种认为"规则可以有例外，一条准确的规则会把这种例外考虑在内，否则就是不完全的。而且，至少在理论上，例外是能够全部列举出来的，列举出来的例外越多，规则的表述就越完备"的观点显然是不合理的。但是，无论如何，随着例外的发现越来越多，推理的确定性就会越来越强。

第二，缺省的例外。同样基于外在世界的复杂多样以及人类理性的局限性的原因，在制定法律规则时，往往只是规定规则可以适用的肯定性条件，而对于其他可能影响其适用的否定性条件并不予以严格规定，甚至在一个开放性语境下，也不可能予以严格规定。例如：

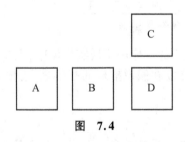

图 7.4

假定在一张桌子上有四块积木，分别是 A、B、C、D，其中 A、B、D 放在桌面上，C 放在 D 上，现在要求把 B 放在 D 上，唯一的规则要求是只能出现两层的叠加。根据该规则要求，我们很容易制定出行动方案：第一步，把 C 从 D 上取下；第二步，把 B 放在 D 上。但是，该行动方案显然仅仅考虑了该规则要求的情况，而该规则并不足以排除无法适用该规则的例外，例如，A 与 C 之间有一条连线，当把 C 从 D 上取下时，会把 A 带到 B 上，这时还需要增加一个步骤，把 A 从 B 上取下。如果把 A 从 B 上取下时会把 C 再带到 B 或 D 上时，事情会变得更复杂。甚至如果存在 A 与 D 相斥的情况，那么，根本就不存在把 A 放在 D 上的可能。通过该例我们会发现例外的情形是多么复杂，而在法律领域会变得一发不可收拾。这时候也许需要更多的形式化标准，确定什么是例外，什么不是，否则可能什么情况都成为例外。

二、假说推理

（一）假说推理的定义及法律应用

假说推理又称设证推理或溯因推理，是从已知的某个结果出发，试图确定与其相关的解释的推理形式，所以常常被称作是寻求最佳解释的推理。最早把假说推理作为逻辑推理的一个基本形式的是美国实用主义哲学家皮尔士，但他主要是把它作为科学发现的一种基本形式。"所有的科学思想都是通过假说推理得来的。假说推理包括对事实的研究，并提出一个理论来解释这些事实。它是我们理解事物唯一合理的方法。"[1]因此，皮尔士举出的很多假说推理的例子都属于自然科学方面的：

> **例1：**
> 所有从这个口袋拿出的菜豆是白色的；
> <u>这些菜豆是白色的；</u>
> 所以，这些菜豆是从这个口袋里拿出的。

> **例2：**
> 所有的海洋鱼类都生活在大海中；
> <u>在某块内陆发现了海洋鱼类化石；</u>
> 所以，这片大陆曾经是海洋。

当然，假说推理也被广泛地应用于现实生活中，很多对某结果原因的探究和某现象的可能性解释都建立在假说推理的基础之上，皮尔士就举出了他亲身经历的一个例子：

> **例3：**
> 有一次皮尔士在土耳其遇到一个男人骑在马上，有四个马夫为该人撑着遮阳篷。皮尔士想到只有当地省长才有如此排场，于是推论那个骑马的男人就是省长。

长时间以来，尽管有人把假说推理作为基本的推理形式之一，但在法律领域中的应用也仅仅限于将其视为刑事侦查的一种手段，以及在其他方面很自然的延伸，毕竟所有的法律活动都应以事实为基础，对事实因果关系的探究是进行正确的法律推理的前提条件，特别是在司法审理过程中，案件审理的第一个环节便

---

[1] Charles S. Peirce, "Lectures on Pragmatism, Three Kinds of Goodness", in Hartshorne and Weiss, *Collected Papers*, sections 120,145. 转引自〔美〕托马斯·C. 格雷：《霍姆斯论法律中的逻辑》，载〔美〕斯蒂文·J. 伯顿主编：《法律的道路及其影响》，张芝梅等译，北京大学出版社2005年版，第146页。

是在原被告以及其他证言证据的基础上构建一致的案件事实。这一过程的一个重要特点是结果在先,以果探因。例如在曾经轰动一时的南京彭宇人身损害赔偿一案中,争议的焦点便是什么原因导致了徐老太太倒地。因为没有充分的证据证明徐老太太倒地的客观事实究竟是什么,逻辑推理便成为了重要的工具,可惜的是却出现了太多的逻辑错误。①

我们认为假说推理在司法过程中最重要,也是最普遍的应用并不仅仅是案件事实的构建,而是作出法律判断的最基本形式。如同我们曾在第三章谈到的,司法过程大致可以分为两个阶段:法律判断作出的阶段和法律判断论证的阶段。论证阶段的逻辑基础主要是演绎推理,以保证法律判断作出的合法性、合理性和确定性,甚至是唯一性。而在法律判断作出阶段主要的推理形式就是假说推理。

对于一个职业的法律人而言,除非是专业的理论的研究,否则对法律问题的思考总是开始于当事人对一个案件的描述,当然这个描述很少是专业性的。这时法律人首先要做的是经过对案情的初步了解,根据已有的专业知识和经验,为该案件确定基本的性质定位。这一过程就是通常所讲的常识推理的范畴。这一过程有时很简单有时很复杂,这一方面取决于案情的复杂程度、当事人信息沟通的能力,另一方面取决于法律人的知识网络的规模和质量,以及表现为经验的判断能力。但是,我们认真还原经验积累的原型的话,就会发现所谓的经验只不过是无数的设证—验证—选择—反馈过程在头脑中的相对固化。首先是通过对当事人描述的案情重新按照法律专业的标准和要求进行法律语言的转换和包装,但是又因为一个案件可能对应于多个法律的规定,这时的选择和定位更多的是根据已有的知识和经验而进行的假设,例如,曾经有案件 A,其案件事实为 F_A,适用了规则 R_A,作出了 R_A 的判决结果,当前案件 B 的事实 F_B 类似于 F_A,那么,是不是也可以适用规则 R_A,得出类似的结论 R_B 呢?当然也可能根据法律人知识网络的性质,首先想到的不是一个类似的案例,而是一个具体的规则,感觉(这里的感觉不仅仅是感性的直觉,就其本原我们认为依然是一种基于理性的判断,只不过这一过程是初步的、粗糙的,并且可能因为问题的简单或者经验能力的丰富而熟能生巧,成为一种下意识的反应)能够适用于当前案件。当然,因为作为法源的规则往往是抽象的一般规范,需要解释成为能够适用于当前案件的具体规范,而经过法律语言的包装,原来的案情陈述转换为符合法律表达要求的案件事实。其次是依据初步形成的案件事实和选择的法律规则进行推理,得出相应的结论,当然结论可能是符合要求的,也可能是不符合要求的,这取决于所要求的标准。对于法官而言,主要强调结论的合法性、合理性和可接受性,而

---

① 张继成:《小案件大影响——对南京"彭宇案"一审判决的法律逻辑批判》,载《中国政法大学学报》2008年第2期。

律师考虑更多的可能是当事人的利益,即根据标准对先前提出的假设进行验证。第三步就是选择。这一步可能简单也可能很复杂,但其结果不外乎两种,如果假设符合了相关标准要求,那么,法律判断作出阶段就至此结束,如果不符合相关标准则需要提出新的假设再进行验证,直到作出最优的选择。就一个具体案件而言,假说推理的思维过程就告一段落,而对于法律人而言这一过程会作为新的信息纳入到知识库中,形成不同的问题解决路径,这就是所谓的第四个反馈阶段。我们可以将这一过程简单勾画如下:

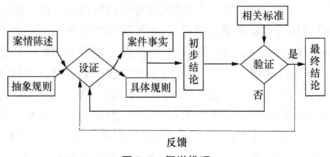

图 7.5 假说推理

以上描述仅为单线程的假说推理过程,而实际运行的每一个环节都可能循环往复,从而使假说推理或多或少变得更加复杂,按照马丁·克里勒的描述:在法律思维开端,有一个规范假设,它从生活事实的洪流中,截取了一部分可能在法律上重要的事实,从而使对案件事实的描述和认定成为可能,而反过来,对案件事实的认识也会影响规范假设,可见,目光首先在生活事实和规范假设间流转;另外,规范假设也和法律规范相比对,规范假设指示了到什么地方寻找法律规范,而法律规范决定规范假设是否正确或(通过论证)它能否被法秩序所包括。这种推理的问题是,如果规范假设被承认为法律规范,会有什么样的后果。所以,目光的往返流转是在两个层面发生:在生活事实和规范假设之间以及在规范假设和法律条文之间。①

当然,假说推理由结果推断可能的原因只是解决问题的第一步,所推断的原因能否很好地解释结果尚需经过严格的检验,这个检验过程不同于对结论的检验,而是根据原因能否推断结果。这一过程往往需要借助其他的推理形式。反过来说,其他形式的推理过程的建立,即在确定什么样的推理前提、结论和具体的推理形式时,往往要借助假说推理的方法。例如,哈特在论述类比推理时就认为类比推理实质上包含一个假说推理的环节:

---

① 〔德〕马丁·克里勒:《法律获取理论》,张青波译,http://www.law-star.com/bbs/cac/200066432-1.htm,2009 年 3 月 1 日访问。

当然，法院的确是不断地参考过去的判例，以期发现规则和证明它们认为这些规则有效是合理的。判例被视为从其中"抽出来"规则的"权威性"案例。但是，如果以这种方式从逻辑上证明一项规则的可接受性，那么就必须满足一个必要条件，即过去判例必须是该规则的一个例子。这意味着判例中的判决可以从规则和判例中的事实陈述中推导出来。就满足这个必要条件而言，这种推理实际上是演绎推理的逆向运用。……当然，如果引用判例过程中的逆向演绎推理被视为假设推理，或假设式演绎推理，那么，它也的确是科学程序中一个重要的组成部分。在不断精炼科学假设以避免被相反事例所证伪的过程中，科学理论和观察之间存在着相互影响。同样，法院也需要不断精炼一般规则，以适应各种案件和避免不公正或不适当的判决结果。这两者之间存在着有趣的类比。尽管如此，那些由例证提出可能性而同时又会被将来经验所证伪的一般命题，和判决案件中适用的规则之间，仍然有着十分重要的区别。有关司法过程的经验科学当然是可能的，它可以由关于法院审判过程的一般事实命题所构成，也可以是一个重要的预测工具。但是，区别这样一个经验科学的一般命题和法院说明及运用的一般规则，还是颇为重要的。①

(二) 假说推理的结构与逻辑形式

通说认为假说推理包含以下几个部分：

(1) C(事实、观察到的现象、给定的情形)；
(2) A 为 C 之解释 (如果选择 A,则可解释 C)；
(3) 其他假设均不能像 A 那么好地解释 C；
(4) 结论：因此，A 或为真。

但是，这并没有明确地表明何以能够根据 C 推断 A,如前所述，很多时候人们将之视为灵光一闪的直觉，或者更神秘地称之为一种经验。然而经验又何以成为可能？究其本质而言，之所以有假说的提出，并不仅仅是胡思乱想，而需要遵守特定规则和条件，这些规则和条件便是积淀于主体知识库中的各种联系，不同之处只不过在于假说推理是对这些规则或条件的逆反应用。宽泛地说只要是相关规则或条件的逆反应用都可以称之为假说推理。按照这些规则和条件的不同，假说推理的逻辑形式如下：

第一，依据充分条件进行设证的假说推理：
$$q, p \rightarrow q, \quad \text{所以 } p;$$

---

① 〔英〕哈特：《法律推理问题》，刘星译，载《法学译丛》1991 年第 5 期。

第二,依据必要条件进行设证的假说推理;

$$q, p \leftarrow q, \quad 所以 p;$$

第三,依据充分必要条件进行设证的假说推理;

$$q, p \leftrightarrow q, \quad 所以 p;$$

第四,依据相关条件进行设证的假说推理。

$$q, p \approx q, \quad 所以 p。$$

在以上各形式中,根据相应的逻辑规则,第二和第三种推理都是有效的推理形式,即具有逻辑的必然性,所以,尽管这两类推理也可以理解为是依果寻因,但它们更像是逻辑推理。而第四种推理依据的是前提与结论之间的实质联系,而不是逻辑联系,因此,无论怎样前提与结论之间都不具有必然的约束力,所以,也往往被排斥在真正的假说推理范围之外。一般所说的假说推理仅指第一种形式。

法律假说推理中,p,也就是推理的结论,可以是一个法律规则,可以是案件事实,还可以是一个诉讼请求或结论。首先,对于第一种情况,实际上就是法律思维中的法律发现过程。当事人基于某个事实提出了某项诉讼请求或可能的判决结论,但是,很显然单个的事实并不足以构成支持该项诉讼请求或结论的法律理由,因此,这时的法律思维就表现为在现有知识库中对某个合适规则的搜索,最终发现规则 p 可以结合特定事实构成支持诉讼请求或结论 q 的合理理由,那么,p 就成为以上思维过程得出的结论。对于第二种情况来说,因为一个诉讼过程总是开始于一个事实发生之后,所以,看起来总是有些奇怪,事实上一点也不奇怪,往往存在这种情况:一份诉状提出了一个诉讼请求,并且也提出了相应的事实描述和可适用的法律规则,法律人可以分别审查这三者是否合适,他会按照已有的诉讼请求和可能的适用规则设证推理出特定的事实,然后比对当事人描述的事实是否与所推导出的结论相符。第三种情况与前两种相似,是先假设一个诉讼请求或结论,然后设证推理相应的事实或规则。

(三) 假说推理的特点及应用中的注意事项

(1) 知识创新性:对于很多法律人而言,其思考的初始阶段都带有很大的试错性,对于一个案件可以适用什么规则,或者某个描述的案件事实能否支持某个诉讼请求并不绝对地确定。从没有把握到最后推理策略的形成本身就具有知识创新的性质。皮尔士认为:"假说推理中的看法如同灵光闪现,忽然降临。它是一种直觉,虽然是一种易错的直觉。很难说那些(解释性)的要素以前不在我们的脑海中,当我们进行性思考之,把这些碎片整合起来时,就得到新的看法。"①

(2) 或然性:从对假说推理的逻辑形式分析可以看出,假说推理实质上是一种形式无效的逻辑推理,也就是说尽管假设的前提都是真的,并且 p 确实能够推出 q,但是,依然不能保证 p 就是真的,因为根据充分条件推理的逻辑性质,能推出 q 的不仅仅是 p 一个,并且假说推理的运用受到主体知识库的质量和规模的影响很大,表现出极大的个体差异。

(3) 可废止性:总的来看,法律推理具有可废止性的特征,对于具有逻辑必然性的演绎推理如此,对于不具有逻辑必然性的假说推理更是如此。假说推理的可废止性存在于两个方面:一个是相关因素的变动导致推理的前提和结论的改变表现出的可废止性,这一点突出表现在,假说推理时,目光在两个层面的往返流转中,对生活事实的认知、规范假设、法律规范的选择导致推理结果的可废止性。由于假说推理的实质是在相竞争的不同解释中作出更合理的选择,是一种在比较中获胜的推理。因此,基于确定的因素选择得出的结论是不必然的,基于不同因素的选择更不具必然性,所以整体来看结论具有可废止性。假说推理所具有的可废止性的另一个方面是基于不同的语境对于假说的似真性强度要求的不同,在一些语境下可以被接受的结论在另外一些语境下可能不再被接受。例如,我们在日常生活中,对于一些现象的解释只要言之有理、言之有据就可能接受,在民事诉讼中则有优势证明的要求,而在刑事诉讼中,这种优势证明要求更高,至少排除一切合理怀疑存在的可能。那么,在日常生活中通过假说推理作出的可以接受的解释,在民事诉讼中可能就被视为无效。在民事诉讼中所作的可被接受的假说推理,在刑事诉讼中就可能被视为无效。

(4) 核心在于不同假说的最优选择。因为存在多个假设都可以导致结果 q 的发生,所以假说推理的结果可能有多个,逻辑的表达就是:

$$q, p' \to q, \quad 所以 p';$$
$$q, p'' \to q, \quad 所以 p'';$$
$$\cdots$$

或者: $\quad q, p' \vee p'' \vee \cdots \to q, \quad 所以, p' \vee p'' \vee \cdots$

所以,假说推理最重要的不是得出一个结论,而是在众多的结论中选择最合适的一个。这样一个过程往往要结合其他的法律方法来实现,其中最重要的一种方法是运用析取命题的推理的否定肯定推理方法,即:$p' \vee p'' \vee \cdots \wedge \neg p'' \cdots \to p'$

---

① Charles S. Peirce, "Lectures on Pragmatism, Pragmatism and Abduction," in Hartshorne and Weiss, *Collected Papers*, section 180. 转引自〔美〕斯科特·布鲁尔:《从霍姆斯的道路通往逻辑形式的法理学》,载〔美〕斯蒂文·J. 伯顿主编:《法律的道路及其影响》,张芝梅、陈绪刚译,北京大学出版社 2005 年版,第 153 页。

通过筛选掉多余的结论,而只剩下最合适的一个,从而把不可靠的假说推理转化为严格的演绎推理,这一步往往是假说推理是否成功的关键。

三、合情推理

合情推理是从不完善的前提得出有用结论的推理。这种推理的特点是：

第一,合情推理是知识缺乏的推理。推理是从已知获得未知知识的推理。我们在获得所有相关信息的基础上进行推理当然是最理想的。在完备信息基础上的决策更可能是好的决策。但是,日常生活中要作出的大量决策,无论是个人的或是公共的,在通常的情况下却难以获得决策赖以作出的完备信息,而我们往往又不能等到获得全部相关信息后再进行决策。因此,人们不得不在信息不完备的情况下作出决策。决策显然依赖于推理或论证。这时,我们进行的推理就是一种知识缺乏的推理。

第二,合情推理具有非单调性。合情推理在很大程度上是根据常识的推理,但常识具有不确定性,允许例外,是尚无理论依据或充分验证的经验性知识。而且,常识往往对环境有较强的依赖性,非单调性正由此而生。一个有效的演绎推理是单调的,因为,即使增加新的前提也不会改变推理有效的性质,也不会影响已得到的结论。但是,在合情推理中,前提的增加或新信息的出现,不仅可以改变推理的合情性,也可能导致对结论的修改或否定。①

第三,合情推理是一种较弱的推理。因为信息的缺失无法进行演绎推理,所以,合情论证得出的结论具有可废止性,即得出的结论因为没有充分条件的支持,往往存在着可能的反驳。在日常言谈论辩中,因为对于作出的结论并不一定要求具有百分之百的必然性,只要动之以情晓之以理,使论证具有一定的说服力,那么结论就会具有一定的可接受性。且由于日常思维的模糊性、不确定性,甚至合情推理比严格的演绎推理更具有可使用性。但是,在法律诉讼中,一项判决可能影响到当事人直接的社会、经济利益,甚至是生命、自由权利。所以,作出的判决必须具有一定的"刚性",因此,对于合情推理能否应用于诉讼论证之中是存在争议的。我们的意见是,从理论上对合情推理的使用实际上是一种策略选择,即在既不能拒绝审理,又不能按照演绎推理的模式作出判决的情况下,不得已而作出的选择。从实际使用的效果看,合情推理虽不能明定是非,但能够根据一般人所接受的常识、情理,作出合理的判决,既能够化解矛盾,解决分歧,又不至于使判决陷入非理性或武断,因此,通常是可以接受的。

但是,这也说明了使用合情推理具有一定的局限性：

第一,使用合情推理比使用演绎推理需要更多的技巧和艺术。演绎推理是

---

① 武宏志、刘春杰主编:《批判性思维》,陕西人民出版社2005年版,第168页。

根据充分的条件得出确定的结论,具有很强的说服力,只要前提真,推理形式有效,结论就是必然的。即使当事人可能因结果不利于自己存在抵触情绪,也不可能提出强有力的反驳理由。而对于合情推理,因为结论本身就是基于不充分的前提作出的,所以,其说服力就弱一些。当事人能否接受判决结果不仅仅是借助于逻辑的力量,还需要从多个方面,如情感、社会伦理道德、利益的衡量计算、公共政策,甚至是权威的威慑、压服等进行说服。

第二,合情推理具有严格的适用范围。由于基于合情推理得出的结论不是必然的,所以,只适用于对证明标准要求不高的一些案件,而对于证明标准要求较高的刑事案件等,通常不使用合情推理。对于当事人不愿意进行调解的案件,通常也不宜使用合情推理。从这个意义上讲,法院调解的主要逻辑基础就是合情推理,而合情推理也主要只适用于调解案件。

合情推理的模式多种多样,根据其说服力的"来源",通常可以包括诉诸情感、诉诸权威、诉诸实践、诉诸因果、诉诸规则、诉诸个案等不同的类型。当然,这些方法彼此间是相容的,可以在一起案件中使用多种合情推理方法。传统逻辑常常把诉诸情感、诉诸权威的合情推理视为一种有缺陷的推理,甚至是谬误。而实质上这是对人性的一种异化。人皆有其情感的一面,有七情六欲。通过情感的共鸣和感染所实现的说服虽然具有一定的局限性,但是毕竟比通过演绎推理得出的结论更有"人情味",在进行合理限制之后,不妨把它视为一种有效的论证方法。合情推理诉诸的权威可以源于多个方面,如学术权威、技术权威、道德权威等,他们都在相关领域具有一般人所不具有的优势,他们或者更可能正确,或者更可能客观,或者更接近于特定主体的立场,因此,他们的观点主张通常具有更强的说服力。

【思考练习题】

1. 什么是法律推理?法律推理有哪些特征?
2. 简述法律推理的主要理论形式。
3. 简述实质推理与形式推理的区别。
4. 试举例说明演绎推理方式。
5. 什么是假说推理?在司法过程中如何运用假说推理?
6. 什么是合情推理?它在司法中有什么作用?

第八章 法律要素的应用方法

在本书中法律要素主要是指成文法的要素。一般认为成文法由法律概念、法律规范和法律原则构成。法律的这三个要素和法律方法的运用构成了较为完整的法律。从法律方法论的角度看,这些法律的要素都有不同的理解、解释和运用方法。对法律概念的解释、法律规范的适用以及法律原则的理解是法律方法的重要组成部分。所以在此我们单列一章进行介绍,以期更加全面地理解法律。

第一节 法律概念及其应用

在法律实证主义的理论体系中,对法律概念的操作无疑是法律实践的重要任务之一。在这个意义上,如果把法律方法论研究理解为一种关于法律意义如何实现的学问,那么对法律概念及其运用方法的讨论就成为法律方法论研究的起点。基于这样一个判断,本部分将在司法的语境下,对法律概念的应用问题进行探究。

一、法律概念的界定

按照学术界的通常理解,所谓法律概念是指反映法律规范所调整对象的特有属性或本质属性的思维形式。显然,对法律概念的这一界定,套用了形式逻辑中对概念理解的典型表达。不过在英国法学家沃克看来,法律概念则是"法律思想家从对具体法规和案例研究中归纳性地做出的一般性和抽象性观念"。[1] 相较于第一种关于法律概念的认识,沃克显然更多地关注了法律概念在形成上与形式逻辑中一般概念形成上的重大区别,更多地强调了法律思想对于法律概念意义形成的影响。在我国法学的大众教育与精英教育中,这两种关于法律概念含义之界定分别占据着统治地位。不过,从法律方法论的立场出发,笔者对前述两种关于法律概念的界定都存有一定的怀疑。基于此,对本书观点的证成,将从对这两种观点的检讨开始。

第一种观点几乎是我国学界对法律概念含义的统一认识。不过,如果我们接受了法学作为一种实践理性的判断,这种关于法律概念的过分抽象化之思考就很难满足我们对之所寄予的期望。这起码有两方面的原因:其一,在对法律概

---

[1] 〔英〕沃克:《牛津法律大辞典》,李双元等译,法律出版社2003年版,第673页。

念的理解上套用哲学上关于概念的一般定义方式,将使法学作为一门价值科学的特征受到损害。其二,创造法律概念的目的,是为人们分析和解决现实中形式各样的纠纷与冲突提供便利,而当我们将法律概念作出如是界定时,无疑要求法律文本的读者都具有哲学家的深邃洞察能力,因为对事物本质的把握非有熟练的哲学素养不可。这显然不符合现代社会对法律文本读者资格之设定的一般要求。

如果进一步对这一观念进行思考,我们将发现隐藏在关于法律概念的这一观点背后更为隐晦的观念意识形态:第一,这种观念暗示着对人类理性的无限尊崇。否则,对所谓"本质"的把握将无从谈起。因而,关于法律概念的这一看法完全沿袭了近代理性主义的叙事策略,相信人类能够发现隐藏于现象后的事物本质。第二,这一观念也暗示了法律适用者只能去发现隐藏在法律概念中的事物本质,而不能创造性地适用法律,并因此与现代民主国家的政治意识形态保持一致。第三,如果我们将法律概念作为承载法律价值的最小单元,那么,关于法律概念的这种界定甚至可被认为是为实证法律的正当性提供了重要的理论支持。因为,在这一思考下,即使对于立法者,法律概念也仅仅是被发现,而非被创造。因而,法律不过是事物本质的客观反映,这样一来,守法在表面上看来似乎是服从立法者意志,但实际上乃是尊重事物本质之要求。

相较于前一种观点,沃克显然注意到了法律概念之规范功能以及法律概念与案件事实间的渊源关系。但也许是受到英美法系传统法律思维(在此表现为对归纳法的推崇)的影响,沃氏似乎仅仅关注了经验在法律概念生成中的作用,忽视了职业法律者基于规范目的在法律概念生成中积极的建构意识。这种立场,一方面——与第一种观点相类似——使法律概念在法治演进中往往以保守的姿态出现。尽管保守恰恰是传统法治的本来要求,但这种立场正在越来越多地受到怀疑,因为它显然关闭了法律概念面对众多案件事实的通道,窒息了法律概念在法律规范之意义生成中的自身生命力。另一方面,对经验的情有独钟,使法律概念失去了本应具有的深厚价值底蕴,从而极可能动摇法律的正当性根基。另外,经验的不周延性,必然使得法律作为一门科学的形象大受影响。因为,法律固然不仅仅是逻辑,但也绝非纯属经验。更为重要的是,当沃克将赋予法律概念意义的主体限定为法律思想家时,我们从中发现了概念法学的明显痕迹,因为概念法学恰恰是把阐释法律概念意义的主体限定为法学家。

前述两种观点各自存在的问题一如上论。而当我们在法学方法论的层面看待二者时,又发现了它们一个共同的特点:它们都是在法哲学层面来界定法律概念。第一种观点所具有的这一倾向无须多论,而沃克虽然表示了对法律概念在具体操作上的应有关注,并在基本思路上继承了英美法系特有的实用主义哲学传统,但在对法律概念进行界定的关键之处,似乎又误入传统本体论之歧途,并在形式上使法律概念的内涵变得扑朔迷离。① 上述分析也许已经暗示,我们不能在传统的关于概念的思维模式中研究问题。因为,用传统的属加种差的方式来界定法律概念,往往会由于"属"和"种差"自身的不确定性而导致对法律概念理解上的无休止争论。正如哈特所言,这种定义方式"赖以成功的那些条件往往是无法满足的,其中最主要的条件就是应当有一个比被定义项更广泛的族或属,我们了解这个族或属的特征,所下的定义在此特征的范围之内指明了被界说的事物所处的位置;显然,如果我们对族的特征不甚了了,那么,此种告诉我们某物属于某族的定义就不能给我们提供帮助"。② 在上述关于法律概念的界说中,所谓的"本质属性"、"一般性和抽象性观念"自身的含义便异常模糊,那么,在司法的具体操作中,我们如何指望从中获取对法律概念的具体认识?

黄茂荣在其《法学方法与现代民法》一书中指出,在法学方法论意义上,"概念之意义设定为:概念所欲描述之对象的特征,已经被穷尽地列举。所谓'穷尽地列举',事实上,其本身即系基于一个概念性的设定。该设定假设,概念所包含之特征已经被穷尽地列举,而且它所列举的特征属于在该概念之涵摄上所不可缺少、不可替代的特征"。③ 相较于前述通论观点,黄茂荣显然意欲摆脱形而上学思维的纠缠,并因而使法律概念在司法操作上更易获得成功。不过,在此我们却发现了几个重大问题:其一,法律概念意义之设定主体是谁?如果我们想当然地认为唯有立法者才具备这一资格,那么,在方法论的层面,下列问题就接踵而至:法律适用者如何发现立法者所设定的意义?其二,我们只是假设概念所包含的特征已被穷尽列举,这就意味着必然有一些特征被设定者所遗漏,那么,同样在方法论的层面,谁负有责任去弥补这一漏洞?如何弥补?其三,当我们说概念所包含的特征已经被穷尽列举时,我们的判断标准是什么?

如果我们停留在形式逻辑之思维层面,法律概念的内涵实际上就会陷入虚无或者无所不包。但作为法律规范的重要组成部分,我们却对法律概念的价值承载寄予厚望。因而,超越形式逻辑来研究法律概念就显得极为重要。黄茂荣的见解虽然为我们研究法律概念提供了一个新的视角,但同时也引发了更多的思考。在前述我们的发现中,关于第一个问题,由于法律概念是由立法者通过创造法律而设定,站在立法中心主义的立场,法律概念的意义乃当然地由立法者来赋予。这也是在法律解释理论中占据统治地位的意识形态。但是,当我们将视角由立法中心主义转向司法中心主义时,这一司法中心的霸权话语就不可避免地遇到挑战:立法者对法律概念设定的意义究竟是什么?如果说法律概念的核心

---

① 当然,必须声明,本书的这一看法建立在我们所推崇的司法中心主义立场之上,这种立场选择决定了我们的特定研究进路,即在本体论问题上对传统观念的反叛。
② 〔英〕哈特:《法律的概念》,张文显等译,中国大百科全书出版社1996年版,第16页。
③ 黄茂荣:《法学方法与现代民法》,中国政法大学出版社2001年版,第39页。

意义是明确的,但在法律概念意义的边缘,我们如何设防?我们承认法律之规范功能的存在,并因而承认立法者借助法律概念来表达的价值追求在很大程度上能够实现,但这并不能说明立法者对法律概念意义的设定就一定是清晰、合理的。在疑难案件中,有时,我们不知道立法者赋予一个法律概念何种意义;有时,假若有人声称立法者对某一法律概念所设定的意义是此而非彼,以此作为法律适用的根据却可能得出荒唐的结论。

前述后两个问题实际上可被置于同一思维过程来理解。既然我们只能假定概念所包含之特征已被穷尽列举,那么,法律的具体适用者就必须有能力发现这种列举的根据所在,并以此作为类推的基点去发现与这一根据具有关联但却被法律概念意义之设定者所遗漏的特征,以解决当下案件对规范的需求。因而,对法律概念的如是理解,实际上就等于公开承认了法官造法与类推适用在司法中的合法地位。这至少在姿态上与当下我们所尊奉的法治原则存在冲突。因而,虽然我们对黄茂荣的研究路径深表赞同,但站在法律方法论的立场,仍感觉有必要对他的观点进行更细微的改造与加工。具体而言,这一修订工作的重点应当集中在两个方面:其一,明确法律概念之设定主体;其二,开启法律概念意义释放之门径。

法律概念意义之设定主体是谁?对此我们可能会不假思索地回答:既然只有立法者可以制定法律,那么立法者当然是法律概念设定的唯一主体。尽管我们不能说这样一种回答是不正确的,但将法律概念的设定主体仅仅理解为立法者,可能存在重大缺漏。而这一判断的根据如下:从发生学的角度,法律概念的形成,大致通过继承、移植、革新和创造等四种方式。而且,任何一部法律的出台,都将会综合适用前述四种方式来产生具有时代性和民族性的法律概念。但不管哪一种产生方式,法律概念的形成在实质上都来源于法律共同体对法律规制范围的期待。在法律概念的使用上,立法者不过是法律职业共同体的代言者。因为,任何一个立法者,都不能忽视霍姆斯所言"法律不仅仅是逻辑,更重要的是经验"的判断,尽管有的立法者也许并不知道这句名言。而所谓经验,无非是来自于法律共同体对某一法律的认知或体验。这样一种分析,既适用于那些通过继承和移植而来的概念,也包括通过革新和创造而生成的概念。前者似乎无需详加说明,对于后者而言,我们所言之革新和创造,仅仅是就法律文本对这些概念的首次使用而言,而当这些概念被以法律文件的形式确定下来以前,它们实际上已经过了法律职业共同体的集体塑造。因为,从法律运行的过程而言,自近代法治以来,法律的意义早已不再是立法者的独白,在法律的运行过程中,包括法学家、检察官、法官以及代理律师在内的法律职业共同体,才是法律真实意义的发现者甚至是决定者。因而,尽管在形式上法律概念似乎是由立法者所创造,但这些创造却来源于法律共同体的共同智慧。

另一个问题是,如果我们不仅仅是在静态意义上理解作为文本的法律概念,而是在方法论的层面关注法律概念的意义实现问题,那么我们就必须要探究法律概念意义的实现路径。法律概念意义的实现必须借助于具体的案件事实。或者说,在概念与事实的交互作用中,法律概念诸多隐含的意义才能够最终显现出来。也正是在这个意义上,我们才能够理解德国法哲学家考夫曼所言之"法是当为与存在的对应"的经典判断。① 根据前述讨论,我们对法律概念的含义作如下界定:在规范法学的意义上,法律概念是指基于法律共同体的约定而承载着价值的、在司法操作中通过与案件事实的对接而释放其意义(规范目的)的制定法上的最小语言单位。

二、法律概念的解释原则

由于法律概念强烈的规范性特征,使得各种实质性的价值判断充斥于法律概念应用的各个环节。也正因此,美国学者比克斯认为,对法律概念的理解,必须在概念设立的目标下进行,因为,不同的概念主张有着不同的目标。因此,"人们或许不能说,特定的概念分析是'正确的'或'真的',至少不是在如下意义上使用'正确的'或'真的',即对于所有概念性问题而言存在一种唯一'正确的'或'真的'理论"。② 于是,如何限制法律概念解释中的主观任意,就成了法律解释学必须面对的棘手问题。因而,对法律概念解释原则进行讨论的根本目的,实际上正是为了解决如何实现法律概念解释的客观性问题。

(一) 安定性原则

法律概念承载着法治的理想。法治能在多大程度上实现主要看法律概念和规范对人们的思维有多大程度的约束。因此在对法律概念进行解释时,必须以维护法律规范及概念之安定性为首要目标。所谓法律概念解释的安定性是指通过维护法律概念解释的客观性来确保法律作用的发挥。法律概念解释的客观性与哲学上的客观性不同,它主要指的是隐含在法律概念之中的固有含义。关于法律之客观性,学术界存在很多争议③,甚至有许多学者认为法律之客观性根本无法获得,其中最典型者,乃后现代法学的主张。但就法治的立场而言,为了保证法律适用之公平和正义,我们必须要保证法律不被随意曲解,并尽可能限制法律适用者对权力的可能滥用,以维护最起码的法律意义之安定性。而作为法律适用安定性的一个最低限度的标准,即是要求任一法律适用都尽可能满足民众尤其是法律共同体对该法律适用的心理预期。法律概念解释的安定性原则,要

---

① 参见吴丙新:《修正的刑法解释理论》,山东人民出版社2007年版,第107—131页。
② 〔美〕布莱恩·比克斯:《法理学:理论与语境》,邱昭继译,法律出版社2008年版,第34页。
③ 参见陈金钊:《法律解释的哲理》,山东人民出版社1999年版,第96—115页。

求我们在解释法律概念时,一方面要尽可能在法律文本的意义范围内寻找意义,以保证法律文本的权威;另一方面,如果立法原意无法获得,则必须按照法律概念通常的含义进行解释。只有当按照前述原则进行解释的结果可能带来明显的不公正时,才可以例外地采取目的解释等方法进行解释。但即使如此,按照规范目的对法律概念进行解释时,也不能超出某一法律概念的意义射程,更不能违背法律之基本精神。

(二) 整体性原则

整体性原则是指在对法律概念进行解释时,一方面要将法律概念置于整个法律文本的语境当中,另一方面还应考虑概念与概念之间、概念与规范之间、概念与原则之间,概念与整个法律体系之间的逻辑关系。拉伦茨指出:"解释规范时亦须考量规范之意义脉络、上下关系体系地位及其对该当规整的整体脉络之功能为何。"①梁慧星认为:"法律是由许多概念、原则、制度所构成的,但这许多概念、原则、制度绝不是任意的、杂乱无章的堆砌,而是依一定的逻辑关系构成的完整体系,各个法律条文所在位置及与前后相关法律条文之间,均有某种逻辑关系存在。因此,当我们对某个法律条文作解释时,不能不考虑该条文在法律上的位置及其与前后相关条文之间的逻辑关系。"②尽管前述两位学者的论述并非专门针对法律概念的解释,而更多的是就一般法律解释而言,但整体性原则对于法律概念的解释来说尤为重要。因为,法律规则的核心意义一般都通过法律概念来承载,对法律规则的整体性解释的核心,在实质上乃对法律概念的整体性解释。或者说,只要我们实现了对法律概念的整体性解释,那么也就满足了对法律规则解释的整体性要求。整体性原则要求,单独概念意义的解释不能构成法律规范。法律的含义是整体法律的意义。

(三) 合法性(专业化)原则

在通常意义上,法律概念解释的合法性是指对法律概念的解释合乎逻辑性的要求。不过,至少是在法律问题上,我们常常是在两种不同的语境中论及合法性:本体论上的合法性关注法律自身的正当性根据的法哲学问题,方法论上的合法性则是关注法律实现的法律方法论问题。就本书的基本宗旨而言,我们主要在规范法学的意义上,将合法性置于法律方法论的语境中进行讨论。在法律方法论的语境中,合法性又可被称为合法律性。对于"外行人"来说,合法性的含义似乎无需讨论,因为简而言之,合法性无非是指行为合乎法律规定。不过,在法学研究的语境下,合法性的判断标准历来是一个棘手的问题,并且看起来这似乎是一个没有标准含义的概念。造成这一局面的原因大致有二:其一,只要我们

---

① 〔德〕拉伦茨:《法学方法论》,陈爱娥译,商务印书馆2003年版,第316页。
② 梁慧星:《裁判的方法》,法律出版社2003年版,第89页。

对"法律是什么"的回答存有争议,那么合法性问题就不可能有确切答案。遗憾的是,迄今为止,关于"法律是什么"的讨论还在进行中,并且随着法律文本语境的不断变化,这一问题将成为法律的永恒问题。有多少种关于法律的认识,就有多少种合法性的观念。譬如,以规则为核心的法律,构建的是一种严格规则意义上的合法性理论。这种合法性理论也可称为形式意义上的合法性,它以官方发布的规范作为衡量是否合法的标准。另外还有诸如以程序为核心的合法性、以国家强制为核心的合法性等等,都有着不同的对合法性的解读。① 其二,随着法律解释学研究的不断深化,法律概念、规则甚至原则的意义的不确定性被不断渲染。在这种背景下,除非我们仅仅把合法性理解为一种态度,合法性的标准就不可避免地因为语言本身的模糊性而变得富有争议。

由于解释过程中诸多因素的参与,究竟如何理解合法性似乎成了一个很大的问题。也许正是由于这一原因,学术界开始反思传统的经验主义和规范主义两种范式对合法性的理解。其中德国的哈贝马斯是最具代表性的学者之一。通过对法律中商谈主义的系统阐释,哈贝马斯认为法律中的合法性只能通过商谈获得。尽管他的基本观点获得了众多拥趸,但为了解决这一问题,哈贝马斯又步入了另一个极端:放任没有限度的民主必将带来诉讼的久拖不决,而这将导致法律秩序的丧失。我们的看法是,如果能够实现考夫曼的类型理论②与哈贝马斯理论的融合,即一方面接受考氏理论在坚持目光来回往返于事实与规范之间的基础上对理解者偏见的承认,从而赋予法以实质内容,另一方面又将这种偏见纳入阿列克西论证规则的约束之下,以法律共同体的合意替代考氏抽象的事物本质,那么合法性也许就能实现。当然,考虑到理性与效率的关系,我们也不同意类似哈贝马斯和阿列克西对论证程序的无限期搁置,并认为在理性与效率难以兼顾的情形下,必须以效率截断理性之滥用。因而,法律论证的主体必须受到限制。按照这一思路,我们以为,在法律方法论上,法律概念解释的合法性的基本含义是:以类型思维,在法官"目光来回往返"于规范与事实之间的基础上,所实现的法律共同体之间最大程度的合意。合法性原则的另一种表达可称之为精英化(专业化)原则。因为,相对于一般民众,法律共同体是受过专业训练的法律从业人员,他们共享着只有专业人员才能够掌握的精英话语系统以及共同的法律思维。他们对法律概念的解释,在绝大多数情况下都能够满足法律安定性的需求。

(四)妥当性(大众化)原则

在绝大多数案件中,对涉案有关法律概念的解释,一般都可通过合法性解释

---

① 陈金钊:《法律解释的哲理》,山东人民出版社1999年版,第124—125页。
② 参见〔德〕考夫曼:《类推与"事物本质"》,吴从周译,颜厥安审校,台湾学林文化事业有限公司1999年版。

获得恰当的结果。但在疑难案件尤其是在该案件引起足够多的关注时,仅仅通过合法性解释就可能会影响到案件审理的政治的、社会的和法律的效果。在这种情况下,解释者必须把某一法律概念置于一个更大的背景下进行理解,以使得他的解释在不违背法律安定性的前提下,能够最大限度地被接受。按照合法性问题的基本思路,此处所言之法律概念解释的妥当性,是指在不违背法律安定性的基本前提下,超越法律共同体对法律规范的可能意义所"划定"的界限,为在个案中实现利益平衡和满足一般人对法律的心理需求,而对法律概念的意义进行扩张或限缩、在最广泛的主体之间所达致的一种合意。妥当性原则的另一种表达可称之为大众接受的原则。在信息畅通的现代社会,一般民众可以通过各种方式和渠道获得关于一些社会影响较大案件的信息,而他们根据一般的道德观念对案件应该如何审理所表达的意见,已经成为影响司法官员解读法律的重要因素。尽管从独立司法的角度,这种做法在有的时候可能会影响到司法公正,但在有些时候,它却起到了对公正司法的良好监督作用。不过,正如前述,大众化并不意味着实证法律对道德的无条件妥协,它必须要满足最低限度的法律适用安定性的要求。

三、法律概念的解释方法

关于法律解释的方法,近年来学术界给予了充分的重视,并取得了丰硕的成果。[①] 但就法律概念的解释方法问题,我们还没有见到专门的研究成果。当然,一般意义上的法律解释方法似乎都可以运用到对法律概念的解释当中,因为法律解释的核心即是对法律概念的解释。不过,由于法律概念、规则和原则间的不同,对它们的解释方法就应有所不同。譬如,对于原则的解释,基本上完全在价值层面进行。而对规则的解释,则更多地侧重于语义及体系解释。而对法律概念的解释方法,除了可以参考一般的法律解释方法外,还应考虑到法律概念自身的特点。根据前文对法律概念含义的分析,我们认为,法律概念的解释方法大致有如下四种:词典解释方法、逻辑解释方法、类型化解释方法、价值分析方法。

(一)词典解释方法

法律概念一般以词或字的形式表现出来。为了便于一般民众对法律的了解,立法者在使用这些词或字时,一般上都赋予了这些词或字最为人们所熟知的含义,而这些含义一般来说是通过词典词固定下来的,如果有超越词的一般含义,立法者就会有特别的说明或者界定。对法律没有特别的约定和说明的概念,人们便可以运用查词典的方法对相关字或词作出解释,使"判决意见书得出的

[①] 参见陈金钊等:《法律方法论》,中国政法大学出版社2007年版,第111—190页。

结论透露出一种客观、精准、确定的味道"。① 也许正是由于这个原因,"在美国,各级法院很早就使用了词(字)典作为一种辅助工具,对法律进行文义解释。'最高法院在长达两个世纪的岁月中,已经参考了各种词典处理了不下 600 宗案件⋯⋯近年来,最高法院对词典的依赖已渐渐到了前所未有的程度'"。② 不过,由于词典中对某一字、词往往并非只有一个解释,这样一来,我们该怎样确定词典的某一含义才是法律条款中的应有之意,我们应选择哪一种词典作为我们解释的工具,就成为一个很大的问题。③ 运用词典对法律文本进行解释面临着不少难以克服的困难。以美国最高法院为例,他们对词典的倚重,受到了如下批评:其一,最高法院对词典的使用具有很大的或然性。其二,使用词典并不能达到真正解释某一争议词语确切含义的目的。其三,词典实际上并不能真正反映出词语在某一特定情境下的含义。④

尽管运用词典对法律概念进行解释面临着上述诸多困难,但从法治的基本理念而言,以词典解释为基本工具的文本主义无疑在姿态上是对法治的最好诠释。而从法律运行的实际状况而言,绝大多数案件都可通过对词典的使用来获得对相关法律文本含义的说明,并最终达致一个较为妥当的审判意见。也正因此,学术界一般认为,在法律方法的使用位阶中,以词典解释为典型特征的文义解释乃法律适用者首先需要尝试的方法。唯有在借助词典无法实现规范意旨的时候,方可使用其他方法对法律文本进行解释。用字(词)典的解释方法与常义解释的方法很接近,是确定法律概念日常意义的一种方法。这种方法不适合于法律已经明确表示的意义,也不适合解释一些专业性很强的概念。即法意优于日常含义、专业含义优于日常含义。

(二)逻辑解释方法

通过对法律概念进行逻辑演绎而获得判决结论,乃概念法学的基本主张。而关于概念法学,学术界的一般评价是:它奠基于自文艺复兴以来弥漫于西欧学术界的理性主义意识形态。作为对人类理性神圣崇拜的结果,它先是构建了一个法律概念的金字塔,然后通过演绎的方法,以数学般精确的计算,演绎出一个逻辑自足、价值无涉,并因而是纯粹、自洽、完美的法律体系,以此维护法学作为科学的品性。概念法学所铸造的法律的概念天国受到了后世的无情嘲讽。而伴随对概念法学进行激烈批判而来的利益法学及其后裔自由法学、现实主义法学、后现代法学等,却又一步一步地迈入了法律不确定性的深渊。

尽管奠基于近代科学理性的概念法学在其基本宗旨上带有很大的理想成

---

① 屈文生:《布莱克法律词典述评:历史与现状》,载《比较法研究》2009 年第 1 期。
② 陈金钊:《法律解释的哲理》,山东人民出版社 1999 年版,第 277—278 页。
③ 同上。
④ 屈文生:《布莱克法律词典述评:历史与现状》,载《比较法研究》2009 年第 1 期。

分,但其对法律客观性的追求无疑应受到肯定。而在方法论上,概念法学对逻辑演绎的情有独钟虽然也有些言过其实,但这并不意味着逻辑方法在法律概念的操作上应该完全被抛弃。而且,在经历了后现代法学对法律不确定性的极度渲染的背景下,我们必须要认真对待传统的逻辑推理,并最大可能地发挥逻辑推理在法律适用中的优势,以此维护法律的安定性。

对法律概念进行逻辑推理的一般要求是,下位概念必须能够被上位概念所涵摄。由于法律文本在实质上乃是一个概念体系①,且绝大多数法律概念都具备承载价值的功能,法律适用者在对法律概念的意义进行解释时,就必须将法律文本中的各种法律概念进行逻辑归类,并发现其中的涵摄关系,然后在这一逻辑体系中对法律概念进行操作。譬如,在刑法典的核心概念体系中,它的每一个要素都处于一个相对完整的逻辑体系当中,它们之间必须在意义上具备某种关联,并形成一个完整的意义脉络。对法律概念的任何解释,必须在这个意义脉络或意义链条内进行方为有效。

(三) 类型化解释方法

依辞海解释,所谓类型,是指按照事物共同性质、特点而形成的类别。按照这个对类型的一般定义,我们首先获得的就是类型的强烈客观性特征。而且,根据这一定义,类型与概念间的区分似乎是显而易见的。亦即,对不同概念本质上的认同,构成了某一具有共同特征的类型。然而,当我们从法学方法论的角度试图对二者作出区分时,却发现这一工作并非如其概念所表明的那样简单。尤其是把法律概念理解为,"基于法律共同体的约定而承载法律价值的制定法上的最小语言单位"时,二者间的界限就愈发模糊。因为,法律思维时刻都伴随着法律适用者的价值判断,对法律概念进行具体操作的实质,无非是发现该概念的意义射程。而在这一寻求概念之意义射程的过程中,传统意义上非此即彼的概念式思维根本无法满足理解者的需要。在很多时候,他们往往根据对案件事实的解读,为某一概念设定一个能够实现意义扩散的关键点。而这一思维方式已经是一种不折不扣的类型思维。譬如,在我国刑法所规定的危险犯罪中,什么是"危险方法"? 虽然通常都将其作为一个概念来解释,但实际上它却是一个不折不扣的类型。在与案件事实遭遇之前,我们仅仅知道它是一种类似于放火、投毒、决水等可能造成不特定多数人的生命和财产权利受到损害的行为。但这仅仅是它的核心特征,法官的任务无非是运用这一特征对当下案件事实进行归类,以决定可否将某一具体行为定性为危险方法。这显然是一种类型思维。

概念与类型间的区分并不是显而易见的。当一个概念的意义相对确定,并

---

① 按照规范法学的一般看法,法律由概念、规则和原则构成。但无论是规则还是原则,其核心要素实际上都是概念。在这个意义上,概念法学将法律看做是一个概念天国并没有错。

且当下案件所涉及的事实完全可以由这一概念所涵摄,我们就无需费力地运用类型思维为法律适用的合法性进行论证。然而,当一个概念的内涵并非清晰、当下案件涉及的主要事实又不能顺理成章地被制定法上的概念所涵摄,那么,为了实现法律解释的合法性,就必须对这一概念的意义射程进行分析,而这一分析过程实际上往往演变为一个类推的过程。正如拉伦茨所言:"虽然法律中适用的大多数概念具有一个稳定的意义内核,但同时也具有一个'边缘领域'。如何给一个概念的适用范围划定界限呢?在'边缘领域'内部,也只能通过解释才可确定其界限。在许多情况下,法律看上去是给某个概念下了定义,但实际上只是对某种类型进行了限定。"[①]这样一来,虽然我们仍然宣称我们是以合法的概念式思维为法律的具体适用找到了根据,但这在实质上仅仅是一种姿态,在这一姿态的背后,乃法律适用者基于各种利益的权衡和考量。

(四) 价值分析方法

尽管我们在前述几种法律概念的解释方法中更多地强调了解释结论的客观性,但毫无疑问,作为一门价值科学,价值判断充斥于法学以及法律实践的各个角落,而这些价值判断绝大多数都伴随着对法律概念的解释而进入人们的思想和生活。原因在于,作为具有强烈规范性特征的法律概念,承载着立法者及一般民众对它的价值期待。法律适用者在解释这些法律概念时,必须以规范意旨为导向,通过价值分析的方法,发现蕴藏在这些法律概念背后的意义。

为更清晰地说明法律概念解释中的价值分析方法,现以刑法典中"财物"概念为例加以说明。在以"财物"作为行为对象的犯罪中,一个首要的问题是,什么是财物?对此,中外学术界有不同的看法。譬如,日本学术界曾认为作为盗窃对象的财物包括有体物和无体物,但现在日本的权威学者在界定财物时,一般都主张财物仅限于有体物。这样一来,除了刑法典有明确规定者外(譬如通过法律拟制的方式将电、气规定为财物),盗窃其他无体物则不构成盗窃罪。而我国有学者认为,从我国的立法体例与司法实践来看,盗窃罪中的财物应包含有体物和无体物。因而,除了刑法典中的注意规定外,其他未被明示的无体物亦可成为盗窃罪的行为对象。[②]

财物是否包括无体物,这实际上涉及法哲学上实质刑法观和形式刑法观的争论。尽管"财物"本身与法哲学上的价值无关,但"财物"范围的界定,却是一个法哲学问题。而这一问题的解决,必然回溯到对不同刑法立场和价值诉求的讨论。质言之,若坚持实质刑法学立场,那么解释者将赋予无体物"财物"的身份,反之则相反。因而,对许多法律概念的不同解释背后,都包含着不同价值观

[①] 〔德〕拉伦茨:《德国民法通论》,王晓晔等译,法律出版社2003年版,第102页。
[②] 张明楷:《刑法分则的解释原理》,中国人民大学出版社2004年版,第266—267页。

之间的冲突。解释者最后选择了哪一种解释,取决于他在刑法基本问题上所持的立场。在这个意义上,对法律概念的价值分析,就带有明显的价值相对主义成分。尽管我们应力图避免法律适用中的价值相对主义,但由于法学的特性,价值相对主义似乎将伴随着法律运行的整个过程,也正因此,我们才需要进一步加强对法律概念应用的研究,以最大限度地对法律解释中的价值相对主义进行限制。

第二节 法律规范的适用

社会规范是调整人类生活中彼此行为的准则,包括政治规范、道德规范、法律规范、宗教规范、一般社会团体规章和礼仪规范,等等。法律规范是法律制度的基本粒子,也是法学理论的关键概念,要理解法律,就必须理解法律规范的概念、结构和功能及其应用。

一、法律规范的含义及其分类

法律规范是指由国家制定或认可并由国家强制力保障实施的具有严密逻辑结构的行为规则,也称为法律规则。它包括以下含义:(1)法律规范是一种社会规范,即调整人与人之间行为的规范。(2)法律规范具有严密的逻辑结构。一般来说,法律规范的逻辑结构是由两部分组成的,即行为模式和法律后果。行为模式包括可以这样行为、应该这样行为、不得这样行为三类。与之相对应的法律规范是授权性规范、命令性规范、禁止性规范,后二者也可以合称为义务性规范。法律后果分为两类:肯定性法律后果和否定性法律后果。(3)法律规范具有国家意志性。(4)从内容上看,法律规范既设定义务又授予权利。

按照不同的标准,可以对法律规范作不同分类。

其一,按照法律规范所调整的行为是否先于法律规范而存在,法律规范可以分为调整性规范和构成性规范。调整性规范所调整的行为和社会关系在法律规范被制定出来以前就存在,如交通规范、民事活动规范、婚姻关系规范等。典型的例子如"校园内机动车时速不得超过5公里"。构成性规范以该规范的规定作为某种行为产生的前提条件,所调整的行为在逻辑上依赖于该规范。如,足球比赛规则就是足球比赛的构成性规范,税法规范是合法税收行为的组成部分,诉讼程序规范是诉讼法律行为的组成部分。

其二,按照法律调整方式的不同,法律规范可以分为义务性规范、授权性规范和权义复合型规范。

其三,按照法律规范的强制性不同,法律规范可以分为强制性规范和任意性规范。

其四,从规范的实际运用来看,法律规范可以分为行为规范和裁判规范。行为规范是对社会公民具有行为指引意义的规范,而裁判规范仅仅对法官的案件裁决具有指引意义的法律规范。①例如我国《刑法》第 232 条规定,故意杀人的,处死刑、无期徒刑或者 10 年以上有期徒刑;情节较轻的,处 3 年以上 10 年以下有期徒刑。该规定就属于裁判规范而非行为规范。当然,有的规范既是行为规范,也是裁判规范,如多数民法规范就兼具有行为规范和裁判规范的双重属性。民法规范是为民事主体规定的行为规则,无论是订立和履行合同,抑或结婚、继承,均应遵循。如不遵守民事行为规则,则发生民事纠纷后,当事人诉请法院裁判时,法院应当以民法规范作为裁判基准。

二、法律规范的适用特点

法律规范的适用具有如下特点:

第一,系统性。对法律规范的适用,必须奠基于对法律规范的系统化和整体性的理解。法律知识是系统化的知识,如果没有系统化的学习,对法律规范的理解就容易产生误解。在日常生活中,我们经常会遇到一些当事人,他们可能也会谈及在某电视栏目看到了一则案例,并会说这则案例和他自己遭遇到的案例是一样的。但是如果仔细分析,就会发现他所遭遇的案例,并非是如他所说那类案例。这是为什么?(1)他虽然看到了自己所遭遇案例和某个案例具有的一部分共性,但是实际上,二者的共性是很少的,而且他发现的这一部分共性也并不一定是法律上所说的那种事实共性或者法律共性。(2)他对法律的认识、理解不系统,往往容易以偏概全,容易从狭小的视野去理解某一个法条。实际上,要形成对于法律的准确理解,必须是系统化的理解,否则,即便一个人对某一法条的某一认识是正确的,他自己也没有足够的自信,因为他也无法确认自己对于某一单一法条的理解是否准确,是否到位。(3)要达到对法律规范的系统性理解,还必须对法律规范的相关背景知识准确把握。换句话说,法官或者律师要实现对于法律规范的准确理解,必须同时具有对法律原则、法律价值和法律精神的准确认知。因此,我们不能把法律规范的理解和适用封闭或者孤立起来,将法律规范的运用看做是和其他法律要素无关的运作过程,而应当用全面系统的法律视角去理解和适用法律规范。

第二,逻辑关联性。法律规范在司法实践中运用非常广泛。几乎所有的具体案件,都涉及法律规范的运用问题。法律适用中往往需要运用系列法律规范而不是单一的法律规范。这是因为一个案件往往涉及对多个法律事实、系列法律事实的认定,可能需要进行多次三段论法律推理,进而展开一次又一次的法律论证,在前一个结论的基础上推导出后另一个结论。通过若干个相互关联的事

---

① 参见梁慧星:《梁慧星文选》,法律出版社 2003 年版,第 628 页。

实认定、规范适用、法律推理,得出一个或者多个法律上的结论,赋予判决的具体结论即权利和义务。在此过程中,庭审证据、法律事实、法律规范、法律推论以及案件裁决结论往往环环相扣,不可分割。

第三,对抗性。这是法律规范在适用中经常面临的问题。这首先源于诉讼双方当事人对立立场的存在,而这种对立立场,决定了各方必然会竭力寻找对自己有利的法律规范,尽力否决对方的法律适用主张。在认定事实和发现法律的时候,人们能够寻找到的法律规范往往可能是多个法律规范。原被告双方在法庭上之所以能够对抗,除了在认定事实上的分歧外,还有一个重要的分歧原因,就是双方往往能够寻找到与案件相关但往往又是截然对立的法律规范,或者是不同的法律规范推导方式,双方会主张推导出截然不同的法律结论,在法庭上具有明确的对抗特色。由此,欲使自己的主张被法官采信,就需要在推理过程中论证对方事实依据、法律规范的非法性。

第四,法律规范的运用同时还与法律理论紧密相关。法律规范的运用离不开法律理论的支撑。不同的法律理论,会导致不同的法律规范选择乃至不同的法律规范适用结果,甚至导致案件审理结果大相径庭。例如,一般情形下,当事人承担民事责任遵循的是"损失补偿原则",一位当事人在遭受损失以后,所能够获得的赔偿应限于自己遭受到的损失。反之,义务人履行义务的范围也应限于该损失范围。因此,法律也不会对义务人作出惩罚性的赔偿规定。不过,在探讨受损权利人的权利范围或者义务人的义务限度的时候,应当注意还有例外,可能不适用"损失补偿原则"。原因在于,同一案件事实,可能引发多个法律关系。① 再如,在民事侵权案件中,对于案件中的因果关系的认定,法律就没有明确规定,而是把这一任务交给了法官。而在民法理论上,判断法律上的因果关系则有不同的学说理论,包括"必然因果关系说"、"相当因果关系说"、"法规目的说"等。② 在此过程中,选择不同的因果关系理论,就会得出不同的事实认定结论,进而会直接影响对案件是否适用侵权赔偿的裁决结论。可见,法律规范的适用,绝对不是孤立地进行,而会受操作案件的法律人大脑当中的不同法律"软

---

① 应当注意的是,法条竞合和同一法律事实引发的多重法律关系问题属不同问题。其一,法条竞合的情形下,不同法条之间存在着冲突,而同一法律事实引发的多重法律关系中,几重法律关系之间往往是并行不悖的,几重法律之间并不存在冲突。其二,在法条竞合情形下,法官只能够选择其中之一部法条来适用;而在同一法律事实引发多重法律关系的情形下,多个法条则可以同时适用。其三,在法条竞合的情形下,对不同法条的选择,会得出不同的法律结果;而在同一事实引发的多重法律关系中,引发的法律关系越多,则当事人获得的赔偿数额就越大。其四,法条竞合中,法官应依据相关原则选择应当予以适用的法律,即法官对法律规范只能是选择适用;而在同一法律事实引发的多重法律关系中,法官并不需要进行法律选择,法官对法律的适用是并列适用。其五,法条竞合中,不同法律之间存在效力位阶的高低问题;而在同一法律事实引发的多重法律关系中,多重法律之间在效力位阶上是相同的,多属于民事法律中多重法律关系的适用问题。

② 参见曾世雄:《损害赔偿法原理》,中国政法大学出版社2001年版,第112页。

件"的引导和支配。

　　第五,遵循法律规范的冲突适用原则,合理解决法条竞合问题。在执法或者司法实务中,如果对于同一法律事实,存在两个或者两个以上法条的构成要件相重合或者交叉调整,则该相重合或者交叉的法条之间就存在法条竞合关系。① 即对于同一法律事实,存在两个或者两个以上的法律规范来调整,但是各个法律规范规定的法律效果又不完全相同,我们称之为法条竞合。② 法学中,要准确解决法条竞合问题,就需要正确认识法的效力问题,依据法的效力位阶的高低或者先后来处理法条竞合的问题。例如发生竞合的法规之间位阶不同,则适用上位法优于下位法的原则;若发生竞合的法规之间法律位阶相同,则适用特别法优于普通法、新法优于旧法的原则等。

　　第六,法律规范的适用具有明显的价值性。(1) 法律规范内涵着法律的价值。法学之所以是知识,并不是因为法学达到了某种"纯理论"的目标,而是因为法学可以促进对"现行法律、法律问题及其解决可能性的理解",以及对社会正义之关切,促使人们充分认识社会正义的内涵、法的主导性原则、法律的秩序等。③ (2) 由于法律推理不能违背规范意旨,所以,法律推理就不仅仅是一种逻辑推理,它经常还与法律价值衡量紧密相连。如果依据单一法律规范推导出的结果与法律的价值、精神相矛盾时,则需要对有关事实与规范进行解释。必须注意到,许多案件仅依据逻辑推理是不能够得出符合法律意旨的审判结论的。审判虽然是以现实生活中发生的具体事件所作的价值判断为内容的,而其与立法所作的价值判断之不同之处在于它是一种一次性的判断,然而审判却可以作为一种手段,通过它可以形成并维护社会秩序,所以它理所当然地包含着普遍性的价值判断。④ 法律判决一方面须符合形式逻辑,即形式的推理,但同时还是实质的价值评价过程,不能违背法律的基本价值,推论形式与价值保障是审判过程的一体两面。单单从形式上看,法律判决似乎是逻辑运行的结果,但推论结果的正

---

　　① 黄茂荣:《法学方法与现代民法》,中国政法大学出版社2001年版,第168页。
　　② 对"法条竞合"问题,人们存在着广、狭二义的认识。广义的法条竞合观认为,即法条竞合是指一个法律事实同时符合数个法律条文的构成要件。又分为三种情形:其一是法条的重合,即事实虽然受数个法条调整,但法律后果相同,所以适用哪一个条文与规范法律效果并无差别。其二是并存的法条竞合。即在法律后果不同的情形下,如果一个法律条文并不排斥其他法律条文的适用,法律后果之间可以并存,则法律条文应当并用,如侵权中的赔偿损失与赔礼道歉并用。其三是择一的竞合。即不同法律条文的法律后果在性质上不可以并存,一条文排斥另一条文的适用,如违约与侵权,则应■一进行归责。前两种情形较为容易处理,对第三种竞合(择一的竞合),进行法条选择时,应遵守以下规则:(1) 对不同位阶的法条,上位法优于下位法。(2) 对位阶相同的法条选择,应按照新法优于旧法、特别法优于普通法进行法条选择。狭义的法条竞合主要是指第三种情形,即"择一的竞合",本报告就是在狭义上使用"法条竞合"概念的。
　　③ 〔德〕拉伦茨:《法学方法论》,陈爱娥译,商务印书馆2003年版,第116—118页。
　　④ 〔日〕川岛武宜:《现代化与法》,申政武译,中国政法大学出版社2004年版,第251页。

当性却离不开法官的价值评价的保障,甚至有时候要直接借助于价值衡量来作出司法裁判。

第七,法律规范的适用,必须奠基于对法律关系的正确认识。在实践中,由于法律关系的认识错误,会导致很多的错误理解。

【案例分析】

在 S 省电视台"律师在线"栏目,一位在当地小有名气的 X 律师接到观众现场咨询问题:

一天,赵六开着自家的私家车在路上行驶,突然追尾撞上了前面的一辆小轿车。经查,被撞车辆是王五借用亲戚的车辆;王五虽然会开车,但他并未取得驾照,属无照驾驶。咨询者的问题是:该交通事故的责任该由谁承担?

在电视直播中,X 律师径直回答道:王五属于无证驾驶,而无证驾驶属于交通违法行为。正是由于王五的违法行为,所以才导致该起交通事故的发生。反过来,如果王五不无证驾驶的话,赵六就不可能撞上他开的车,该追尾交通事故就不可能发生。因此,赵六不应当承担责任,而王五应为自己的违法行为承担全部赔偿责任。

上述的回答似是而非。让我们思考一下,X 律师的回答是否有错误?如果有错误的话,问题出在哪里?笔者认为:(1)对于交通事故的责任认定和划分,属于交警对于交通事故中民事责任的一种认定和划分。依据我国交通法规,交通事故责任可分为四种:全部责任、主要责任、次要责任、同等责任。实践中,凡是追尾造成交通事故的,都由追尾者承担全部责任,而被追尾者不承担责任。这是一般的司机都知道的"常识"。那么,"追尾负全责"这一常识背后的合理依据是什么?通过分析我们会发现,在后面的驾车人应当负有和前车保持足够车距的义务,而前车不应当负有也无法负有该义务。交通车辆追尾事故的发生,都是由于后面行车人行车速度太快或没有保持足够车距造成的。这类交通事故的发生,从行为的因果关系上来看,是由后车的原因导致的事故结果。(2)本案中,王五属于无证驾驶,他违反了交通管理行政法规,所以应当受到行政处罚,如应被罚款或者被行政拘留等。但是王五应当承担行政责任,不等于他同时应当是交通事故民事责任的承担者。因为,行政责任和民事责任属于两种法律关系。在本案中,行政违法行为只是导致王五承担行政责任的理由,而并不能够成为王五承担民事责任的依据。因为本次交通事故(可以视为交通领域的民事侵权行为)的发生,是由赵六的行为(因)导致的结果(果),而王五的违法行为对本次交通事故的发生不具有法律上的因果关系。综上,王五应当接受交警的处罚,这属于行政法律关系。但是因交通事故发生而产生的民事赔偿,则属于民事法律关系问题,应当由赵六负全责。

三、裁判规范和法律规范的区别与关联

裁判规范和法律规范既有区别,又有关联。

第一,法律规范属于一般性规范,而裁判规范则是针对个案事实建构的个别规范。第二,法律规范可以反复适用,而裁判规范则仅仅对当下的个案具有约束力。当然,在遵循先例的普通法法系中,个案规范也可能成为对未来案件具有约束力的法律规范。第三,多数情形下,裁判规范的建构应当以法律规范为前提,脱离或者超越法律规范而任意建立裁判规范,就会缺乏裁判的合法性。但应当注意的是,法律规范往往指的是正式法律渊源中的规范,而裁判规范既可以通过正式法律渊源来建构,也可以通过非正式法律法律渊源来建构。第四,反过来,很多时候,裁判规范绝不是对法律规范的简单照抄照搬,而是依据个案事实来选择或者整合法律规范而建立的对当下案件具有约束力的个别规范。因此,裁判规范和法律规范在司法实践中的具体关系可能是:(1)一个法律规范就是当下的裁判规范。(2)一个裁判规范是由多个法律规范整合出来的,即个案裁判规范的建构,往往是在排除多个可能的法律规范之间的矛盾的基础上推导出来的。(3)一个裁判规范是从综合法律规范、法律原则、法律原理、法律精神和法律价值推导和论证出来的。

【讨论分析】借款案件中的法律规范和裁判规范之区别

经朋友郝某介绍,张三于2011年1月1日借给李四现金1万元。李四给张三打下一张借条,约定借款本金1万元,借款期限3个月,月利息1000元。借款到期后,李四未予归还。张三遂于2011年4月30日向法院起诉要求李四和郝某共同归还借款本金1万元及其利息4000元(利息计算至起诉时止)。

在本案审理中,涉及的法律规范包括:

其一,《合同法》第206条:借款人应当依按照约定的期限返还借款。

其二,《合同法》第207条:借款人未按照约定的期限返还借款的,应当按照约定或者国家有关规定支付逾期利息。

其三,《合同法》第211条:自然人之间的借款合同约定支付利息的,借款的利率不得违反国家有关限制借款利率的规定。

其四,最高人民法院《关于如何确认公民与企业之间借贷行为效力问题的批复》(1999年2月13日起生效)第1款:公民与非金融机构之间的借贷属于民间借贷。只要双方当事人意思表示真实即可认定有效。

其五,最高人民法院《关于如何确认公民与企业之间借贷行为效力问题的

批复》第2款:借贷利率超过银行同期同类贷款利率4倍的,按照最高人民法院法(民)发[1991]21号《关于人民法院审理借贷案件的若干意见》的有关规定办理。

其六,最高人民法院法(民)发[1991]21号《关于人民法院审理借贷案件的若干意见》第6条:民间借贷的利率可以适当高于银行的利率,各地人民法院可根据本地区的实际情况具体掌握,但最高不得超过银行同类贷款利率的4倍(包含利率本数)。超出此限度的,超出部分的利息不予保护。

其七,最高人民法院法(民)发[1991]21号《关于人民法院审理借贷案件的若干意见》第13条:在借贷关系中,仅起联系、介绍作用的人,不承担保证责任。对债务的履行确有保证意思表示的,应认定为保证人,承担保证责任。

【假设】该案件经过审理,当事人对借款的事实本身无争议,但郝某表示自己仅仅只起了介绍作用,不承担还款的保证责任,而张三本人又不能举证证明郝某曾有保证的意思表示。此外,李四认为借款约定的利息违法,仅表示愿意归还本金,但一文钱的利息也不愿支付。

【裁判规范的建构】依据前述系列法律规范,通过综合衡量,则法官大致可以形成如下裁判规范:

【裁判规范1】借款人应当按照约定偿还借款,并应当按照实际借款的期限计算利息,但超出法律保护范围的利息除外。

【裁判规范2】在借款中仅仅起到了介绍作用的人,不承担保证责任。

具体来讲,本案就可以判决如下:

(1) 李四归还张三本金1万元。

(2) 李四归还张三同期银行借贷利率的四倍利息共计400元(假设同期银行借贷利率为:万元借款月利息25元)。

(3) 郝某不承担保证责任。

通过上述分析,我们可以看出,法律规范和裁判规范是不完全对应的。应当予以说明的是,一个案件中所建构的裁判规范可能有多个而不仅仅是一个。原因在于:其一,一个案件中涉及的事实往往有多个而不是一个。其二,一个案件中当事人提出了多项法律诉求,而案件的最终判决,可能赋予了当事人多种法律责任。而每一种法律责任的成立,都是以一个个案裁判规范的成立为前提的。其三,特殊情形下,整个案件最终裁决所依据的裁判规范,可能是由多个三段论推论过程连续推论、推论组合和论证而成立的,在此过程中,就需要论证和建构多个裁判规范。

四、法律规范的适用和裁判规范的建构

通过上述分析,我们可以看出,法律规范的适用和裁判规范的建构,是一个紧密关联的过程,当然,也可以将二者视为本质上相同的思维过程。很多时候,法律人就是基于法律事实,并在寻找、发现、解释、论证法律规范的基础上,通过剪裁和整合多个法律规范来建构个案的裁判规范的。

(一) 裁判规范建构

裁判规范的建构并无统一固定的模式。从法律适用的角度来看,大致可分为认定事实、选择和确立法律规范、论证裁判规范并进行法律推理四个紧密联系、不可截然分割的思维过程。(1) 认定事实中,核心是运用证据和证据法律规则及其相关条款,来认定法律事实,或结合法律解释来确定法律事实。(2) 在事实能够认定的前提下,全面寻找和发现可能关联的法律规范、法律原则、法律价值,在此基础上综合论证出可以个别化适用的裁判规范,并展开法律推理。(3) 法律规范的适用,总体上是一个发现、比较、筛选法律规范的思维过程。在此过程中,需要运用法律原理,排除对立条款,选择和论证适当的裁判规范。即一方面,我们需要寻找多个可能的法律规范,同时,又需要排除近似条款的适用(如此罪与彼罪之间的区别、违约与侵权的差异),论证出符合当下案件的裁判规范。具体步骤如下:

其一,通过证据和法律规范认定法律事实。认定事实除了应当依据证据,还必须依托法律规范,离开法律规范,事实就缺少了法律性而成为自然事实,就无法成为法律事实。例如,张三在工厂打工,在下班回家的过程中受伤,张三是否能够被认定为工伤？显然,欲认定张三工伤,首选需要认定的事实是,张三是在下班的时间以及下班回家的途中受伤。在这一事实能够通过各种证据证明的情形下,就应当严格依据我国《工伤保险条例》的相关条款审查该事实的法律性。张三"受伤"是自然事实,但张三被认定为"工伤",就是一个法律事实。至于被认定为工伤以后,张三应否获得工伤保险赔偿,能够获得多少金钱赔偿,则需要结合受害人的受伤状况、伤残疾等级、是否需要医疗、对当事人伤残后的劳动能力的鉴定等多重事实和多个相关条款,综合计算当事人应当享受的工伤保险待遇。

其二,基于事实来寻找、发现和论证所需要适用的法律规范。通常,认定事实的时候,往往就已经考虑适用法律的问题了。在法律适用的时候也不可能单单是抽象地解释法律规范文本,而是要将对法律规范在事实中的意义阐释与事实的法律意义阐发直接并紧密地结合起来,依据规范确立、阐释事实,通过事实而解释规范、探究规范的当下意义。法律事实的性质制约着判决所依据的法律规范的选择与确立,因而解释事实和解释法律就必然是一种"交互的诠释"过程,由生活事实出发形成案件事实必须考虑法条的适用,同时也需考虑在案件事实之下将应予适用的法律规范尽可能精确化①、具体化以及个别化。

例如,当我们接手一件离婚诉讼案件,应如何选取法律规范?首先我们要追问的事实问题是"双方是否办理结婚登记"。如没有办理结婚登记,需要追问的事实是双方是否属于"事实婚姻"。而要认定是否属于事实婚姻,则一方面需要认定当事人最初在一起生活的时间、当事人的年龄、同居时是否符合婚姻法关于结婚的实质要件等事实和法律规定。另一方面,则需要参照最高人民法院关于事实婚姻的司法解释。很显然,确定当事人最初在一起生活的时间等事实,是为了与前述司法解释相比对。因为依据最高人民法院《关于适用〈中华人民共和国婚姻法〉若干问题的解释》(一)第5条规定,在1994年2月1日前,未按照婚姻法规定办理结婚登记而以夫妻名义同居生活的男女,如符合结婚的实质要件,则按照事实婚姻来处理。从前述可以看出,办理结婚登记和未办理结婚登记的情形不同,适用的法律规范也不完全相同。这是由事实的不同引发的。

此外,对一些疑难案件,必须基于法律事实去发现与建构法律推理所依据的裁判规范。因为法律推理的大前提往往是基于小前提而得以证立的,而非孤立地通过分析法律规范后获取的。律师或法官对法律规则的准确理解是在探讨法律事实的小前提中逐步深化的,并且可能是变化的。②

(二) 法律规范和法律事实的结合模式

司法裁判中法官是如何将法律推理的大小前提结合在一起而作出裁判的?学界认为主要有以下几种模式:

1. 逻辑推论模式。学者们认为法官通常是借助于三段论逻辑推论模式来结合案件事实与法律规范的。在这一推论过程中,推论过程的完成首先要确立规则(多数是法律规则或原则,少数是道德或宗教原则),并且规则还应涵盖到其后的具体行为或事实。其次是事实,法官对案件事实的陈述应该能够证明自己的结论。最后是通过判断事实在规范中的重要程度,即判断案件事实是否符合法律规定,并作出判决。③ 逻辑推理的主要作用就在于当大小前提确立之后,能够运用正确的思维加工方式,推导出一个确定的裁断结果。即推理的大小前提确立后,还必须运用三段论逻辑推理这种"黏合剂"将大小前提结合起来,完成了这个程序,裁判结论才可能被逻辑地"运行"出来。

2. 涵摄模式。在三段论的逻辑推理中,其推理的基本思路是:大前提:"如果p,那么q";小前提:"s属于P";所以得出结论:"s属于q"。判断与证明一个生活事实"s"就属于法律规范中的事实构成"P",或者说,证明一个生活事实与

---

① 〔德〕拉伦茨:《法学方法论》,陈爱娥译,商务印书馆2003年版,193页。
② 解兴权:《通往正义之路》,中国政法大学出版社2000年版,第103页。
③ 吴玉章:《法治的层次》,清华大学出版社2002年版,第132—133页。

法律规范中的逻辑事实构成相吻合或者不吻合,是法律职业者的任务,即对生活事实要用法律概念与原理翻译成可以被法律"格式"所识别的事实类型。所以,法律职业者在判定某一生活事实的法律性的时候实际上主要就是判定某一具体事实能否涵摄入某一事实法律类型。比如,当法庭调查清楚甲打了乙,法官判决甲向乙赔偿是因为甲打乙的行为可以归类为民事上的"侵权"类型行为。再如丙杀死了丁,对丙判处刑罚的前提是需要认定丙之行为符合"故意或过失杀人罪"的事实类型特征,而不能仅仅是看丙是否杀死了丁(丙杀死丁的行为仅仅可能是认定丙"故意杀人"类型概念的一个要件,通常还需要考量丙之刑事责任能力、丙之主观方面、丙是否属于正当防卫等法律要素),才可能将丙之行为认定为法律类型上之故意或者过失"杀人"行为。

在涵摄思维当中,经常会面临非典型事实的涵摄难题。非典型事实是指与事实类型特征不完全相符或不完全对应的事实,主要表现为:案件事实与法律规范中的事实构成要件虽然近似但不完全吻合,事实与规则不能完全对应,事实的构成要素要么少于、要么多于某一法律事实类型特征,基于该事实,只能找到最相近的法律规定,但案件的事实与最相近的法律规定的事实构成也只是相类似或部分类似,并不能得出完全对应的关系。非典型事实需要借助于法律解释、漏洞补充、法律创制、法律论证、价值评价等方法续造大前提以后才可能使得事实与法律的关系相协调。

【案例分析】

陕西省咸阳市某村村民王一由于不履行计划生育义务,被本乡政府工作人员打伤,村长王二为了"善后",派小组组长通知王三、王四、王五护送王一去医院治疗,王五是本村一家纸箱厂的聘用司机,在未征得厂方同意的情形下,村长协助王五将纸箱厂的车辆开走去护送王一,晚12点返回途中,车辆追尾,致王三、王四、王五严重受伤,交警认定王五一方负全责。

此案的问题在于,该案件中王五的出车行为是否属于"职务行为"。若属于,则应当由村委会负责赔偿王三、王四、王五的损失。一般来说,职务行为的主体是行政机关、法人或事业单位的员工,但本案中王五的行为似乎不具有通常我们理解的"职务行为"的典型特征。法律并没有将村民的这种行为直接规定为"职务行为"(相对来说,一名国家公务员执行工作事务时,其行为更容易被界定为"职务行为")。或者说,这并不是典型的"职务行为",因为村民并不具备国家公务人员的身份。但是,如果抛开身份问题,抓住职务行为的关键点"履行公务"(非本人事务),则可以将之"涵摄"于"职务行为"。

3. 价值评价模式。价值评价者认为,法律判断需要借助于法律的价值以

"填补"法律的空缺。对事实进行价值评价,需运用客观上可以探知的客观伦理秩序、价值、规范以及公平正义原则而不能运用个人主观的法律情感。① 客观上可以探知的评价资源(非正式法律渊源)主要包括:道德规范、社会政策、法理。

(1) 道德规范与事实评价。如运用"善良风俗"、"诚信原则"、"重大事由"、"显失公平"等来评价事实。

(2) 社会政策与事实评价。社会政策指某些政治或社会紧急的措施准则,如战争、饥荒、内乱、自然灾害发生时所采取的紧急措施就属于政策,人口生育控制或者鼓励、环境保护、劳动就业、产业发展等领域都可能出台政策。而种种社会政策或者社会政策发展趋向也会影响司法判决。如1908年美国俄勒冈州制定一项限制女性劳动时间的法律,被一农场主穆勒(Muller)提起诉讼,指控其违宪。此案件的争议焦点为:限制女性劳动时间的法律是否侵害联邦宪法所保障的契约自由? 俄勒冈州的辩护律师布兰代斯仅用两页篇幅援引先例,其余一百多页的篇幅则从妇女的身体构造、长时间劳动对女性的危害等角度论证了保护女性之必要性。布兰代斯指出,近代产业发展导致的机械运转越来越快,对劳动者造成的紧张感加大,长时间慢性劳动会造成健康恶化,对妇女生育造成影响,并且劳动时间的延长还会增加劳动事故。而过度劳动则剥夺了最低限度的余暇和家庭生活时间,对国民福利产生不利影响,会造成全社会肉体、精神、道德低下,导致幼儿死亡率上升。相反,短时间劳动对社会、个人都有好处。最高法院最后按照布兰代斯的观点判决俄勒冈州的法律合宪。②

(3) 论证和运用"法理"来评价。"民事,有法律者以法律,无法律者以习惯,无习惯者以法理",就是人们熟知的依据法理判断的主要依据。在中国大陆,人们没有将法理作为正式法律渊源来看待,法律规定中也没有确立法理的正式法源地位。由于在某些特定案件中法理可能会影响法官判案,所以通常认为法理属于非正式法律渊源。我国台湾地区的学者则将法理与习惯法、判例共同视为不成文法的法律渊源。"法理"是一个包含非常广的概念,包括正义、衡平等人伦之常理、法学者的权威著作中对于法律之诠释等,是法理一词的主要含义。一般情形下,作为法源的法理是潜在于正式法源之下的。只有当制定法、判例法、习惯法无规定时,法理才能上升为法源,成为法官的判决依据。需要注意的是,作为法源的法理有其适用的范围,即法理只能成为民事司法之法源,用以补足成文法或习惯法,而不能作为刑事法之法源。

---

① 杨仁寿:《法学方法论》,中国政法大学出版社1999年版,第136页。
② 参见梁慧星:《民法解释学》,中国政法大学出版社1995年版,第237—238页。

第三节 法律原则的理解与应用

法律原则作为与法律规则在结构上不同的规范类型,主要有两个不同点:一是不具有规则那样完整的规范结构,很多法律原则都没有事实构成要件和效果要件,因此,法律原则指向的范围更广泛,具有更强的价值性与目的性,也就具有更高的抽象性;二是法律原则对于相关个案的规则而言,更像是劝导性思维指南,一般来说不直接规范人的行为。对于法律规则来说,能否成为裁判规范是其能否被适用的标志。但是对于原则来说,它只是在建构裁判规范中起指导作用,目的在于帮助人们正确地理解法律规则。法律原则直接运用的情况只出现在法律规则的空白处。在绝大多数情形下,法律原则都不能直接成为裁判规范。

一、法律原则应用的情形

要想确定法律原则可以在何种情形下适用,首先必须要明确法律原则是如何在司法裁判过程中发挥作用的。其实,法律原则作为整个法律体系或者某一类法律关系的价值理念与目标追求,其可以在整个司法裁判的过程中发挥作用。司法裁判的一般过程可以简要地分为三个阶段,一是法官根据其"法感"就个案事实与法律之间的关系得出一个初步的结论,这可以称之为"前理解";二是法官根据个案事实来寻找与之相关的法律规定,也就是法律发现;三是法官根据相关的法律规定得出个案裁判,也就是构建裁判规范的过程。法律原则在这三个阶段中都起着非常重要的作用。

首先,法律原则具有引导"前理解"形成的作用。面对一个新的案件事实,有经验的法官会经由自己已然形成的法律类型化经验对这个案件事实进行归类,进而形成一个大体的法律事实,获得对这一案件裁判的大体认识,这就是所谓的"法感"或者说"前理解"。在这一过程中,法律原则具有引导法官"前理解"形成的作用。因为法律原则是一种价值导向,是社会中占支配地位或主流地位的价值判断。法官亦是生活在现实社会中的活生生的人,无论是在日常生活中,还是在接受普通教育和职业教育的过程中,都会受到主流价值观的影响,所以社会中占支配地位的价值观或者说价值体系肯定会对法官有很大的影响。实际上,"前理解"这种直觉判断或曰"法感"是法官在长期的审判工作中所形成的经验、法官的学识、法官对秩序和公正的总体感觉、法官与法律共同体的和谐共处要求等多项内容在法官脑海中的整体反映。[①] 因此,作为占社会支配地位的价值观或者说是价值判断之集大成者的法律原则就具有引导"前理解"形成

[①] 解兴权:《通向正义之路》,中国政法大学出版社 2000 年版,第 202 页。

的作用。

其次,法律原则在引导裁判解释中有重要的作用。裁判解释是指法官在进行个案裁判的过程中,针对法律法规所作出的解释,与最高司法机关的所谓的司法解释,也即规范解释是不同的。由于语言的模糊性,法律规则在实际运用中,肯定会产生"模糊"、"不明确"、"相互矛盾"的情况,这个时候就需要法官进行解释,进而确定法律规则的意义。法律原则在宽泛的能够发挥作用的意义上,如引导"前理解"的形成、引导裁判规范的适用以及作为规则背后的支持理由。因为每条规则背后至少都有一条原则来支持,因此在这个意义上可以说规则的适用就是原则的适用。要想确定法律规则的含义,就需要运用解释方法对法律规则进行解释。

法律原则在裁判规范形成中的作用可以从以下两个方面来理解:(1) 法律原则可以对法律规则的解释方法进行指导。一是因为根据法律原则进行解释有助于避免不同的解释方法所造成的矛盾,这是由法律原则作为法律体系的伦理性基础所决定的;二是因为法律原则是法律的理由,是法律的精神,可以为解释方法提供解释的依据。① 法律推理和法律解释以法律原则为依据,可以保证裁判解释方法的运用和裁判结果的选择不至于偏离根本的方向。(2) 对于一条法律规则,依据不同的解释方法可能会有不同的解释的可能性,面对这些不同的解释结果,我们只能诉诸法律的精神和理念,只有这样才能得出符合法律精神和目的的结果,而法律原则则是法律精神与理念的载体,所以说"法律原则构成了正确理解法律的钥匙、法律推理的权威性出发点。同样法律原则保障了推理结果与法律目的的一致性。在一般案件中,依靠法律原则引入某种价值判断,使得司法过程和结果与法律明文、法律目的相契合,原则起着传达法律精神、连接法律目的与法律规则的桥梁和中介作用"。②

再次,法律原则在疑难案件的解决中发挥着重要作用。疑难案件的产生取决于两个方面的原因:一是法律规则的不周延性;二是个案事实的复杂性。一个判决之所以能够作出,是由于个案事实能够等置于法律规则的事实构成要件之下。然而,由于人类理性的有限性,在制定法律规则之时,无法完全预测到将来所发生的事情,只能是以先前的经验来推测将来发生的事情。如此,规则的普适性与案件事实的多样性难免发生矛盾。而且,由于语言的模糊性以及情境导向的特征,对于社会生活也难以完全把握,因此,必然会产生规则不能调整的情况。于是就产生了疑难案件。具体而言,有四种类型:"一是由于法律规则本身属于模糊不清或概念太抽象,造成语言解释有歧义;二是如果直接严格适用法律规则

---

① 〔德〕拉伦茨:《法学方法论》,陈爱娥译,商务印书馆2003年版,第214页。
② 庞凌:《法律原则的识别和适用》,载《法学》2004年第4期。

就会导致不公正的法律后果;三是法律规定未作明确的规定或规定有漏洞;四是既可适用这种规则又可适用另一种规则,而这些可适用的法律规则之间存在相互冲突。"①当然,疑难案件也可以分为两种类型:一种就是事实上的疑难案件,指的是案件事实无法查明,也就是客观真实无法查明的案件。另一种就是法律上的疑难案件,主要指法律规定有缺陷或争议而陷于困难的案件。此处仅探讨法律上的疑难案件,事实上的疑难案件不在讨论之列。法律原则作为裁判规范适用的场所必然产生于疑难案件的这四种情况之中,但并不是每一种情况都要由法律原则来解决。例如第一种情况,规则模糊的情况就并不必然要用法律原则来作为裁判规范来解决,其可以通过文义、历史等方法来使模糊的规则变得明确从而以规则为裁判规范进行个案的裁判。又如在规则冲突的情况下,很多情况都可以通过协调法律规则冲突的准则来解决,比如不同位阶的法律规则之间的冲突可以由"上位法优于下位法"来解决,在同一法律位阶层面的可由"新法优于旧法"、"特别法优于一般法"来解决。

  其实上面的四种疑难案件的类型,可以以有无法律规则分为两种情况:一种是有规则的情况,包括规则模糊、规则冲突、规则悖反;一种是没有规则的情况,包括规则漏洞。因为如果个案中存在相关的规则的时候,一定会有相关的原则存在,所以有规则存在就有原则存在。在规则模糊的情况下,法官可以通过法律解释方法来使模糊的规则清晰,而法律原则可以起到指导解释方法适用的作用,但这里的原则并不是直接适用,即作为裁判规范的适用。在规则冲突的情况下,可以分两种情况:第一种情况就是在同一法律体系中,针对一种情况,有两种截然相反的规则来规制,从而导致不同的结果。另一种情况不如第一种情况那么明显,即两个相类似的案件事实因为适用不同的规则,从而导致不同的结果。正如上文所指出的那样,规则冲突可以通过冲突规则来解决。但是处于同一位阶的规则无法通过冲突规则来解决,那又如何解决呢?这种情况只能认为规则不存在,即存在规则漏洞,可用原则填补漏洞的方式来解决。在规则悖反的情况下,也就是说一条规则的适用会导致严重的个案不正义,也即与某条原则相冲突时,那么就要以衡量原则与规则何者更重要来决定是适用原则还是规则。在存在规则漏洞的情况下,会有两种情况:一是只有一条原则与之相关联,没有其他原则与之相冲突,那么就可运用此原则进行漏洞补充;二是存在两条冲突的原则与之相关,那么必须通过衡量来决定适用哪条原则。由此,我们可以发现,法律原则作为裁判规范适用的场所主要有三种情形:规则存在漏洞的情况、规则悖反的情况以及规则冲突无法通过冲突规则加以解决的情况,而且在我国的司法实践中,已经出现了相应的司法判例。

---

① 张保生:《法律推理的理论与方法》,中国政法大学出版社 2000 年版,第 44 页。

如规则存在漏洞的情况,"莒县酒厂诉文登酿酒厂不正当竞争纠纷案"就反映了这种情况。① 在此案中,被告用仿照原告瓶贴装潢的手段来进行不正当竞争,从而获取利益。但是由于瓶贴装潢不在商标权保护范围之内,所以不存在相应的规则规定,也就是存在法律漏洞。法院在面对这种情况之时,直接"运用《民法通则》第4条诚实信用原则、第5条保护合法权益原则和第7条尊重社会公德原则,认定被告的行为损害了社会公共利益,扰乱了社会经济秩序,是不正当的竞争行为,必须予以制止。"②如规则悖反的情况,"第三者遗赠案":黄某在婚姻存续期间与张某同居,对外宣称为夫妻。后来,张某在黄某重病期间悉心照顾。于是黄某立下遗嘱一份,且加以公证;其死后,将住房补贴、公积金、抚恤金和原住房售价的一半赠给张某。但是,黄某死后,其妻子蒋某拒绝执行遗嘱。张某诉至法院。一审、二审都以遗赠协议违背"社会公德"、内容违反法律和社会公共利益,驳回原告的诉讼请求,虽然这是一份形式上有效的遗嘱。③ 这说明法律原则不仅确实有其适用的场所,而且在这些适用的场所已经发挥了裁判规范的作用。

从上文的分析,我们得出法律原则适用的情形主要有以下四种情形:一是规则模糊,即虽有法律规则的规定,但存在模糊不清或有歧义的情况;二是规则缺失,即对相关问题没有相关规则的规定;三是规则冲突,即对同一事件存在不同的法律规定且相互冲突;四是规则适用显失公平,即将其适用于个案会出现明显的不公正结果。在不同情形下,法律原则的适用方法是不同的。

二、法律原则的适用方法

法律原则适用的方法主要有两种:一种是类型化方法,另一种是衡量方法。类型化方法是以类型和类推为其核心内容的,其要旨就是如果两个类型被认为是同一的,那么根据类比推理,这两个类型就应该具有形似的评价。那么判断两个类型是否同一的标准是什么呢?一是归类对象之间的相似性,这种相似性是一种"整体意义"上的相似性;二是这个"整体意义"是立基于某一"评价观点"之上的。正如拉伦茨指出的,"类推适用系指:将法律针对某构成要件(A)或多数彼此相类的构成要件而赋予之规则,转用于法律所未规定而与前述构成要件相类的构成要件(B)。转用的基础在于:二构成要件——在与法律评价有关的重要观点上——彼此相类,因此,二者应作相同的评价。易言之,系基于正义的要求——同类事物应作相同处理"。④ "两个案件事实彼此'相类似',此意指两

---

① 参见《最高人民法院公报》1990年第3期。
② 李克诚、刘思萱:《论法律原则在我国司法裁判中的适用》,载《法律适用》2008年第3期。
③ 陈海英:《法律原则适用之反思》,载《人民法院报》2006年12月21日第5版。
④ 〔德〕拉伦茨:《法学方法论》,陈爱娥译,商务印书馆2004年版,第258页。

者在若干观点上一致,其余则否。假使在所有可能的角度上,两者均一致,则两者根本就是'相同的'。有关的案件事实既不能相同,也不能绝对不同,它们必须恰好在与法律评价有关的重要观点上相互一致。因此,法学上的类推适用无论如何都是一种评价性的思考过程,而不仅仅是形式逻辑的思考操作。法定构成要件中,哪些要素对于法定评价具有重要性,其原因何在?要回答这些问题就必须回归到该法律规整的目的、基本思想,质言之,法律的理由上来探讨。"① 而这正是法律原则所蕴含的。

衡量方法主要适用于原则与原则之间相互冲突的情况,当然,原则与规则之间的冲突也可以适用衡量方法,因为原则与规则之间的冲突可以转化为原则与原则之间的冲突。在规则背后都有至少一条实质原则与形式原则作为支撑。那么,两条原则之间的冲突如何衡量呢?根据阿列克西的观点,可以根据衡量法则来进行衡量。"所谓的衡量法则就是指,(对于相互冲突的两个原则而言)对某一原则的侵害越强,另一个原则实现的重要性就应当越高。"② 衡量法则可以分解为三个步骤:"第一步先确定某原则之不满足程度或受侵害程度;第二步再确定与此原则相冲突的彼原则之满足的重要性程度;第三步则将第一步确立的受侵害程度与第二步确立的重要性程度相互比较,确定与此原则相冲突的彼原则之满足的重要性程度是否足以证立对于此原则之受侵害程度。"③ 不仅如此,阿列克西还在衡量法则的基础上发展出了衡量公式,两条原则在个案中的重要性程度可以由 $G_{1,2} = I_1 \cdot G_1 \cdot S_1 / I_2 \cdot G_2 \cdot S_2$ 这一商公式来进行比较。这一公式包含三个变量,即相互竞争的原则在具体个案中的重量、相互竞争的原则的抽象重量以及原则的经验性前提的确定性程度,分别用 I_1、G_1、S_1 和 I_2、G_2、S_2 来表示这两条原则的三个变量。

"原则的抽象重量指在不考虑具体案件的情况下,某一原则在特定法律体系中的重要性。一般而言,抽象层面的法律原则的重要性是一样的,但是在特定的法律体系下,会有一个或者几个核心原则在抽象层面上具有绝对的重要性,如德国的'人性尊严'原则。经验性前提是指讨论中的措施对在具体案件的情况下原则 1 的不实现和原则 2 的实现意味着什么。例如,为了保障公众健康,我们需要对艾滋病患者的自由或权利进行限制,假设我们对艾滋病患者采取强制隔离的措施,那么,这种强制隔离措施对保障人的自由的原则不实现和对保障公共利益的原则的实现是否是合适的和必要的?如果在经验上是合适的和必要的,这种措施的可信赖度就大,反之则小。"④ 在个案中,我们就是要根据这三个因素

---

① 〔德〕拉伦茨:《法学方法论》,陈爱娥译,商务印书馆 2004 年版,第 258 页。
② Robert Alexy, On the Structure of Legal Principles, *Ratio Juris*, 2000, (9), p.298.
③ 参见雷磊:《法律推理基本形式的结构分析》,载《法学研究》2009 年第 4 期。
④ 王夏昊:《法律原则的适用方式》,载《学习与探索》2007 年第 2 期。

来判断相互冲突原则的重要性。

如果转化成衡量公式就是 $G1,2 = I1 \cdot G1 \cdot S1/I2 \cdot G2 \cdot S2$。

运用重力公式的复合形式对相互冲突的原则进行衡量,其结果仍然有三种:

(1) 当 $G1,2 = I1 \cdot G1 \cdot S1/I2 \cdot G2 \cdot S2 > 1$ 时,原则 P1 优于原则 P2 适用,此时 P1 是决定性原则。

(2) 当 $G1,2 = I1 \cdot G1 \cdot S1/I2 \cdot G2 \cdot S2 < 1$ 时,原则 P2 优于原则 P1 适用,此时 P2 是决定性原则。

(3) $G1,2 = I1 \cdot G1 \cdot S1/I2 \cdot G2 \cdot S2 = 1$ 时,无法唯一地决定原则 P1 和 P2 的优先关系。

公式中的变量,由大到小分别可以赋值 4、2、1。

法律原则适用包含两种情形:一种是所涉及的原则不存在相互冲突的情况(当然前提是相关的法律原则有两条以上),这就可以直接适用类型化的方法,用类推的方式得出裁判;另一种就是存在相互冲突的情形,那就必须要运用衡量方法,在此过程中类型化方法在确定相关的变量的时候会发挥作用。

(1) 在不涉及原则冲突的情况下法律原则的适用。"齐玉苓案"可作为这种情形的典型案例。

【案例分析】

陈晓琪冒用齐玉苓名义上学,并以齐的名义分配到中国银行滕州市支行工作。齐发现后,以姓名权和受教育权被侵害为由提起诉讼。此案经最高人民法院审委会讨论后,于 2001 年 8 月 13 日专门作出[2001]法释 25 号《关于以侵犯姓名权的手段侵害宪法保护的公民受教育的基本权利是否应当承担民事责任的批复》,指出"陈某以侵犯姓名权的手段",侵犯齐某"依据宪法所享有的受教育的基本权利",并造成了具体损害,应承担相应的民事责任。据此,山东省高级人民法院依照《宪法》第 46 条、最高人民法院(2001)法释 25 号批复以及《民事诉讼法》第 153 第 1 款第 3 项的规定,认为齐玉苓要求各被上诉人承担侵犯其受教育权的责任,理由正当,应当支持。[①]

本案实际上就是一起公民的受教育权被其他公民侵害的案例。在该案件中,齐玉苓的受教育权被侵害是一个不争的事实。但是我们无法仅凭受教育权这一宪法原则来维护齐玉苓的权益,因为这一原则并未规定行为后果,也没有规定如何进行损害赔偿。既然本案存在侵权行为,那么应当适用侵权机制,而如要适用侵权救济,被告行为就应该符合《民法通则》所规定的一般侵权行为的构成

[①] 参见《最高人民法院公报》2001 年第 5 期。

要件。而这里的关键问题就是受教育权是不是民事权利的一种,因为侵权损害的客体须为一种民法上的权利或者法益。也就是说,受教育权这一类型是否包含于民事权利这一类型。两种类型是否属于同一类型的关键就在于这两者是否可以在相同的评价观点之下具有相同或相似的意义核心。"受教育权作为宪法上的基本权利,其义务对象为国家;但随着社会发展,接受教育已成为一个人获取职业并谋生的必要手段,因此受教育权的享有具有经济利益;此外,受教育还可以丰富人格,扩展身心,促进人格自由发展,因此,受教育又具有精神价值,是一种人格利益。现代各国法治莫不以人为本,财产权与人格权皆为宪法价值所涵盖,因此此种基于受教育而获得的物质与精神双重利益应是一种'法上之利益',与一般民事权利无异,应该得到民法侵权行为法的保护。"[①]也就是说,受教育权与民事权利这两种类型在保护人民的利益这一评价观点之下,具有基于受教育而获得的物质与精神双重利益应是一种"法上之利益"这一相同的意义核心,理应受到民法侵权行为法的保护。这其实也是根植于类型化方法背后的类推思想的应用。但是,仅仅论述到这里是不够的,因为侵权行为法要保护的利益需要在民法上有一定的"名分",即这种"法上之利益"还得披上权利的外衣。但由于受教育权不在传统民事权利序列中,这是一个"法律漏洞",因此我们就必须进行"漏洞填补",即将其"类推适用",在民法上找一个可以接纳这种"法上之利益"的权利,实现"法之续造",而这种权利就是被称为"框架性权利"的一般人格权。在这一类型化方法的适用过程中,我们通过受教育权与一般人格权的价值一致性,从而把受教育权归入了一般民事权利之中。接下来运用类推的方法,使受教育权的侵害得到与一般民事权利被侵害相同的保护,就是水到渠成的事情了。

(2) 在涉及原则冲突的个案中的法律原则适用。前文提及的"第三者遗赠案"有"原则适用第一案"之称,可以作为此种情形的典型案例,涉及的是法律原则与法律规则之间的冲突。

在整体上,法律原则的适用可分为两大步骤:第一步是要寻找并确定有哪些法律原则可以适用于待决的具体案件。其中一些法律原则提供了支持结论的理由,另一些法律原则提供了反对结论的理由。第二步是一个衡量过程。在这个过程中,要论证并确立结论是来自己收集到的理由,或者说结论是从已收集到的理由中推导出来的。

首先,我们要找出所涉及的法律原则有哪些。就本案("第三者遗赠案")而言,主要是《民法通则》第7条:"民事活动应当尊重社会公德,不得损害社会公共利益,破坏国家经济计划,扰乱社会经济秩序",所体现的公序良俗原则或称

---

① 张红:《民事裁判中的宪法适用》,载《比较法研究》2009年第4期。

善良风俗原则与《继承法》第 16 条"公民可以立遗嘱将个人财产赠给国家、集体或者法定继承人以外的人"之规定相冲突。其实就是公序良俗原则与有关遗赠规定背后的对于自己遗产处置的意思自治原则。

其次,相互冲突原则彼此重要性的确定需要分三个步骤来进行。第一步先确定某原则之不满足程度或受侵害程度;第二步再确定与此原则相冲突的彼原则之满足的重要性程度;第三步则将第一步确立的受侵害程度与第二步确立的重要性程度相比较,确定与此原则相冲突的彼原则之满足的重要性程度是否足以证立对于此原则之受侵害程度。

再次,根据衡量公式,确定个案中不同原则的重要性一般要考虑三个因素,相互竞争的原则在具体个案中的重量、相互竞争的原则的抽象重量以及原则的经验性前提的确定性程度。

那么根据上面的衡量公式,让我们来看看公序良俗原则 P1 与个人遗嘱自由原则 P2 在本案中的重要性。在本案中,如果满足个人遗嘱自由原则 P2,对公序良俗原则 P1 的损害并没有如一审法院的副院长所说的那样严重,即"如果我们按照《继承法》的规定,支持原告张某的诉讼主张,那么也就滋长了'第三者'、'包二奶'等不良社会风气"。① 因为在本案中,"黄某的遗赠本身并不以维持或强化婚外性关系为目的,至多仅仅是他处分自己财产时的情感流露。黄某的遗嘱是合法处分属于自己的财产的真实意思表示,与婚外性关系没有直接联系,是不受道德评价的自治领域问题。这与台湾地区的类似案例有所不同,1976 台上字第 2436 号判决:上诉人为有妇之夫,涎被上诉人姿色,诱使同居,而将系争土地之所有权移转登记于被上诉人。复约定一旦终止同居关系,仍将该土地返还,以资牵制,而达到其久占私欲。法官认为其约定有悖善良风俗,应属无效。该案中,由于合同明确表明了财产移转旨在维持不正当性关系,这足以成为判断违反善良风俗的客观标准。"② 德国联邦最高法院在一个被继承人在遗嘱中立其情妇为继承人的案例中指出:"如果被继承人立其情妇为继承人旨在酬谢其满足自己的性欲或旨在决定或加强这种两性关系的继续,那么这种行为是违反善良风俗的,如果旨在给其情妇提供生活保障则该行为是有效的。"③ 因此,满足个人遗嘱自由原则 P2 对公序良俗原则 P1 的损害是比较轻的,可以赋值为 1;而满足公序良俗原则 P1 却是重的,赋值为 4。就抽象重力而言,个人遗嘱自由原则 P2 与公序良俗原则 P1 具有同样的重要性,都可赋值为 4。干预措施,也即判决遗嘱自由违法,对于提高整个社会的道德水平,维护公序良俗的经验前提并不是十分

---

① 邴立军:《当法律规则遭遇法律原则》,载《内蒙古民族大学学报(社会科学版)》2009 年第 1 期。
② 庞凌:《法律原则的识别和适用》,载《法学》2004 年第 10 期。
③ 陈海英:《法律原则适用之反思》,载《人民法院报》2006 年 12 月 21 日第 5 版。

确定,因为整个社会的道德水平与多种因素有关,所以公序良俗原则 P1 的经验确定性较轻,赋值 1;反之,这一措施对于个人遗嘱自由原则 P2 的影响的经验前提却是肯定的,所以赋值 4。根据公式,我们可以得出:$G1,2 = 1 \cdot 4 \cdot 1/4 \cdot 4 \cdot 4 = 1/16 < 1$。因此,个人遗嘱自由原则 P2 比公序良俗原则 P1 在本案中具有更大的重要性,本案的判决是存在问题的。公序良俗原则与形式原则的比较可遵循同样的思路进行,在此不赘。

通过上文的分析,我们明确了法律原则适用的情形以及方法,但是我们还必须要强调的是,法律原则通过类型化方法和衡量方法而成为裁判规范毕竟是法律原则适用的少数情形。在大部分情形之下,法律原则还是作为法律体系的基本理念和价值追求来发挥自己作用的。

【思考练习题】

1. 法律原则起作用的方式有几种,各是什么?
2. 法律原则可以在何种情形下适用,如何适用?
3. 举例说明法律概念的解释方法与原则。
4. 试举例说明法律规范的运用。
5. 简述法律规范与裁判规范的关系。
6. 简论法律原则与法律规范的关系。

第九章 法律分析方法

法律分析是常用的传统法学方法。但对于什么是法律分析,学界没有进行过认真的研究。在我们看来,根据法学原理,如法律关系原理、犯罪(违法)构成原理的分析是典型的法律分析方法。"法律分析主要的是运用法律原理、概念、原则对事实进行分析与论证,其主要目标在于厘清法律关系,确定权利义务以及明确法律关系背后的法律责任。"[①]这一判断实际上是从司法视角观察如何利用既有法律知识解决个案纠纷的,完成这一过程的主要分析工具就是法律关系,即运用法律关系理论对案件事实进行分析,找出与之"适应"的法律规范并据以解决纠纷。对法律现象的分析如果脱离开法学原理、法律规定和法律方法的分析,就不能称之为法律分析方法。下面介绍几种典型的法律分析方法。

第一节 法律关系分析法

法律关系概念最早是由德国法学家萨维尼提出来的。他在提出法律关系概念之时,即从立法学角度赋予其重要意义,将其视为建构民法体系的基础性概念。萨维尼将法律关系限定在私法领域使用,并在此概念基础上循序渐进地建构了民法体系的各个部分。[②] 各个法律关系,就是由法律规定的人与人之间的关系,这句话划定个人的意思所能独立支配的范围,即由法律规范来明确个人权利所能支配的范围大小。根据个人意思作用对象的不同——本人、无自由意思的自然、他人,权利可为三种:第一种是人自出生起就拥有的权利,称为"原权",如思想的自由、人的不可侵犯性等,与后天从他人处取得的权利相对而言。第二种是后天取得的权利,包括与自然的关系和与他人的关系,前者中能够为人所支配的那部分自然界称为"物",关于物的权利即是所有权。第三种是人与人之间的债权关系。债权和所有权之间可以相互转换,且债权都是以取得所有权或一时利用所有权为目的,在此意义上,可将这些关系的总体称为财产,关于财产的所有法律关系称为财产法。另外,由人的婚姻、生殖又产生其他一系列关系如夫妻、父母子女及家族、亲戚关系等,调整此类关系的法律体系构成另一法律部

---

① 陈金钊等:《关于"法理分析"和"法律分析"的断思》,载《河南省政法管理干部学院学报》2004年第1期。

② 参见何勤华:《西方法学史》,中国政法大学出版社1996年版,第241—243页。

门——亲族法。如此则在法律关系概念的基础上构成了民法的三大基础法律部门——亲族法、物权法和债权法。

一、法律关系的重要性

德国民法典的潘德克顿体系就是严格按照法律关系的内在逻辑展开的,是萨维尼式民法体系的丰富与发展。其总则—分则模式:总则分为权利主体、权利客体、权利的变动、法律行为(变动的原因);分则为法律关系具体内容的展开,即各种法律权利。曾有国内学者断言法律关系对于掌握民法体系的重要性:"熟练掌握了民法的法律关系,就能够深入理解整个民事权利的逻辑体系"。[1] 也有民法学者从市民社会的角度,讨论民事法律关系在民法规则产生与民法秩序建构中的作用,将民事法律关系置于民法哲学核心范畴的地位,指出市民社会的基本运动规律是民事法律关系的运动规律,"民法要是讲民法哲学的话,民法的核心就是民事法律关系"[2]。德国学者比尔林则在法理学层面表述了法律关系概念的重要性,认为"一切法律规范都表述为法律关系(即被授权人和受约束人之关系)的内容"。[3]

法律关系是建构民法典的基础,它无论在立法过程还是司法过程中都具有普遍的意义。立法过程中,法律关系对于法典建构具有重要作用。法律关系论者以为:整体的法秩序乃是由无数的法律关系所组成。[4] 法律关系是法典得以成立的基础:"某些形式的多数法律关系,则会汇集成法律制度。多数的法律制度形成法律材料。最后,多数的法律材料,会形成法典。"[5] 司法过程中,法律关系是法官最终厘清当事人之间权利义务关系之必不可少的工具。实践中,有些法官凭借前见或法感可以大致确定案件的判决结果,却难以清晰地表达令人信服的逻辑思维过程,陷入一种知其然、却不知其所以然的困境,这一现状与我们对法律关系缺少方法论意义上的研究有很大关系。那些被称为法院系统"办案骨干"、"办案能手"的法官之所以能够得出令人信服的结论,就在于他们能够在个案中清晰地描述争议主体之间的法律关系,并依此寻找恰当的法律规范、确定主体的权利义务之内容。

法律关系概念也是我们学习、理解、掌握庞杂的法学知识体系的重要概念。在法律知识体系中,法律关系是一个基础性概念,其重要性如我国台湾地区民法

---

[1] 王利明:《民法案例分析的基本方法探讨》,载《政法论坛》2004年第2期。
[2] 杨立新:《民事法律关系的民法方法论地位》,http://www.civillaw.com.cn/weizhang/default.asp?id=13331,2012年12月1日访问。
[3] 转引自张文显:《法理学》,高等教育出版社、北京大学出版社1999年版,第110页。
[4] 张锟盛:《行政法学另一种典范之期待:法律关系理论》,载《月旦法学杂志》第121期。
[5] 〔德〕考夫曼:《法律哲学》,刘幸义译,法律出版社2004年版,第158—159页。

学者郑玉波所言:"盖法律规定,无论其范围之大小,总不外乎法律关系,而法律关系之构成,总不外乎上述之要素。整个民法之内容,不外乎法律关系之主体、客体、权利义务及其变动和变动的原因,民法典的每一编及每一特别法之内容,亦不外乎此,不过各有详略而已。"① 正是由于法律关系如此重要,传统法理学才对法律关系有着非常细致的研究,并形成丰富的相关理论。

二、传统的法律关系理论

传统法理学研究中,关于法律关系的认识主要包括概念、构成要素、分类及运行。

(一) 法律关系的概念

国内法理学界大多认为法律关系是一种社会关系,但又不是一般意义上的社会关系,而是一般的社会关系受法律规范调整后形成的一种特殊的社会关系,"法律关系是根据法律规范产生的,以主体之间的权利与义务关系的形式表现出来的特殊的社会关系"。② 张文显认为:"法律关系是法律规范在指引人们的社会行为、调整社会关系的过程中所形成的人们之间的权利和义务联系,是社会内容和法的形式的统一。"③ 他从六个方面对这一概念进行解析:第一,法律关系是依法形成的社会关系。法律规范是法律关系存在的前提,没有法律规范的存在,就不会产生相应的法律关系,一般的社会关系只有经过法律规范调整之后才可能成为法律关系。第二,法律关系是人际的相互关系。法律关系是受法律规范调整之下的人与人之间的关系,即复数主体之间的相互联系,这种相互联系具有相关性、对称性、可逆性及双向作用性的特征。第三,法律关系是人们之间的权利和义务关系。人们之间的一般事实关系经法律规范调整之后,成为一种肯定的、明确的权利义务关系,这是法律关系区别于依据习惯、道德、宗教等行为规范而形成的社会关系的主要之点。第四,法律关系是社会内容和法的形式的统一。法律关系是人们的社会关系的一种表现形式,它以人们的社会活动和实际联系为内容和载体,表现为一种权利和义务的外壳形式。第五,法律关系是由国家强制力保障的社会秩序。法律关系得以产生的前提之一是有相关法律规范的存在,法律规范具有国家强制力保障实现的特征,因而基于法律规范产生的法律关系也受到国家的保护。第六,法律关系具有思想意志关系的属性。法律关系的内容虽然是事实上存在的物质社会关系,但其形成和实现要通过国家的、当事人的意识和意志,则又具有了一层思想意志关系的属性。④ 这是我国法理学界

---

① 梁慧星:《民法总论》,法律出版社2001年版,第62页。
② 孙国华主编:《法理学》,法律出版社1995年版,第373页。
③ 张文显:《法哲学范畴研究》,中国政法大学出版社2001年版,第96页。
④ 参见同上书,第96—99页。

较能普遍接受的法律关系概念表达。

(二) 法律关系的构成要素

一个完整的法律关系由若干要素构成。对法律关系构成要素的认识是一个历史的、渐进的过程,由最初萨维尼的两要素说发展至今天的三要素说。萨维尼在深入研究罗马法史的基础上,认为"任何一项法律关系都是由法律规则规定的人与人之间的关系"①,其本质是划分个人意思所能独立支配的范围。在自然界,作为个体的人是最重要的因素,人的一般品性决定了他是权利的主体和核心,在许多重要场合下有自由行动的权利,为了生存,每个个体必然要与他人发生各种各样的关系,当这种关系由法律来调整时,就产生了法律关系。② 任何法律关系可以区分为两部分:事实要素和形式要素。③ 事实要素就是关系本身,即划定个人的意思所能独立支配的范围,而关于该事实关系的法律规定,即法律规范对事实关系进行评价而得出的结论,就是法律关系中的形式要素。在萨维尼以后,温德夏特、比尔林对萨维尼的法律关系"两要素说"进行补充,添加了客体(物)这一因素,形成了现代意义上的法律关系三要素说:主体、客体、内容。

法学借鉴哲学认识论中主体和客体的概念,形成法律关系主体和法律关系客体的概念,其意义在于,"在法律关系理论中引入主体概念,主要不是探究主体之本性,也不是为了探究主体与客体之间的关系,而是为了探讨在法律关系中,权利义务、财产与行为等究竟因为谁(主体)而被分配、处理"。④ 法律关系就是由法律规定的人与人之间的关系,其基本属性是受法律的调整性,法律的调整对象是主体与主体之间的关系,而不是主体与客体之间的关系。也有学者认为,例如环境法律法规、一些技术性的法律法规,调整的是作为主体的人与作为客体的自然之间的关系。我们认为,这种关系仅是一种表象的关系,这些法律规定实质上仍是在调整人与人之间的关系,只不过环境法律规则在深层意义上调整的是群体性的现代人与后代人之间的关系,并非是直观意义上的两个个体的人之间的关系。因此,法律关系主体是法律关系理论中重要的构成内容。

一般认为,法律关系主体"是指法律关系的参加者,即法律关系权利的享有者和义务的承担者,或享有权利并承担义务的人或组织"⑤。公民和法人须具备一定的资格和能力才能够实际成为法律关系的主体,即权利能力、行为能力和责

---

① 〔德〕萨维尼:《萨维尼论法律关系》,田士永译,载郑永流主编:《法哲学与法社会学论丛》(第7卷),中国政法大学出版社2004年版,第4页。

② 参见〔德〕萨维尼:《法律冲突与法律规则的地域和时间范围》,李双元等译,法律出版社1999年版,第6页。

③ 参见〔德〕萨维尼:《萨维尼伦法律关系》,田士永译,载郑永流主编:《法哲学与法社会学论丛》(第7卷),中国政法大学出版社2005年版,第5页。

④ 谢晖、陈金钊:《法理学》,高等教育出版社2005年版,第245页。

⑤ 张文显:《法哲学范畴研究》,中国政法大学出版社2001年版,第100页。

任能力,它们是主体在法律关系中能够独立存在的基本要求。一般认为,法律关系客体大致可以分为以下几类:物、非物质财富和行为。也有学者认为法律关系的具体客体是无限多样的,将它们抽象化可以分为国家权力、人身人格、行为、法人、物、精神产品及信息等七大类别。① 法律关系客体是一个历史的概念,其趋势是随着生产力的发展,范围和种类不断扩大和增加。法律关系客体范围的扩大意味着法律可调整范围的扩大。依传统观念,法律关系内容指法律关系主体所享有的权利和承担的义务。它是法律规范的内容在实际社会生活中的具体落实,是法律规则在法律关系中实现的一种状态。法律规范通过对人们权利和义务范围的确定,来调整人与人之间的社会关系,使人们在处理与他人的关系过程中有行为标准。

上述法律权利和法律义务的关系是从宏观上进行表述的,呈现出多种可能性;但在具体的法律关系中,主体的权利和义务是清晰的、确定的,而且任何一种可以称得上是具有法律意义的社会现象都可以化解为若干简单的、单一的法律关系,我们可以据此厘清主体之间的权利义务关系,以达解决纷争、维护社会秩序的目的。

(三) 法律关系的运行

所谓法律关系的运行就是指由于法定或约定的原因使法律关系产生、变更、消灭的过程。研究法律关系的运行具有重要意义。首先,从宏观的意义上讲,在法律中规定的抽象权利义务只有通过法律关系的运行,才能够具体化为法律主体之间现实的权利义务。法律关系的运行是法律权利向现实权利转化的桥梁,没有法律关系的运行,法律上的权利不会转化为现实中的权利。其次,在微观意义上讲,法律关系的运行是法律关系主体权利或义务得以实现的基本形式,主体权利义务内容的变化都是通过法律关系的产生、变更、消灭的方式进行的。主体权利义务关系的变化是内容,而法律关系的运行是形式。

法律关系运行包括三方面的内容:一是法律关系的产生,即因一定原因使主体之间形成某种权利义务关系,如结婚行为使男女双方产生夫妻权利义务关系。二是法律关系的变更,指因一定原因使已形成的法律关系主体、客体或内容发生一定的变化,如债权转让使权利义务主体发生变更,引起债的法律关系变更。三是法律关系的消灭,指因一定的原因使法律关系终止,如清偿债务使债的法律关系消灭。

法律中规定的能够引起法律关系产生、变更、消灭的原因,称为法律事实。根据是否以主体意志为转移,法律事实可以分为法律事件和法律行为两类。法律事件是指法律规范规定的不以主体的主观意志为转移的客观事实,它又可以

---

① 参见张文显:《法哲学范畴研究》,中国政法大学出版社2001年版,第107—109页。

分为自然事件如地震、海啸,社会事件如罢工、战争。法律行为是指与主体意志有关的,法律主体所进行的能够引起法律关系产生、变更或消灭的作为或不作为。准确理解法律事实的含义,有助于我们确定某一社会事实是否具有法律意义、其发生或存在是否能够引起主体之间权利义务关系的变化,进而可以确定主体的实际权利义务状况,以解决纷争、维护秩序。

三、对传统法律关系理论研究的检讨

一般而言,法律关系分析方法具有以下一些优点:第一,在存在多种复杂的法律关系时,能够分析各种权利义务。通过对法律关系的分析和把握,将各种法律关系区分开来,以不同的法律关系确定当事人的法律权利和义务。第二,排除非法律关系的因素,即在区别法律关系与非法律关系的基础上,将考虑对象聚焦于法律关系,不受其他非法律关系的干扰。第三,把握法律关系的要素。民事法律关系的要素是指构成民事法律关系的必要因素,即主体、客体、内容,任何民事法律关系都由这三项要素构成,要素发生变化,具体的民事法律关系就随之变更。第四,把握法律关系的变动,把握法律关系产生、变更、消灭的脉络。民事法律关系都是不断变化发生的,考察任何一种民事法律关系都应当了解变动的原因及其变动的效果,这就意味着必须查找一定的法律事实,但是法律事实毕竟是外在于法律关系的,它是将抽象的法律规范与具体的法律关系加以连接的中介,但它本身并不属于法律关系的要素。只有考察法律事实之后才能明确其引发了何种法律关系,而在明确了该种法律关系之后已经无须再考察法律事实了。①

上述关于法律关系的传统认识,仅在法律关系的内部观察它的运行过程及其影响因素,却未曾跳出法律关系的范围,从外部总体上将其视为一个分析工具观察其在解决个案纠纷时所发挥的作用。基于此,关于法律关系的传统理论存在以下不足:

第一,仅从本体论视角论述,缺少方法论视角的研究。长期以来,我国的法学理论多从本体论视角研究法律是什么、法律的本质是什么、法律的作用是什么等内容,而较少从方法论视角研究法律如何运行、如何运用法律解决实践中的问题,缺少关于法律方法的研究。受此影响,关于法律关系的理论研究也只是在本体论层面上观察法律关系是什么、法律关系的构成要素是什么等内容,虽然也涉及法律关系的运行,但也仅是把法律关系的运行当作它自身的一种存在方式来研究。至于在对法律关系逻辑结构充分认识的基础上,进一步考察其在整个法律体系的建构过程中起到什么作用、是否在司法裁决过程中有一定积极意义等,则是无人问津。

---

① 丁巧仁主编:《民商事案件裁判方法》,人民法院出版社2006年版,第49—50页。

第二，多是建构式，而无分析式思维。"宏大叙事"的研究方式联接的必定是建构式思维，法学体系是由诸如自由、效率、公平、正义等宏大价值理念所支持的框架，缺少精细化法学概念的内容补充。就如一间房屋只搭起了空荡荡的支架，却少有坚实的填充物的支撑。法律关系理论也将其内容简单地归结为权利和义务两概念，再无进一步的分析式概念作支撑。我们并非是反对对公平、正义等概念的建构式研究，这种研究方式在一国法学体系建立初期的研究阶段是必要的。当我们的研究方向不再是过多地关注宏大的法学体系的建构，而是倾向于面对实践中微观问题的解决之时，作为一种分析工具，现有法律关系概念则显得力不从心，例如，中国的《公司法》颁布前后，一些法学家以"所有权"的概念界定股权的性质，一种所谓的股权"双重所有权"的理论一度流行，然而，这一理论既未能揭示股权的内在结构，也未能说明股权的基本关系，反而给公司法学平添了许多混乱。①

第三，关于法律关系的传统理论知识多注重建构式、本体论的视角的研究，缺少分析式、方法论视角的关怀。早在萨维尼提出法律关系概念之时起，就认定"任何一项法律关系都是由法律规则规定的人与人之间的关系"。其定义表明，法律关系并非是基于人类本质的事物存在，而是作为主体的人主观建构的、用以调整主体间关系的产物，其本质是为调整主体之间事实关系、维持社会秩序的一种方法。将法律关系视为一种分析工具，挖掘其方法论意义是其本来面目的回归。

四、法律关系作为分析方法的逻辑基础

欲将法律关系看做一种分析工具，应当建立一个法律关系的逻辑模型。从上述传统法律关系理论中，我们已经看到法律关系逻辑模型的大致结构：法律关系的本体结构——主体、客体、内容，以及法律关系的动态运行——产生、变更、消灭。若想更进一步认识并完善此逻辑模型，需要了解法律关系的规范来源——法律规范。法律规范既为法律关系提供了实质内容的来源，又规定了法律关系逻辑结构的诸构成要素。任何一项法律关系都是由法律规范规定的人与人之间的关系，没有法律规范，任何具体的社会关系都不会具有法律关系的形式。

---

① 王涌：《法律关系的元形式——分析法学方法论之基础》，http://211.100.18.62/fxsk/FXKW/articleshow.asp? fid=308,2012年12月1日访问。

（一）法律关系逻辑模型的规范来源——法律规范的构成

作为法的基本构成要素之一的法律规范，又称为法律规则。[①] 传统法理学多从国家阶级意志论的角度对其进行定义，认为"法律规范是由国家制定或认可，反映掌握国家政权阶级的意志，具有普遍约束力，以国家强制力保证实施的行为规则"。[②] 也有学者从较为中性的意义上确定法律规范的含义："规则是指具体规定权利和义务以及具体法律后果的准则，或者说是对一个事实状态赋予一种确定的具体后果的各种指示和规定。"[③]对法律规范内涵定义的不同，来自定义者法律观念或法律价值取向的不同。前者是基于新中国成立后偏重阶级分析的立场，以马克思主义法学为指导，对法律进行社会学的分析，认为法反映统治阶级的整体意志和国家意志。在此背景下，法律的意识形态化观念不可避免，作为法的基本构成要素的法律规范自然也是反映国家统治阶级的意志，是一种以国家强制力保证实施的行为规则。而后者，则是在以下背景下产生的——近十年来，人们不断认识到法律同多种社会关系联系密切，理应从多角度去认识法律价值的多元化，法律的本质唯有体现统治阶级意志的认识显然是有历史局限性的。我们的目的不在于讨论对法律规范的不同定义体现不同的价值立场，而是从这种差异中发现法律规范内容的多元性。若从不同的价值立场出发，则会对法律规范内容的应然或实然有不同的认识与理解，而法律规范自身的严密逻辑结构是消除法律规范在遵守和适用时可能出现的模糊和不确定的有效手段。

德国法学家魏德士认为，法律规范的结构"由对适用条件（法定的事实构成）的描述性规定及当为与行为规定（法律效果）组成"[④]，这恰恰反映了立法者制定法律规范的思维过程：首先描述特定的事实类型，即法定的事实构成，而后赋予该事实构成某个法律后果，表达立法者对此类事实的评价态度。因此，法律规范的逻辑结构由法定的事实构成和法律效果构成，说得通俗些，就是假定和处理两要素。在表明法律规范的结构由法定事实构成和法律后果构成之后，魏德士强调了在事实构成和法律后果之间的"连接"的重要性[⑤]，却没有指出"连接"的具体内容是什么。但在下文中，魏德士指出法官的活动就是"将有争议的某个事实涵摄（归纳、吸纳）到事实构成之下"[⑥]，在将法律规范适用于某个事实之

[①] 当然，严格来讲，法律规范并不等同于法律规则。凯尔森曾对法律规范与法律规则作了区分，认为法律规范的功能是为人们规定义务，是规定性的概念；法律规则则是指在一个法律体系中存在的法律规范，是叙述性的概念。（参见〔奥〕凯尔森：《法与国家的一般理论》，沈宗灵译，中国大百科全书出版社1996年版，第49页以下。）但在一般意义上，可以混用二者。

[②] 徐显明主编：《法理学》，中国政法大学出版社1994年版，第219页。

[③] 张文显：《二十世纪西方法哲学思潮研究》，法律出版社2006年版，第327页。

[④] 〔德〕伯恩·魏德士：《法理学》，丁小春、吴越译，法律出版社2003年版，第62页。

[⑤] 参见同上书，第63页。

[⑥] 同上书，第63—64页。

时,如果事实满足规范中的法定事实构成,生活事实将被涵摄于该规范之下,就可以得出该规范的法律后果。也有学者将这一连接过程称为"等置",然而等置如何可能?案件与规范都可以被看做是判决过程中的"原材料",两者处于不同的层面:规范是抽象的、普遍的应然层面之事理,案件是具体的、特殊的实然层面之事实,若未经加工,两个不同性质之事物如何能够"适应"?"事实行为与规范必须通过一个积极的创立性行为被等置。这种等置从未仅是决定和推论,也不仅是解释(而也是建构),它只是在这种前提下方为可能,即案件与规范虽不相同,然而却相似,即在法之意旨这个具体点上是相似的。为了能等置规范与案件,必须存在意义关系中的同一性。"[①]考夫曼曾提出"事物本质"的概念作为架接规范与案件的桥梁,实现两者意义关系中的同一、等置。然而,什么是事物本质?如何把握事物本质?在理论研究中尚且难以把握这一抽象概念,让诸多法官在实践中去利用其进行断案更是距离遥远。与其求助于生涩的抽象概念,不如利用已被法律人所熟知的法律关系模式解决现实生活中纷杂的争执。

但是,通过上文的分析,我们也已看到,法律关系理论模型无论从形式构成要素上,还是从实质内容上,都可以从法律规范中找到根源,法律规范承担着法律关系的渊源作用。如果仅如传统法律关系理论中的表述——其构成要素包括主体、客体、内容三方面,内容涉及权利和义务,那么,这种表述也就没有多少意义,因为它与法律规范的构成及内容没有什么区别,以其作为分析工具、搭建生活事实与法律后果的"连接"桥梁甚至成了多此一举。应该进一步分解、细化权利义务概念,完善法律关系的内容之构成要素,使之具有几种基本的类型模式,它一端可用以分析多样的生活事实,另一端可以引至相应的法律规范,以此承担从生活事实到法律规范的"连接"之责。也就是说,法官可以通过法律关系基本类型的工具分析作用,完成从生活事实寻找相应法律规范的过程。

(二)法律规范逻辑模型的内容补充——权利概念的解析

传统法律关系理论笼统地将法律关系内容归结为权利和义务,不足以承担对微观事实进行分析的功能,有必要引进美国法学家霍费尔德的基本法律概念,完善法律关系的内容要素。霍菲尔德认为,分析法学的目的之一是对法律推理中应用的基本概念获得准确的理解,而分析法律概念作为一种手段其目的是帮助法院和律师发现问题并以其进行法律推理,"基本法律概念并不是抽象地存在的,而是具体地应用在法院和律师日常事务的实际问题中"。[②]他将法律概念的分析定位于司法推理层次的同时发现,人们常运用含义不确定的术语,从而导

[①] 〔德〕考夫曼等主编:《当代法哲学和法律理论导论》,郑永流译,法律出版社2002年版,第184页。

[②] 沈宗灵:《现代西方法理学》,北京大学出版社1992年版,第131页。

致法律体系的混乱,如人们经常将作为法律概念的"权利—义务"与非法律意义的"权利—义务"概念混淆。对法律问题的明确理解、透彻陈述和真正解决的最大障碍之一就是来自这样一种假定:"所有法律关系都可以归结为'权利'和'义务'"①,这实际上是在不严谨地使用"权利—义务"概念。

霍菲尔德认为,人们常使用的"权利—义务"概念实际上是一对非常复杂的概念,法律中的权利和义务至少可以分为八个相互关联的概念,包括权利(狭义)(right)、无权利(no-right)、特权(privilege)、义务(狭义)(duty)、权力(power)、无能力(disability)、豁免(immunity)和责任(应当)(liability)。为准确理解这八个概念,不能孤立地看待某一个法律概念,而应当把它们放在两组关系,即相互关联和相互对立关系中进行理解。八个概念之间的关系如下:在相互关联关系中,权利(狭义)和义务(狭义)关联、特权和无权利关联、权力和责任(应当)关联、豁免和无能力关联;在相对关系中,权利(狭义)和无权利对立、特权和义务(狭义)对立、权力和无能力对立、豁免和责任(应当)对立。

1. 关联关系

在霍菲尔德这里,"关联"的概念是指两个相辅相成、缺一不可的概念。② 两个关联的法律概念分别组成一个"对子"或者"对偶"。③ 为清晰表述这种对偶关系,我们预先假设 x、y 分别代表两个法律主体,p 代表一种法律行为。

关联关系的权利(狭义)(right)和义务(狭义)(duty)之间的关系可以表述为:x 具有要求 y 作出某种行为 p 的权利,与之相对应,y 有向 x 作出某种行为 p 的义务。用公式表示为:

$$\text{right}(x, p, y) \longleftrightarrow \text{duty}(y, p, x)$$

其含义为:"x 有权利要求 y 作出行为 p"和"y 有义务向 x 作出行为 p"在逻辑上是等值的。这里,权利和义务是在狭义概念下使用的,二者形成一个对偶关系,不同于大陆法系下权利和义务是一种综合性概念。霍菲尔德曾举过一例说明这种严格的权利和义务的含义:在 x 与 y 之间的法律关系中,y 具有离开土地的义务,与此相关的是,x 具有要求 y 离开其土地的权利。他这种严格的权利和义务关系,和我们通常所讲的狭义权利和义务关系是一致的,可以用来解释简单的法律关系,如简单的货物买卖关系可以化解成两个严格的权利和义务关系:甲方有要求乙方支付价金的权利,等值于乙方有向甲方支付价金的义务;乙方有要求甲方交付货物的权利,等值于甲方有向乙方交付货物的义务。狭义概念下,权利和义务相辅相成,任何一方没有了另一方就不可能存在。

---

① 沈宗灵:《对霍菲尔德法律概念学说的比较研究》,载《中国社会科学》1990 年第 1 期。
② 同上。
③ 陈锐:《法律推理论》,山东人民出版社 2006 年版,第 313 页。

第二组关联关系特权(privilege)和无权利(no-right)可以公式化为：

$$privilege(x, p, y) \longleftrightarrow no\text{-}right(y, p, x)$$

其含义为："x 有特权要求 y 作行为 p"和"y 无权利要求 x 作行为 p"是在逻辑上等值的。这种关联关系指在 x 与 y 之间，x 不必须做什么或不做什么，即 x 可以做什么或不做什么。此种法律关系，对于 x 即为特权，对于 y 即为无权利。如在紧急避险状态中，x 可以损害 y 的财产，即 x 有损害 y 的财产的特权，y 无权利要求 x 在紧急避险状态中不损害其财产，此一法律关系即是 x 有特权、y 无权利。霍菲尔德的特权(privilege)类似于自由的概念，指一个人在法律上不受他人干涉的作为或不作为，而他人则无权利(no-right)要求他不作为或作为。如我有呼吸的自由，我有在马路上散步的自由，他人无权利干涉我的自由。

特权不同于狭义的权利，特权仅关系到特权者本人的行为，他人只要不干涉即可实现行为者的特权；而狭义的权利则关系到他人的行为，指权利者有权要求他人作为或不作为，狭义的权利的实现依赖于存在他人负有作为或不作为的义务。这说明：一个"特权"没有一个"义务"与之相对应，而"权利"必须有"义务"与之对应。①

第三组关联关系是权力(power)和责任(应当)(liability)。权力是一法律主体通过某种作为或不作为来改变某种法律关系的能力，而另一法律主体必然存在与之相关联的法律上的责任。用公式表示即是：

$$power(x, p, y) 和 liability(y, p, x)$$

其意思为：x 有权力要求 y 作行为 p，等值于 y 有责任为 x 去作行为 p。实际上，权力就是指 x 与 y 之间存在一种法律关系，x 能够通过自己的行为创设 x 与 y 或 y 与他人之间的法律关系的能力。责任是指 y 应当承受 x 通过自己行为所创设的 x 与 y 之间或 y 与他人之间的法律关系的后果。法律关系的改变来自两种情况：一是不受人们意志控制的事件，二是受人们意志控制的行为。就第二种情况而言，占有优势意志的人就拥有改变法律关系的权力。如代理关系即是将权力授予了代理人，为被代理人创设了责任，代理人可以通过自己的行为为被代理人与他人创设法律关系，被代理人有责任承受这种后果。所有权保留合同中，买受人获得即是一种权力，他可以通过付清价款的行为创造他对合同标的的所有权。合同法中的要约行为即是将权力赋予了受要约人，他可以通过承诺在自己和要约人之间创设合同关系，而要约人有责任承受这一合同关系。同时应当指出的是，法律主体承担另一法律主体行使权力为其创设的法律责任并不一定是法律上的不利益，以此与义务相区别。如在出租车与旅客之间的关系中，旅客就具有一种权力在他与出租车司机之间创设法律关系，出租车司机具有一种承

---

① 陈锐：《法律推理论》，山东人民出版社 2006 年版，第 315 页。

受这种法律关系的责任,不得拒绝载客。但出租车司机承受的这种责任,对他来讲,所带来的并非是法律上的不利益,反而是收益,不同于义务是法律上的不利益或利益的丧失。

第四组关联关系是豁免(immunity)和无能力(disability)或无权力。如 x 是一片土地的所有者,y 无能力处分 x 的土地,x 可以对抗 y 处分其土地的行为,此即为"豁免"。以公式表示即是:

$$\text{immunity}(x, p, y) \text{ 和 disability}(y, p, x)$$

意为"x 豁免于 y 的行为 p"等值于"y 无能力要求 x 作行为 p",以王涌博士的理解就是,所谓无权力—无责任(豁免)关系,指在甲与乙之间,甲不能够通过自己的行为创设、变更或消灭乙与甲或乙与其他人之间的特定的法律关系。此种法律关系,对于甲即为无权力,对于乙即为无责任(豁免)。[①]

2. 对立关系

八个概念中还存在着对立关系,指两个相互冲突和矛盾的概念。[②] 具有相对关系的两个概念不能在同一个法律关系中同时为真。

权利(狭义)(right)和无权利(no-right)对立,如果 right(x, p, y)为真,即"x 有权利要求 y 为行为 p",则,no-right(x, p, y)为假,即"x 无权利要求 y 为行为 p"为假,因为它与前者是矛盾关系。

特权(privilege)和义务(狭义)(duty)对立,如果 privilege(x, p, y)为真,即"x 有特权向 y 为行为 p",则,duty(x, p, y)为假,即"x 有义务向 y 为行为 p"为假。

权力(power)和无能力(disability)对立,如果 power(x, p, y)为真,即"x 有权力要求 y 为行为 p",则,disability(x, p, y)为假,即"x 无能力要求 y 为行为 p"为假。

豁免(immunity)和责任(应当)(liability)对立,如果 immunity(x, p, y)为真,即"x 免除为 y 作行为 p 的责任",则,liability(x, p, y)为假,即"x 有责任为 y 作行为 p"为假。

霍菲尔德认为,每种法律关系都可以归结为某种双边关系,因而也就都有下面三个因素:甲;甲影响乙或乙的法律关系的行为或不行为;乙。[③] 如此一来,任一法律关系是两个主体之间的关于某一行为的单一关系,而不是一个法律主体与多个法律主体或多个法律主体与多个法律主体之间的复合关系。霍菲尔德在

[①] 王涌:《法律关系的元形式——分析法学方法论之基础》,http://211.100.18.62/fxsk/FXKW/articleshow.asp? fid=308,2012 年 12 月 1 日访问。

[②] 沈宗灵:《对霍菲尔德法律概念学说的比较研究》,载《中国社会科学》1990 年第 1 期。

[③] 同上。

分析法律关系八个基本概念的基础上,重新解读了奥斯丁所言的传统的对物权和对人权概念。① 在奥斯丁那里,对物权又称对世权,即对一般人的权利,对人权是指对特定人的权利。若从最基本法律关系的层次讲,对物权或对世权只不过是一个财产所有人与社会上所有其他人之间的关系的叠加。例如,土地所有人A的对世权,不过是A分别对B、C、D或其他许多人的大量基本上类似的权利的一个统称,所以,一般而言,对人权只有少数几个"伙伴",而对物权却总有许多"伙伴"。

(三) 法律关系逻辑模型的建构

自萨维尼明确提出法律关系的概念之后,大陆法系对法律关系的内涵似乎并没有太多的发展,仍旧认为"法律关系是法律所规定的人与人之间的关系",只不过在内容上将其发展成为一个综合体结构:"大多数法律关系并不是由某种单一的关系组成,而是一个由各种法律上的联系组成的综合体;它是一个整体,是一种'结构',它的具体要素有权利、权能、义务和拘束等多种多样的形式。"②从而将法律关系的内容——权利和义务——弄成两个杂货筐式的概念,权利表征的是"各种狭义的权利、权能、权限、取得的利益"等各种法律利益的总和,义务表征的是"狭义的义务、屈从、职责、负担"等各种法律负担的总和。这种定义方式,在立法过程中有较强的涵括、归纳功能,可以对大量类似的生活事实关系归纳、抽象为规范的表述,其建构性的积极意义是无法估量的。但是当以规范评价事实时,从规范向事实的"还原"过程中,依然使用含义如此复杂、如此含混不清的概念,则会显得捉襟见肘,前述将股权性质界定为"双重所有权"即是一例。在当前中国法学逻辑体系——一般规范理论——本身并不是非常精确的状况下,理论的贫乏在司法实践中折射出更严重的情形:法官无力于精确的法律分析,转而借助混沌的道德感觉,决断讼案。在这样一个过程中,所谓的法治也渐渐脱去了法治的真髓,法治终不成其为法治了。③ 我们在立法中继承关于法律关系的既有知识传统的同时,应当关注司法中对法律关系概念作精确分析的发展趋势。

反观霍菲尔德的法律概念理论,当任何一种法律关系都可以归结为双边关系时,任何一个法律关系都可以化解为若干个双方主体之间的关于某一行为或某一物的单一的法律关系。霍菲尔德提出的法律概念的几种关联关系,实际上构成了传统法律关系理论中的内容要素——广义权利义务的进一步精细化。以霍菲尔德的四种关联关系取代(广义)权利和义务,将其置于传统法律关系逻辑

---

① 参见吕世伦主编:《现代西方法学流派》(上卷),中国大百科全书出版社2000版,第183页。
② [德]拉伦茨:《德国民法通论》(上册),王晓晔等译,法律出版社2003年版,第262页。
③ 王涌:《法律关系的元形式——分析法学方法论之基础》,http://211.100.18.62/fxsk/FXKW/articleshow.asp? fid=308,2012年12月1日访问。

结构中,则会形成以下四种基本的法律关系逻辑模型:

1. 法律关系逻辑模型一

主体甲——(狭义)权利←客体→(狭义)义务——主体乙

在这个单一法律关系逻辑模型中,两主体甲和乙,以某一客体为承载物,传递两者之间的具体法律关系:(狭义)权利⟷(狭义)义务关系。

2. 法律关系逻辑模型二

主体甲——特权←客体→无权利——主体乙

在这个逻辑模型中,主体甲和主体乙,以某一客体为承载物,传递两者之间的法律关系:特权⟷无权利关系。

3. 法律关系逻辑模型三

主体甲——权力←客体→责任——主体乙

在这个逻辑模型中,主体甲和主体乙,以某一客体为承载物,传递两者之间的法律关系:权力⟷责任关系。

4. 法律关系逻辑模型四

主体甲——豁免←客体→无能力/无权力——主体乙

在这个逻辑模型中,主体甲和主体乙,以某一客体为承载物,传递两者之间的法律关系:豁免⟷无能力关系。

四种基本的法律关系逻辑模型,既具有传统法律关系的某些特征,同时具有自己特有的某些特征:

第一,法律关系逻辑模型具有三项构成要素:主体、客体和内容。这和传统法律关系的逻辑构成相同,但其内容要素却与传统法律关系大不相同。传统法律关系的内容要素笼统地归结为权利和义务,容易造成人们在使用上的混乱。而法律关系逻辑模型以四种基本关系取而代之,能够更加清晰、准确地解析各种复杂的法律关系。

第二,法律关系逻辑模型中的客体,既可以指向行为,也可以指向物。这一点和传统法律关系客体的范围并无太大区别,但需要明确的一点是,法律关系客体可以单纯指向行为,在指向物时,必定有相关的行为与之相伴发生,因为两主体之间的基本法律关系若没有行为,则不会发生产生、变更或消灭。

第三,法律关系逻辑模型中,一方主体享有法律利益,另一方主体必定承担法律负担,任何一方都不可能单独存在。法律利益包括(狭义)权利、特权、权力和豁免,法律负担包括(狭义)义务、无权利、责任和无能力。

第四,法律关系逻辑模型仅涉及两个主体之间的基本法律关系,任何复杂的、多重主体之间的法律关系都可以化约为若干基本的法律关系逻辑模型。法律关系逻辑模型的分析功能即在于此,可以将任何复杂的法律现象分解为若干基本的法律关系,以清晰观察各主体之间的法律上的利益和负担之关系。

（四）法律关系逻辑模型的方法论体系定位

上述法律关系逻辑模型的建立，使法律关系理论作为分析工具面对具体案件时具有更强的分析力和解释力。但问题是，有了这个精确的分析工具后，司法者是否可以仅进行简单的"合乎逻辑的概念计算"就解决事实纠纷？①

法律工作者在其实践工作中总是从一个具体的法律关系出发，或者用法律对未来进行规范，或者用法律的方式对过去事件中所出现的矛盾进行裁决。② 前者显然是立法者的行为，后者则是司法者的任务：以案件为出发点寻找法律规范。分析案件的第一步是基于一般的法律知识对案件有一个初步的了解，考虑哪些法律规范可能适用于这个案子。针对所欲适用的法律规范，司法者需要提炼其所蕴含的法律关系逻辑模型，有经验的法官应当熟知该法律关系逻辑模型的具体构成要件——主体、客体、内容及其运行条件各是什么，并与需要裁决的案件中的事实关系逐一对照，两者能够相互"适应"的，则选择该法律规范作为案件的裁判规范予以适用。如果现实世界的纠纷都能按照法律规范所规定的法律关系模型之构成要件而"理想化"地发生，那么，法官就会像萨维尼所预想的那样是司法机器，仅进行"合乎逻辑的概念计算"就可以裁决案件。但应当清醒地看到，法官进行合乎逻辑的概念计算必须基于如下的前提：一是法律规范在逻辑上能够涵括所有的事实纠纷；二是各个法律概念都有清晰、确定的意义范围，彼此间不得冲突。只有基于这样的严格条件，通过检验一个特定的法律关系（小前提）是否通过一般的、抽象的法定构成要件（作为规范的一部分＝大前提）得到表述，才能够完成霍恩所谓的"归纳"过程：一个简单的、合乎逻辑的、三段论式的推论过程。③

我们不否认在少数理想化情形下，可以通过简单的法律关系构成要件的对照，完成规范与事实的"适应"。但多数情况下，以法律关系为分析方法时，法律解释等方法的协同使用是必不可少的。法学作为规范学科，并非只针对事实，同时也针对行为规则及规则效力而为陈述。因此，"法理论所为之陈述并不单纯只是逻辑的推论，而是同时也存在着一定价值的推导关系"。④ 多数情况下，总是有多个规范对一个案例适用，并且共同构成归纳的大前提，对这些规范之间的复杂关系，必须通过一般解释规则和教义——系统化的观察角度来推导。⑤ 另一方面，某一法律概念在法体系中并非都是同一意义。如"人"这一概念，从一

---

① 姜朋:《穿马褂与扒马褂：对法律关系主客体理论的初步反思》，载《法制与社会发展》2005年第3期。
② [德]N. 霍恩:《法律科学与法哲学导论》，罗莉译，法律出版社2005年版，第126页。
③ 参见同上书，第124—125页。
④ 张锟盛:《行政法学另一种典范之期待：法律关系理论》，载《月旦法学杂志》第121期。
⑤ [德]N. 霍恩:《法律科学与法哲学导论》，罗莉译，法律出版社2005年版，第128页。

般意义上讲,在民事法律关系中分娩完成即具有主体资格,但在刑事法律关系中,若处于被害者位置则在分娩开始之时即具有主体资格,因在分娩过程中小孩即应免受侵害。如维特根斯坦所指出的:"法律概念的意义,取决于法关系所需的内涵。"①这说明法律概念的意义,取决于其所遇到的具体关系之类型。这时候人们对案件和规范进行思维靠拢,必须对规范的法定构成要件作出恰当的解释,对法律关系的表述,必须使人能够清晰地看出其中符合或不符合其法定构成要件的特征。有了解释,价值衡量、漏洞补充、法律论证等方法也会随之而来。

法律关系逻辑模型作为分析方法在案件裁决中只是一种基本方法,只能在少数简单、典型案件中单独完成从规范到事实的还原作用,多数情况下需要法律解释等方法的配合。

第二节 请求权基础分析法

法律关系分析方法的具体操作步骤分为考察案件所涉及的法律关系和考察法律适用这两个方面。② 其中,前者又分为五个具体步骤:(1)明确争议点及与其相关的法律关系,即明确争议的核心关系,围绕该核心关系还有哪些"有关联的法律关系",二者的关系如何。(2)确定是否产生了法律关系。(3)分析法律关系的性质,如分析究竟是合同关系、侵权关系、无因管理关系还是不当得利关系,确定不同的法律关系的性质对于确定当事人的权利义务影响很大。(4)分析考察法律关系的各个要素,即考察法律关系的主体、内容和客体。(5)是否发生了变更、消灭的后果,以及考察变更、消灭的原因何在。就后一个步骤来说,主要是考察法律适用,即在第一步确定的案件事实(小前提)的基础上,查找适用核心关系与有关联的法律关系的法律规范(大前提),这一过程就是逻辑三段论运用的过程。上述对法律关系的考察实际上是对事实的客观分析,在确定法律关系的事实之后,应当进一步探讨法律规范搜寻的问题,即查找适用核心关系与有关联的法律关系的法律规范。在这个过程中,实际上仍然应当按照逻辑的三段论的模式展开。法律关系分析方法需要运用逻辑三段论,但绝非如法律适用的机械论者所想象的那样完全是三段论逻辑的演绎过程,它还涉及大前提和小前提如何连结的问题,而连结点的确定必须有赖于法律解释。③

---

① 转引自〔德〕考夫曼:《法律哲学》,刘幸义译,法律出版社2004年版,第151页。
② 王利明:《与民法同行》(第2卷),法律出版社2006年版,第11页以下。
③ 莫良元、杨海:《法律关系分析方法在案例教学中的运用》,载《淮南职业技术学院学报》2004年第4期。

一、从法律关系分析方法到请求权基础分析方法

虽然法律关系分析方法具有以上的优势,但是,它也有一些自身的缺陷,例如,没有完全照顾到民事法律关系的特殊性,缺少对当事人自由意志的尊重,缺少程序方面的关注,在操作步骤和运行方式上还不够细致,等等。这些缺陷也使得另一种主要的民事裁判方法——请求权方法逐渐被民事审判所重视。解决民事法律问题,"在于探寻得支持一方当事人,向他方当事人有所主张的法律规范。此种可供支持一方当事人得向他方当事人有所主张的法律规范,即为请求权基础规范,简称请求权基础"①。所以,请求权方法又被称为请求权基础分析方法。"自德国民法创造请求权的概念以来,民事权利与其私法保护之间的媒介即由罗马法时代的诉讼转变为请求权,这使得私权体系构造本身成为纯粹的实体法规范,……请求权概念的提出,使得所有民事权利的私法救济手段都可以通过一个统一的概念来认识,从而使得民事权利制度的构造更加体系化。"②

请求权的主要特征包括:(1)相对性:正如所有的权利一样,请求权的权利主体是特定的,但与支配权的绝对性不同的是,请求权的义务主体也是特定的,即请求权人仅得请求特定人不得侵害或妨碍其权利的行使,或请求特定人为该权利内容的行为。对权利主体以外的第三人无法律效力,不能直接对抗义务人之外的第三人。(2)非公示性:请求权人只能要求特定义务人为给付,其他任何第三人都没有义务来实现权利人的权利,则请求权也就不需要公示于义务人之外的第三人。(3)非排他性:同所有权、知识产权等权利的排他性不同,请求权具有相容性,即同一标的上可以成立两个以上不同的请求权,如一物二卖,先后两个买受人都成立受让债权,都有权向债务人请求给付标的物。(4)请求权作为一种实体权利,连接了实体法和程序法。请求权具有两个功能:债权人对于债务人在实体法上请求给付的权利以及在程序法上以诉的方式行使和贯彻其权利的可能性。实体法上的请求权,往往需要经由程序法上的请求权("实体诉权")来行使。程序法上的请求权也即诉权,实质上是启动公力救济的权利。③

从法哲学的角度而言,请求权应在两个层面上存在,一个是存在于抽象权利层面的请求权,另一个是表现为各种具体形态的请求权。对其本质的探讨,须从抽象权利的形态上进行界定,如果从具体的请求权考虑,则不能探究出请求权的本质,只能得出各种具体请求权的效力或作用。从深层次来说,请求权的本质是自由意志,在现代法的观念中,又必须从每个人的自由均会得到保证的角度来进

---

① 王泽鉴:《法律思维与民法实例:请求权基础理论体系》,中国政法大学出版社2001年版,第50页。
② 杨明:《请求权、私权救济与民事权利体系》,载《比较法研究》2007年第4期。
③ 庄海丽、庄海霞:《请求权的性质及其体系建构》,载《山东社会科学》2008年第1期。

一步理解请求权的本质。① 有学者将请求权的功能和价值概括为以下几个方面:(1) 请求权概念是大陆法系法律发展中私权与诉讼分离的结果;(2) 请求权概念的发现,拓展了权利的功能,为权利实现提供了有力的保障;(3) 请求权理论为法学研究之条理的清晰化和法律的体系化提供了重要的分析工具。②

二、请求权基础分析方法的运行过程

以请求权基础分析方法为主体,参考并结合法律关系分析方法,有学者提出了民事裁判方法的五个主要步骤:(1) 发现请求权:法官在原告的起诉中,发现原告是否享有一个能够起诉的请求权。这个请求权应当是可以向法院起诉的请求权,即原权请求权或者侵权请求权。如果是本权请求权,则须待其转变为二次请求权之后,即成为原权请求权之后,才可以起诉。(2) 请求权定性:法官应当进一步确定,原告提出的请求权所依据的法律关系究竟是何种性质,通过法律关系的逐级类型化,最终达到法律关系具体化,进而确定请求权法律关系的性质,对请求权定性。(3) 寻求请求权法律基础:根据已经确定的请求权的性质,法官直接找到这个请求权的法律基础,将当事人的诉讼归入法定的法律关系范畴之中,找到这个请求权所应当适用的法律规则。(4) 确定请求权:在对案件的实体审理中,根据请求权法律基础的规范要求,确定原告请求权是否具备请求权的行使条件或者构成要件。只有对请求权予以确定,原告的这个请求权才可以确认是可以依法行使、法官应当予以支持的。(5) 适用法律裁判:法官依照所找到的请求权的法律基础,按照不同的法律规范的性质,对本案适用法律,作出裁判。③根据以上五个步骤,我们在这里重点介绍以请求权分析方法为基础的民事裁判方法。

(一) 发现请求权

民事审判过程中,首先应当是由原告方向法院提起诉讼。此时,法官需要判断该当事人是否具有提起诉讼的资格,也就是要发现原告是否具有请求权。经过审查,如果起诉方具有相应的请求权,那么,案件可以得到受理,进而进入诉讼程序;反之,如果起诉方并不具备相应的请求权基础,那么,法官则可以驳回起诉。需要说明的是,这里主要进行形式上请求权的基础是审查,至于通过各种证据来证明各种请求权基础及其相关诉讼问题,则是以后具体诉讼过程中需要解决的,这里基本上不涉及。发现请求权在这里类似于诉讼法中的"诉权",显示了其对于法律分析方法的优势。法律分析方法主要是基于法官的判断和审查,

---

① 马京平、邵连民:《解读请求权的本质》,载《河北学刊》2008 年第 3 期。
② 辜明安:《论请求权在民事权利体系中的地位》,载《当代法学》2007 年第 4 期。
③ 杨立新:《民事裁判方法》,法律出版社 2008 年版,第 22 页。

但是，它基本上没有考虑到诉讼过程的需求，也就是原告最初起诉时的情形。而发现请求权则可以弥补这一点。我国《民事诉讼法》第 108 条规定：起诉必须符合下列条件：（1）原告是与本案有直接利害关系的公民、法人和其他组织；（2）有明确的被告；（3）有具体的诉讼请求和事实、理由；（4）属于人民法院受理民事诉讼的范围和受诉人民法院管辖。请求权分析方法也通过"不告不理"的原则体现了民事裁判方法对当事人意志的尊重：如果起诉方当事人没有依据请求权提出诉讼要求，那么，即使存在着特定的请求权基础，法官也不能直接介入当事人的纠纷解决过程。当然，起诉方当事人的诉讼请求应当具有确定的被告，要求其履行相应的义务。缺少了这些提起诉讼的基本条件，法官也不能受理案件。

(二) 请求权定性

所谓请求权定性，主要是确定原告请求权中所涉及的法律关系的性质。其中主要是结合了法律关系分析方法的优点，因为这里需要由法官对案件的性质作出实体上的判断，而这正是法律关系分析方法所擅长的情况。只有首先确定了请求权的性质，才能够为以后裁判具体的请求权奠定基础。法律关系不仅关心一个法律事实的规范形式，更重视法律关系的规范内容；不仅关注国家意志如何形成，更顾及一个法律关系可能涉及的多边法律主体利益冲突的调节；不仅思考手段如何达成目的，更强调多元利益的和谐。在法律关系的启发下，学理可以对于所有与行政相关的生活事实，依据不同层级的法规范，透过对于所涉及的法律主体的判断，权利义务的基础、法律地位与实现可能造成权利义务变动的行为方式与程序以及相关制度的观察，提供一个可以为法的整体观察的内容。[①]

有学者将请求权分析方法与法律关系方法进行了比较研究，认为请求权分析方法并不能解决所有的案件，也存在着一些缺点。第一，因为按照请求权分析方法，要对可能涉及的各种请求权逐项进行检索，如无权处分涉及侵权的请求权、合同的请求权、不当得利的请求权等。按照此种分析方法，必须要进行逐一的检索，失之繁琐，有时还会陷入多项请求权之中，必须要熟悉各种请求权才能很好地运用，否则难以把握。第二，请求权基础就是指请求权的法律依据，也就是说具体适用的条文。但我国由于民法典没有制定，现行法体系比较杂乱零碎，难免有许多法律疏漏，请求权体系尚不完备，检索起来有一定的困难，如完全依照现行法律检索请求权，可能造成法律疏漏。第三，请求权基础分析法有其限定的适用范围，在某些案例中可能并不存在请求权。例如授权行为的法律关系；无权代理中本人的追认权亦然。在确认之诉、形成之诉中，由于不涉及请求权，因而请求权基础分析方法就难有适用的余地。此时就需要运用法律关系分析方法

---

① 参见许中缘：《体系化的民法与法学方法》，法律出版社 2007 年版，第 146 页。

加以解决。例如合同无效、合同不成立、单方法律行为的争议、确认物权、确认继承权,以及合同撤销、解除等涉及形成权的争议。第四,请求权的基础不能揭示法律关系的构成要素和内在结构。例如,它不能揭示争议的法律关系的客体,而客体有时在案例分析中又具有重要意义,所以,此时仍有赖于法律关系分析方法的运用。第五,请求权基础分析法与法律关系分析法相比较,两者的思维过程也不相同。前者是先找出法律规范,再将事实"归入"其下;而后者主要是先找事实后找法,当然,在事实分析过程中也离不开对法律规范的解释和运用。请求权基础方法是在检索过程中一次性完成;而法律关系分析方法是在对法律事实分析的基础上,适用法律规范。请求权基础方法可以采取一种各个要件逐一探讨的方式;而法律关系分析方法无法将各个要件分别归入法律规范,只能在既定的事实上,整体地进行法律的适用。法律关系分析方法适用的优点在于,采用法律关系分析方法,可以高屋建瓴地分析各种法律关系。其适用范围较广,一种法律关系中,可能有多个权利,而不仅仅包括请求权,这不妨适用法律关系的分析。在存在多种复杂的法律关系时,能够条分缕析地分析各种权利义务。通过法律关系的要素结构的分析,能够把握整个民事权利的逻辑体系。并可以通过采用历史分析的方法分析法律关系的变动过程,把握法律关系产生、变更、消灭的脉络。

但是法律关系分析方法也不能代替请求权检索的方法,因为请求权检索方法由于逐一检索请求权体系,可避免遗漏;并且不必将案件事实的所有法律关系纳入考察视野,只需把握与请求权相关的法律事实和法律规范即可,不必从头考察那些无重大关联的法律事实,因而适用较为便捷。此外,在大多数案件中,当事人的主张都以请求的方式表现出来,诉讼上的争议多为给付义务的争议,请求权检索的方法也能适合实务的需要。① 请求权分析方法和法律关系分析方法实质上是各有优点的,我们需要将二者在民事裁判过程中结合运用。对于请求权定性来说,就是将法律关系分析方法的优点进行发挥。这里需要强调的是一些具体细节规则。例如,在确定具体法律关系的时候,需要注意其具体特定,因为这将对以后的民事裁判过程产生重要影响。再如,由于民事法律关系主要是一种类型化的法律关系,所以,我们需要逐层地为案件所涉及的法律关系进行定性,这也是对法官提出的要求。基础性的民事法律关系包括财产关系和人身关系,其中,前者又包括物权关系、债权关系等,而后者又包括人格权、身份权和继承权等。只有确定到比较具体的法律关系,我们才能准确地为案件作出裁判。

(三) 寻求请求权法律基础

寻求请求权的法律基础,就是要具体确定适用于该民事案件的法律规则,包

---

① 王亚新等:《法学进阶之路》,中国人民大学出版社 2008 年版,第 64—66 页。

括裁判规则和行为规则,也即其请求权的法律基础。这一过程实质上是一个"找法"的过程,与法律发现方法有着相当密切的联系。对于请求权法律基础的发现场所和对象来说,首先是正式的法律体系。就具体内容来说,在我国,构成法律体系的不仅包括国家最高权力机关制定的法律,它还包括其他法律文件。按照表现形式和效力等级的不同,可以把法律体系分为若干层次:第一层次是宪法,第二层次是法律,第三层次是行政法规,第四层次是地方性法规。此外,我国法律体系还包括特别行政区制定的法律、民族自治地方制定的自治条例和单行条例等。各个层次的法律文件环环紧扣,构成我国法律体系的内部等级。此外,由最高人民法院正式颁布的司法解释,也是请求权法律基础的主要来源之一。

需要说明的是,在民事裁判的实践中,请求权与法律规范中相应的规定并不是完全一一对应的关系,这与民事立法的体系化和法条化有关。"制定法之所以析分为法条,主要是立法技术上的需要。一是为了便于民众学习和掌握法律,并以此作为行为准则。二是为了在司法过程中援引方便。然而,法条化的法律形式往往使一个完整的法律规范被肢解为若干个法律条文,而且这些条文未必连续排列在一起,有些甚至被安排在不同的章、节和编里。"①根据民事裁判的司法实践,存在着单一指向的请求权法律基础和复杂指向的请求权法律基础两种情形。②(1)单一指向的请求权法律基础:是指按照请求权法律关系性质所指引的方向,只有一个特定的法律规范,这个法律规范就是这个请求权的法律基础。当一个请求权法律关系的性质指向数个法律规范,该法律规范的内容是一致的,也认为这是单一指向的请求权法律基础。(2)复杂指向的请求权法律基础:一个请求权法律关系性质所指向的不是一个单一的法律规则,而是两个以上的民法规则,那么,就形成了一个请求权有几个分类基础的情形。这时候,如何适用法律就存在较多的问题,我们所关注的问题,实质上是为法官或者当事人选择分类适用作准备。

(四) 确定请求权

确定请求权,是指法官具体认定当事人行使的请求权及其具体内容。寻求请求权的法律基础只是提供了宏观方向上的指引,而要为民事裁判结果确定具体内容,就需要通过细节上的构成要件来判断,也就是要确定请求权。从内容上来说,民法内部各个部分都有着自身的构成要件,例如侵权请求权、债权请求权和知识产权请求权等。通过这些具体要件审查,我们可以在民事裁判过程中确定请求权。例如,就侵权请求权来说,其基本构成要件包括违法行为(包括违反法定义务、违法保护他人的法律和故意违背善良风俗致人损害等)、损害事实

---

① 任成印:《民法方法论》,中国检察出版社2005年版,第147—148页。
② 杨立新:《民事裁判方法》,法律出版社2008年版,第133页以下。

(包括损害人身权利和损害财产权利)、因果关系和过错(包括故意和过失)这四个要件。通过这些要件的判断,我们可以确定请求权及其具体内容,为形成最终的裁判结果奠定基础。值得注意的是,这些具体的请求权基础在考察的时候也需要遵循一定的顺序,这样可以提高审查的效率。王泽鉴将其概括为请求权基础的检查次序:(1) 契约上请求权。(2) 无权代理等类似契约关系上请求权。(3) 无因管理上请求权。(4) 物权关系上请求权。(5) 不当得利请求权。(6) 侵权行为损害赔偿请求权。(7) 其他请求权。之所以应当遵循以上的次序,其原因在于"目的性的考虑,即尽量避免于检讨某特定请求权基础时,须以其他请求权基础作为前提问题。易言之,即尽量避免于检讨某特定请求权基础时,受到前提问题的影响"。①

(五) 适用法律裁判

在通过构成要件确定了请求权基础之后,法官就需要将请求权基础与具体民事案件的事实相结合,以此为基础来确定当事人之间权利义务的具体内容,并最终作出裁判结果。这是整个民事裁判过程的终点,也是对当事人权益影响最大的阶段。当然,在这个过程中,法官除了依据以上各个步骤得出相关的结论之外,还应当尽可能地听取当事人及其代理人的意见,吸收其中可供借鉴的部分,达到"兼听则明"的效果。

这里再次显示了法律关系分析方法的作用,因为裁判的最终结果总是要给当事人之间的权利义务关系作出界定和划分。依据法律规范特点的不同,我们可以将其分为强制性规范和任意性规范,前者一般不需要也不允许作出解释,而后者则很大程度上体现了法官的主观能动性,需要综合运用各种法律解释方法来对请求权基础进行解读和说明。同样,民事习惯作为重要的法源,也可以在这些任意性规范中发挥一定的作用,使得民事裁判的结果达到法律效果与社会效果的统一。当然,请求权基础方法也有其自身的局限。在大陆法系从诉讼救济模式到权利主导模式的过程中,请求权概念起到了不可或缺的作用。请求权概念因扩张引发的混乱与困惑,尚可通过概念的辨析予以明晰。但是,请求权这一手段性概念的引入虽加强了规范效力的确定性,却在面对复杂多变的现实生活时,使法律常常陷入技术上的困境。为限制甚至消除请求权的流弊,首先应当严格界定请求权概念,重塑绝对权、相对权的内涵与外延,回到法律关系为司法核心对象的基点。其次,我们不应恪守规范导向的进路,而应适当应用价值导向的思考,以减少民法规范"单面人"在我国与民众情感的背离。因此,在法律体系中考虑适当赋予法官更多的自由裁量权,释放诉讼在权利秩序构建方面的能量,

---

① 王泽鉴:《法律思维与民法实例:请求权基础理论体系》,中国政法大学出版社2001年版,第72页。

无疑是一件意义重大而深远的工作。①

总之,请求权基础分析法与法律关系分析法实质上是可以相互融合的,二者是一种正向和逆向分析的关系。对于律师职业而言,律师在正向分析当事人之间可能存在的各种法律关系,检索可以提出的请求权或者诉讼请求之后,可以从逆向分析的路线,尝试从审判中立的立场,去深入分析请求权所依据的基础法律关系,判断准备提出的请求权的利弊,评估自己的诉讼请求是否能够得到法官支持、支持的胜率如何,并做好应付对方当事方否认、反驳或者反诉的诉讼准备。比如,在违约赔偿请求权与一般侵权赔偿请求权竞合的情形下,选择违约赔偿请求权,举证责任较轻,诉讼风险较小,但限于物质赔偿;选择侵权赔偿,举证责任较重,需要证明被告过错,但可以请求精神赔偿。此时,一旦选择请求权,就需要深入分析所依据的法律关系,有针对性地补强可能减小诉讼风险的证据,并针对对方当事人可能提出的证据和观点进行应对。同样,法官在对当事人提出的请求权所依据的基础法律关系进行分析后,可以考察当事人之间是否还存在其他法律关系,检索原告可以提出的其他请求权或者诉讼请求,从而开阔视野,有利于对案件作出综合判断和平衡。②

第三节 犯罪构成分析法

从法律方法论角度关注刑事案件的解决,主要围绕下列问题展开:以法官为典型主体的裁判者如何发现和构建刑事个案裁判的依据;对个案事实如何进行认定、陈述和抽象;抽象之后的个案事实与个案裁判依据之间如何对应;裁判结论的得出。犯罪构成体系是法官等办案人员对刑事案件进行裁判的理论工具。由于各国的刑法文化传统和法律规定上的差别,决定了犯罪构成体系上的不同,具有代表性的犯罪构成体系有:以德国为代表的大陆法系的犯罪构成体系、以英美为代表的英美法系的犯罪构成体系和原苏联及其他国家的犯罪构成体系。不同的犯罪构成体系会形成不同的刑事个案判断的模式。在我国,犯罪构成理论体系仍然处于争论之中,由于短时间内还难以形成取代四要件犯罪构成的新的理论体系,所以,这里仍以我国传统的犯罪构成理论的通说为分析工具,即这里的犯罪构成指的是犯罪成立条件意义上的犯罪构成,包括犯罪客体、犯罪客观方面、犯罪主体、犯罪主观方面四个要件。犯罪构成作为犯罪概念的具体化以及认定犯罪的规格和标准,在定罪环节,不论在寻找案件的裁判依据、确立刑事个案

---

① 参见梅夏英、邹启钊:《请求权:概念结构与理论困境》,载《法学家》2009年第2期。
② 参见蒋剑鸣等:《转型社会的司法:方法、制度与技术》,中国人民公安大学出版社2008年版,第320页。

裁判的前提方面还是在对个案事实的认定与抽象等方面,均具有重要的意义。

一、犯罪构成分析法在定罪判断中的方法论意义

(一) 犯罪构成本身具有解释与论证的理论属性

在各国的刑法条文中,通常很难见到"犯罪构成"一词,然而,作为犯罪构成的关键词的"构成"即"构成要件",它的法定性是必须充分肯定的。犯罪构成的要件、要件的具体内容,各国刑法都要作出规定,当然,各国的规定既有相同之处,也有各自的不同。现代国家贯彻罪刑法定原则,犯罪构成要件的法定性是罪刑法定原则中罪的法定性的直接体现。同时,犯罪构成作为刑法理论的基石,其理论色彩十分浓厚,犯罪构成是对刑法规定的构成要件的一种理论概括,犯罪构成这个词汇本身就是一个理论词汇,其目的在于对刑法中分散规定的成立犯罪所需的要件的理论归纳、概括和解释,通过犯罪构成理论的设计,将刑法的规定具体化、规格化、标准化,其司法运用的首要价值是增强刑法的实务操作性。

以我国刑法规定为例。我国刑法总则第二章第一节有关"犯罪和刑事责任"之规定,可以说是对成立犯罪要件的一般要求,或者说是犯罪成立的共同要件,意味着任何犯罪的成立从法律依据上首先必须满足本节的规定。若从条文字面来看,《刑法》第 13 条是关于犯罪概念的规定,第 14、15 条分别规定什么是故意犯罪、什么是过失犯罪,第 16 条规定刑法上的不可抗力和意外事件,第 17 条是有关刑事责任年龄的规定,第 18 条是对影响犯罪成立的行为人精神状态的规定,此外还有第 19 条对聋哑人、盲人刑事责任之规定。从表面上来看,似乎看不出条文之间到底是什么样的逻辑关联,也看不出认定犯罪采取何种思维进路。然而,借助犯罪构成理论,我们总结出犯罪成立必须具备犯罪客体、犯罪客观方面、犯罪主体、犯罪主观方面四个要件。刑法典原本就是建构在犯罪构成理论的基础上的。犯罪客体的规范依据即《刑法》第 13 条关于犯罪概念的规定,其中对因各种权益、制度、秩序保护所形成的社会关系的抽象被概括为犯罪客体,当然刑法教科书通常还将《刑法》第 2 条关于刑法任务之规定一并纳入犯罪客体的内容。而《刑法》第 14、15 条的关于故意犯罪、过失犯罪之规定,则被犯罪构成理论总结为是对犯罪客观方面和犯罪主观方面的规定。刑法条文中"行为"与"结果"等描述犯罪客观方面的词汇被犯罪构成理论描述为"犯罪客观方面,是指刑法所规定的、说明行为对刑法所保护的社会关系造成损害的客观外在事实特征"[①],并认为犯罪客观方面的具体表现为危害行为、危害结果,以及行为的时间、地点、方法、对象。犯罪主观方面揭示犯罪人实施犯罪的心理态度,除了刑法条文中的"故意"与"过失"之外,还增加了犯罪目的和犯罪动机等内容。现行

---

① 高铭暄、马克昌主编:《刑法学》,北京大学出版社、高等教育出版社 2007 年版,第 68 页。

刑法规定的犯罪主体包括自然人和单位。对于自然人犯罪主体，围绕第17条至第19条等规定，建立了以"刑事责任能力"为核心的犯罪主体理论；关于单位犯罪，也有关于"单位"内涵和外延的界定。也就是说，不管是关于犯罪客体、犯罪客观方面，还是犯罪主体、犯罪主观方面，犯罪构成理论都在现有刑法规定的基础上进行了充分的解释和发挥。

刑法内容的特殊性对刑法表达的庄重性、严谨性提出了更高的要求，然而刑法规范中同样包含评价性用语，刑法规定的犯罪构成要件同样具有价值判断的属性，从而在理解上表现为某种开放性，需要法官在司法适用时予以补充。刑法中所谓开放性构成要件的具体例子较多，不真正不作为犯、过失犯等都是较为典型的开放性构成要件。在开放性构成要件的场合，不可能通过法律、法令穷尽对相关内容的规定，需要对除却法律规定之外的来自于习惯、社会生活的基本观念和常识等内容，结合案件的具体情况，作出符合社会情理、公平正义的具体判断，为此，解释的方法非常必要，通过解释可以在一定程度上起到补充作用，但裁判结论的正当性、可接受性，要求通过论证完成对开放性构成要件的论证，即通过法律论证完成对开放性构成要件的论证，最终满足裁判结论的正当性、可接受性要求，可见，法律论证在构成要件的判断上同样具有重要的作用。

当然，不仅是开放性构成要件，封闭性构成要件同样需要经过法官的评价才能获得正确认识。以刑法规定的故意伤害罪为例，构成故意伤害罪要求"故意伤害他人身体"为要件，这个要求表明，行为人主观上出于伤害的故意，客观上实施了伤害的行为。然而表面上相似的案件法院最后的判决会大不相同，如一个案件是，有两个未经训练的人由于过度狂妄而从事掷刀表演，结果其中一位受了重伤；另一个案件是，有两个职业拳击手，从事拳击比赛，结果一人击中另一人，发生重伤结果。如果按照刑法关于故意伤害罪规定的字面理解，这两个案件的处理结论应该没有什么不同，但是，对前者，法院将对掷刀者论以伤害罪，因为尽管经被害人的同意，但此项同意应属违反善良风俗。对第二个案件则将判决无罪，因为体育竞技比赛旨在促进体育运动的发展，并且能够提供公众合法的娱乐，具有社会价值。两个案件不同结论理由的给出，都是在通过论证说明为什么得出这样的判决结论。

犯罪构成理论不仅对成立犯罪的要件进行一一的归纳和整理，还尽量为刑法的司法适用提供基本的思维进路。我国现在的多数刑法学教科书对犯罪构成各要件之间的排序通常为犯罪客体、犯罪客观方面、犯罪主体、犯罪主观方面。这一排序有一定的思想蕴涵，它体现的是法官等办案人员运用犯罪构成理论进行"定罪"的思维进路，即：事件发生后，办案人员首先思考的问题是眼前的案件是否为刑事案件，这是犯罪客体要解决的问题；如果确认有重要的社会关系受到侵害，从而确认有刑事案件的发生，就要搞清楚该社会关系是在什么时间、地点、通过什么样的行为被侵犯的,后果如何;接下来,要认定是谁实施的,主体要件情况如何;然后分析和确认该主体实施该行为时的主观心理态度,是故意还是过失抑或二者均不具备,如果是故意,目的、动机如何;等等。因此,犯罪构成理论本身既是一种解释理论,同时是一种论证的理论,而且是体现一定思维进路的理论。

(二) 犯罪构成分析法对刑事个案裁判大前提建立的意义

刑事个案裁判大前提的建立离不开犯罪构成分析法。这是因为,法官在判决中需要引用相关的法律规定,要求法官在众多的法律中去寻找和选择适合于该案的最贴切的立法规定,这本身就需要法官去发现法律,而且,这只是最简单的法律发现。现实中,法官发现法律的工作是大量的。因为,在现代社会中法官面对的法律非常多,法律渊源日益多元化,就是在一部法典内,法条与法条之间、规范与规范之间的关系也越来越复杂,而最终应用于每一个具体案件的法律是特定的,也是有限的。我国是制定法国家,法律是由立法机关以及立法机关授权的机关创制的。就刑法而言,罪刑法定原则的确立,进一步统一了刑法,但罪刑法定并非意味着法官可以扮演售货机的角色,法不是现成地放在那里等着我们去找,法律适用也绝不是一个机械地对号入座的过程,它包含着司法人员的主观能动性,同样需要去发现法律、发现罪刑规范。一部刑法,其内容通常包括法律概念、法律原则、法律规范、技术性规范等,其中以规范为刑法的主要内容和要素。法律具有概括性、抽象性的特点,而现实生活中,法官所面对的个案都是活生生的、具体的案件,并且有许多是疑难案件,制定法并未为这些案件提供现成的答案,这就需要法官在思考由制定法向判决转换的过程中,寻求判决的合理依据。如同其他法律规范一样,抽象、概括的刑法规范,适用于个案时需要将其具体、明确。设计为由一系列要件组成的犯罪构成,所要解决的是成立犯罪的具体标准、规格问题。通过构成要件的设定和组合,具体说明成立犯罪需要具备哪些法定条件,构成此罪与构成彼罪的要件存在什么不同。因此,犯罪构成起到为刑事个案裁判大前提的建立提供规格和标准的作用。

(三) 犯罪构成分析法对个案裁判事实的构建的意义

犯罪构成由犯罪构成要件组成。刑法中规定的犯罪构成要件,是立法者将日常生活中的各种犯罪行为,经过类型化、抽象化,以构成事实要素的形式规定在刑法总则、分则或其他具有刑罚法律效果的条款中。当社会的整体观念认为某种违反社会秩序的行为值得科以刑罚的时候,该行为的犯罪化将会发生,刑法上会出现这种行为抽象的要件构成。构成要件并不是具体的特定的事实,而是将现实中发生的社会现象通过条文赋予一般性、抽象性的形态。尽管如此,它却与社会现象和生活事实有着密切的联系,从现实发生的各种各样的现象中挑选出有犯罪标志的现象,从这些现象中挖掘出本质,所汇集成的一般、抽象性的犯罪成立要件,反过来为具体案件事实进行识别、判断,进而抽象、构建裁判事实提供标准。

二、运用犯罪构成分析法定罪的思维模式

刑事裁判可以分为定罪和量刑两个相对独立的环节,定罪是量刑的前提,定罪的核心是将案件事实与犯罪构成之间进行符合性判断。这其中即涉及刑事裁判的思维模式问题。演绎推理曾经一度被作为刑法适用的最普遍的基石。自20世纪以来,演绎推理以其固有的缺陷而备受非议,以致后来出现了"推论模式"、"等置模式"、"解释循环"等的不同阐述。从恩吉施提出"推论模式"、考夫曼的"等置模式"[①]、哈斯默尔的"解释循环"理论到埃塞尔的先见学说再到拉伦茨的法律漏洞的类推补充,均不再是对传统三段论演绎推理适用模式的原版复述。我国也有学者对传统三段论演绎推理适用模式提出质疑。我们认为,在制定法国家,甚至包括在判例法国家,演绎逻辑思维的基本骨架仍然在裁判思维过程中得以保留,演绎逻辑推理作为法律思维核心方式的地位仍然值得肯定。

现代法学方法论的研究之所以认为"只靠纯粹的三段论模式并不能够实现司法的正义",其原因主要是三段论推理的大前提和小前提并不能够一目了然地确定,司法活动并不是一个直线的运算过程,而是不可避免地涉及价值判断,是一个对话的辩论过程。但是,这并不是否认三段论的基础性作用。大前提的确定和小前提的确定过程是一个复杂的过程,往往需要借助其他的各种逻辑推理方式包括实质推理方式,甚至法官的"内心确信"。通过法律的各种解释方法,"目光在事实与规范之间往返流转",但其中的各个阶段都可能运用到三段论的思维模式。法学方法从根本上来讲是如何寻找到正确的法律个案判决,要面对的一个主要问题就是如何实现"价值的客观化"。法官在判案中,应该警惕直接运用感情断案,"法本原情",这主要是从立法以及现代的法律解释方法中的目的解释来讲的,"情"必须通过"规范"为媒介进入法官的思维视域。

大陆法系实行的是制定法,其主导的推理方式是演绎推理,也就是所谓司法三段论。英美法系实行判例法,关于司法推理是类比推理还是归纳、演绎,有不同观点。需要说明的是,对于有着遵循先例传统的英美法系国家来说,其刑事法领域的制定法化程度一点也不比大陆法系低,除前述英国、美国之外,1954年新刑法制定之后的加拿大,所谓普通法的犯罪已不再是可以控告的了,除非制定法也对它作了规定。[②] 曾担任过美国联邦司法部长一职的爱德华·H. 列维

[①] 〔德〕恩吉施:《法律思维导论》,郑永流译,法律出版社2004年版,第60页。
[②] 〔美〕H. W. 埃尔曼:《比较法律文化》,贺卫方、高鸿钧译,清华大学出版社2002年版,第68—69页。

(Edward H. Levi)在其《法律推理引论》中将法律推理的基本类型确定为"reasoning by example",该书的翻译者庄重将之翻译为例推法。reasoning by example,就是从个案到个案的推理,这一推理过程运用的是所谓"先例原则",也就是说将一项由先例提炼出的论断视同一项法则并将之适用于后一个类似的情境中。具体而言,这一过程分为三步,即首先要提炼出个案之间的相似之处,然后总结出先例中蕴含的相关法则,最后再将此相关法则运用于当下的个案之中。[①]事实上列维的例推法的"三步",第一步是在进行类比,第二步是在进行归纳,然后"将此相关法则运用于当下的个案之中"则是我们这里所说的演绎推理。

三、运用犯罪构成分析法定罪的思维过程

在个案裁判中,个案裁判的依据、裁判大前提的构建和裁判事实、裁判小前提的建构通常是同时进行的,只是为了叙述方便,通常将案件事实的叙事、裁判小前提的抽象和建构与规范发现、裁判大前提的构建分开进行阐述。运用犯罪构成分析法对个案进行定罪的思维过程同样如此。

(一)运用犯罪构成分析法构建定罪判断的大前提

刑事案件裁判中,裁判者一边面对的是规定犯罪成立要件的抽象的刑法规范,另一边面对的是具体的案件事实,在判断具体的案件事实能否被置于一定的犯罪构成之下时,常常要将现有刑法规范进一步明确化,于是需要裁判者对刑法进行解释,此即刑法解释方法,并且,同样需要通过法律论证方法为犯罪构成符合性判断构建大前提。如以我们在逻辑著作中很容易看到的类似这样的推理为例[②]:

故意杀人的,处死刑;
某甲故意杀人,
所以,某甲应处死刑

这是典型的三段论演绎推理模式。作为一种裁判思维模式,三段论的演绎推理以假设法律规范自足为前提,贯穿的是严格的法律实证主义的立场。如果真能以这一逻辑推理模式,直接作为任何一个具体案件的裁判思维模式的话,恐怕正是刑法机械适用模式的翻版。然而,事实当然不是如此,它没有反映出构建法律推理时的复杂思维过程。如果联想到我国的现行刑法规定,从形式结构上,由于这类法律推理的前提应是《刑法》分则第232条,上面这一推理援用的法律条款,原文是"故意杀人的,处死刑、无期徒刑或者10年以上有期徒刑;情节较

---

① 〔美〕爱德华·H.列维:《法律推理引论》,庄重译,中国政法大学出版社2002年版,第3页。
② 此例演示的主要是量刑的推理过程,放在本书作为论述"定罪"的例子未必妥当,但考虑到这一例子为读者熟知,故仍然选取了此例。

轻的,处 3 年以上 10 年以下有期徒刑"。若如此,即使从形式结构方面说,也很难对上面那样的推理形式给以合理的解释,更何况还牵涉对"故意"、"人"、"杀人"、"故意杀人"等一系列法律术语的解释,这就进入对刑法规范的解释问题。法律解释更多地依赖法律文本,即试图在法律文本的限度内实现对法律理解和界定的合法性。以我国《刑法》第 234 条第 1 款规定为例。该条款规定:"故意伤害他人身体的,处 3 年以下有期徒刑、拘役或者管制。"据此,似乎只要确认"某人故意伤害他人身体",就可以连接该条文构成推理,得出对某人的判决结论。其实并不如此简单。因为对于何谓"故意"、"伤害"是何种程度和何种表现形式的"伤害"、判处的刑罚是选择有期徒刑还是选择拘役或是选择管制,这些均需要作出解释,并且不能孤立地解释该规范,在解释过程中要受若干刑法规范命题的制约,解释的结论要有证立的依据:

其一,"故意"不同于日常生活所理解的故意,其含义为:明知自己的行为会发生危害社会的结果,并希望或者放任这种结果发生的主观心理态度(解释结论)。其内容要根据《刑法》第 14 条关于故意犯罪中"故意"的界定来理解(证立依据)。其二,所指实施"故意伤害他人身体"行为的人,并非泛指一切实施这种行为的人,是指 16 周岁以上具备完全刑事责任能力的自然人(解释结论)。其内容要受《刑法》第 17 条关于刑事责任年龄和第 18 条关于行为人是否具有刑事责任能力规定的制约(证立依据)。其三,所指"故意伤害他人身体"的行为,也不是泛指一切这样的行为,是指致人轻伤害以上的行为(解释结论)。它的内容既要受《刑法》第 13 条关于"情节显著轻微危害不大,不认为是犯罪"这一命题的制约,要受相关司法解释的制约,还要受医学标准的制约(证立依据)。其四,所指"处 3 年以下有期徒刑、拘役或者管制",在"作某种行为,处××刑"之间的逻辑连接上,选择判处有期徒刑 3 年(解释结论)。结论的得出要受有关从重、从轻、减轻、免除处罚或数罪并罚等方面刑法规定和酌定情节的制约(证立依据)。

可见,一个看上去非常简单的条款要运用于具体个案中,既离不开对它的解释,也离不开对它的论证,并且作为证立依据的规范本身,又同时构成另一环节司法裁判的大前提,同样需要解释、论证。一般来说,演绎推理不保证判决的正当化问题,法律解释能够缓解法律适用的僵化,但同样不能保证解释结论的正当性和合理性。于是这一任务就落在法律论证身上。演绎推理的设计和法律解释更关注判决的合法化,而法律论证是一种规范论证,由此决定了作为一种正当化的作业,法律论证首先应当在既定法律框架内进行,因此应秉持依法办事的基本原则,来将法律决定合法化。当然,这并不意味着那种严格的法律实证主义立场。实际上,不少论证理论家(如阿列克西)恰是反对法律实证主义的。法律论证所要追求的不限于单纯实证法内的合法性,而是某种广泛意义上的正当性与合理性。20世纪后半期的法律论证正是突破了传统法律方法论狭隘的逻辑和文本的界限,引入了道德的、人文的、传统的、社会的、政治的、文化的因素,来寻求法律判断或法律决定的合理性与可接受性的。

以上大体演示了如何通过刑法解释以法律论证构筑犯罪构成符合性判断大前提。事实上,在类似于我国这样的制定法国家,不论学界对解释方法、解释目标存在什么样的争论,无论以法官为典型的司法办案人员有意识还是无意识地运用各种解释方法,无论法官等办案人员的解释权力有多大,通过刑法解释为刑事个案裁判包括犯罪构成符合性判断准备大前提,已成为不可否认的事实。法律解释乃是一种获得裁判大前提的法律规范的作业①,相应的,刑法解释就是一种获得定罪判刑大前提的刑法规范的作业,解释的直接结果就是获得作为其大前提的裁判规范。具体到刑法的适用,作为法律推理大前提的法律确定与否的问题是"解释问题",即所谓法律的不确定性是解释前的一种状态,确定与否需经由解释来解决,确定性则为解释后的结果。相比较而言,法律论证是一个复杂的概念,有时指对法律解释、漏洞补充所确认的作为法律推理大前提的法律的正当性所作的说明。② 就法律论证的分类来说,这里所说的论证仅指外部证立。外部论证在构筑刑事个案裁判大前提中起到证立刑法解释正当化的作用,如对《刑法》第234条第1款故意伤害的理解和证立一例。当然,如果从更广泛意义上使用法律论证一词,则法律论证不仅要对解释结论进行证立,还可能对现行法提出质疑,对构成裁判大前提的法律规范进行否定证立。并且论证,特别是内部证立,本身即包含解释和逻辑推理,或者说法律论证自然离不开逻辑推理和法律解释,离开逻辑推理与法律解释将无法进行论证,更无法达致法律论证说服他人的效果。

(二)犯罪构成分析法在刑事个案裁判小前提的抽象和构建中的运用

刑事个案发生后,司法人员首先想到的是如何还原案件的客观真实,在这个过程中需要借助多种侦查手段,发现与运用不同的证据种类,使自己的判断不断地接近案件的客观真实。由于案件发生在前,案件的侦破工作在后,司法人员所掌握的是能够用现有的侦查手段和证据证明的案件事实。在案件事实的具体识别与认定过程中,首先要完成由自然状态的事实向法律意义上事实的转化。自然状态的事实,它是一种客观的、全部的、绝对的事实,它独立于人的认识而存在,不以人的认识为转移。对于这种客观事实的查证,就成为司法活动的全部目标。然而,由于刑事案件发案的特点、人的认识能力的局限、一定时代刑事法理

---

① 梁慧星:《论法律解释方法》,载《比较法研究》1993年第1期。
② 陈金钊:《法治与法律方法》,山东人民出版社2003年版,第224页。

念等因素的制约,自然状态的案件事实不可能完全还原和获得,自然状态的案件事实需经过法定程序确认、获得合法证据的支持,取得法律意义,这种案件事实才是最终裁判者进行裁判所依据的事实。

与此同时,将发现的事实整理和陈述为案件事实对于公安机关、检察院、法院来说都是一项很重要的工作。当然随着案件在诉讼阶段的深入,办案人员对案件事实的认识通常会进一步清晰,有些事实会得到进一步澄清。在对已经确认的犯罪事实进行整理时,需要辨析出哪些是具有刑法意义的事实,哪些不是;具有刑法意义的事实又需分清哪些是具有定罪意义的事实,哪些是具有量刑意义的事实。此外还包括对案件侦破、犯罪研究等具有重要价值的事实和因素。

在定罪中,案件事实不仅包括行为事实,而且还包括心理事实。行为事实具有客观外在表现,而心理事实是行为人的一种主观心理活动。对于心理事实在认定上更为困难。这里存在一个根据客观事实加以推断的问题。这种推断,在理论上称为推定。也就是说,在定罪活动中,推定的方法经常被采用,尤其在主观罪过的认定中更是如此。

案件事实与作为定罪判断小前提的裁判事实是两个不同的概念,前者外延广泛,凡是与案件发生、存在有关的事实均包括在内,后者以犯罪构成为判断框架,通过对前者进行识别、提取,再加以抽象得以完成,即定罪判断小前提的建立,是要在案件事实确认基础上对案件事实的法律意义中影响定罪的事实进行确定,在定罪活动中,主要是指犯罪构成要件的事实,判断的框架和依据是刑法对犯罪成立要件之规定。例如:某青年某日晚上在一条僻静的胡同里趁对方不备抢夺了一名妇女的黑色挎包,内有 3000 元人民币。在这一案件中,有很多案情事实,但真正对犯罪构成有意义的只是:"实施了抢夺行为;抢夺他人财物数额较大;行为人具有不法占有他人财物的目的;行为人是达到刑事责任年龄,具有刑事责任能力的人。"①由该案之所以得出后面的结论,就在于现行刑法总则关于成立犯罪共同要件和刑法分则关于成立抢夺罪具体构成的规定。可见,任何一种犯罪都可以由许多事实特征来说明,如案件起因,作案时间、地点、手段,行为主体特征,侵害对象情况,造成的危害后果,等等。但并非每一个事实特征都是犯罪构成的要件,只有对行为的社会危害性及其程度具有决定意义而为该行为成立犯罪所必需的那些事实特征,才是犯罪构成的要件。也正是以犯罪构成作为认定犯罪的规格和标准,司法人员对犯罪事实的识别、认定与抽象势必要建立在犯罪构成基础上。

(三) 刑事个案裁判结论的得出

刑事个案,经由立案侦查、审查起诉到法院的审理和判决阶段,有的仅仅涉

---

① 高铭暄、马克昌主编:《刑法学》,北京大学出版社、高等教育出版社 2007 年版,第 57 页。

及事实层面的判断,如危害行为是否确系犯罪嫌疑人、被告人所为,只有用证据确认该行为确实系犯罪嫌疑人、被告人所为,才进入到该行为是否构成犯罪以及构成何罪的判断。

通常情况下,法官是以案件事实为出发点寻求相应的法律规范的,即要去找法,进行法律发现。当然,这个找法的过程不是盲目的,法官通常都通过不同的方式接受过法学教育和法律思维的训练,日常工作中也在不断地翻阅和研习法律,因此,法官通过对案情的研究,往往基于其已有的法学知识的积累对案件有一个初步的理解,或者说至少能够帮助其圈定重点发现法律的场所,或者指引自己去哪里找法,这有助于其对法律规范的寻找与发现。由于个案裁判最终需要的是能够作为该案件裁判大前提的具体规则,因此立法者所创设的法律如刑法典、单行刑法等,在法律适用者眼里仅仅是法官发现法律的场所,属于法律渊源的范畴,而其中的规范是抽象的,是通过立法生成的共性的规范,要让共性、抽象的法律与个案结合,需要对规范进行解释和论证,构建裁判的大前提。当然,就刑事个案的裁判来说,法官发现的法律如果是明确的规范,只要找到相应的规定就可以直接将其作为法律推理的大前提,径直向判决转换。

不过,法官发现法律的过程不是撇开个案事实,孤立进行的,按照恩吉施的观点,案件叙事建构与法条"发现"是同时进行的,法官需要在"大前提与生活事实之间实现目光的往返流转",规范向事实延伸,事实一步步"迎合"规范,目光在事实与规范之间往返穿梭。因此,法官发现法律的过程同时也是案件事实构建的过程。在这个过程中,作为小前提的个案事实是在不断"迎合"法律规范的过程中被类型化为抽象的逻辑小前提,即一个事实、情节复杂的案件,会被简化为:某甲实施了故意杀人行为、某甲实施了盗窃行为、某甲实施了抢劫行为,等等,或者再加上情节严重、情节特别严重、数额巨大、数额特别巨大等程度化的叙述,以与裁判大前提中的相应规定一致。

法律的适用最终还是要将事实与法律联系起来,将作为定罪判断小前提的个案事实与具体的刑法规范联系起来,例如判断某人是否构成故意杀人罪、是否构成盗窃罪,既取决于其案件事实,尤其是这个人作案时的行为事实和心理事实,也取决于有效法源对故意杀人罪、盗窃罪的规定,从法官适用法律的思维过程来看,就是不断拉近事实与法律之间的距离以及不断调适事实与法律之间关系的过程。尽管法院的刑事判决书,有的是在叙述案件事实之后,作出被告人是否构成犯罪和构成何罪的结论,然后引用裁判的法源,最后得出判决结论;有的是先将案件的全部事实进行叙述,在引用法源的时候,将案件事实内容剪切,与法源规定相对照,然后得出是否构成犯罪和构成何罪的结论,进而作出判决。法官的思维和方法的运用较为复杂,然而最终,法律文书裁判结论的得出是借助演绎推理的思维框架来完成的,并且刑事法官要努力让人感到自己是严格遵循法律作出判决的。

(四) 犯罪构成分析法的个案示例

【案例分析】

在××市××区××路××保健足浴馆工作的被告人钟某,因同单位共事的被害人笠某平时工作中对自己不好,因而对笠某心存不满。2005年1月19日凌晨,钟某携尖刀和蜡烛,前往足浴馆大厅,持蜡烛打击正在值班的被害人笠某,在遭笠反抗后,被告人钟某遂用尖刀朝笠的头部、背部等处多次猛刺,致笠因遭锐器刺戳至双肺破裂,急性大出血而死亡。后被告人翻墙逃离现场。2005年1月27日,公安机关在××省××县××网吧将被告人钟某抓获归案。

上述案情是某法院刑事法庭对控方指控的事实和辩护方收集的事实,经过法庭质证、确认形成的案件事实。面对上述案件事实,法官要完成找法、构建适用于该案裁判的大前提,对案件事实进行进一步抽象、格式化为裁判事实,进行定罪判断、刑罚裁量等工作。以定罪判断为例,首先,法官面对个案,要大致基于自己以往法律知识的积累,对该案件可能触犯的罪名或刑法规定有大致的、初步的认识,可能想到的罪名如故意杀人、故意伤害致死等,此外脑海中还需要作排除性判断,如是不是正当防卫或防卫过当等。法官在对上述问题进行思考的时候,每个人思考问题的顺序并不是完全一致的。如果法官首先要对案件中的钟某进行是否构成故意杀人罪的判断,那么,就要在脑海中对故意杀人罪的犯罪构成进行分析,当然常用罪名,法官的思考和分析过程会很快,不常用、新确立的罪名或者构成较为复杂的罪名,法官在借助犯罪构成分析该罪的成立要件时要慢些,需要查阅相关的学理解释、语词的含义,联系立法背景对该罪名的犯罪构成进行理解和要件的描述,这个过程正是法官构建个案裁判大前提的过程。关于故意杀人罪,运用犯罪构成分析法,其构成要件是:

故意杀人罪侵犯的客体是他人的生命权利;
故意杀人罪的客观方面,表现为非法剥夺他人生命的行为;
故意杀人罪的主体为一般主体,凡年满14周岁的具有刑事责任能力的自然人均可构成。
故意杀人罪的主观方面,是行为人具有非法剥夺他人生命的故意,包括直接故意和间接故意。

对照眼前的案件:钟某侵犯的是否为他人的生命权利?钟某是否实施了非法剥夺他人生命的行为?钟某是否符合故意杀人罪的主体资格?主观上是否出于杀害他人的故意?

钟某将笠某捅死,侵犯到笠某的生命权利;

钟某用尖刀朝笠的头部、背部等处多次猛刺,致笠因遭锐器刺戳至双肺破裂,急性大出血而死亡,钟某实施了非法剥夺笠某生命的行为。

钟某作案时达到法定刑事责任年龄,精神、生理正常,符合故意杀人罪的主体资格。

钟某因对被害人笠某心存不满,携尖刀一把和蜡烛,先是持蜡烛打击正在值班的被害人笠某,后用尖刀朝笠的头部、背部等处多次猛刺。根据这些事实,认定钟某主观上有剥夺笠某生命的故意。

通过上述分析,并将该案件钟某行为的要件与故意杀人罪的构成要件一一进行对比,可以说与故意杀人罪的各个要件全部符合:

钟某的行为侵犯的客体是他人的生命权利;

钟某行为的客观方面表现为非法剥夺他人生命的行为;

钟某作案时年满14周岁,具有刑事责任能力;

钟某主观上有剥夺笠某生命的故意。

这样,法官就会形成钟某犯故意杀人罪的判断。当然,法官会从案件的细节和事实,巩固自己的判断,如被害人笠某平时工作中对钟某不好,这是辩护方提供的事实,该事实能否构成钟某不构成犯罪、不构成故意杀人罪的理由?再如,钟某持蜡烛打击正在值班的被害人笠某后,有"遭笠反抗"之后用尖刀将笠某刺死的情节,该情节是否能够成为钟某行为构成正当防卫或防卫过当的理由?当然,从本案的结论来看,法官最终将上述可能都一一排除掉了。此外,法官可能还要作钟某主观上是伤害的故意还是杀人的故意的判断,法官作出的是杀人故意的认定。最后定罪结论是:被告人钟某犯故意杀人罪。

事实上我们这里的列举和描述已经隐去了许多思考的细节,如前面谈到的,故意杀人罪的判断和法律关于故意杀人罪条款的运用,要对"故意"、"人"、"杀人"、"故意杀人"等一系列法律术语进行解释。尽管这样,在判决书等法律文书中,通常也看不到类似如此格式化、详细的定罪过程的描述,因为上述描述的内容是在法官的思维过程中完成的,也就是说,立法上规定犯罪构成要件和学理上设计犯罪构成体系,办案人员在适用和运用时,不等于要在法律文书中将每一个思维的细节和运用犯罪构成理论进行定罪判断的全部过程,都反映进来。仍以上述案件为例,在刑事判决书等法律文书中,我们通常看到的仅仅是办案人员这样一个层面的思维痕迹:符合主体资格的自然人主观上出于故意实施非法剥夺他人生命的行为构成故意杀人罪,本案中的钟某达到法定刑事责任年龄,具有刑事责任能力,主观上有杀人故意,并实施了剥夺他人生命的行为,所以钟某构成故意杀人罪。其他的思维细节在判决书等法律文书中并没有出现。

这里通过举例,仅就该案件定罪环节进行的分析,将视野扩大到刑事案件的最终判决,同样要经过找法、个案裁判大前提的构建、裁判小前提的形成和案件结论得出的思维过程。

第四节 证明责任分配法

通常的法律适用模式是法官在确认案件事实的基础上将相应的法律规范适用于当前案件的过程。法官之所以能将法律规范适用于当前的案件,必须具备三个必要的条件。第一,必须发现一个明确的法律规范,以便他所作出的裁判具有法律依据;第二,他必须将案件事实转化为法律规范中的要件事实,以便完成从大前提到小前提的法律推理;第三,他必须根据证据查明案件的事实情况,以确定当事人诉求的事实依据是否存在。一个公正的裁判要求事实认定清楚、证据确实充分以及法律适用正确。然而,总会有这样的情况发生,当法庭辩论结束时,对于案件的事实双方当事人都不能提供压倒对方的证据,以致法官陷入不能认定事实真相的困境。这在诉讼法上被称为真伪不明。① 在真伪不明的情况下,由于法官无法对案件事实形成心证,因而无法将实体法规范适用于具体案件。另一方面,法官又不得因对事实问题怀有疑问而拒绝裁判,法官就陷入了不能适用实体法却又必须作出裁判的困境,因而必须通过某种方法来克服真伪不明时法律适用的难题。

一、真伪不明时的法律适用

解决真伪不明时法律适用不能的难题,最先想到的方法应该是通过某种技术性手段来排除真伪不明的产生。一旦真伪不明得以排除,相应的法律适用难题也随之解决。许多旨在克服真伪不明的方法正是沿着这一思路展开的。虽然某些方法在局部上看是成功的,如降低证明标准会弱化真伪不明产生的可能性,而法律上的特别安排则会直接排除真伪不明,但这些方法的共同缺陷是,没有正视一般情况下真伪不明产生的可能性——对于大部分的案件,总存在着陷入真伪不明的可能性,也未能给出真伪不明状态下法官如何适用法律的解决方案,因此也无法建立起一套完整的理论体系。它只是回避了真伪不明情况下法官适用

---

① 当然,并不是所有事实不能查清的情况都被称为真伪不明,一项争议事实"真伪不明"的前提条件是:(1) 原告方提出有说服力的主张;(2) 被告方提出实质性的反主张;(3) 对争议事实主张有证明必要,在举证规则领域,自认的、不争议的和众所周知的事实不再需要证明;(4) 用尽所有程序上许可的和可能的证明手段,法官仍不能获取心证的;(5) 口头辩论已经结束,上述第(3)项的项目需要和第(4)项的法官心证不足仍没有改变。参见〔德〕汉斯·普维庭:《现代证明责任问题》,吴越译,法律出版社2000年版,第22—23页。

法律的难题,却没有真正解决它。这要求我们在正视真伪不明的条件下,去探讨法官该如何适用法律的问题。

(一) 法律规范的不被适用

这里所说的法律规范,指的是包含与真伪不明的案件事实相对应的要件事实的实体法规范。它是事实主张者所希望法官适用的法律规范,因为该规范一旦适用,也就意味着事实主张得以认定,从而诉求也会得到支持。然而,用尽所有程序上许可的和可能的证明手段,法官仍不能获取心证的,案件事实就陷入了真伪不明,事实的存在或不存在都有相同的可能性。这时,法官就不得再依据真伪不明的事实来适用实体法规范,当然也不得想当然地推出该实体法规范的不被适用。有时,为了某种目的,实体法规范会作出特别安排来避免真伪不明时裁判困境的产生。常被适用的方法有两种:一是使用法律规范降低真伪不明的重要性;二是法律规范将真伪不明视为自己的要件事实,因而可以直接对真伪不明进行法律推理。① 对于前一种方法,最为典型的是不可反驳的法律推定,如《婚姻法》第 32 条、《侵权责任法》第 58 条等。而后一种方法,真伪不明本身成为法律的构成要件,根据真伪不明可以直接推出相应的法律后果。这样的例子在民事实体法中很多,如我国《民法通则》第 88 条第 2 款、《物权法》第 104 条、《劳动合同法》第 11 条等。"如果法官根据法律推定考虑被推定的事实,涉及的不是对事实的确认,而是法律的适用。"②这种实体法的安排的确能克服真伪不明时的法律适用困境,但它毕竟只是一种特别安排,而不能作为普遍适用的方法。

莱昂·哈特提出了"证明说",试图通过一种技术性的手段来克服法官适用法律的困境。他认为,对实体法规范的适用不是依据客观事实的存在,而是与诉讼中的所谓的可证明性相联系。在诉讼中,法官总是只能将一事实主张作为真实或不真实的对待,而不能作有疑问的认定。当他对真实性不能形成心证时,则被认为事实主张没有被证明,因而一定要将对真实性不能形成心证的主张视为不真实。据此,案件事实的认定结果只有两种情况:"被证明"和"未被证明"。当请求的前提条件被证明时,法官应当按照诉讼的请求来判决,相反,如其未被证明——无论是"被证明不真实"还是"真伪不明"——都将导致实体法规范的不适用。

这种赋予实体法规范纯粹的程序法内涵的做法与实体法的本质和人们对法律秩序的理解不相符,因而遭到有力的批评。罗森贝克认为,没有必要强制法官对真实性没有得到确认的主张作不真实的认定。这是对法官自由心证的扼杀,并且在司法实践中如果存在反诉的情况下,仅诉讼证明的不成功就会造成反诉

---

① 周成泓:《证明责任的本质:事实真伪不明时的裁判方法论——以民事诉讼为分析对象》,载《学术论坛》2008 年第 8 期。

② 〔德〕莱奥·罗森贝克:《证明责任论》(第四版),庄敬华译,中国法制出版社 2002 年版,第 226 页。

成立的后果,这好像是让偶然的当事人地位决定争讼的结果。①

在罗森贝克看来,法官对事实的认定结果,包括"被证明"、"被驳回"和"真伪不明"。只有当要件事实被证明时,法官才会适用该法律规范。尽管"被驳回"和"真伪不明"的证明结果不相同,但在法律适用的模式上都是一样的,即导致实体法规范的不被适用,因而罗森贝克的理论被称为"不适用规范说"②。罗森贝克并没有对这样做的合理性作出解释。他只是断言:当真伪不明时,"法官必然会作出不利于该当事人的判决,但不是因为他承担证明责任,而是相反:是因为在对要件特征不确定的情况下必须作出对其不利的裁决,所以,我们说对此等要素的证明责任由他承担"。③

对于不适用规范说,我们不能采取与证明说相同的理由来反驳它。在方法上,它承认了证明责任规范的存在,并且指出,"证明责任的规定必须以法律规范来实现,允许上告法院对它的适用进行审查,且证明责任的规定必须产生一个固定的、与具体诉讼的偶然性无关的结果"④。该规范的适用前提是要件事实真伪不明,而内容是将事实情况的不确定性由一方当事人负责证明,从而有利于另一方当事人。然而,正如以下将要论述的,这并没有沿着证明责任规范的路径来解决真伪不明情况下法律适用的难题,而是回到了证明说一样的法律适用模式,却没有对这种法律适用模式作出合理的解释。为了解决其理论体系内部的矛盾,罗氏将"实质司法权"理论引进了其证明责任理论体系。他设想有一种特别规范,借助于这个特别规范,法官可以赋予仅仅在私人之间有效的实体私法以国家权力(公法)性质。遗憾的是,对于这种特别规范的结构和内容,他未能提出清晰的描述。

(二)作为裁判规范的证明责任规范

在各种旨在排除或阻止真伪不明的产生的研究失败之后⑤,人们不得不正视真伪不明的客观存在。既然真伪不明的情况下法官无法适用实体法,那么能不能设计出另外一种法律规范来克服法官适用法律的困境呢?为此,学者们设计出一种特别的证明责任规范。与实体法规范一样,它也包括事实要件和法律后果两大部分。要件事实即是真伪不明,而对于法律后果存在不同的理解。由

---

① 〔德〕莱奥·罗森贝克:《证明责任论》(第四版),庄敬华译,中国法制出版社2002年版,第15—16页。
② 本部分标题被表述为"法律规范的不被适用",正是为了避免与罗氏的"不适用规范说"相混淆。笔者只是希望探讨在真伪不明的情况下,法官通过不适用法律规范的方法来解决实体法适用困境。
③ 〔德〕莱奥·罗森贝克:《证明责任论》(第四版),庄敬华译,中国法制出版社2002年版,第13页。
④ 同上书,第68页。
⑤ 汉斯·普维庭在其名著:《现代证明责任问题》一书的第十一章"通往克服真伪不明的道路"专门探讨了各种克服真伪不明的方法。参见〔德〕汉斯·普维庭:《现代证明责任问题》,吴越译,法律出版社2000年版,第177—219页。

于存在着一套独立的要件事实和法律后果,因此证明责任规范实际上已经成为一种独立于实体法的裁判规范,法官可以直接依据证明责任规范作出判决。①

证明责任规范在罗森贝克那里就已经被提出,第一次对证明责任规范的内容作精确定义的则是莱波尔特。他认为,在真伪不明的情况下,既不能适用实体法规范,也不能不适用实体法规范,因此必须设计一个特别的证明责任规范,其要件是"关于一个事实的存在的诉讼上的真伪不明,而该事实又符合一个法律要件"。简言之,证明责任规范是以真伪不明为其事实要件,而法律后果是对法律事实要件的虚拟和证明责任的分配。

在方法上对莱波尔特的证明责任规范是可以肯定的。它不像法律推定,将某一生活事实强制认定为存在或不存在,而是针对处于真伪不明状态的要件事实作实体法的法律要件的满足或不满足的拟制。然而,莱波尔特所设计的证明责任规范却面临着操作性难题。当我们将他创设的证明责任规范与立法者明确规定的证明责任规范相比较时,会发现立法者明确规定的居然不是证明责任规范,而仅仅是为了实现规范的法律后果而对规范的补充。因此,法律中关于证明责任分配的规则加上具体的证明责任分配规则才能构成一个完整的证明责任规范。

倘若不存在证明责任基本规范,那么就必须针对每一个实体法规范的要件事实规定一个同样性质的特别的证明责任规范。于是,法律规范的数量就会成倍增加。而更为危险的是,它将证明责任规范的适用与实体法脱离,只要存在一个合理的理由,法官随时可以改变一个证明责任规范,因为它无涉实体法。而对于当事人来说,一旦被法官根据证明责任规范判定承担责任,其产生的法律后果与"败诉"并无二致。

为了避免与实体法脱离,穆兹拉克有意将证明责任的方法论与对证明责任的内容分配相区别。他所构建的证明责任规范的要件事实就是真伪不明,其法律后果是对某个法律要件作消极的拟制,而没有对证明责任作内容上的分配。穆兹拉克认为,证明责任规范将某个争议事实消极地拟制为不存在,这是一个通用的证明责任规则的基本原则,这种消极规则的后果是"如果一个法律规范的事实要件不被认定,那么该法律规范不视为被满足"。换句话说,只要存在着真伪不明,其结果就是不适用法律规范。至于证明责任内容如何分配,并不属于证明责任规范的内容,而只是一种附随后果,亦即一种无关宏旨的反射。这事实上颠倒了证明责任规范的方法论与证明责任分配内容的关系。② 对于真伪不明的克服,也即方法问题,仅仅是判决的辅助手段,而因证明责任的风险承担所带来

---

① 如日本学者小山升认为,"所谓证明责任规范,概括地说,是指在要件事实处于真伪不明情况下,指示法官进行裁判的规范"。参见〔日〕小山升:《民事诉讼法》,劲草书房1965年版,第294页。

② 〔德〕汉斯·普维庭:《现代证明责任问题》,吴越译,法律出版社2000年版,第232页。

的负担才是证明责任问题的核心。证明责任规范的本质和价值就在于,在重要的事实主张的真实性不能被认定的情况下,它告诉法官应当作出判决的内容。排除了证明责任分配,也就排除了证明责任规范的具体内容。

莱波尔特和穆兹拉克在证明责任规范法律后果上的不同理解恰恰反映了证明责任规范作为一种独立于实体法规范的裁判规范的矛盾性。如果证明责任规范的法律后果独立于实体法规范,既会造成法律规范的不必要的增加,又会造成证明责任规范与实体法规范之间的脱节。相反,如果将对证明责任的分配从证明责任规范中之中独立出去,虽然保证了与实体法的一致性,但证明责任规范判决将无任何实际内容,而仅仅具有方法论的内涵,以此为裁判规范当然也无法得到实质的裁判内容。"如果人们不放弃证明责任判决与实体法的联系而且又要克服系统的矛盾,那么就有必要选择第三条道路。"①第三条道路就是将证明责任规范不再看成独立于实体法的裁判规范,而是作为实体法的辅助规范,与实体法规范一起构成真伪不明案件的裁判依据。

(三) 作为实体法辅助规范的证明责任规范

作为实体法辅助规范的证明责任规范是汉斯·普维庭在批评作为裁判规范的证明责任规范理论时所提出的真伪不明时的法律适用理论。普维庭在证明责任判决理论上一个重要的观点是必须区分证明责任规范的方法论意义与内容分配,虽然在司法实践中它们很难清楚地划分。与穆兹拉克不同,普维庭是将克服真伪不明的方法论从证明责任规范中排除出去,而将当事人之间的风险分配看成是证明责任规范的唯一内容,因此在普维庭那里,证明责任规范事实上可以等同于证明责任分配规范。

在普维庭看来,每一个证明责任判决都包含三个阶段:(1) 在事实问题真伪不明时法官的裁判义务是否存在的问题;(2) 法官判决所要求的方法过程;(3) 证明责任的分配问题。② 第一阶段的问题早已解决。对当事人提起的诉讼,法官在职务上已被强制将既存的实体法适用于具体的案件,这一点不会因要件事实处于真伪不明而有所改变。法官有义务将实体法适用到具体的生活事实,即使发生真伪不明的场合法官也不得拒绝审判。

第二个阶段即法官判决的方法论问题,普维庭使用了继承于施瓦布的"操作规则"这一概念。操作规则即是在真伪不明的情况下解决法官适用实体法的抽象性规则,它的内容只能是虚拟,被虚拟的是某个待适用规范的法律要件是否被满足,也即虚拟某个生活事实存在与否,尽管当事人所主张的某个生活事实真伪不明。这种纯形式的(方法论)过程不具备法律规范特征。倘若立法者要把

---

① 〔德〕汉斯·普维庭:《现代证明责任问题》,吴越译,法律出版社2000年版,第241页。
② 同上书,第239页。

这个形式形成文字,那么这个规范也不具备规则性内容。①

由于汉斯·普维庭将操作规则看成是不具有任何法律规范的性质,所以法官无法根据操作规则本身引导出裁判结果。这招致人们的质疑:在要件事实真伪不明的情况下,法官如果适用其操作规则进行裁判,那么是应当将该项未被证明的要件事实拟制成真还是假呢?对此,普维庭反驳道,操作规则的意义只是说明"某个构成要件在未证明的情况下,其不利益应由请求者或其相对方负担"。只要在将证明责任方法论与证明责任的分配意义分离的前提下,操作规则的作用就应该仅被限定为真伪不明条件下法官适用法律的一种方法。这种方法与通常的法律方法不同,它并不关注判决的实际内容,不对法官的裁判结果的正当性负责,而只是为法官在真伪不明的情况下是否应该依据实体法或者说如何依据实体法裁判找出一种正当性基础。那些批评普氏的操作规则仅在理论方面起一种解释如何解决真伪不明的道具的作用的观点,恰恰反映了该操作规则的本质。

在解决了法官真伪不明下裁判的难题之后,就需要根据证明责任规范在当事人之间分配证明责任。一种对证明责任规范的本质的普遍认同是:证明责任规范的法律后果不是对案件事实的认定,也不是当然的请求权规范,因而法官无法根据证明责任规范对当事人之间的权利义务作出实质性的判决。证明责任规范的核心内容在于真伪不明时对不利后果的分配,至于不利后果是什么,则需要与具体的实体法规范相结合。"只有将实体法规范(这里指一个完整的请求权规范)要件中的一个真伪不明的生活事实与证明责任规范结合起来,才能从完整的法律规范中得到司法上的法律后果。"②证明责任规范不是当然的请求权规范,即使在真伪不明的情况下,法官最终的裁判规范依然是实体法规范。因此,证明责任规范只是一个实体法要件的补充规则,只能被称为辅助规范或补充规范,而不可能是一种独立的裁判规范。

综合以上论述,我们可以对真伪不明的法律适用作这样的描述:首先,法官根据操作规则获得裁判的正当性。通过操作规则的拟制,事实上是将实体法的适用扩大到真伪不明的领域。这一过程是纯形式的方法论问题,不会涉及具体的个案活动;这正好说明,为什么我国虽然一直对证明责任的方法论问题缺乏研究,却并未因此影响到我国具体的真伪不明的案件的审判。其次,法官根据法律条文或一定的原则来确定证明责任的分配。这里会出现和实体法适用过程中相类似的法律方法的运用,法官必须根据法律解释、法律论证、价值衡量等具体的法律方法来证立他将败诉风险分配给某一方当事人的合理性。因为在理论上,证明责任分配并非由法官决定,而是在诉讼之前就已经固定地分配给一方当事

---

① 〔德〕汉斯·普维庭:《现代证明责任问题》,吴越译,法律出版社2000年版,第246页。
② 同上书,第249页。

人,所以他必须证立依据一定的证明责任分配规则,败诉风险理应如此分配。最后,证明责任规范决定了败诉风险分配给哪一方当事人,但最终决定当事人之间权利义务的还是实体法规范。法官不可能仅将败诉风险分配给一方当事人,却不对当事人之间的权利义务关系作出确认。在司法实践中,败诉风险与败诉虽然具有同样的法律效果,但这种法律效果不会自动地转化,必须通过证明责任规范和实体法的结合适用,才能将败诉风险所指向的权利义务内容具体地确定下来。因此,真伪不明情况下的最终的裁判规范依然是实体法规范,证明责任规范只不过是作为实体法的辅助规范。这种辅助规范是必需的,没有它,真伪不明的案件就不能直接适用实体法规范。

二、证明责任分配

当事实真伪不明时,事实上存在着两个理论问题。其一是法官所要面对的,即法官如何解决在真伪不明条件下的法律适用问题;其二是法官和当事人都要面对的,也即由谁来承担由此带来的不利后果。综合前面的论述,我们首先可以得出这样一个结论:证明责任的分配独立于证明责任的方法意义。解决法官在真伪不明时裁判的难题固然重要,但对当事人来说,证明责任如何分配,谁承担真伪不明的不利后果才是至关重要的。虽然在表述上将其称为"败诉的风险",一旦将这些风险分配给某一方当事人,他所承担的后果与"败诉"没有区别。因此,证明责任如何分配绝非如穆兹拉克所言"只是一种附随后果,亦即一种无关宏旨的反射",而是直接关乎当事人的实体法利益。"证明责任理论是法律适用理论的一部分,不仅仅证明责任分配原则源自于法律适用的方式,而且证明责任的具体分配同样源自于法律适用的方式。"[①]证明责任分配与实体法规范的适用有着类似的过程。就法律方法而言,证明责任的方法作用虽被冠以"方法",但最多只能算是解决问题的技术规则,是技术层面的方法论,而证明责任分配中,法官则需要用到与实体法规范适用过程中同样使用的诸如法律发现、法律解释、法律论证、价值衡量、漏洞补充等具体的法律方法。

(一) 依据实体法规范的证明责任分配规则

证明责任分配的理论学说总的可以分两大类。第一类是按照证明对象的性质来分析,确定哪些事实应当由哪一方来加以证明。例如消极事实说和外界事实说。第二类是按照法律构成要件的事实,依据不同的价值标准对证明责任加以分配。[②] 这类学说统称为法律要件分类说,其中代表性的有因果关系说、通常

[①] 〔德〕莱奥·罗森贝克:《证明责任论》(第四版),庄敬华译,中国法制出版社2002年版,第12页。
[②] 张卫平:《证明责任:世纪之猜想》,参见〔德〕莱奥·罗森贝克:《证明责任论》(第四版),庄敬华译,中国法制出版社2002年版,序第5页。

事实说、最低限度事实说、特别要件说,而最为著名的、对大陆法系乃至我国影响最大的是罗森贝克的规范说。从法律规范相互之间的逻辑关系寻找分配的原则,就方法论上讲并不是罗森贝克的首创,他将所有的实体规范首先分为彼此对立的两大类,一类是能够产生某种权利的规范,这类规范被称为"基本规范"或"请求权规范";另一类规范是与产生权利规范相对应的,妨碍权利产生或使已经产生的权利归于消灭的规范,这一类规范又可以进一步分为三类:权利妨碍规范、权利消灭规范和权利受制规范。以后,他又将权利受制规范并入权利妨碍规范。

罗森贝克对证明责任进行分配的思路是这样的:法官适用法律时,首先必须确认要适用的法律规范所规定的要件事实的存在。如果法官不能就此形成确定的心证,他就会宣告规定该要件事实的法律规范不被适用,"如果没有一定的法规可以适用,则无法获得诉讼上请求效果的当事人,应就该法规要件在实际上已经存在的事实予以主张和举证"。"简而言之:(一方当事人)应对其有利自己的规范要件的前提条件承担证明责任。"也就是说,主张权利存在之人,应就权利发生的法律要件存在的事实负举证责任;否认权利存在之人,应就权利妨害法律要件、权利消灭法律要件的事实负举证责任。

规范说强调以实体法规范作为证明责任分配的依据,具有很强的操作性,所以很快便成为大陆法系的通说统治至今,在诉讼法或实体法中都有明确的规定。比如我国《民事诉讼法》第 65 条第 1 款:"当事人对自己提出的主张应当及时提供证据。"这一规定在最高人民法院《关于适用〈中华人民共和国民事诉讼法〉若干问题的意见》第 74 条重申,并在最高人民法院《关于民事诉讼证据的若干规定》(以下简称《民诉证据规定》)第 2 条进一步完善:"当事人对自己提出的诉讼请求所依据的事实或者反驳对方诉讼请求所依据的事实有责任提供证据加以证明。没有证据或者证据不足以证明当事人的事实主张的,由负有举证责任的当事人承担不利后果。"这些规定虽然都是从行为责任的角度加以规定,但根据抽象的举证责任与证明责任的一致性,我们还是可以从中推出证明责任的分配规则。① 另外,我国一些实体法规范中也直接规定了证明责任的分配,比如《关于审理票据纠纷案件若干问题的规定》第 9 条、《关于适用婚姻法若干问题的解释(一)》第 18 条等。

---

① 《民诉证据规定》第 2 条第 2 款的规定备受质疑,它将"没有证据或证据不足以证明当事人的事实主张"作为适用客观证明责任的前提条件,弄错了证明责任的适用对象。"没有证据"当然会导致当事人的事实主张不被认可,但"证据不足以证明当事人的事实主张"并不会必须推知案件事实会陷入真伪不明。显然,该条的规定使人们陷入了一般情况下因无证据或证据不足导致当事人败诉与因为案件事实陷入真伪不明而导致证明责任规范的适用之间的混同,架空了证明责任规范的应有功能,在司法实践中为法官绕过证明责任规则,将"事实真伪不明"时应当作出的"证明责任判决"转化为"事实不能证明"下的"实体性判决"提供了足够的动力和支持。参见丁宝同:《证明责任规则的华而不实和自认规则的功能缺失》,载《政法论丛》2003 年第 2 期。

规范说所提出的证明责任分配的基本规则并不能直接运用于具体的案件,它必须与相应的实体法规范相结合。这一过程似乎非常简单,我们可以很容易地找到相应的实体法规范,并且可以很容易地区分出该实体法规范到底属于权利产生规范、权利妨碍规范还是权利消灭规范。然而,批评者认为,权利产生规范与权利妨碍规范无法加以区分,规范说对实体法的划分没有经过证明,是一种任意的划分。因为,一种法律效果的要件既可以是权利产生要件,也可以是权利妨碍要件。比如,关于行为能力,如果依据区分权利产生事实和权利妨碍事实的观点,有行为能力为权利产生事实,无行为能力为权利妨碍事实,而事实上有行为能力者对自己的行为负责和无行为能力者不对自己的行为负责是同一个意思表示,所根据的是同一事实。这一质疑是致命的,一旦不能对实体法规范正确定位,就无法根据规范说来分配证明责任。对此,普维庭认为,"每一个争议的案件(包括其要件的反面)只能从纯理论上讲是形成权利还是消灭权利"。[①] 至于如何进行区分则语焉不详。

我们认为,对于实体法规范的划分标准,并不是证明责任分配所能解决的,也无法从字面上所反映出来的意思确定,而必须与盖然性、证据接近、社会保护思想、事物的危险性等实质性标准联系起来综合考虑。至于如何确定实体法规范的属性则类似于对实体法规范意义的确定过程。当一个法律规范发生模糊、歧义、混淆时,法官可以使用法律解释、价值衡量、法律论证等法律方法加以确定。同样的,这些法律方法对于实体法规范属性的确定也具有同等的意义。比如在一起合同纠纷中,当事人具有行为能力是合同成立的必要条件。如果当事人是否具有行为能力陷入真伪不明,可以作两种不同的证明责任分配,一种是主张合同关系成立并生效的当事人承担其具有行为能力的证明责任,另一种是主张合同关系无效的对方当事人对该当事人不具有行为能力承担举证责任。根据盖然性,当事人不具有行为能力而签订合同的情况属于较低概率的事件;根据攻击者理论,为了保护交易安全,声称合同不成立的当事人应当负担更多的责任,即应被要求承担证明责任;再者订立合同是一种重大的民事行为,要求当事人尽到注意义务,事先严格审查对方当事人的行为能力,理应属于该注意义务的内容,假如当事人未能事前发现则可推定为可归咎于该当事人的过错,因此也应将证明责任分配给他。综合以上以及更多的实质性标准,可以确定规定合同纠纷中当事人行为能力的规范应属于权利妨碍规范,由主张权利妨碍的当事人来承担证明责任。进一步研究我们会发现,以上各种实质性标准并不会自然地支持规范的属性判断,必须借助法律解释、法律论证等法律方法才能证成,并最终决定着对法定的证明责任分配的解释。法律方法的运用固然可以给证明责任分配

[①] 〔德〕汉斯·普维庭:《现代证明责任问题》,吴越译,法律出版社2000年版,第386页。

以合理的解释,但有时出于特定的立法目的,或者统一司法的需要,立法或司法上常常会以特别的证明责任分配规则来直接作出规定。立法上的规定如《民法通则》第 126 条、《合同法》第 152 条、《收养法》第 29 条等,司法上的规定如《民诉证据规定》第 4 条、第 5 条、第 6 条等。

(二)无明确实体法规范的证明责任分配

与实体法领域的法律适用一样,在存在着明确的对应实体法规范的情况下证明责任分配非常简单,只需要找到这个规范,然后根据法律要件分类说,即可确定对证明责任进行分配。因此,在一个有着完善成文法体系的国家,绝大部分案件都不会存在着证明责任分配的难题。然而,由于法律体系的不完备性[①],总会出现一些无法律规定或法律规定模糊、歧义的案件,这不仅会引起实体法适用的困难,而且还会导致证明责任分配的困难。对此,《民诉证据规定》第 7 条规定:"在法律没有具体规定,依本规定及其他司法解释无法确定举证责任承担时,人民法院可以根据公平原则和诚实信用原则,综合当事人举证能力等因素确定举证责任的承担。"《人民法院统一证据规定(司法解释建议稿)》第 138 条予以重述。这一规定很容易引起误解,好像证明责任的分配不是一开始就已经预置,而是"在具体场合下通过法官的判决才能说清什么是正确的分配",换句话说,证明责任分配只是法官自由裁量的结果,是在个案中的具体分配。如果将证明责任分配看成是按照法官裁量来分配,将招致与实体法适用时法官针对个案创造裁判规则同样的批评,它与法的可预测性相冲突,使法律主体的权利处于极不稳定状态,因为每个法官都可以根据自己的裁量作为裁判依据来决定具体案件的判决。

针对以上《民诉证据规定》第 7 条的解读,我们可以提出两个方面的反驳:其一,该条明确将适用范围限定在无法律具体规定的情况下;其二,法官的"裁量"并非完全"自由",而是受制于"公平、诚实信用"等原则以及举证当事人的具体情况等客观因素。第一条反驳避免了可能与现行法上的法律规范相冲突的情况。紧接的问题是,在没有法律明确规定的情况下是否允许法官分配证明责任。我们认为这一问题的回答可以套用无法律明确规定的情况下对实体权利义务的确定,法官不得拒绝裁判的义务同样适用于对证明责任的分配。第二条反驳使得此种情况下法官对证明责任的分配并非一个个案规则,而是依据一个与具体个案无关的一般性抽象规则。然而需要进一步分析的是,公平原则、诚实信用原则以及当事人举证能力等客观因素是否能够保证证明责任分配的一般性抽象规则的抽出。公平原则虽然贵为民法的基本原则,但它却缺乏实质的内容,必须与

---

① 关于法律体系不完备性的论述,可参见张其山:《法律体系的建构:从完美无缺到不完备》,载《东岳论丛》2010 年第 4 期。

具体的法律规范联系起来才能最终确定其内容。也正是因为如此,《侵权责任法》不再将其作为承担责任的原则。[①] 诚实信用原则与事实和行为联系在一起,而证明责任分配则是在真伪不明的情况下对不利后果的分配,与当事人的行为无关,是一种结果责任;至于当事人举证能力等客观因素则过多地受制于当事人的具体情况,很难形成一个抽象的一般性规则。因此,可以说,虽然最高人民法院试图从公平、诚实信用等原则以及当事人举证能力等客观因素来拘束法官的裁量,但只是尽可能地保证证明责任分配的相对客观性,而仍然摆脱不了法官根据自由裁量来分配证明责任的困境。"倘若人们强调法律适用而硬性要求法官按照自由裁量和公平原则进行自由评价的话,那么法官的地位也就变了,这样的法官评价已经离主观臆断不远了。高其主张,将各个具体的实质性依据纳入法官的裁量之中,这同样是无法容忍的,除非将这样一些实质性原则写进法官法,但若这样,就无法官自由评价可言了。"[②] 只要将证明责任分配与法官的自由裁量联系在一起,就会与证明责任分配规则作为实体法辅助规范的属性相矛盾。即使不存在一个明确的实体法规范,我们也要把证明责任的分配理解为一个与具体个案无关的一般抽象规则。因此,对于《民诉证据规定》第 7 条而言,与其说是法官"确定"证明责任的分配,毋宁说是法官在无法律明确规定的情况下,根据某种或某些实质性原则来建立起一套不同于法律要件分类说的证明责任分配规则。

已经确立的证明责任分配所依据的实质性规则有盖然性、危险领域、多样原则、利益衡量等。这些学说都是建立在对规范说进行批评的基础上,因此又可以被统一地称为反规范说。这些学说的共同标志是试图借助某种实质性的原则来取代法律规范,法官可以直接依据这些原则进行判决,亦即主张它们具有法律效力,而不是拿这些所谓的原则来对现有的法定证明责任分配的立法目的进行解释。不过深入的研究表明,没有哪一条原则令人满意,也没有哪一条原则能够作为一般抽象的证明责任规范。比如盖然性说主张"如果法官对一个要件事实真伪不明,应当由该要件成立可能性较小因而不利的一方当事人承担不利后果",即便将盖然性看成是抽象盖然性,也存在着实际操作的困难。法官对日常生活的事实的盖然性认识往往与法官的个人经历相联系,其客观性、准确性就变得不太可靠了。即便在可以适用盖然性的领域,有时借助可靠的盖然性仍不能得到结论;盖然性比值为 50∶50 时,或者当求得的盖然性值太低的时候,盖然性就失灵。危险领域说则在侵权责任法之外几乎无法实施,而在侵权责任法领域之内

[①] 《中华人民共和国侵权责任法》第 24 条规定:"受害人和行为人对损害的发生都没有过错的,可以根据实际情况,由双方分担损失。"

[②] 〔德〕汉斯·普维庭:《现代证明责任问题》,吴越译,法律出版社 2000 年版,第 270—271 页。

一般又存在着直接规定证明责任分配的法律规范(如我国《民诉证据规定》第4条之规定),危险领域说几无用武之地。生活过程和权利的多样性并非一个原则所能主宰。瓦亨多夫提出按多个实质性原则来分配证明责任。他列举了盖然性原则、保护原则、保证原则、信任原则、责任固定原则、惩罚原则、社会风险分配原则等七个原则,但他对这些原则之间的界限、各原则间的关系和各自的应用范围却未能说明。而英美法系占通说地位的利益衡量"尤其是'遇疑问时……'的模式,在存在多个同等重要的法律保护客体间的利益相冲突时便无能为力"①。依据单一的实质性原则分配证明责任会导致呆板性,倘若固守某个原则,那么在法官法上对法律的补充就没有灵活性可言。而依多个原则来分配证明责任又会存在着适用的困难,法官无法确定在抽象的证明责任分配中,哪个原则更应该被考虑。行文至此,试图通过各种原则来替代规范说的努力已经落空。问题又回到了原点,即在没有明确法律规定的情况下法官该如何分配证明责任?

让我们重新回到证明责任规范的本质上去。证明责任规范也即证明责任分配规范,法官虽然适用它在真伪不明的情况下对败诉风险进行分配,但它却不是一个当然的请求权规范,也即它并不会产生实体法上的权利义务关系。因此,即便在没有法律明确规定的情况下,假如进行证明责任的分配,也就意味着首先要存在着一个相应的实体法规范。证明责任分配规范始终是作为实体法的辅助规范,只有与实体法规范联系在一起才有意义。为此,法官必须首先创制一条实体法规范,或者通过解释明确实体法规范的真实含义。在实体法规范的适用过程中,各种法律方法都可以被使用。如果我们把法官放到立法者的位置上,就会发现法官创制或解释证明责任分配与对实体法的确定是同步完成的。只有确定了实体法上的要件事实,才能判断对要件事实真伪不明时的证明责任该如何分配。如果我们不把以上的实质性因素视为原则,而只是将其作为分配时需要考量的实质性依据的话,原来的问题就会迎刃而解。我们只需要对原来的法律要件说进行适当的修正。证明责任的分配依然按照法律要件分类进行,但所有的分配过程都应接受上述实质性依据的检验。当不存在一个实体法规范时,则可以根据这些实质性依据,要求法官依立法者的角色去创制一个新的证明责任分配规则。当然,法官创制实体法规范和证明责任规范同样严格受制于宪法和立法的规定,只有当法官在证明责任分配范围内穷尽了现行法的规定,才可以改变规则。

在普维庭看来,实质性依据对于三个领域具有意义:对其一即法定的证明责任的解释,法的形成,将来的法。② 这种对实质性原则的运用也适用于有意改变

---

① 〔德〕汉斯·普维庭:《现代证明责任问题》,吴越译,法律出版社2000年版,第367页。
② 同上书,第369页。

已有的证明责任分配规则,创制一个一般规则的例外规则。比如在刑事诉讼中,证明责任分配的一般规则是"无罪推定原则",控诉方应该承担法定要件(认定有罪的法律依据)、客观要件(事件要件)以及主观要件(犯罪嫌疑人、被告人有过错)的证明责任。这一证明责任分配的分配后面隐藏着多种实质性原则的考虑,比如从盖然性方面讲,大多数人会守法;从利益衡量角度说,对无罪的人错判导致的不利后果比对实际上有罪的人宣告无罪的后果更为难以容忍;就证据距离而言,控方掌握着强有力的证据收集手段,因此离证据更近。而一旦这些衡量的因素发生变化时,法官就可以适用或创制一个例外,如《刑法》第395条就需要被告人负"巨额财产来源不明"的证明责任,立法者立法时无疑考虑到了证据的距离、当事人的地位、盖然性等多种实质性要素。

三、实例的分析:救助行为中的证明责任判决

助人为乐作为中华民族的传统美德,一直受道德规范所调整。然而近年来发生在侵权领域里越来越多的"好人没好报"事件,使得人们对这一优良传统产生了越来越严重的信念危机。在侵权这一特殊领域,道德规则的规制作用失去了昨日诱人的光环,受助人的良知好像突然变得难以信赖。人们除了对助人者报以同情外,似乎找不到很好的解决办法。在此类的救助行为中,一个最为棘手的问题是,由于事发突然,无论是救助人还是受助人都很难举出证据证明救助人是否本身就是加害人,因此案件往往陷入真伪不明状态。此时,我们所要做的,就是要改变普通民众惯用的道德基点的观察,利用证明责任判决来解决这一实践难题。为了便于描述,我们以彭宇案①为例来分析法官应该如何利用证明责任来判决。

人们对彭宇案的批评,很大程度上是道德的指责,也即该案根据一个违背中华民族传统美德的"情理"来推出原被告相撞的事实。被告第一个下车,并不能推出他与原告相撞的可能性较大。连法官本人都承认,"原告倒地的原因除了被他人的外力因素撞倒之外,还有绊倒或滑倒等自身原因情形",虽然双方在庭审中均未陈述原告绊倒或滑倒的事实,但并不能因此增加原被告相撞的盖然性。最令人难以容忍的是,法官对于见义勇为的情景预设:"如果被告是见义勇为做好事,更符合实际的做法应是抓住撞倒原告的人,而不仅仅是好心相扶;如果被告是做好事,根据社会情理,在原告的家人到达后,其完全可以在言明事实经过并让原告的家人将原告送往医院,然后自行离开"。可以说,这一违背"常理"的情景预设是彭宇案备受指责的主要原因。然而这并不是一个根据法律的思考,

---

① 虽然这一案例总是被人一再提起而显得有些俗套,但由于该案的广泛影响力和典型性,所以我们还是举这一案例来说明救助行为案件中的证明责任判决。

因此我们对彭宇案的思考还是要回到法律上来。

如果要证明救助者是加害人,就必须符合一般侵权行为的要件事实,即:(1)行为人主观上有过错;(2)有侵权事实的发生;(3)加害人有侵害行为;(4)侵害行为与损害事实之间有因果关系。根据《民事诉讼法》第119条规定,原告人徐某的起诉符合规定的条件,法院必须受理并作出裁判,也即法官有裁判的义务。

在本案的判决书中,法官将案件的争点归结为三点:(1)原、被告是否相撞;(2)原告损失的具体数额;(3)被告应否承担原告的损失。其中第一点最为重要,它决定着被告是否有侵害行为以及侵害行为与损害事实之间是否有因果关系。由于这是一起行人相撞事件,只是一个普通的民事侵权纠纷,因此按证明责任分配的基本原则,应该由原告承担两人是否相撞的证明责任。也即当案件要件事实陷入真伪不明时,原告徐某应承担败诉风险。这就要求原告必须提供证据证明原被告相撞这一事实。

为此,原告提供了关键性的证据:城中派出所提交的对原告的询问笔录和对被告讯问笔录的电子文档及其誊写材料。该证据能够证明二人相撞的事实,提出证据的责任转移给了被告,如果被告不能提出证据反驳原告主张的事实,就应承担败诉的责任。此时,被告有三种策略可供选择:一是对原告支持其主张的证据进行反驳,二是直接对其主张的事实提出反证,再者就是提出反诉。在本案中,被告首先采取的是第一种策略,即质疑原告证据的真实性和合法性。对此,法官认为,该电子文档与其他证据能够相互印证并形成证据锁链,应予采信。这无疑是正确的。而法官的错误之处在于,他在这里使用一个事实推理,即根据所谓的"常理"推出了原被告相撞的事实。"从结果上看,事实推定几乎总是改变了法律本身,这是不能容忍的。"①法官在采取事实推理时,必须清楚地说明,他到底指的是可以形成心证的表见证明或者是指一般的情势。法官没有对此作出说明,这也成为本案备受质疑的原因之一。

其次,被告试图提供证人陈二春来证明自己未撞人。然而,陈二春的证言只是表明了一些无关要紧的事实,对于是否是原告撞到了被告这一要件事实却未能证明。因此可以说,对于原告主张的事实,被告并未提出实质性的抗辩,而原告却提出了有说服力的主张,因此法官依据公平原则来判处被告彭宇承担相应的赔偿责任并无不妥。然而以上的分析并非我们所要论述的重点。到目前为止,彭宇案并不存在着真伪不明,它只是一个普通的建立在事实清楚、证据确实基础上的判决。之所以引发社会巨大的争议,是因为法官使用了一个与传统美德相悖离的"常理"来论证他的判决,是法官使用法律方法不当造成的。假如彭

---

① 〔德〕汉斯·普维庭:《现代证明责任问题》,吴越译,法律出版社2000年版,第88页。

宇提出了实质性的抗辩,致使该案的要件事实陷入真伪不明,那么法官应该如何作出他的判决? 或者我们作进一步的假设,假设彭宇将受伤的原告送到医院,而原告认为是被告开车撞到了她,法官又该如何处理?

通过以上的假设,我们要讨论的案件与原来的彭宇案存在着两个方面的不同:其一,该案的性质转变为交通事故中的救助行为;其二,该案的要件事实陷入真伪不明。在证明责任法的视角下,当交通肇事者的加害行为与受害人的损害事实之关系处于真伪不明时,由救助行为人承担证明责任。之所以作此推定,是因为交通事故引起的民事侵权行为是一种特殊的侵权行为民事责任,因此加害人应对侵权事实的不存在承担证明责任。① 不可否认,法律上作此规定的立法宗旨是可取的,在现代型诉讼中,从切实保护受害人的合法权益的立场,立法上会故意地加重加害人的责任,其一是因为加害人从事的是高危险的作业,因此应该负有更多的注意义务;其二是因为加害人的损失可以通过交强险等保险制度将其责任社会化。然而,该法律规范在立法技术上却存在着致命的缺陷,即在立法上使用了"侵权事实"这一模糊的法律概念。② 这导致了交通事故中救助行为的所谓"好人没好报"的社会现象的发生,严重影响了人们救助受害人的积极性。

何谓"侵权事实",司法实践中存在着多种解释。其一是将侵权事实作为侵权行为造成的结果事实,也即损害事实,并让加害方对此承担证明责任;其二是将侵权事实作为实施侵权行为的事实,即加害行为的发生事实,让加害方为自己没有实施该加害行为的事实承担证明责任;其三是将侵权事实解释为加害行为与损害结果之间具有因果关系的事实,让加害方承担该因果关系不存在的证明责任。有无损害事实的发生,程度如何,只有受害人本人最为清楚,也最容易证明,理应由其来承担证明责任,因此将侵权事实理解为损害事实,并由加害人承担证明责任的做法是不合理的。例如,受害人会谎称自己伤得如何严重,而加害方却无法对此真伪性加以证明,极易导致司法实践中救助人无端地承担赔偿责任。对于第二种理解,即将侵权事实理解为加害事实,也是过分地加重了加害人的举证责任。因为交通事故中的侵权行为往往存在着举证的困难,我们很难区分让加害人承担加害行为事实不存在的证明责任,与让受害人承担加害行为事实存在的证明责任哪个更易。因此,前两种的做法,都会加重加害人的举证负担,从而阻碍实践中人们对受害人的救助行为。在司法实践中,法官多倾向于将侵权事实作第三种解释,即将侵权事实解释为加害行为与损害结果之间具有因

---

① 相关法律规定可参见《民法通则》第123条以及《关于适用〈中华人民共和国民事诉讼法〉若干问题的意见》第74条。
② 陈刚:《证明责任法研究》,中国人民大学出版社2000年版,第251页。

果关系的事实,让加害方来承担该因果关系不存在的证明责任。受害人很难对加害人的行为状态作出证明,相反,加害人却可以较为容易地将自己的行为与损害事实的关系割裂开来,比如声称自己的行为是不可抗力或加害行为是第三方行为引起。

虽然将侵权事实理解成加害行为与损害结果之间的因果关系,极大地减轻了加害人的证明负担,但在社会生活中,这一标准依然对非加害人的救助人带来极大的威胁。在救助之前,必须有充分的证据证明他是救助人而非加害人,否则他很可能受到受害人的起诉而必须承担损害事实不是由他造成的证明责任。陈刚认为,应以"人人有爱心"原则推定救助人不是加害人,并且让受害方承担加害行为事实真伪不明所引起的证明责任。① 这种从道德出发的考察进路并不可靠,不能分辨出救助者是否是加害人。如果救助者是加害人,而让受害方承担加害行为不明的证明责任,无疑是加重了受害人的证明负担。如果坚持让救助者承担加害行为与损害事实之间的因果关系的证明责任,又会使无辜人对受害人望而却步。

在笔者看来,让受害人承担加害行为发生事实真伪不明的证明责任是恰当的,但不应基于道德的基点。即使救助人真的是加害人,我们也需要提出证据证明加害人有加害行为,受害人不可能随意指控一名司机为被告。如果受害人不能指证被告是加害人,也无所谓被告承担加害行为与损害结果之间因果关系的证明责任。救助人因为无需承担证明自己不是加害人的证明责任,大大减轻了举证的负担,因而也就激发了实施救助行为的主动性。另外,救助行为承担法律责任风险的降低,也增加了受害人受救助的机会,因此也就间接地保护了受害人的利益。

证明责任的方法论意义只是针对法官而言,它解决了在真伪不明的状态下,法官进行裁判的正当性问题。正当性是裁判的前提,如果不能从理论上阐述其正当性,法官的裁判就不能得以接受。与其方法论意义相比,证明责任的内容分配则要重要得多。它绝不像穆兹拉克所称的是一种方法论的附随后果,而是实际关乎当事人权利义务分配的法律确定。由于二者的分离,虽然我国学者很少关注证明责任的方法论意义,但这几乎不影响对证明责任分配规则的讨论。与证明责任方法论意义相比,证明责任的教义学价值或许更值得关注。②

首先,在诉讼中,诉讼理由和抗辩之间、抗辩和再抗辩之间的逻辑关系都是以证明责任为基础的,这种逻辑关系是每个诉讼的脊梁,对诉讼过程,对法官判

---

① 陈刚:《证明责任法研究》,中国人民大学出版社2000年版,第253—254页。
② 〔德〕莱奥·罗森贝克:《证明责任论》(第四版),庄敬华译,中国法制出版社2002年版,第77—80页。

决的内容和结果,均具有重大的意义。由哪一方当事人来承担证明责任事实上已经决定着当事人在诉讼中的地位,这种地位与当事人的诉讼地位(原告或被告)并无关系。比如在正当防卫致人伤害的案件中,是让原告证明被告人防卫过当,还是让被告人证明自己属于正当防卫,其意义迥乎不同,对于双方当事人的诉讼请求、抗辩理由的提出与对抗会造成实质性的影响。

其次,在所有作出证明责任裁决的诉讼中,当事人均必须以作为诉讼基础的案件事实的不同陈述来反驳对方。这种表述有两种方式:主张和否认。然而要正确地区分主张与否认,必须回到证明责任规范之中来考察。"主张是指对拟适用的法律规范的事实要件存在的陈述,即使它是以否认的形式出现;否认是指将法定的事实要件视为不存在的陈述,即使它是以主张的形式出现。"①换言之,也即当事人只对主张承担证明责任,而否认不需要承担证明责任。借此,我们来考察诉讼证明中常用的三种抗辩方法:反驳、反证和反诉。反驳是对对方所提出的证据的证据能力和证明力提出质疑;而反证是对对方主张的不真实性的证明,是"对事实主张的反驳",因此都不需要承担证明责任②;而反诉则是提出了一项新的主张,因此是一种"独立的攻击与防御方法",这就要求当事人按法律的规定——不一定必须是反诉原告——承担反诉的证明责任。

最后,证明责任规范还决定着当事人的诉讼请求和举证的范围,当事人在其承担的证明责任所需要证明的要件事实的范围之内提出诉求和举证,不可能大于客观的证明责任的范围;但是,也同样不可能小于客观的证明责任的范围。③

【思考练习题】

1. 如何运用法律关系分析案件?试举例说明。
2. 根据法律关系的分析方法与法律解释的方法有何不同?
3. 简述请求权基础分析方法的运用过程。
4. 简述犯罪构成分析方法运用步骤。
5. 试举例说明犯罪构成分析方法的运用。
6. 试举例说明证明责任分配方法的运用。

---

① 〔德〕莱奥·罗森贝克:《证明责任论》(第四版),庄敬华译,中国法制出版社2002年版,第79页。
② 对于间接反证,罗森贝克认为提供间接反证的人对自己的事实主张承担一种纯粹的确定责任,但罗氏在这一点上是错误的,他没有看到反证人面对的不是客观证明责任,而是具体的提供证明责任。参见同上书,第25页。
③ 同上书,第44页。

21世纪法学系列教材书目

"21世纪法学系列教材"是北京大学出版社继"面向21世纪课程教材"(即"大红皮"系列)之后,出版的又一精品法学系列教科书。本系列丛书以白色为封面底色,并冠以"未名·法律"的图标,因此也被称为"大白皮"系列教材。"大白皮"系列是法学全系列教材,目前有15个子系列。本系列教材延续"大红皮"图书的精良品质,皆由国内各大法学院优秀学者撰写,既有理论深度又贴合教学实践,是国内法学专业开展全系列课程教学的最佳选择。

- **法学基础理论系列**

英美法概论	彭 勃
法律方法论	陈金钊
法社会学	何珊君

- **法律史系列**

中国法制史		赵昆坡
中国法制史		朱苏人
中国法制史讲义		聂 鑫
中国法律思想史(第二版)	李贵连	李启成
外国法制史(第三版)		由 嵘
西方法律思想史(第三版)	徐爱国	李桂林
外国法制史		李秀清

- **民商法系列**

民法学	申卫星
民法总论(第三版)	刘凯湘
债法总论	刘凯湘
物权法论	郑云瑞
担保法	杨 会
侵权责任法	李显冬
英美侵权行为法学	徐爱国
商法学——原理·图解·实例(第四版)	朱羿锟
商法学	郭 瑜
保险法(第三版)	陈 欣
保险法	樊启荣
海商法教程(第二版)	郭 瑜
票据法教程(第二版)	王小能

票据法学			吕来明
物权法原理与案例研究(第二版)			王连合
破产法(待出)			许德风

- **知识产权法系列**

知识产权法学(第六版)			吴汉东
知识产权法学			杜　颖
知识产权法			张　平
商标法(第三版)			杜　颖
著作权法(待出)			刘春田
专利法(待出)			郭　禾
电子商务法		李双元	王海浪

- **宪法行政法系列**

宪法学(第三版)	甘超英	傅思明	魏定仁
行政法学(第四版)		罗豪才	湛中乐
国家赔偿法学(第二版)		房绍坤	毕可志
国家赔偿法:原理与案例(第二版)			沈　岿

- **刑事法系列**

刑法学			张小虎
刑法学(上、下)(第二版)			刘艳红
刑法总论			黄明儒
刑法分论			黄明儒
中国刑法论(第六版)	杨春洗	杨敦先	郭自力
现代刑法学(总论)			王世洲
外国刑法学概论		李春雷	张鸿巍
犯罪学(第四版)		康树华	张小虎
犯罪预防理论与实务		李春雷	靳高风
犯罪被害人学教程			李　伟
监狱法学(第二版)			杨殿升
刑事执行法学			赵国玲
刑事侦查学			张玉镶
刑事政策学			李卫红
国际刑事实体法原论			王　新
美国刑法(第四版)		储槐植	江　溯

- **经济法系列**

经济法学(第七版)	杨紫烜 徐 杰
经济法学原理(第四版)	刘瑞复
经济法概论(第七版)	刘隆亨
经济法理论与实务(第四版)	於向平等
企业法学通论	刘瑞复
商事组织法	董学立
反垄断法	孟雁北
金融法概论(第五版)	吴志攀
金融监管学原理	丁邦开 周仲飞
银行金融法学(第六版)	刘隆亨
证券法学(第三版)	朱锦清
中国证券法精要：原理与案例	刘新民
会计法(第二版)	刘 燕
劳动法学(第二版)	贾俊玲
消费者权益保护法	王兴运
房地产法(第二版)	程信和
环境法学(第四版)	金瑞林
环境法基础知识与能力训练	钭晓东

- **财税法系列**

财政法学	刘剑文
税法学(第四版)	刘剑文
国际税法学(第三版)	刘剑文
财税法专题研究(第三版)	刘剑文
财税法成案研究	刘剑文 等

- **国际法系列**

国际法(第三版)	白桂梅
国际私法学(第三版)	李双元 欧福永
国际贸易法	冯大同
国际贸易法	郭 瑜
国际贸易法原理	王 慧
国际金融法：跨境融资和法律规制	唐应茂

- **诉讼法系列**

  | 民事诉讼法(第二版) | 汤维建 |

刑事诉讼法学(第五版)	王国枢
外国刑事诉讼法教程(新编本) 王以真	宋英辉
民事执行法学(第二版)	谭秋桂
仲裁法学(第二版)	蔡 虹
外国刑事诉讼法 宋英辉 孙长永	朴宗根
律师法学	马宏俊
公证法学	马宏俊
司法鉴定学	霍宪丹
仲裁法学(第二版)	蔡 虹

- **特色课系列**

世界遗产法	刘红婴
法律语言学(第二版)	刘红婴
模拟审判:原理、剧本与技巧(第三版) 廖永安	唐东楚
医事法学 古津贤	强美英
民族法学(第二版)	熊文钊
文化法学导论 周艳敏	宋慧献

- **双语系列**

普通法系合同法与侵权法导论	张新娟
Learning Anglo-American Law: A Thematic Introduction(英美法导论)(第二版)	李国利

- **专业通选课系列**

法律英语(第二版)	郭义贵
法律文献检索(第三版)	于丽英
英美法入门——法学资料与研究方法	杨 桢
法律文书学	马宏俊

- **通选课系列**

法学概论(第三版)	张云秀
法律基础教程(第三版)	夏利民
法学通识九讲(第二版)	吕忠梅
人权法学(第二版)	白桂梅
卫生法学	丁朝刚

2017 年 8 月更新

教师反馈及教材、课件申请表

尊敬的老师:

您好!感谢您一直以来对北大出版社图书的关爱。北京大学出版社以"教材优先、学术为本"为宗旨,主要为广大高等院校师生服务。为了更有针对性地为广大教师服务,满足教师的教学需要、提升教学质量,在您确认将本书作为教学用书后,请您填好以下表格并经系主任签字盖章后寄回,我们将免费向您提供相关的教材、思考练习题答案及教学课件。在您教学过程中,若有任何建议也都可以和我们联系。

书号/书名	
所需要的教材及教学课件	
您的姓名	
系	
院校	
您所主授课程的名称	
每学期学生人数	学时
您目前采用的教材	书名_____ 作者_____ 出版社_____
您的联系地址	
联系电话	
E-mail	
您对北大出版社及本书的建议:	系主任签字 盖章

我们的联系方式:

北京大学出版社法律事业部

地　　址:北京市海淀区成府路205号　　联系人:孙嘉阳
电　　话:010-62757961　　　　　　　传　真:010-62556201
电子邮件:bjdxcbs1979@163.com
网　　址:http://www.pup.cn
北大出版社市场营销中心网站:www.pupbook.com